Kommission Sozialpädagogik (Hrsg.)
Sozialpädagogische*s Zeit*en

Veröffentlichungen der
Kommission Sozialpädagogik

in der Sektion Sozialpädagogik und Pädagogik der frühen Kindheit
der Deutschen Gesellschaft für Erziehungswissenschaft

Kommission Sozialpädagogik (Hrsg.)

Sozialpädagogische*s Zeit*en

Anselm Böhmer
Zoë Clark
Mischa Engelbracht
Davina Höblich
Vicki Täubig

Das Erscheinen im Open Access wurde vom Institut für Allgemeine Pädagogik und Sozialpädagogik der Universität Rostock finanziell ermöglicht.

Das Werk einschließlich aller seiner Teile ist urheberrechtlich geschützt. Der Text dieser Publikation wird unter der Lizenz **Creative Commons Namensnennung - Nicht kommerziell - Weitergabe unter gleichen Bedingungen 4.0 International (CC BY-NC-SA 4.0)** veröffentlicht. Den vollständigen Lizenztext finden Sie unter: https://creativecommons.org/licenses/by-nc-sa/4.0/deed.de. Verwertung, die den Rahmen der **CC BY-NC-SA 4.0 Lizenz** überschreitet, ist ohne Zustimmung des Verlags unzulässig. Die in diesem Werk enthaltenen Bilder und sonstiges Drittmaterial unterliegen ebenfalls der genannten Creative Commons Lizenz, sofern sich aus der Quellenangabe / Abbildungslegende nichts anderes ergibt. Sofern das betreffende Material nicht unter der genannten Creative Commons Lizenz steht und die betreffende Handlung nicht nach gesetzlichen Vorschriften erlaubt ist, ist für die oben aufgeführten Weiterverwendungen des Materials die Einwilligung des jeweiligen Rechteinhabers einzuholen.

Dieses Buch ist erhältlich als:
ISBN 978-3-7799-7848-0 Print
ISBN 978-3-7799-7849-7 E-Book (PDF)
DOI 10.3262/978-3-7799-7849-7

1. Auflage 2025

© 2025 Beltz Juventa
in der Verlagsgruppe Beltz · Weinheim Basel
Werderstraße 10, 69469 Weinheim
service@beltz.de
Einige Rechte vorbehalten

Satz: xerif, le-tex
Druck und Bindung: Beltz Grafische Betriebe, Bad Langensalza
Beltz Grafische Betriebe ist ein Unternehmen mit finanziellem Klimabeitrag
(ID 15985-2104-1001)
Printed in Germany

Weitere Informationen zu unseren Autor:innen und Titeln finden Sie unter: www.beltz.de

Inhalt

Vorwort ... 9

Sozialpädagogische*s Zeit*en.
Einführung in den Band
Vicki Täubig ... 13

I Zeitdiagnosen und historische Analysen

Sozialpädagogische Diagnosen von Zeit und Gesellschaft
Bernd Dollinger ... 26

Zur doppelten Reflexivität der Historischen Sozialpädagogik
Stephan Dorf ... 42

Perspektiven auf Transformation der Sozialen Arbeit in Ostdeutschland
Julia Hille, Mandy Schulze und Peter-Georg Albrecht ... 57

Ein Blick zurück auf die Zeit der 1990er-Jahre.
Leerstellen zur Offenen Jugendarbeit mit rechten Jugendlichen im Kontext der Entstehungsgeschichte des NSU
Lucia Bruns ... 72

Naturwissenschaftliche Zeitdiagnosen und ihre Relevanz für die Sozialpädagogik.
Ein Plädoyer für ein in Alltag und Lebenswelt angelegtes erkenntnistheoretisches Verständnis von Interdisziplinarität
Alexandra Retkowski ... 86

Zeit für (mehr) aktivistisches Wissen in der Sozialen Arbeit?
Rahel More, Caroline Schmitt und Hanna Weinbach ... 101

II Doing time und temporale Anforderungen

Doing Transitions in Time.
Zur zeitlichen Dimension sozialpädagogischer Übergangsgestaltung
Barbara Stauber und Andreas Walther   118

Doing-Time in Übergangsprozessen in Mutterschaften
Stefanie Veith   134

Time work von Kindern und Jugendlichen.
Empirische Analysen der Herstellung und Bearbeitung zeitbezogener Anforderungen
Patrick Leinhos, Yağmur Mengilli und Susanne Siebholz   149

Zwischen Selbstbestimmung und Verordnung.
Empirische Zugänge zu Zeitlichkeiten
Jennifer Hübner, Serafina Morrin und Tim Wersig   165

Zeitliche Ordnungen außerschulischer Bildungsräume als analytischer Zugang zu ungleichem Wohlergehen von Kindern
Susann Fegter, Lisa Fischer und Stella März   179

Keine Zeit verlieren?
Institutionalisierte Zeit und Bildungsteilhabe in der frühen und mittleren Kindheit
Pia Rother und Ina Kaul   192

Zeit für eine kritische Auseinandersetzung mit der Positionierung von Kindern im generationalen Machtverhältnis zur Förderung sozialer Gerechtigkeit
Nadine Fiebig, Jana Senger und Dorothee Schäfer   207

„When the hell is going on?"
Ontopolitiken der Zeit in sozialpädagogischen Konstellationen
Nina Flack, Florian Eßer, Judith von der Heyde, Sylvia Jäde, Jan Nicolas und Maximilian Schäfer   222

Umgangsweisen Geflüchteter mit temporalen Anforderungen im Kontext Sozialer Arbeit
Erich Esau   237

Zeit*en für Professionalisierung.
Ein Plädoyer für ein qualitatives Zeitverständnis für Professionalisierung in der Sozialen Arbeit
Hannah Goede, Christian Hey-Nguyen, Davina Höblich und Franziska Leissenberger   251

III Ausblicke

Zeiten der Armut.
Zugangsweisen (zu) einer sozialpädagogischen Armutsforschung
Stefanie Albus, Maksim Hübenthal, Phries Künstler, Bettina Ritter und Holger Schoneville ... 266

Psychoanalyse – eine zeitgemäße Perspektive für sozialpädagogische Forschung?
Marie Frühauf, Sarah Henn, Lisa Janotta, Margret Dörr und Lara Spiegler ... 283

Diskussionspapier zum Umgang mit Gewaltkonstellationen in Forschungsprozessen und Praktika
Ad-hoc-Gruppe „Forschung und Gewalt" ... 298

Die Autor*innen und Herausgeber*innen ... 301

Vorwort

Als Vorstand der Kommission Sozialpädagogik haben wir vom 23. bis 25. März 2023 zur Jahrestagung der Kommission Sozialpädagogik in der Deutschen Gesellschaft für Erziehungswissenschaft (DGfE) mit dem Thema „Sozialpädagogische*s Zeit*en" an die Universität Rostock eingeladen. Mit diesem Buch legen wir den Tagungsband vor, der den großen Teil der Tagungsbeiträge vertieft.

Das Thema der Tagung wurde gewählt, da sozialpädagogische Praxen in den Handlungsfeldern und deren (wissenschaftlichen) Beschreibungen unweigerlich mit Zeit und Zeitbegriffen arbeiten, dies aber für die sozialpädagogische Theoriebildung bislang wenig Beachtung findet: Hilfeprozesse haben eine Dauer, Arbeitsbeziehungen brauchen Zeit, sozialpädagogische Arbeit erfordert Geduld oder einen langen Atem, junge Menschen werden um die Volljährigkeit aus Hilfen entlassen, es werden Fachleistungsstunden gewährt, Vollzeitäquivalente errechnet, 24/7-Dienste erbracht, Tagesabläufe strukturiert, Ferienfreizeiten durchgeführt, Ganztagsbetreuung/-bildung angeboten, Öffnungs-, Sprech- und Beratungszeiten festgelegt etc.

Zeit gilt in der sozialpädagogischen Praxis, Forschung und Lehre sowie in breiten gesellschaftlichen Diskursen v.a. als begrenzte und zu nutzende Ressource. Demgegenüber stehen Ideen im Umgang mit „Zeit", die fast schon als Gegenbewegung zu der Zeitdiagnose eines Zeitalters der Beschleunigung, wie Hartmut Rosa sie vornimmt, gelten können. So ist von slow knowledge, slow pedagogies, slow social work; für den Wissenschaftsbetrieb von slow academy, slow writing, slow scholarship oder eben the slow professor zu lesen. Mit diesen ersten divergierenden Perspektiven auf das, was Zeit ist, wird die Bandbreite deutlich, wie Zeit*en gedacht und hergestellt werden können.

An der Tagung haben sich insgesamt 96 Kolleg*innen aktiv in 21 parallelen Arbeitsgruppen beteiligt. In sieben Einzelbeiträgen präsentierten Wissenschaftler*innen, die am Beginn ihrer Laufbahn stehen, ihre theoretischen und empirischen Erkenntnisse. Eine inhaltliche Rahmung und Impulse für die fachlichen Diskussionen der Jahrestagung gaben die in der Aula der Universität Rostock stattfindenden Keynotes „Doing transitions in time: Zeitlichkeiten sozialpädagogischer Übergangsgestaltung" (Barbara Stauber, Tübingen, und Andreas Walther, Frankfurt a. M.); „Too less too late: naturwissenschaftliche Zeitdiagnosen und ihre Relevanz für die Sozialpädagogik" (Alexandra Retkowski, Cottbus); „Zeit als Maß von Aufarbeitung sexualisierter Gewalt in Kindheit und Jugend. Versuch einer kritischen Reflexion" (Sabine Andresen, Frankfurt a. M.) sowie „Sozialpädagogische Diagnosen von Zeit" (Bernd Dollinger, Siegen).

Ein besonderer Tagesordnungspunkt stand am 23. März auf der Agenda: Die Kommission Sozialpädagogik war zur Geschichtswerkstatt eingeladen, die von Karin Böllert (Münster) und Wolfgang Schröer (Hildesheim) sowie Vicki Täubig (Rostock) für den Vorstand konzipiert und moderiert wurde. In unterschiedlichen Kontexten der Arbeit der Kommission – u. a. auch im Rahmen der Aufarbeitung der DGfE zu sexualisierter Gewalt – wurde deutlich, dass es wenig systematisches Wissen oder Protokolle und Akten zur Geschichte der Kommission Sozialpädagogik gibt. Zwar werden seit einiger Zeit Dokumente der Arbeit in den Sektionen und Kommissionen der DGfE über die Geschäftsstelle an das Archiv der DGfE in der Bibliothek für Bildungsgeschichtliche Forschung des DIPF in Berlin übergeben. Für die Kommission Sozialpädagogik sind diese jedoch noch sehr lückenhaft. Die Geschichtswerkstatt hatte das Ziel, weiteres Wissen und Dokumente über die Geschichte sowie Entwicklung der Kommission Sozialpädagogik zusammenzutragen. Im Vorfeld der Kommissionstagung in Rostock erfolgte ein Aufruf an die Kolleg*innen, sich zu erinnern, ihre analogen und digitalen Ablagen zu durchstöbern und entsprechende Dokumente nach Möglichkeit mitzubringen oder zur Verfügung zu stellen.

Im Mittelpunkt der Geschichtswerkstatt standen fünf Zugänge:

- Eine Zeitleiste: Wer war wann und wie lange im Vorstand? Diese Zeitleiste wurde auch haptisch auf einem großen Tisch ausgebreitet und dann mit den folgenden Punkten ergänzt.[1]
- Ereignisse: Welche politischen und fachbezogenen Ereignisse haben die Kommissionsarbeit besonders geprägt?
- Themen: Zu welchen Zeiten wurden welche Themen bearbeitet? Welche Themen wurden kontrovers diskutiert etc.? Welche Themenstellungen hatten die Kommissionstagungen?
- Kooperationen: Mit welchen Organisationen wurde wann insbesondere kooperiert (z. B. Gilde Soziale Arbeit, aber auch andere Kommissionen etc.)?
- Welche Aufarbeitungsprozesse haben in der Kommission stattgefunden (z. B. Soziale Arbeit im Nationalsozialismus) und welche Aufarbeitungsprozesse stehen aus (z. B. disziplinäre Verantwortung und sexualisierte Gewalt, die Disziplin und ihre Entwicklung bei der Wende 1989 bzw. in Ostdeutschland)?

Dabei sind v. a. Dokumente aus der Kommissionsarbeit, wie z. B. Tagungsprogramme, Protokolle oder Mitteilungen, zusammengekommen. Gerade für jüngere Kolleg*innen stellten die schon fast vergessenen Überschneidungen und Kooperationen zwischen der Kommission Sozialpädagogik und der Gilde Soziale Arbeit einen bemerkenswerten Zusammenhang dar. Diese Geschichtswerkstatt

---

1 Die erarbeitete Zeitleiste ist als Online-Material unter https://www.beltz.de auf der Produktseite des Buches abrufbar.

Abb. 1: Arbeitsatmosphäre während der Geschichtswerkstatt

war der Auftakt zu einer fortlaufenden intensiveren Befassung der Kommission mit ihrer Geschichte. Das gesammelte Material wurde an die Geschäftsstelle der DGfE zur Archivierung in der Bibliothek für Bildungsgeschichtliche Forschung des DIPF in Berlin übergeben. Somit stellen diese Materialien den Grundstock zum Aufbau von Beständen zur Dokumentation der Geschichte der Kommission dar. Zudem wurden die Jahrestagungen und die entsprechenden Tagungsbände sowie die Vorstände und ihre Mitglieder seit der Gründung der Kommission im Jahr 1969 rekonstruiert. Diese Daten sind noch lückenhaft und auf der Website[2] der Kommission zur fortlaufenden Ergänzung veröffentlicht.

Neben dem inhaltlich dichten Rahmen der Tagung zeigte sich umso mehr, wie wichtig das gemeinsame Zusammenkommen, die Diskussionen und Präsentationen vor Ort waren. Immerhin war die Kommissionstagung 2023 die erste Jahrestagung in Präsenz nach den Einschnitten durch die Corona-Pandemie. Der Bedarf an einem nicht nur digitalen Austausch, sondern persönlichen Begegnungen zeigte sich auch an der hohen Anzahl von über 200 Kolleg*innen, die an der Jahrestagung teilnahmen. So wurde in freudiger bis ausgelassener Atmosphäre nicht nur diskutiert, sondern auch bis spät in die Nacht gefeiert und getanzt.

---

2 www.dgfe.de/sektionen-kommissionen-ag/sektion-8-sozialpaedagogik-und-paedagogik-der-fruehen-kindheit/kommission-sozialpaedagogik (04.09.2024).

Auf der Kommissionssitzung am 24. März endete unsere Amtszeit als Kommissionsvorstand, in dem wir die letzten zwei Jahre zusammengearbeitet und u. a. die Tagung vorbereitet hatten. Die besonderen Vorstandsämter wurden von Vicki Täubig (Rostock) als Sprecherin, Zoë Clark (Siegen) als stellvertretender Sprecherin und Anselm Böhmer (Ludwigsburg) als Schatzmeister ausgeübt. Wir danken dem Rostocker Team für die gelungene Ausrichtung der Tagung sowie Elisa Kieselmann und Monique Neubauer (beide Rostock), welche die*das Zeit*en der vielen Arbeitsschleifen des Bandes zuverlässig im Blick gehalten haben.

Im September 2024
Anselm Böhmer, Zoë Clark, Mischa Engelbracht, Davina Höblich und Vicki Täubig

Sozialpädagogische*s Zeit*en.
Einführung in den Band

Vicki Täubig

Das Thema der Kommissionstagung 2023 „Sozialpädagogische*s Zeit*en" eröffnete ein gemeinsames Nachdenken auf die Bezugnahmen der Sozialpädagogik auf „Zeit" – auf (die) Zeit, die Zeiten oder auch das Zeiten im Sinne eines doing time. Dementsprechend gehen wir von Zeiten im Plural aus, um die verschiedenen Konstruktionen sozialpädagogischer Zeit*en bzw. von Zeit*en (in) der Sozialpädagogik wahrzunehmen, und setzen das Zeiten als Verb ein, um den Prozess der Hervorbringung von Zeit*en zu bezeichnen. Die Einführung in den Tagungsband untersucht zunächst vorhandene Bezüge zu*m Zeit*en in der Sozialpädagogik und benennt einige Perspektiven eines temporal turn für die Sozialpädagogik. Abschließend werden die Beiträge des Bandes vorgestellt.

1. Historische Sozialpädagogik und Zeitdiagnosen

Es kann nicht ohne historische Verhältnissetzungen erzählt werden, was Sozialpädagogik ist. Einerseits gilt die Entstehung von Disziplin und Profession als ein Projekt der Moderne. Das 20. Jahrhundert wird rückblickend als „das sozialpädagogische" (Thiersch 1992; Rauschenbach 1999) rekonstruiert. Andererseits werden in den Geschichtsschreibungen der Sozialpädagogik bzw. einzelner Handlungsfelder historische Wurzeln weit vor der Moderne datiert. Exemplarisch lässt sich dies an den Geschichten des Pflegekinderwesens oder der stationären Hilfen zur Erziehung in Einrichtungen, die häufig im Mittelalter begonnen werden (vgl. z. B. Trede 2016), ebenso beobachten wie an einer Geschichte der Verberuflichung der Sozialen Arbeit, die ihre Wurzeln in *vor*christlicher Zeit findet (vgl. Müller 2013, S. 11). Die unterschiedlichen Beginne oder andere zeitliche Relationierungen zeigen, dass es sich um Geschicht*en* oder Geschichtsschreibung*en* der Sozialpädagogik handelt, deren notwendiger Plural bisher eher räumlich – meist auf den Nationalstaat bezogen – betont wird (vgl. Hering/Münchmeier 2014, S. 19; auch Graßhoff/Homfeldt/Schröer 2016, S. 7).

Jenseits der Frage nach den Vergangenheiten der Sozialpädagogik, denen sich v. a. die historische Sozialpädagogik widmet, richten Zeitdiagnosen ihren Blick auf die Gegenwarten und werden v. a. als soziologische Gesellschaftsdiagnosen gefasst. Sozialpädagogische Theorien greifen Zeitdiagnosen auf oder nehmen diese – bereits vor der zeitdiagnostischen Konjunktur ab den 1980er-Jahren – vor, um die jeweilige Theorieposition, das jeweilige Verständnis von Sozialpädagogik anhand der jeweils gegenwärtigen Gesellschaft zu begründen (vgl. Compagna/ Hammerschmidt/Stecklina 2022). So ist das „sozialpädagogische Jahrhundert" eng verbunden mit der fortschreitenden Entwicklung des Kapitalismus und gerade die Arbeitsteilung in einer desintegrativen, anomischen und krisenhaften Moderne begründet die Soziale Arbeit, der eine integrative Funktion zugeschrieben wird. Die jüngeren sozialpädagogischen Theoriebildungen greifen Zeitdiagnosen einer zweiten Moderne bzw. reflexiven Modernisierung auf und reflektieren die wachsende Bedeutung der Sozialpädagogik im Übergang von erster zu zweiter Moderne (vgl. Böhnisch 2012). Die Verortung der gegenwärtigen Sozialen Arbeit im Kapitalismus wird kritisiert und Widerstand gegen diesen wird als professionelle Haltung gefordert (vgl. Otto/Wohlfahrt/Ziegler 2018). In dem Befund des *digitalen* Kapitalismus (vgl. Böhnisch/Schröer/Thiersch 2005) kommt im Besonderen eine Zeitkategorie zum Tragen.

Hier zeigt sich, dass Zeitdiagnosen Gegenwart(en) erst durch einen Abgleich von Gegenwart(en) und Vergangenheit(en) beschreiben können. Es deutet sich zudem an, dass die Sozialpädagogik eine Geschichtsschreibung betreibt, in der Diagnosen vergangener und gegenwärtiger Gegenwarten unternommen werden. „Sozialpädagogik als pädagogische Gegenwartsanalyse" (Hornstein 1995, S. 26) kommt nicht ohne historische Selbsterforschung aus, wenn es um den immer wieder neu zu bestimmenden Gegenstand der Disziplin geht (vgl. ebd.).

Zeitdiagnosen bringen somit Gegenstandsbestimmungen hervor und zeugen davon, dass die Gegenstände der Sozialpädagogik zeitlich wandelbar sind. Gesellschaftliche und politische Trends in Form von Gegenwartsdiagnosen werden sozialpädagogisch aufgegriffen und gestalten Sozialpädagogik. Oft sind Gegenwartsdiagnosen Krisendiagnosen (vgl. Dollinger 2021, im Band), die wiederum auf das sozialpädagogische (Selbst-)Verständnis zurückwirken und – wie auf der Kommissionstagung 2021 – nach dessen Krisenhaftigkeit fragen lassen (vgl. Engelbracht/Hünersdorf/Täubig 2023). In der Historie der Kommissionstagungen findet sich dreißig Jahre zuvor eine, die sich dezidiert einer Zeitdiagnose, und zwar der „Zeitdiagnose Soziale Arbeit" (Grunwald/Thiersch 1995a) widmete:

„Geschlechtsspezifische Verschiebungen, Arbeitsmarktprobleme, neue Armut, Gewalt und Drogenkonsum, Schwierigkeiten, die aus dem Vereinigungsprozeß erwachsen, die Krise der sozialen Sicherungssysteme zwingen dazu, die Frage nach Position und Leistungsfähigkeit der Sozialen Arbeit neu zu stellen" (Thiersch/ Grunwald 1995b, S. 7).

Die Frage nach der disziplinären Leistungsfähigkeit wird mit einer Gegenwartsdiagnose verbunden. Nicht selten werden aus solchen Diagnosen Aussagen zur Zukunft der Sozialpädagogik abgeleitet (vgl. z. B. Thiersch 1992, S. 20 ff.; Otto

2006). Im Zuge der gegenwärtigen Aufarbeitung sexualisierter Gewalt und Verstrickung der Sozialpädagogik in Wissenschaft und Praxis fallen Vergangenheit, Gegenwart und Zukunft sowohl im Erleben der Betroffenen als auch im disziplinären Selbstverständnis ineinander (vgl. Andresen 2024; Baader et al. 2024, S. 57, 86). Mit einem theoretischen Verständnis von Zeit, das das In-Beziehung-Setzen von Geschehnisabläufen als die sozial hervorgebrachte Zeit ausdeutet (vgl. Elias 1990), werden in historischer Forschung und Zeitdiagnosen die gesellschaftlichen Gegenwarten und Vergangenheiten in Beziehung gesetzt zur Sozialpädagogik (und ihren Zukünften) – eine erste Bezugnahme auf sozialpädagogische*s Zeit*en.

2. Alltag, Lebensalter, Biografien, Übergänge – die Zeit*en der Subjekte

Auch die zweite Bezugnahme auf Zeit*en kann als geläufig gelten. In theoretischen Ansätzen und empirischer Forschung, die vom Subjekt sozialpädagogischer Bearbeitung her gedacht werden, sind mehrere Zeitkategorien leitend.

Mit Blick auf die Lebenszeit scheint *erstens* die zirkuläre Zeitkategorie des Alltags als wichtiger Bezugspunkt der Sozialpädagogik auf. Alltag und Alltäglichkeit sollen sich, so der lebensweltorientierte Ansatz, im Verlauf sozialpädagogischer Intervention in einen gelingenderen Alltag transformatieren (vgl. Thiersch 2020). Die „Regulierung und Gestaltung *alltäglicher* Lebensführung" (Kessl 2013, S. 27; Herv. V.T.) der Adressat*innen kommt den sozialen Diensten im Wohlfahrtsstaat zu.

Zweitens adressieren mehrere, für die Sozialpädagogik zentrale, Zeitkategorien das Leben in seinem Verlauf und seiner Endlichkeit. Eine Sozialpädagogik der Lebensalter – verstanden als Bewältigungskonstellation der Moderne und damit rückgebunden an eine Zeitdiagnose – fokussiert den institutionalisierten Lebenslauf und die mit den Lebensaltern von Adressat*innen verbundenen sozialpädagogischen Fragestellungen (vgl. Böhnisch 2023). Insbesondere die in der Sozialpädagogik verankerte Biografieforschung (vgl. z. B. Hanses 2004) untersucht die Erfahrungen des schon gelebten und (begrenzten) noch zu lebenden Lebens. Dabei kommt der Einbettung sozialpädagogischer Interventionen in die Biografien von Adressat*innen wie auch der biografischen Bedingtheit der professionellen Tätigkeit besondere Aufmerksamkeit zu. Mit dem Konzept der Übergänge werden schließlich die Veränderungsprozesse in Lebenslauf und Biografie, die durch den Wechsel von einem Lebensalter in ein anderes oder einer Bildungs- oder Hilfeorganisation in eine andere hervorgerufen werden, hinsichtlich ihrer individuellen und organisationalen Gestaltbarkeit betrachtet (vgl. Schröer et al. 2013).

Die Geläufigkeit von Alltag, Lebensalter, Biografie und Übergängen im sozialpädagogischen Vokabular kann nicht darüber hinwegtäuschen, dass eine grundlegende zeittheoretische Rückbindung dieser Zeitkategorien aussteht. Bisher wird die Bedeutsamkeit von Zeit*en für Erziehungs- und Bildungsprozesse, zu denen auch Biografien, Alltag und Übergänge gezählt werden können, (eher) in der Allgemeinen Erziehungswissenschaft reflektiert (vgl. z. B. Mollenhauer 1981; Lüders 1995; Schmidt-Lauff 2012; Goede et al. im Band). Gleichwohl wird für die erziehungswissenschaftliche Biografieforschung eine stärkere zeittheoretische Rückbindung eingefordert (vgl. Schmidt-Lauff/Hassinger 2023) wie auch die sozialpädagogische Übergangsforschung eine solche verfolgt (vgl. Stauber/Walther im Band).

3. Perspektiven eines temporal turn in der Sozialpädagogik

Die eben benannten Vorstöße eines doing biography oder eines doing transitions (vgl. Lauff/Hassinger 2023; Stauber/Walther im Band) knüpfen an Praxistheorien an, in denen Zeit und Raum als Dimensionen von „Praxis" hinterlegt sind (vgl. z. B. Giddens 1984; Schatzki 1996). So war mit der Jahrestagung der Kommission Sozialpädagogik 2023 und ist nun mit diesem Sammelband zu fragen, inwiefern neben dem spatial auch der temporal turn in der Sozialpädagogik nachvollzogen wird. Es gehört zum Kanon der Sozialpädagogik, theoretisch über die Aneignung von Räumen informiert zu sein, den Satz „Alle Räume sind *soziale Räume*" (Löw 2001, S. 228; Herv. i. O.) zu kennen und damit Raum zu verstehen als soziales Phänomen, das durch Spacing und Syntheseleistung hervorgebracht wird (vgl. ebd.). Zum Repertoire der Theorien und Handlungsmethoden gehört die Sozialraumorientierung. Hingegen sind Sätze, wie „Alle Zeiten sind soziale Zeiten" oder gar eine Rede von einer Sozial*zeit*orientierung in der Sozialpädagogik bislang nicht präsent;[1] „Timing" wird in der alltagssprachlichen Bedeutung verwendet. Der Vergleich zum spatial turn und seiner hohen Bedeutung in der Sozialpädagogik führt die zeitliche Dimension einmal mehr als Leerstelle vor Augen. Der Stoßrichtung des temporal turns folgend, ist Zeit kein Ding mehr, das verbraucht wird oder abläuft, sondern wird im Handeln und in den gedanklichen Vorstellungen von Menschen sozial produziert und reproduziert.

Mit dem Verweis auf Praxistheorien leuchtet schnell ein, dass Menschen ihre Zeit*en unterschiedlich herstellen, ja unterschiedlich viel oder wenig (Lebens-, Freizeit- oder Arbeits-)Zeit „haben" und dies durch die soziale Strukturiertheit der

---

1   Gleichwohl finden sich einige Forschungsansätze in der Sozialpädagogik und Kindheitsforschung, die zeitliche und räumliche Dimensionen gleichermaßen untersuchen und dabei als dritte Dimension persönliche Beziehungen aufnehmen (vgl. Zeiher/Zeiher 1998; Täubig 2009; DFG-Graduiertenkolleg 2105 o. J.).

Gesellschaft bedingt ist. So sind ein equal pay day, die Verteilung von Care-Zeiten oder eine lebensaltertypische Armut, wie Alters- oder Kinderarmut, Ausdruck sozialer Ungleichheit. Oder: Gesellschaftliche Teilhabe geht mit sozial ungleichem Aufwand von Lebens- und Alltagszeit einher, was z. B. an der Gruppe der Care Leaver*innen beobachtet werden kann. Im familiären Generationengefüge haben Eltern vermeintlich meist die besseren Argumente, „keine Zeit zu haben" oder dieses oder jenes „schnell noch" fertig machen zu müssen, bevor sie sich der jüngeren Generation zuwenden. In professionellen Kontexten werden generationale Ordnungen (vgl. Fegter/Fischer/März im Band; Rother/Kaul im Band) ebenso relevant wie die Professionellen und die jeweilige Organisation überwiegend den Zeitumfang, die Zeittaktung, etwa von Hilfe (vgl. Wolff 1981, S. 217), bestimmen.

Machtverhältnisse bezogen auf Zeit zu reflektieren, scheint für die Sozialpädagogik im Weiteren dort sehr lohnend, wo Menschen durch sozialpädagogisches Handeln oder mit sozialpädagogischem Handeln in Wartepositionen gebracht werden und eine Vergeudung von Lebenszeit in Institutionen erfahren (vgl. Goffman 1973, S. 71; auch Esau im Band). Teil einer solchen Analyse sind auch die Gegenpraxen derer, die hier zunächst als Objekte des Zeithandelns von Professionellen und Organisationen scheinen.[2] In der sozialpädagogischen Organisationsforschung kann die zeitliche Strukturierung von Organisationen (vgl. Orlikowski/Yates 2002) zusätzlich verfolgt werden.

Einleitend können und sollen weitere Perspektiven nur noch angedeutet werden, die sich für die Sozialpädagogik aus einer stärkeren, interdisziplinär inspirierten, Zuwendung zu Zeit*en ergeben könnten. Gerade im Hinblick auf Fragen sozialer Ungleichheit scheinen Konzepte des Zeitwohlstandes bzw. der Bedeutung von Zeit in einem „guten Leben" (vgl. für einen ersten Überblick Burchardt 2017) anschlussfähig. In den bisherigen Bezugnahmen auf den Capabilities Approach in der Sozialpädagogik spielen Zeit*en noch eine geringe Rolle – mit der Ausnahme der Fähigkeit, ein Leben zu Ende zu leben zu können und nicht vorzeitig zu sterben (vgl. Ziegler 2018, S. 1339). Zugleich wird die Forderung nach einer Zeitpolitik eben auch für verschiedene sozialpolitische Felder relevant gemacht (vgl. Heitkötter et al. 2009; Völkle 2024) und eröffnet Perspektiven für sozialpädagogische Handlungsfelder. Zudem verweisen Zeitwohlstand und Zeitpolitik – auch angesichts der Fachkräfteknappheit – auf professionsbezogene Fragen und auf die in die Sozialpädagogik einmündenden Themen der Nachhaltigkeit (vgl. Retkowski im Band).

Bei der Suche nach Konzepten der*des Zeit*ens kann die Sozialpädagogik nicht nur aus dem interdisziplinären Transfer schöpfen, sondern ebenso erkennen, dass auch andere Disziplinen immer wieder Theorieentwürfe vor-

---

2   Die Unterscheidung in Eigen- und Fremdzeit, die Helga Nowotny (1993) vorgelegt hat, böte einen zeittheoretischen Ausgangspunkt.

legen und ebenso auf der Suche sind.³ Mit den Beiträgen des Bandes begeben sich die Autor*innen auf die Suche und dokumentieren gemeinsam für die Sozialpädagogik das Potenzial und die große Bandbreite der Themenstellung „Sozialpädagogische*s Zeit*en".

4. Die Beiträge im Band

Der Band widmet sich in drei thematischen Blöcken sozialpädagogischen*m Zeit*en. Im *ersten Block „Zeitdiagnosen und historische Analysen"* setzt sich *Bernd Dollinger* mit der gesellschaftlichen bzw. sozialen (Selbst-)Situierung der Sozialen Arbeit in ihrer jeweiligen Gegenwart auseinander. Hierbei rückt er die Frage nach Legitimationen und Begründungen in den Mittelpunkt und vertritt die These, dass die Soziale Arbeit als Fach sich oftmals politisch und öffentlich artikuliert, was zulasten stringenter Analysen geht. Anhand zweier Beispiele zeigt er, dass die Soziale Arbeit Zeitdiagnosen häufig nicht selbst entwickelt, sondern sie in ihr Theorie-Repertoire aufnimmt und dabei selektiv operiert.

Stephan Dorf widmet sich einer Systematisierung der Historischen Sozialpädagogik und arbeitet deren doppelte Reflexivität, die sowohl geschichtswissenschaftliches als auch sozialpädagogisches Wissen voraussetze, heraus. Eine Verdeutlichung des dynamischen Verhältnisses von Geschichtswissenschaft und Sozialpädagogik erfolgt mit dem Rückgriff auf den linguistic turn und einer damit einhergehenden Verschiebung des Fokus von der Geschichte auf Geschichten. Entlang von drei Fällen wird vergleichend rekonstruiert, wie diese Ansätze jeweils die theoretische Entfaltung historischer Zusammenhänge vornehmen.

Den weitestgehend noch unbeleuchteten Wandel der Sozialen Arbeit in Ostdeutschland nehmen *Julia Hille, Mandy Schulze* und *Peter-Georg Albrecht* in den Blick. Den Transformationsprozess illustrieren sie in drei Perspektiven: der Akademisierung und den Professionalisierungsbestrebungen der Sozialen Arbeit, dem Wandel der Sozialen Dienste für ältere Menschen und der transgenerationalen Weitergabe von Wissen in hilfenutzenden Familien. Dabei verorten sie den ‚westdeutschen' Diskurs als die Norm, die oftmals als Referenz für den ‚ostdeutschen' zeitgeschichtlichen Diskurs gesetzt wird. Sie plädieren dafür, die Genese der Sozialen Arbeit in Ostdeutschland eigenständig zu reflektieren, um einen gesamtdeutschen Diskurs besser auf die Herausforderungen einer Sozialer Arbeit in der sozial-ökologischen Transformation ausrichten zu können.

Lucia Bruns begibt sich in die 1990er-Jahre und rekonstruiert – in Anbetracht der aufgeworfenen Zusammenhänge zwischen Offener Arbeit und dem NSU – den damaligen Fachdiskurs zur Offenen Jugendarbeit mit rechten Jugendlichen.

---

3   Nur sehr unvollständig und beispielhaft kann – ergänzend zu den schon benannten Anregungen – der Blick in die disziplinäre Nachbarschaft schweifen: Bergmann 1983; Nassehi 2008.

Sie legt dar, dass das Offenheitspostulat der Offenen Jugendarbeit und die radikale Akzeptanz aller Jugendlichen unzutreffend als akzeptierende Jugendarbeit nach Krafeld gedeutet wurden. Als Leerstellen identifiziert sie erstens den fehlenden Einbezug der Geschichte der Sozialen Arbeit in der DDR. Zweitens seien aus einer intersektionalen Perspektive, nicht-weiße, jüdische, queere oder linke Jugendliche in den Sozialräumen, in denen mit rechten Jugendlichen gearbeitet wurde, im analysierten Fachdiskurs nicht hinreichend repräsentiert.

Naturwissenschaftliche Zeitdiagnosen sind Ausgangspunkt für *Alexandra Retkowski*. Sie entwickelt eine erkenntnistheoretische Perspektive, die auf John Deweys Arbeiten zum empirischen Naturalismus und den Arbeiten des New Materialism fußt. So könne ein Dualismus zwischen Subjekt-Objekt-Beziehungen überwunden werden und z. B. Natur auch als etwas verstanden werden, das durch menschliche Eingriffe geprägt sei. Mit der wechselseitigen Berücksichtigung des Wissens der Umwelt- und Klimaforschung und der Sozialen Arbeit wird zur Analyse des Alltäglichen und der Lebenswelt für einen neuen Ansatz von Interdisziplinarität plädiert.

Rahel More, *Caroline Schmitt* und *Hanna Weinbach* gehen dem Verhältnis von wissenschaftlichem und aktivistischem Wissen nach. An den Beispielen von drei gegenwärtigen Bewegungen – digitalem Aktivismus gegen Ableism, solidarischen Stadtbewegungen im Bereich Flucht*Migration und Selbstvertretungsinitiativen von Menschen mit Lernschwierigkeiten – untersuchen sie ihr Forschungsfeld und hinterfragen exkludierende Formen der Wissensproduktion Sozialer Arbeit. Mit Blick auf die Dimension der Zeit betonen sie die Relevanz historischer Zusammenhänge und die Berücksichtigung von Archiven und Veröffentlichungen früherer Generationen sozialer Bewegungen.

Den *zweiten Block „Doing time und temporale Anforderungen"* beginnen *Barbara Stauber* und *Andreas Walther*. Sie diskutieren verschiedene Funktionsbestimmungen von Sozialpädagogik und beleuchten den Zusammenhang von Übergängen, Sozialpädagogik und Zeit. Indem sie den sozialpädagogischen Beitrag zur Gestaltung und Hervorbringung von Übergängen analysieren, zeigen sie eine temporale Reflexivität, die sie mithilfe der Idee relationaler Zeitlichkeiten entwickeln. Es wird dafür plädiert, sozialpädagogische Reflexivität um die Perspektive der Zeitlichkeit zu erweitern.

Basierend auf dem sozialkonstruktivistischen Ansatz des doing time nimmt *Stefanie Veith* eine empirische Analyse des Übergangs in Mutterschaften vor. Sie rekonstruiert im qualitativen Längsschnitt die Diskrepanzen zwischen natürlichen, sozialen und subjektiven Zeitordnungen, die im Rahmen dieses Übergangs entstehen können. Die Untersuchung macht zeitbedingte Hemmnisse an diesem Übergang sichtbar, die mit divergierenden sozialen und subjektiven Erwartungen in der pränatalen und der postnatalen Phase einhergehen.

Patrick Leinhos, *Yağmur Mengilli* und *Susanne Siebholz* nutzen das Konzept des time work nach Flaherty, in dem Zeitlichkeit und Agency aufeinander bezogen sind. Empirisches Material aus überwiegend biografischer Forschung mit jungen Menschen wird genutzt, um schließlich als Dimensionen des time work das Herstellen eines zeitlichen Nacheinanders, einen Bezug auf Institutionen des Lebenslaufs sowie das Herstellen einer Überzeitlichkeit – einer Art Überdauerungserzählung – zu rekonstruieren. Somit wird gezeigt, dass junge Menschen Modi im Umgang mit Zeit(-Regimen) entwickeln, um zeitbezogene Anforderungen auch eigensinnig zu bearbeiten.

Dem Spannungsverhältnis von Freiheit und Zwang in Bildungsprozessen widmen sich *Jennifer Hübner*, *Serafina Morrin* und *Tim Wersig* entlang dreier unterschiedlicher empirischer Zugänge, in denen sie Zeitlichkeiten aufspüren: die Gestaltung von Übergängen in das Freiwillige Soziale Jahr und deren (zeitlicher) Ordnungen, Prozesse des doing time in der Offenen Kinder- und Jugendarbeit sowie einem Theaterprojekt im Hinblick auf die Ästhetiken eines Verweilens im Augenblick.

Übergreifenden Fragen von Bildungsgerechtigkeit und gesellschaftlicher Teilhabe in Konzepten der Ganztagsbildung gehen *Susann Fegter*, *Lisa Fischer* und *Stella März* nach. Ethnografisch untersuchen sie in zwei Einrichtungen in der Offenen Kinder- und Jugendarbeit, wie die zeitlichen Ordnungen der Einrichtungen von den Kindern für Erfahrungen von Wohlbefinden relevant gemacht werden. Unter anderem zeigen die Ergebnisse, dass zeitliche Ordnungen der Disziplinierung und Machtausübung innerhalb intergenerationaler Beziehungen dienen können.

Pia Rother und *Ina Kaul* knüpfen thematisch an und nehmen die beiden Institutionen der Kindertagesstätte sowie der Grundschule genauer in den Blick. Sie untersuchen, inwiefern eine Bildungsteilhabe für Kinder in den jeweiligen Institutionen konzeptionell verankert ist und welche zeitlichen Vorstellungen damit in Verbindung gebracht werden. Die eingelagerten Konstruktionen institutionalisierter Kindheiten sind schließlich aufgeladen mit der Idee, keine Zeit in (diesen) Bildungsinstitutionen zu verlieren.

Mit den Zeitkonstruktionen, die der Klassifizierung von Lebensphasen immanent sind, befassen sich *Nadine Fiebig*, *Jana Senger* und *Dorothee Schäfer*. Sie betrachten den Adultismus als Ausdruck intergenerationaler Machtverhältnisse und kritisieren unter Bezugnahme auf die UN-Kinderrechtskonvention Ausschließungs- und Diskriminierungspraktiken gegenüber Kindern auf der Basis von gegenwärtigen Kindheitskonstruktionen. Soziale Arbeit wird als Instrument des sozialen Wandels betrachtet, das zu einer Überwindung einer Kolonialisierung der Kindheit beitragen könnte.

Auf Grundlage eines praxeologischen Zeitverständnisses gehen *Nina Flack*, *Florian Eßer*, *Judith von der Heyde*, *Sylvia Jäde*, *Jan Nicolas* und *Maximilian Schäfer* auf Ontopolitiken der Zeit in sozialpädagogischen Zusammenhängen ein. Die Idee entfalten sie anhand von vier verschiedenen Forschungsprojekten zur Archivierung von Daten im Kontext der Heimerziehung, zu den Sichtweisen von Kindern und Jugendlichen auf öffentliche Skateparks, zur Arbeit von Polizeibeamt*innen und alltäglichen Praktiken bei Polizeikontrollen sowie zur Normvorstellungen von Fachberater*innen in familienanalogen Wohnformen.

Die besonderen Spannungsverhältnisse im Handlungsfeld der Sozialen Arbeit mit Geflüchteten sowie das „Warten-Lassen" von Geflüchteten im Migrationsregime nimmt *Erich Esau* als Ausgangspunkt, um die temporale Regierung Geflüchteter aus deren Perspektive zu untersuchen. Neben den Thematisierungen von eigener Zeit und Zeitgestaltung rekonstruiert er anhand von problemzentrierten Interviews mit Geflüchteten, die an sozialpädagogischen Projekten für Geflüchtete teilgenommen haben, Normierungen, Ermöglichungen und Eigensinnigkeiten im Kontext temporaler Anforderungen. Diese werden im Migrationsregime insbesondere auch durch die beteiligte Soziale Arbeit hervorgebracht.

Hannah Goede, Christian Hey-Nguyen, Franziska Leissenberger und *Davina Höblich* diskutieren – von einem differenzsensiblen und diskriminierungskritischen professionellen Handeln in der Sozialen Arbeit ausgehend –, welches Zeitverständnis eine so unterlegte Professionalisierung und Professionalität befördern kann. Sie rahmen Professionalisierung als transformativen lebenslangen und historisch-kontextualisierten Bildungsprozess. Schließlich betonen sie die Notwendigkeit eines spezifischen (qualitativen) Zeitverständnisses für die Soziale Arbeit im Sinne gegen-hegemonialer, widerständiger Zeitigung.

Der *dritte Block* des Bandes versammelt *Ausblicke*, die ganz unterschiedliche Diskussionsstränge der Sozialpädagogik bedienen. So diskutieren *Stefanie Albus, Maksim Hübenthal, Phries Künstler, Bettina Ritter* und *Holger Schoneville* Armut als eine in der aktuellen sozialpädagogischen Forschung zu wenig beachtete Ungleichheitsdimension. Gleichwohl stellt Armut seit jeher einen Gegenstand, bisweilen auch den Ausgangspunkt, sozialpädagogischen Handelns dar. Es werden Elemente einer sozialpädagogischen Armutsforschung und ihrer Zeitbezüge auf drei Ebenen skizziert: auf der Ebene des gesellschaftspolitischen Wandels, der des Spannungsfeldes zwischen Effizienz der Unterstützungsangebote und der Bedarfsabdeckung sowie der Ebene der Auswirkungen von Armut auf die Biografien von Betroffenen.

Die spannungsreiche Beziehung zwischen Sozialpädagogik und Psychoanalyse ist der Ausgangspunkt von *Marie Frühauf, Sarah Henn, Lisa Janotta, Margret Dörr* und *Lara Spiegler*. Mithilfe ausgewählter empirischer Studien loten sie den Erkenntnisgewinn psychoanalytisch fundierte Zugänge aus und zeigen, wie der Fokus auf unbewusste Konflikte, die sich nur verschlüsselt in den affektiv eingefärbten Interaktionen der Beteiligten Ausdruck verschaffen, vertiefte Einsichten in das Verhältnis von Individuum und Gesellschaft eröffnet.

Bei der Tagung beschäftigte sich die *Ad-hoc-Gruppe „Forschung und Gewalt"* mit gewaltvollen Konstellationen in Forschungsprozessen und Praktika von Studierenden. Noch fehlende Sensibilisierungs- sowie Interventionskonzepte problematisierend, wurde diskutiert, welche Bedarfe bestehen, wie angemessene Beratungs- und Unterstützungsformen sowie Verfahren an den Hochschulen entwickelt werden können. Der Beitrag hält die Ergebnisse fest.

Literatur

Andresen, Sabine (2024): Time as a Category in Survivors' Reports About Child Sexual Abuse: An Explorative Approach to Lifetime Abuse. In: Journal of Interpersonal Violence 39, H. 19–20, S. 4065–4086.

Baader, Meike/Böttcher, Nastassia/Ehlke, Carolin/Oppermann, Carolin/Schröder, Julia/Schröer, Wolfgang (2024): Ergebnisbericht „Helmut Kentlers Wirken in der Berliner Kinder- und Jugendhilfe – Aufarbeitung der organisationalen Verfahren und Verantwortung des Berliner Landesjugendamtes". Universitätsverlag Hildesheim. https://www.hilpub.uni-hildesheim.de/handle/ubhi/16897 (Abfrage: 29.08.2024).

Bergmann, Werner (1983): Das Problem der Zeit in der Soziologie. Ein Literaturüberblick zum Stand der „zeitsoziologischen" Theorie und Forschung. In: Kölner Zeitschrift für Soziologie und Sozialpsychologie 35, H. 3, S. 462–504.

Böhnisch, Lothar (2012): Lebensbewältigung. Ein sozialpolitisch inspiriertes Paradigma für die soziale Arbeit. In: Thole, Werner (Hrsg.): Grundriss Soziale Arbeit. Wiesbaden: VS Verlag für Sozialwissenschaften, S. 219–233.

Böhnisch, Lothar (2023): Sozialpädagogik der Lebensalter. Eine Einführung. 9. Auflage. Weinheim/Basel: Beltz Juventa.

Böhnisch, Lothar/Schröer, Wolfgang/Thiersch, Hans (2005): Sozialpädagogisches Denken. Wege zu einer Neubestimmung. Weinheim/München: Juventa.

Burchardt, Hans-Jürgen (2017): It's about time, stupid! Die Vermessung des guten Lebens zwischen Status quo und Wertewandel. In: Leviathan 45, H. 2, S. 255–280.

Compagna, Diego/Hammerschmidt, Peter/Stecklina, Gerd (2022): Einführung: „In welcher Welt leben wir?" Soziale Arbeit und Zeitdiagnosen. In: Compagna, Diego/Hammerschmidt, Peter/Stecklina, Gerd (Hrsg.): In welcher Welt leben wir? Zeitdiagnosen und Soziale Arbeit. Weinheim/Basel: Beltz Juventa, S. 9–28.

DFG-Graduiertenkolleg 2105 (o. J.): „Doing Transitions". Formen der Hervorbringung von Übergängen im Lebenslauf. Forschungsprogramm. https://www.doingtransitions.org/wp-content/uploads/2021/03/GRK-2015-Doing-Transitions-Forschungsprogramm-2.-F%C3%B6rderphase.pdf (Abfrage: 27.08.2024).

Dollinger, Bernd (2021): Krisendiagnosen aus sozialpädagogischer Sicht. In: Sozial Extra 45, H. 4, S. 275–278.

Elias, Norbert (1990): Über die Zeit. 3. Auflage. Frankfurt a. M.: Suhrkamp.

Engelbracht, Mischa/Hünersdorf, Bettina/Täubig, Vicki (2023): Sozialpädagogische Professionalisierung in der Krise? Zur Einführung. In: Kommission Sozialpädagogik (Hrsg.): Sozialpädagogische Professionalisierung in der Krise? Weinheim/Basel: Beltz Juventa, S. 10–23.

Giddens, Anthony (1984): The constitution of Society. Outline of the Theory of Structuration. Cambridge/Malden: Polity Press.

Goffman, Erving (1973): Asyle. Über die soziale Situation psychiatrischer Patienten und anderer Insassen. Frankfurt a. M.: Suhrkamp.

Graßhoff, Gunther/Homfeldt, Hans Günther/Schröer, Wolfgang (2016): Internationale Soziale Arbeit. Grenzüberschreitende Verflechtungen, globale Herausforderungen und transnationale Perspektiven. Weinheim/Basel: Beltz Juventa.

Hanses, Andreas (Hrsg.) (2004): Biographie und soziale Arbeit. Institutionelle und biographische Konstruktionen von Wirklichkeit. Baltmannsweiler: Schneider-Verlag Hohengehren.

Heitkötter, Martina/Jurczyk, Karin/Lange, Andreas/Meier-Gräwe, Uta (2009): Einführung: Familien – ein zeitpolitisches Entwicklungsland. In: Heitkötter, Martina/Jurczyk, Karin/Lange, Andreas/Meier-Gräwe, Uta (Hrsg.): Zeit für Beziehungen? Zeit und Zeitpolitik für Familien. Opladen/Farmington Hills/MI: Barbara Budrich, S. 9–34.

Hering, Sabine/Münchmeier, Richard (2014): Geschichte der sozialen Arbeit. Eine Einführung. 5. Auflage. Weinheim/Basel: Beltz Juventa.

Hornstein, Walter (1995): Zur disziplinären Identität der Sozialpädagogik. In: Sünker, Heinz (Hrsg.): Theorie, Politik und Praxis sozialer Arbeit. Einführungen in Diskurse und Handlungsfelder der Sozialarbeit/Sozialpädagogik. Bielefeld: Kleine, S. 12–31.

Kessl, Fabian (2013): Soziale Arbeit in der Transformation des Sozialen. Eine Ortsbestimmung. Wiesbaden: Springer VS.

Löw, Martina (2001): Raumsoziologie. Frankfurt a. M.: Suhrkamp.

Lüders, Manfred (1995): Zeit, Subjektivität und Bildung. Die Bedeutung des Zeitbegriffs für die Pädagogik. Weinheim: Deutscher Studien Verlag.

Mollenhauer, Klaus (1981): Die Zeit in Erziehungs- und Bildungsprozessen. Annäherungen an eine bildungstheoretische Fragestellung. In: Die deutsche Schule 73, H. 2, S. 68–78.

Müller, C. Wolfgang (2013): Wie Helfen zum Beruf wurde. Eine Methodengeschichte der Sozialen Arbeit. 6. Auflage. Weinheim/Basel: Beltz Juventa.

Nassehi, Armin (2008): Die Zeit der Gesellschaft. Auf dem Weg zu einer soziologischen Theorie der Zeit. Wiesbaden: VS Verlag für Sozialwissenschaften.

Nowotny, Helga (1993): Eigenzeit. Entstehung und Strukturierung eines Zeitgefühls. Frankfurt a. M.: Suhrkamp.

Orlikowski, Wanda, J./Yates, JoAnne (2002): It's about Time: Temporal Structuring in Organizations. In: Organization Science 13, H. 6, S. 684–700.

Otto, Hans-Uwe (2006): Die Zukunft der Sozialen Arbeit als Profession – eine bundesrepublikanische Suchbewegung. In: Böllert, Karin/Hansbauer, Peter/Hasenjürgen, Brigitte/Langenohl, Sabrina (Hrsg.): Die Produktivität des Sozialen – den sozialen Staat aktivieren. Wiesbaden: VS Verlag für Sozialwissenschaften, S. 283–290.

Otto, Hans-Uwe/Wohlfahrt, Norbert/Ziegler, Holger (2018): Soziale Arbeit im Kapitalismus. In: neue praxis 48, H. 6, S. 596–603.

Rauschenbach, Thomas (1999): Das sozialpädagogische Jahrhundert. Analysen zur Entwicklung sozialer Arbeit in der Moderne. Weinheim/München: Juventa.

Schatzki, Theodore R. (1996): Social Practices. A Wittgensteinian Approach to Human Activity and the Social. Cambridge: Cambridge University Press.

Schmidt-Lauff, Sabine (2012): Grundüberlegungen zu Zeit und Bildung. In: Schmidt-Lauff, Sabine (Hrsg.): Zeit und Bildung. Annäherungen an eine zeittheoretische Grundlegung. Münster/New York/München/Berlin: Waxmann, S. 11–60.

Schmidt-Lauff, Sabine/Hassinger, Hannah (2023): Biographieforschung und Zeit. In: Nittel, Dieter/Felden, Heide von/Mendel, Meron (Hrsg.): Handbuch Erziehungswissenschaftliche Biographieforschung und Biographiearbeit. Weinheim/Basel: Beltz Juventa, S. 123–136.

Schröer, Wolfgang/Stauber, Barbara/Walther, Andreas/Böhnisch, Lothar/Lenz, Karl (Hrsg.) (2013): Handbuch Übergänge. Weinheim/Basel: Beltz Juventa.

Täubig, Vicki (2009): Totale Institution Asyl. Empirische Befunde zu alltäglichen Lebensführungen in der organisierten Desintegration. Weinheim/München: Juventa.

Thiersch, Hans (1992): Das sozialpädagogische Jahrhundert. In: Rauschenbach, Thomas/Gängler, Hans (Hrsg.): Soziale Arbeit und Erziehung in der Risikogesellschaft. Neuwied/Berlin: Luchterhand, S. 9–24.

Thiersch, Hans (2020): Lebensweltorientierte Soziale Arbeit – revisited. Grundlagen und Perspektiven. Weinheim/Basel: Beltz Juventa.

Thiersch, Hans/Grunwald, Klaus (1995b): Zur Einführung. In: Thiersch, Hans/Grunwald, Klaus (Hrsg.): Zeitdiagnose soziale Arbeit. Zur wissenschaftlichen Leistungsfähigkeit der Sozialpädagogik in Theorie und Ausbildung. Weinheim/München: Juventa, S. 7–9.

Thiersch, Hans/Grunwald, Klaus (Hrsg.) (1995a): Zeitdiagnose soziale Arbeit. Zur wissenschaftlichen Leistungsfähigkeit der Sozialpädagogik in Theorie und Ausbildung. Weinheim/München: Juventa.

Trede, Wolfgang (2016): Vollzeitpflege. In: Schröer, Wolfgang/Struck, Norbert/Wolff, Mechthild (Hrsg.): Handbuch Kinder- und Jugendhilfe. 2. Auflage. Weinheim/Basel: Beltz Juventa, S. 813–931.

Völkle, Hanna (2024): Politische Ökonomie der Zeit. Zur Relevanz von Zeitpolitik im Rahmen der sozial-ökologischen Transformation. Bonn: Friedrich-Ebert-Stiftung.

Wolff, Stephan (1981): Grenzen der helfenden Beziehung. Zur Entmythologisierung des Helfens. In: Kardorff, Ernst von/Koennen, Elmar (Hrsg.): Psyche in schlechter Gesellschaft. Zur Krise klinisch-psychologischer Tätigkeiten. München/Wien/Baltimore: Urban & Schwarzenberg, S. 211–238.

Zeiher, Hartmut, J./Zeiher, Helga (1998): Orte und Zeiten der Kinder. Soziales Leben im Alltag von Großstadtkindern. 2. Auflage. Weinheim/München: Juventa.

Ziegler, Holger (2018): Capabilities Ansatz. In: Böllert, Karin (Hrsg.): Kompendium Kinder- und Jugendhilfe. Wiesbaden: Springer VS, S. 1321–1353.

I Zeitdiagnosen und historische Analysen

Sozialpädagogische Diagnosen von Zeit und Gesellschaft

Bernd Dollinger

Die Soziale Arbeit ist in hohem Maße durch ihre spezifische gesellschaftliche bzw. soziale Verortung geprägt (vgl. Dollinger et al. 2012; Hamburger 2012, S. 112 ff.). Der vorliegende Beitrag setzt sich mit dieser gesellschaftlichen bzw. sozialen (Selbst-)Situierung der Sozialen Arbeit in ihrer jeweiligen Gegenwart auseinander. Es ist davon auszugehen, dass sich aus der Art und Weise, wie sich die Soziale Arbeit in ihren Theorien in der Gegenwartsgesellschaft verortet, besondere Erkenntnisse darüber gewinnen lassen, wie sie sich insgesamt konzipiert und gegenüber für sie wichtigen „Stakeholdern" aus Politik, Interessensverbänden, Medien und auch gegenüber Adressat*innen legitimiert. Obwohl die entsprechende Spannbreite an Positionierungen erheblich ist, ist sie nicht arbiträr. Man kann nicht mit jedem Bezug auf Gesellschaft und soziale Prozesse sozialpädagogisches Wissen und Handeln begründen. Im Gegenteil lassen sich distinkte Formen der Art und Weise rekonstruieren, durch die sich die Soziale Arbeit selbst ausweist.[1]

Dies zu eruieren und nachzuweisen, kann auch deshalb besonders erkenntnisreich sein, da sozialpädagogische Theorien oftmals als relativ unverbunden nebeneinanderstehend wahrgenommen werden (vgl. z. B. Füssenhäuser 2018; Rauschenbach/Züchner 2010). Mit Blick auf ihre wesentlichen Inhalte und auch auf die Formen der Argumentation zeigen sie eine weitgehende Unvereinbarkeit (vgl. Sandermann/Neumann 2023), sodass Optionen, Erkenntnisse aufeinander zu bauen und kontinuierliche Erkenntnisfortschritte zu generieren, eingeschränkt sind, da selbst die Grundlagen der Theoriearbeit differieren. Wenn gleichwohl markante, für die Soziale Arbeit charakteristische Arten der gesellschaftlichen Positionierung sichtbar gemacht werden können, wäre dies demnach ein relevanter Erkenntnisgewinn.

---

1 Die im Folgenden hierzu angestellten Analysen setzen an Punkten an, die ich bereits anderweitig näher ausgeführt hatte. Insbesondere in Dollinger (2020) wird ein differenzierteres analytisches Instrumentarium genutzt, um sozialpädagogische Theorien narrationstheoretisch zu erschließen (vgl. auch Dollinger 2013; 2022).

1. Zeitdiagnosen als und in Theorien

Es ist naheliegend, bei Fragen der gegenwartsgesellschaftlichen Verortung Sozialer Arbeit zunächst auf die Soziologie zu blicken. In ihrem Fall besteht eine nicht weniger große Heterogenität von Verständnissen der Gesellschaft; zudem wurden in den vergangenen Jahren verschiedene Analysen von Zeitdiagnosen vorgenommen, um ersehen zu können, wie sozialwissenschaftliche Positionen anstreben, gegenwärtige Lebensverhältnisse begrifflich zu fixieren (z. B. Bogner 2012; Prisching 2018; Schimank/Volkmann 2000; 2019). Aktuell liegen zahlreiche sozialwissenschaftlich ausgerichtete Diagnosen der gegenwärtigen Zeit und Gesellschaft vor, die durch einen kritischen Diskurs begleitet werden, in dem die Besonderheiten und die – mal mehr, mal weniger große – Aussagekraft dieser Art von Diagnostik diskutiert werden. Im Zuge dieser Analyse wird z. B. vorgeschlagen, eine Trennung vorzunehmen, wie dies Knoblauch (2019, S. 222) unternimmt, indem er zunächst mit Blick auf Osrecki zwischen Gesellschaftstheorien und Zeitdiagnosen unterscheidet, denn in

„der Gesellschaftstheorie geht es zeitlich nicht um kurzfristige Änderungen in der Gegenwart, sondern um längerfristige Bewegungen allgemeinerer Merkmale. [...] Die Gesellschaftstheorie unterscheidet sich von der Zeitdiagnose auch durch einen deutlich höheren Abstraktionsgrad und damit ihre geringere allgemeine Verständlichkeit".

Zudem richteten sich Zeitdiagnosen vorrangig an ein massenmedial vermitteltes, außerhalb der Wissenschaft liegendes Publikum. Dabei differenziert Knoblauch weitergehend: eine „Sozialtheorie", die Soziales auf allgemeine und grundlegende Weise in unterschiedlichen Disziplinen fokussiert (Knoblauch 2019, S. 226), und demgegenüber soziologische Theorien, die spezifischer disziplinär gebunden sind. „Kategorien der Gesellschaftstheorie" dienten dazu, „empirische Formationen des Sozialen zu bestimmen sowie Ähnlichkeiten und Unterschiede zwischen verschiedenen Gesellschaften beobachten zu können" (Knoblauch 2019, S. 228). Gesellschaftstheorie fokussiert vergleichend auf Gesellschaft und ihre Veränderung, während eine Zeitdiagnose „eine eher schlichte Orientierung am empirischen Stand der Forschung" (Knoblauch 2019, S. 231) aufweise, um gegen (vermeintlich) umfangreiche Veränderungen einen normativ ausgerichteten „Handlungsrahmen" (Knoblauch 2019, S. 232) bereitzustellen, aus dem anwendungsbezogene Konsequenzen zu ziehen seien.

Zu diesen Differenzierungen gibt es Alternativen. Einschätzungen von Zeitdiagnosen und ihres wissenschaftlichen bzw. öffentlichen Stellenwerts sowie ihrer Aussagekraft differerieren erheblich. Dies ist insofern an dieser Stelle hervorzuheben, als zu Zeitdiagnosen in der Soziologie ein nicht geringer Reflexionsdiskurs festzustellen ist. Sie sind als Forschungsgegenstand etabliert, der je nach Perspektive in mehr oder weniger große Nähe zum Kern soziologischer Analysen gerückt wird.

In der Sozialen Arbeit ist eine vergleichbar ausgebaute, kritische Diskussion kaum anzutreffen; entsprechende Analysen treten auf, sind allerdings eher selten (vgl. z. B. Compagna/Hammerschmidt/Stecklina 2022). Dies kann insofern verwundern, als sich die Soziale Arbeit wesentlich über zeitdiagnostische Krisenzuschreibungen konstituierte (vgl. Dollinger 2006). In der Geschichte der Sozialen Arbeit zeigen sich mannigfaltige gesellschafts- und kulturkritisch ausgerichtete Krisenzuschreibungen an die jeweilige Gegenwart. Symptome wie eingeschränkte Zugänge zu Ressourcen, Entfremdung in der aktuellen Form (spät-)kapitalistischer Produktionsverhältnisse, Auflösungen ehemals stabiler und tradierter Normalitätserwartungen, Diskriminierungen und vieles mehr werden angeführt, um zu begründen, dass Adressat*innen sozialer Hilfen mit Problemen konfrontiert sind, die durch Institutionen der Sozialen Arbeit zu bearbeiten sind. Dass Zeitdiagnosen einen besonderen „Handlungsrahmen" bereitstellen, ist für die Soziale Arbeit und ihre wissenschaftliche Selbstvergewisserung nahezu konstitutiv. Dabei wurde diese enge Bindung von wissenschaftlichem Diskurs und normativer sowie anwendungsbezogener Ausrichtung bislang kaum als Aufforderung gelesen, grundlegend nach der Konstitution sozialpädagogischen Wissens im Modus der Zeitdiagnostik zu fragen und dies aufzuarbeiten. Die Soziale Arbeit ist in relativ hohem Maße von Versuchen geprägt, bestimmte Erscheinungen der Gegenwart zu problematisieren und sich gegen sie zu positionieren. So wird sozialpädagogischen Theorien ein oftmals auftretender „Mehrfachanspruch" attestiert, der darin besteht, „Soziale Arbeit mithilfe der jeweiligen Theorien *zugleich* umfassend beschreiben, erklären, kritisch analysieren und normativ orientieren zu können" (Sandermann/Neumann 2018, S. 200). Demgegenüber sind Versuche, genuin analytisch zu erschließen, wie die Soziale Arbeit Theorien und weitere für sie konstitutive Wissensbestände konstituiert, noch eher randständig. Es scheint der Fall zu sein, dass die in sozialpädagogischen Theorien oftmals mitgeführte, vergleichsweise starke Praxis- und Anwendungsorientierung einer Fundierung wissenschaftlich-analytischer Potenziale nicht förderlich ist. Sozialpädagogische Fachdiskurse sind, sofern sie eine normative Orientierung der Praxis anstreben, in Versuche der Etablierung und der spezifischen Konturierung sozialer Probleme involviert. Sie ringen dann mit anderen Positionen um die in der Problemsoziologie sog. „ownership" von Problemen. Best (2021, S. 89) erläutert dies folgendermaßen: „Ownership is established when particular claims or frames become generally recognized and acknowledged as the best way to understand a particular issue". Bei vielen Themen, die durch die Soziale Arbeit bearbeitet werden, gibt es konkurrierende Alternativen, wie historisch und international vergleichende Studien deutlich machen. Ob z. B. auf Armut mit einer umfassenden Form von Wohlfahrtspolitik, pädagogisch-psychologischer und personalisierender Zuwendung, Desinteresse oder anderweitig reagiert wird, wird in politischen Prozessen entschieden, die ihrerseits voraussetzungsvoll sind (vgl. Barlösius 2001; Esping-Anderson 1990; Schmidt 2005). In der normativen Spezifizierung ihrer Selbstvergewisserungen und grundlegend in der Perspektive, die sie auf soziale Phänomene annimmt, involviert sich die Soziale Arbeit in diese Auseinandersetzungen. Zeitdiagnosen sind fester Bestandteil dieser politisch-artikulatorischen Praxis, deren Ziel darin liegt, spezifische Positionen als kompetent und zuständig für die Bearbeitung eines Problems auszuweisen.

Dies bedeutet nicht, dass die Soziale Arbeit im Vergleich zur Soziologie weniger fortgeschritten wäre oder dergleichen. Ohne dass Überschneidungen ausgeschlossen wären, zeigt sich im Vergleich allerdings, dass Zeitdiagnosen für die Soziale Arbeit einen anderen Stellenwert und eine andere Funktion als in der Soziologie besitzen, da sie die Soziale Arbeit als Fach deutlich stärker in die Rolle bringen, sich politisch und öffentlich zu artikulieren und damit eine perspektivische Haltung in Diskussionen dazu einzunehmen, wie soziale Probleme „richtig" zu bearbeiten sind. Diagnosen der gegenwärtigen Zeit sind in der Sozialen Arbeit in der Regel kritische Einwände gegen „die" moderne Gesellschaft in ihrem aktuellen Zustand. Mit diesen Einwänden verbinden sich implizit oder explizit Aufrufe zu besonderer Problemarbeit im Dienst der betroffenen Menschen, sei dies in direkt personenbezogener Form, als Arbeit an Infrastrukturen oder als Einmischung in politische Prozesse.

2. Zwei Beispiele und zwei Argumentationsmodi in der Kritik der Gegenwart

Seit den 1960er- und 1970er-Jahren adaptiert die Soziale Arbeit verstärkt sozialwissenschaftliche Wissensbestände, um sich in der beschriebenen Weise zeitdiagnostisch zu orientieren. Trotz der eben markierten Differenz zum Umgang der Soziologie mit Zeitdiagnosen bindet sie sich damit an in dieser Tradition stehende Aussagen über „die" Gesellschaft, die in der Sozialen Arbeit auf selektive Weise gleichsam als spezifische Bindestrich-Gesellschaften thematisch werden, z. B. als Disziplinar-Gesellschaft, Kontroll-Gesellschaft, spätkapitalistische Gesellschaft, funktional differenzierte Gesellschaft, desintegrierte Gesellschaft, Risiko-Gesellschaft usw. Diese und weitere Beispiele führen vor Augen, dass die Soziale Arbeit Zeitdiagnosen oftmals nicht selbst entwickelt, sondern sie in ihr Theorie-Repertoire aufnimmt und dabei in hohem Maße selektiv operiert, denn zahlreiche Zeitdiagnosen spielen in der sozialpädagogischen Theoriedebatte keine oder nahezu keine Rolle (zu Übersichten vgl. z. B. Bogner 2012; Compagna/Hammerschmidt/Stecklina 2022; Schimank/Volkmann 2000). Weitgehend irrelevant sind für sie insbesondere Diagnosen, die auf eine positiv oder zumindest neutral bewertete Gegenwartsgesellschaft hinweisen, während demgegenüber in der Regel Diagnosen präferiert werden, die Problembezüge begründen, welche an einzelnen Subjekten „bearbeitet" werden können, und deren implizites oder explizites Menschen- und Gesellschaftsbild an etablierte sozialpädagogische Positionen anschlussfähig gemacht werden kann.

Das bekannteste Beispiel hierfür dürften Zeitdiagnosen einer Risikogesellschaft bzw. einer reflexiven Modernisierung sein (vgl. Hünersdorf 2019). Sie eröffnen der Sozialen Arbeit umfangreiche Optionen der Problemarbeit mit – so die Annahme – Subjekten, die im Verlauf von Modernisierungsprozessen überfordert würden, da sich institutionelle Bindungen, moralische Orientierungen, tradierte Muster der Lebensführung etc. auflösten (hierzu die bereits „klassische" Argumentation in Beck 1986; krisenhaft gespiegelt in Heitmeyer et al. 1995). Diese seien zwar nach wie vor nötig, um eine Überforderung der Subjekte zu vermeiden; da sie nicht mehr zur Verfügung stünden, scheint es nun jedoch besonderer Institutionen und unterstützender Professionen zu bedürfen, die funktional äquivalent tätig werden könnten. Sozialpädagogische Problemarbeit kann in der Konsequenz zwar nicht Modernisierung als abstrakten, für die zeitgenössischen Krisen verantwortlich gemachten Mechanismus revidieren. Aber sie scheint in der Lage und notwendig zu sein, um in der Arbeit mit Subjekten historisch erodierte sozialisatorische und (weitere) integrative Leistungen zu kompensieren bzw. zu restituieren (vgl. Dollinger 2020, S. 139 ff.).

Mit einer derartigen Argumentation wird auf für sozialpädagogische Zeitdiagnosen charakteristische Weise an ein Narrativ angeschlossen, das nicht nur in den Sozialwissenschaften, sondern auch kulturell tief verankert ist, das einer krisenhaften Moderne (vgl. Koschorke 2017, S. 203 ff.). Ihm wird eine Wendung gegeben, die sozialpädagogische Problemarbeit plausibel machen und sozialpädagogische Wissensformen plausibilisieren soll. In der Geschichte sozialpädagogischer Zeitdiagnosen treten entsprechende Arten der Begründung sozialpädagogischer Praxis immer wieder auf. Dies kann insofern erkenntnisreich sein, als in die jeweiligen Zeitdiagnosen Vorannahmen dazu einfließen, wie die Soziale Arbeit sich als besondere Form der Problemarbeit mit ihren normativen Stellungnahmen und ihren Begriffen von Gesellschaft und Subjekten entwirft. Zeitdiagnosen verraten in diesem Sinne möglicherweise nicht unmittelbar etwas über „die" Gesellschaft und „die" Gegenwart, aber sie enthalten zahlreiche Hinweise auf die Instanz, die sie vornimmt.

Eine Möglichkeit, die entsprechenden Wissensbestände sichtbar zu machen, liegt in der Rekonstruktion zentraler Argumentationsmodi, die in die Zeitdiagnosen eingelassen sind. Ich rekurriere hierzu im Folgenden auf ein ausdifferenziertes analytisches Instrumentarium, das insbesondere aus der Literaturwissenschaft stammt und das von dem Literaturwissenschaftler und Historiker Hayden White (2014) genutzt wurde, um Geschichtstheorien und geschichtsphilosophische Ansätze im 19. Jahrhundert zu analysieren. Das zunächst 1973 publizierte

Werk „Metahistory" wird bis heute in der Geschichtswissenschaft zwar kontrovers diskutiert, gilt allerdings als überaus einflussreich (vgl. Hardtwig 2007; Todt 2007). Weder diese Debatte noch Whites mehrdimensionales Instrumentarium können an dieser Stelle wiedergegeben oder insgesamt in Anwendung gebracht werden (vgl. Dollinger 2020). Im vorliegenden Beitrag soll es lediglich darum gehen anzudeuten, dass eine an White angelehnte Analyse von Zeitdiagnosen erkenntnisreich sein kann, um Aussagen über die Soziale Arbeit als Instanz zu gewinnen, die sich über spezifische Zeitdiagnosen als Wissens- und Praxisform legitimiert. White erschließt die von ihm analysierten Ansätze narrationstheoretisch, indem er den Kern der jeweiligen Darstellung („mode of emplotment"), den grundlegenden Argumentationsmodus („mode of argument"), dessen tropologische Basis sowie die ideologischen Implikationen differenziert. Ich nutze im Folgenden zur Analyse lediglich den – gegenüber einzelnen Argumenten oder spezifischen Motiven der Argumentation abstrakter angelegten – Argumentationsmodus, um zu zeigen, dass sozialpädagogische Zeitdiagnosen charakteristische argumentative Zuschreibungen vornehmen, um sich wissenschaftlich und öffentlich zu legitimieren. White (2014, S. 10 f.) beschreibt einen Argumentationsmodus als Kommunikation einer „explanation of what happens in the story by invoking principles of combination which serve as putative laws of historical explanation". Es geht demnach um Schlussfolgerungen, die aus der Verbindung von Ereignissen gezogen werden, um eine Entwicklung zu begründen. Die historische oder sozialwissenschaftliche Erklärung erfolgt mithilfe von Gesetzmäßigkeiten, die aus der Verbindung resultieren, wobei für die Soziale Arbeit mit Blick auf denkbare und prinzipiell plausible Argumentationsmodi eine nicht minder große Heterogenität anzuerkennen ist, als sie White für die Geschichtswissenschaft anführt.[2]

Gleichsam als „Objekte" der Analyse beziehe ich mich auf zwei Textabschnitte; sie wurden ausgewählt, da sie kontrastiv genutzt werden können und – was in diesem Beitrag nicht näher begründet werden kann (vgl. Dollinger 2013; 2020) – jeweils für die Soziale Arbeit zentrale zeitdiagnostische „modes of argument" repräsentieren.

2.1 Das kapitalistisch produzierte und unterjochte Schaf

Siegfried Bernfeld ist einer der „großen" Referenzpunkte kritischer Sozialer Arbeit; gegenüber der Pädagogik und der Gesellschaft seiner Zeit fand er pointiert kritische Worte. Der folgende Abschnitt entstammt dem „Sisyphos", 1925 erschie-

---

[2] White (2014) unterscheidet vier prinzipielle Arten von Argumentationsmodi: formativistische, mechanistische, organizistische und kontextualistische. Im Folgenden gehe ich näher auf zwei ein, die für die erörterten Beispiele von Relevanz sind (vgl. Dollinger 2020).

nen und eine von Bernfelds wichtigsten Publikationen. Bernfeld nahm mit ihm programmatisch Stellung zum Diskurs um Grenzen der Erziehung in der Weimarer Zeit, wobei die oftmals in einem Kind verankerten, vermeintlichen Grenzen der Erziehbarkeit für ihn keine besondere Rolle spielten. Wichtiger waren seiner Ansicht nach v. a. die in der Gesellschaft liegenden Grenzen, ferner die in der Persönlichkeit von Erziehenden zu verortenden sowie die bei seinen sozialistischen Kolleg*innen zu findenden.

Im „Sisyphos" legte Bernfeld dar, wie er die historische Entwicklung hin zur Gegenwart konzipierte und wie er die Gesellschaft seiner Gegenwart verstand. Er leistete dies im Rekurs auf psychoanalytische und marxistische Positionen, die er zu integrieren anstrebte. Auf dieser Grundlage schrieb er:

> „Die soziale Funktion der Erziehung ist die Konservierung der biopsychischen und der sozialökonomischen, mit ihr der kulturell-geistigen Struktur der Gesellschaft. Nichts als diese Konservierung, diese Fortpflanzung. Was darüber hinausweist, ist die Tendenz zur Verewigung der Machtverteilung von heute. [...]
> Die individuellen Unterschiede verschwinden nicht minder als die außertypischen des Alters, es ist die große bürgerliche Schafherde, die schlecht und recht die Masse Wolle gibt, die Kosten von Aufzucht, Pflege und Vermehrung mit Profit rückerstattend und eins genau so wie das andere aussehend, wie Schafe eben" (Bernfeld 1925/1973, S. 110 f.).

Die einzelnen Subjekte sind laut Bernfeld in vergleichsweise „harte" strukturelle Bedingungen der Gesellschaft eingebunden. Diese Bedingungen schrieben sich in die Erziehung ein, die Bernfeld in der Funktion der Reproduktion dieser Bedingungen verortet. Ein Entkommen scheint an dieser Stelle ausgeschlossen, zumindest mit den Mitteln der Pädagogik und, so ist zu ergänzen, auch der Sozialpädagogik. Die Prägung der Menschen zu bloßen Typen bzw. Schafen wird als umfassend abgesichert beschrieben: Sie reiche bis in die „biopsychischen" Grundlagen der Gesellschaft, d. h. bis in die psychische und physische Konstitution der Menschen, und sei zudem mit der „sozialökonomischen" und der „kulturell-geistigen Struktur der Gesellschaft" koordiniert. Es ist ein relativ striktes Gefüge, das Bernfeld durch die Erziehung vollzogen sieht und das darauf ausgelegt ist, aus Menschen Profit zu schöpfen.

Es handelt sich um ein pointiertes Beispiel für eine Position, die die Gegenwart problematisiert, da sie die Menschen mit übermächtigen strukturellen Lebensbedingungen und Einprägungen konfrontiert. Es gibt in diesem – mit White (2014, S. 16 f.) als „mechanistisch" zu bezeichnenden – argumentativen Modus historisch langfristig wirkende Gesetzmäßigkeiten, denen der Einzelne nicht zu entkommen vermag. Die gegenwärtige Zeit ist zwar besonders, aber sie ist dies angesichts einer langen historischen Entwicklung, aus der sie hervorgeht und in der Kräfte am Werk sind, die allem, was als Erscheinung sichtbar wird, einen objektiven, tieferen Sinn geben. Ihn zu dechiffrieren ist die Aufgabe und Leistung eines Diagnostikers wie Bernfeld, der mithilfe von Marx in diese Tiefe der aktuellen Gesellschaft und mit Freud in die Tiefe der individuellen Psyche blicken zu können scheint, wo andere mit ihren Beobachtungen an der Oberfläche bleiben. An konkreten Phänomenen wie der Erziehungspraxis kann die Verschränkung der ökonomisch-psychisch-kulturell verankerten Basiskräfte der Gesellschaft durchexerziert werden; aber ihre Anlage ist in der diagnostischen Argumentation abstrakt und sie weist über die Gegenwart zurück in eine ferne Vergangenheit. Nicht Spezifika der Gegenwart oder individuelle Besonderheiten der einzelnen Menschen stehen hier im Vordergrund, sondern die Argumentation zielt auf „classes of phenomena" (White 2014, S. 16) und deren Steuerung durch allgemeine Gesetzmäßigkeiten; sie blickt weniger auf besondere Subjekte, sondern auf Typen – eben auf Schafe. Der einzelne Mensch wird im gesellschaftlich-ökonomischen Gefüge unterworfen; die freie Entfaltung von Individualität wird systematisch negiert, denn für sie ist die kapitalistische Struktur der Gesellschaft zu stark und hat sich zu tief in die Psyche der Menschen eingegraben. Man kann diese Gesetze sichtbar machen und skandalisieren; man kann sich ironisch über diejenigen äußern, die ihnen nachfolgen, ohne den Über- und Tiefblick zu haben, den Bernfeld sich durch seinen psychoanalytisch-marxistischen Standpunkt zuspricht. Aber man kann sie nicht ohne Weiteres revidieren.

Was allerdings argumentativ auszuformulieren ist, sind zumindest Prinzipien von Gegenwehr. Mechanistische Argumentationsmodi postulieren Emanzipation, und Ansätze wie die Schulgemeinde und sozialistisch konzipierte Gemeinschaften unterschiedlicher Art konnten Bernfeld (1921/1996; 1928) als Optionen dienen, um seine Kritik an der Gesellschaft praktisch zu wenden. Gegen die festgefügten Strukturen und die ökonomische und institutionelle Zurichtung der Menschen konnten sie Lebendigkeit und werthafte Bindungen setzen. Auch im „Sisyphos" dachte Bernfeld Möglichkeiten an, Kinder in eine förderliche Umgebung zu bringen und sie damit grundlegend verändern zu können. So wusste er zu berichten:

> „Selbst tief verwahrloste, verbrecherische und verwilderte Kinder wandeln sich in wenigen Monaten von Grund auf. Man muß sie nur ihrem Milieu entreißen, sie in eine wohlgefügte Kindergemeinschaft einreihen, in ihnen durch geduldiges Liebe-Erweisen Gegenliebe wecken und sie durch konsequentes Versagen, das ihren primitiven, so erwachenden Lebenszielen auferlegt wird, nötigen, sich mit dem Lehrer, den Kameraden, der Gemeinschaft zu identifizieren" (Bernfeld 1925/1973, S. 154 f.).

Bernfeld kannte demnach Gegenmittel und hatte selbst versucht, sie einzulösen (vgl. Müller 1992; Niemeyer 2010). Entscheidend ist allerdings an dieser Stelle der von ihm genutzte mechanistische Argumentationsmodus, der es plausibel machte, die Gegenwart anhand ihrer „harten" strukturellen Arrangements zu problematisieren, und der gleichzeitig in sich trug, dass Postulate der Emanzipation – selbst wenn sie ggf. angesichts der sich stets auch mithilfe der Erziehung reproduzierenden, mächtigen historischen Gesetzmäßigkeiten nicht ohne Weiteres als realistisch auszuweisen waren – unmittelbar plausibel erscheinen mussten.

2.2 Das durch Modernisierung überforderte Subjekt

Das folgende Beispiel soll illustrieren, dass der mithilfe von Bernfelds „Sisyphos" rekonstruierte Argumentationsmodus nur eine Option neben anderen darstellt, eine sozialpädagogische Zeitdiagnose und mit ihr assoziierte Gesellschaftskritik vorzulegen, und um gleichzeitig sozialpädagogische Handlungsmöglichkeiten zu legitimieren.

> „Die Menschen leben in zwischenmenschlich belasteten Verhältnissen, in riskanten, ungewissen Beziehungen, erleben Anonymität, Diskontinuität und Isolation, experimentieren sozusagen mit sich selbst, riskieren psycho-soziale Grenzerfahrungen, ohne zu wissen, was sich daraus ergibt, wieviel sie selbst und andere hiervon tangierte Menschen ertragen. […] Sinnkrisen und Orientierungsverlust, Depression und Angst, Ausstieg in die selbstverklärende Innerlichkeit oder in die fassadenhafte Scheinwelt zerstreuender Äußerlichkeit […] – alles Phänomene, die sich unschwer auf einer Kette psycho-sozialer Modernisierungsfolgen aneinanderreihen lassen. […]
> Erschwert wird die Bewältigung dieser Aufgabe [der alltäglichen Lebensbewältigung; d. A.] dadurch, daß die bislang hierfür vorhandenen, stabilitätsgenerierenden Standardisierungen und Anschlußstellen schwinden, ihre Normierungskraft verlieren bzw. dysfunktional werden" (Rauschenbach 1999, S. 246 f.).

Man sieht hier eine Argumentation, die vorrangig auf ein Verschwinden bzw. ein Fehlen hinweist: Menschen scheinen durch „Modernisierungsfolgen" umfassend belastet zu sein, sodass sie auf verschiedenste Formen von problematischem Verhalten rekurrierten. Modernisierung tritt in unterschiedlichen Erscheinungen zutage, als Belastung von „Verhältnissen", Anonymisierung, „Isolation" und weiterem, sodass Sicherheit und orientierende Grenzen bzw. Vorgaben fehlen würden. Dass die Menschen diese, so die Argumentation, bräuchten, ergibt sich aus der im obigen Zitat abgekürzten Aufzählung von Problemen, die anzeigen sollen, wie überfordert sie sind.

Im Anschluss an White lässt sich ein solcher Argumentationsmodus als formativistisch identifizieren. Er stellt darauf ab, „the unique characteristics of objects inhabiting the historical field" (White 2014, S. 13) zu beschreiben, denn es geht nicht um Ähnlichkeiten mit anderen Objekten oder Erscheinungen, sondern um Besonderheit und Individualität. Sie sollen nicht begrifflich genau gefasst und explanativ erschlossen werden, sondern sie werden in eher „lebendiger" Sprache vorgestellt. Objektiv nachzuweisende Gesetze oder strikt genutzte empirische Daten stehen hinter allgemeinen Umschreibungen und Generalisierungen zurück.

So wird die gegenwärtige Zeit von Rauschenbach als eine historisch bislang nicht gekannte, neuartige Ära in den Blick genommen. Ihre Spezifik liege darin begründet, dass sie mit früheren Zeiten, insbesondere mit einer „ersten" Moderne, breche. Während in der vorausgehenden Zeit noch scheinbar klare Gesetzmäßigkeiten und eine eindeutige Ordnung vorherrschend gewesen seien, gelte dies nun nicht mehr. Diese historische Neuerung legitimiert die Zuschreibung einer Überforderung der Menschen, denn die Spezifik der Gegenwart stelle hohe Anforderungen, sich ohne Vorbilder und tradierte orientierende Maßstäbe als Subjekt zu entwickeln – dass Hilfe und Unterstützung hierfür notwendig sind, erscheint in der Konsequenz plausibel. Die Vergangenheit bzw. deren Projektion dient vorrangig der Unterstellung von Differenz, um qua Neuigkeitsbehauptung eine Kontrastfolie zu gewinnen, die das Besondere und Ungekannte unterstreicht. Wo früher Einheitlichkeit und klare Regeln und Vorgaben geherrscht hätten, scheinen nun Pluralität und Beliebigkeit bzw. Isolation anzutreffen zu sein.

Wie Monahan und Best (2023, S. 330) anführen, nutzen Problemkonstruktionen oftmals derartige Thesen: „the focus tends to concentrate on the present because the troubling condition seems to have no history. Locating the focus of a claim in the here and now – whether the problem is said to be newly emerging or newly discovered – is a valuable rhetorical strategy for heightening emotion and exigency in problem formulations". Markierungen gänzlich neuer Epochen bzw. von epochal neuartigen Formen des Zusammenlebens machen es plausibel, dieses Leben zu problematisieren. Ein „historischer Bruch" scheint zu belegen: „Es wird und kann nicht so weitergehen wie bisher" (Schimank 2000, S. 18). Sofern unterstellt wird, dass besondere Probleme früher noch nicht existent gewesen wären und historisch frühere Epochen Ressourcen oder Kompetenzen zur Verfügung gestellt hätten, die gegenwärtig noch gebraucht würden, entspricht dies einem impliziten Strukturkonservatismus dieses Argumentationsmodus: Eine Überforderung von Menschen der Gegenwart resultiere aus dem Verschwinden ehemals gültiger und funktionsfähiger Integrationsmechanismen – etwa stabilen Familien, eindeutigen Geschlechterverhältnissen usw. Es wird nicht argumentiert, dass im Prozess des Aufwachsens in der neuartigen Gesellschaft eigenständige, neuartige Kompetenzen erworben würden; dies würde keine besondere Hilfe erforderlich machen. Das Motiv der Überforderung resultiert stattdessen aus der Zuschreibung, dass das Fehlen früherer integrativer Mechanismen aktuell ein Problem sei, das zu bearbeiten ansteht, u. a. durch die Mittel der Sozialen Arbeit.

Ein Vergleich mit dem mechanistischen Argumentationsmodus macht diese Position noch deutlicher. Am Beispiel Bernfelds war zu sehen, dass die Gegenwart kritisiert wurde, da sie relativ strikte Vorgaben machte; sie konfrontierte die Einzelnen mit verschiedenartigen Imperativen des Denkens und Handelns, die tief in ihrer Psyche verankert wurden. Die Gesetze und Regeln, die Menschen zu Schafen machten, plausibilisierten Gegenmaßnahmen der Emanzipation in freieren, gerechteren Gemeinschaften. Während der mechanistische Argumentationsmodus zu Forderungen nach Emanzipation führt, postuliert der formativistische etwas anderes: die Integration bzw. Re-Integration der Menschen, die nicht etwa zu viel Kontrolle erleiden müssten, sondern zu wenig. Die Problemursachen mechanistisch begründeter Zeitdiagnosen spielen, zumindest im Vergleich der beiden hier genutzten Beispiele, in formativistisch ausgerichteten Zeitdiagnosen eine ganz andere Rolle; diese gewinnen Plausibilität gerade aus dem Fehlen dessen, was in mechanistischer Hinsicht die Menschen unterjocht. Damit sei natürlich nicht gesagt, dass gemäß einer formativistischen Argumentation eine Rückkehr zu Zwang und Unterdrückung postuliert würde; allerdings wird deutlich, dass just das Fehlen klarer Regeln, moralischer Handlungsvorgaben und Orientierungen hier zu einer entscheidenden Problemursache mutiert. Es handelt sich um eine gänzlich anders gelagerte Darstellung der Gegenwart, ihrer Spezifik, ihrer historischen Entwicklung und ihrer Probleme.

3. Die unterschiedlichen „Planeten" sozialpädagogischer Zeitdiagnostik

Thomas Kuhn (1976, S. 123) beschreibt historische Paradigmenwechsel anhand des Eindrucks, „als wäre die Fachgemeinschaft plötzlich auf einen anderen Planeten versetzt worden". Die vorausgehenden Schilderungen könnten diesen Eindruck unterstützen, allerdings wäre dies insofern nicht zutreffend als sie keinen historischen Wandel vor Augen führen. Nicht nur in diachroner, sondern auch in synchroner Perspektive erwecken sozialpädagogische Zeitdiagnosen, um in diesem Bild zu bleiben, den Eindruck des Lebens auf differenten „Planeten". So repräsentieren mechanistische Argumentationsmodi keine Zeitdiagnosen, die historisch überwunden wurden und gegenwärtig irrelevant geworden wären. Auch derzeit wird noch mit Gesetzmäßigkeiten argumentiert, die Subjekte unterwerfen bzw. Subjektivitäten in vorgegebener Richtung prägen – es handelt sich um ein Kernargument „kritischer" Ansätze in der Sozialen Arbeit. Beispiele hierfür geben Zeitdiagnosen einer Kontroll- oder Sicherheitsgesellschaft, des Neoliberalismus als, wenn auch fortgeschrittenes, Unterwerfungsprogramm und dergleichen. Umgekehrt sind formativistische Argumentationsmodi keine historische Neuerung, sondern sie weisen ihrerseits eine längere Geschichte auf (vgl. White 2014). Die Tatsache, dass Bernfelds Argumentationsmodus historisch älteren Datums ist als der am Beispiel von Rauschenbach rekonstruierte, sollte nicht den Eindruck einer geschichtlichen Abfolge nahelegen.

Was sich allerdings historisch verändert, sind gleichsam „Moden" und Rezeptionschancen von Zeitdiagnosen. Nicht jede Argumentation stößt bei jedem Publikum zu jeder Zeit auf Anerkennung. Im Gegenteil ist von sich wandelnden Anerkennungschancen besonderer Argumentationsmodi bei einem differenzierten Publikum auszugehen. Nicht allein entscheidend dürfte für die Frage nach Anerkennung sein, welche Argumentation „richtig" oder „falsch" ist, denn eine solche Einschätzung würde einen Maßstab implizieren, der theoretisch oder empirisch allgemeine Gültigkeit für die Einschätzung von Diagnosen der gegenwärtigen Gesellschaft beanspruchen könnte. Es ist nicht absehbar, dass ein solcher zur Verfügung stünde. Zeitdiagnosen „funktionieren" nach anderen Prinzipien: Sie werden geglaubt und erscheinen plausibel aufgrund der ihnen eingeschriebenen Werthaltungen und Handlungsempfehlungen, nicht da ihr Gehalt z. B. strikt empirisch nachgewiesen wäre; Schimank (2000, S. 17) spricht von einem „spekulativen Überhang" von Zeit- bzw. Gesellschaftsdiagnosen. Dies bedeutet nicht, dass empirische Analysen nicht wichtig wären, um einzelne Diagnosen einschätzen und ggf. kritisieren zu können. Ob sie allerdings ihren Kern treffen und ihre Popularität beeinflussen können, erscheint fraglich.

Krisen mögen „wirklich" bestehen, aber sie werden für die Soziale Arbeit nicht relevant, wenn sie nicht öffentlich und politisch angeprangert werden und dabei spezifische Problemzuschreibungen zum Tragen kommen, die insbesondere auf Formen „beschädigter" oder in ihrer Entwicklung durch gesellschaftliche bzw. soziale Lebensbedingungen eingeschränkter Subjektivität abstellen. Es kommt der Sozialen Arbeit entgegen, dass Krisenzuschreibungen an die Gegenwart, speziell in ihrer Konturierung als eine besondere Art von „Moderne", kulturell verankert sind (vgl. Fenske / Hülk / Schuhen 2013; Koschorke 2017; Nassehi 2021).[3]

Problemzuschreibungen sind an die Generierung von Aufmerksamkeit gebunden (vgl. Spector/Kitsuse 2009, S. 78), und diese ist keine Frage etwa objektiver empirischer Befunde, sondern Aufmerksamkeit folgt anderen Regeln. Wenn Themen öffentlich als Probleme oder als deren Anzeichen verhandelt werden, können sie meist auf unterschiedliche Weise geformt und in ihrer konkreten Bedeutung ausgehandelt werden. Problematisierungen sind, wie Polletta (2006, S. 19) aus narrationstheoretischer Sicht konstatiert, „open to multiple interpretations, which enables activist groups to redefine the issue at stake in a way that accords with their existing agendas". Die Soziale Arbeit hat bei zahlreichen öffentlich verhandelten Themen keine ausgeprägte Einflusschance auf die Art und Weise, ob und wie diese als Probleme konzipiert werden; sie wird dies oftmals

---

3   Neben der expliziten Diskussion von Krisen und Problemen, so Horn (2014, S. 379), ist die Wahrnehmung einer latenten Problemhaftigkeit in Rechnung zu stellen; die Annahme, dass auch kleine „Unterlassungen" oder unscheinbare Entwicklungen gravierende Folgen haben können. Hohe Aufmerksamkeit scheint deshalb stets angeraten; Probleme können sich gleichsam verstecken und mit fatalen Folgen aufbrechen, sodass Vorsicht unmittelbar angeraten ist.

auch nicht anstreben. Bei Themen wie Armut, Erziehungsproblemen in Familien, Gewalt, Kriminalität, Freizeitverhalten Jugendlicher, Kinderschutz, Gesundheit usw. ist dies anders. Bei derartigen Themen ist bereits der Art und Weise, wie sie öffentlich gemacht werden und Aufmerksamkeit erfahren, eingeschrieben, welche Bedeutung sie erfahren können und wie sie bearbeitet werden sollen. Die für Problemkonstruktionen zentralen Konflikte, in denen über Ursachen von Problemen und Zuständigkeiten ihrer Bearbeitung befunden wird (vgl. Spector/Kitsuse 2009, S. 63 ff.), sind in vielen Fällen tendenziell frühzeitig entschieden, wenn ein Thema durch bestimmte Gruppen oder Bewegungen öffentlich gemacht wird. Mit ihren Zeitdiagnosen – und zudem mit zahlreichen weiteren Aktivitäten und Artikulationen wie der Veröffentlichung von Manifesten, der Außendarstellung „ihrer" Profession, mit Stellungnahmen, Berichten, Gutachten, mit Workshops zu besonderen Themen usw. – ist die Soziale Arbeit Teil dieser Artikulationspraxis und der Aushandlung von Optionen der Problemarbeit.

Die beiden in diesem Beitrag genutzten Beispiele weisen auf zwei zentrale Argumentationsmodi hin, die in der Sozialen Arbeit von konstitutiver Relevanz sind, um sich als Instanz der Problemarbeit auszuweisen (vgl. Dollinger 2013). Sie lassen sich historisch langfristig zurückverfolgen und treten in verschiedener Ausgestaltung wiederholt auf, um die sozialpädagogische Praxis zu begründen. So war bereits konstatiert worden, dass der von Bernfeld genutzte mechanistische Argumentationsmodus emanzipatorische, solidarische Praktiken einfordert, während ein formativistischer Argumentationsmodus, der am Beispiel der neueren Modernisierungstheorie sichtbar gemacht wurde, auf die (Wieder-)Herstellung historisch erodierter Integrationsmöglichkeiten abstellt. Pointiert ausgedrückt: Im ersten Fall ist das Subjekt der Gegenwartskrise unterjocht und muss befreit werden, da es machtvollen strukturellen Arrangements und Kontrollen unterliegt, die seine bzw. ihre individuelle Entwicklung und Entfaltung systematisch einschränken. Im zweiten Fall ist, wiederum pointiert ausgedrückt, das Subjekt der Modernisierungskrise ein Opfer aufgelöster Integrationsschienen; es bedarf neuartiger oder restituierter Orientierungen und Institutionen, da es für sich überfordert zu sein scheint. Diese beiden – bereits bei Rousseau als zentralem Referenzpunkt von Kulturkritik in ihrer Ambivalenz erörterten (vgl. Bollenbeck 2007) – Motive der Befreiung und der Re-Integration charakterisieren sozialpädagogische Zeitdiagnosen langfristig. Sie können bzw. sollen begründen, dass sozialpädagogische Maßnahmen erforderlich und Erfolg versprechend sind, um gegen Armut, Jugendgewalt, familiale Erziehungsprobleme oder anderes vorzugehen. Sozialpädagogische Subjekte benötigen in Anbetracht der grundlegenden Krisen der Gegenwart in der Regel entweder eine emanzipatorische Perspektive angesichts übermächtiger Diskurse, sozioökonomischer Strukturen der Ungleichheit oder neoliberal begründeter Entfremdung. Oder sie bedürfen der Re-Integration, nachdem sie durch die Auflösung tradierter sozialer Bindungen und Institutionen gleichsam „freigestellt" und überfordert sind, sodass sie auf neuerliche Formen der sozialen Einbindung angewiesen sind. Beides kann die Soziale Arbeit, zumindest der Perspektive nach, plausibel als Handlungspotenzial offerieren.

Derartige Motive können vielfach modifiziert, kombiniert und erweitert werden. Sozialpädagogischen Kernbegriffen ist oftmals ein Bezug auf beide Perspektiven eingeschrieben, auf Emanzipation und Integration, die sich keineswegs ausschließen, sondern bildungstheoretisch oder anderweitig zusammengedacht werden können. Zeitdiagnostisch ausgerichtete Theorien sind stets mehr als abstrakte Argumentationsmodi. Der Hinweis auf (lediglich) zwei argumentative Modi sollte nicht dahingehend gelesen werden, dass sozialpädagogische Theorien nicht komplex strukturiert sind, nicht (auch) besonderen wissenschaftlichen Regeln gehorchen oder nicht historisch wandlungsfähig und innovativ ausgerichtet sein können. Allerdings muss Innovationskraft stets beschränkt sein. Wer Probleme auf sehr originelle Weise reklamiert und nicht auf Konventionen und einen kulturell etablierten Bestand „plausibler" Problemursachen und -lösungsoptionen rekurriert, riskiert, nicht „verstanden" zu werden oder wenig Gehör zu finden (vgl. Polletta 2006). Wie Monahan und Best (2023) ausführen, sind Bezüge auf Zeit, zeitliche Brüche und epochale Transformationen fester Bestandteil möglicher – und möglicherweise erfolgreicher – Problemzuschreibungen. Mit ihren Zeitdiagnosen hat die Soziale Arbeit teil an den Auseinandersetzungen, in denen die Gültigkeit dieser Zuschreibungen verhandelt wird. Es dürfte für ihre Selbstaufklärung nicht unwesentlich sein, dies umfassender zu erschließen, als dies bislang meist erfolgt.

Literatur

Barlösius, Eva (2001): Das gesellschaftliche Verhältnis der Armen. In: Barlösius Eva / Ludwig-Mayerhofer, Wolfgang (Hrsg.): Die Armut der Gesellschaft. Opladen: Leske + Budrich, S. 69–94.
Beck, Ulrich (1986): Risikogesellschaft. Frankfurt a. M.: Suhrkamp.
Bernfeld, Siegfried (1921/1996): Kinderheim Baumgarten. In: Bernfeld, Siegfried (Hrsg.): Sämtliche Werke. Band. 11. Weinheim / Basel: Beltz, S. 9–154.
Bernfeld, Siegfried (1925/1973): Sisyphos oder die Grenzen der Erziehung. Frankfurt a. M.: Suhrkamp.
Bernfeld, Siegfried (1928): Die Schulgemeinde und ihre Funktion im Klassenkampf. Berlin: Laub.
Best, Joel (2021): Social Problems. 4. Auflage. New York, NY.: Norton.
Bogner, Alexander (2012): Gesellschaftsdiagnosen. Ein Überblick. Weinheim / Basel: Beltz Juventa.
Bollenbeck, Georg (2007): Eine Geschichte der Kulturkritik. München: C. H. Beck.
Compagna, Diego / Hammerschmidt, Peter / Stecklina, Gerd (Hrsg.) (2022): In welcher Welt leben wir? Zeitdiagnosen und Soziale Arbeit. Weinheim / Basel: Beltz Juventa.
Dollinger, Bernd (2006): Die Pädagogik der sozialen Frage. (Sozial-)Pädagogische Theorie vom Beginn des 19. Jahrhunderts bis zum Ende der Weimarer Republik. Wiesbaden: VS Verlag für Sozialwissenschaften.
Dollinger, Bernd (2022): Zeitdiagnosen in sozialpädagogischen Theorien. In: Compagna, Diego / Hammerschmidt, Peter / Stecklina, Gerd (Hrsg.): In welcher Welt leben wir? Zeitdiagnosen und Soziale Arbeit. Weinheim / Basel: Beltz Juventa, S. 143–159.

Dollinger, Bernd/Kessl, Fabian/Neumann, Sascha/Sandermann, Philipp (Hrsg.) (2012): Gesellschaftsbilder Sozialer Arbeit. Bielefeld: transcript.
Dollinger, Bernd (2013): Das Politische im Disziplinären. In: Soziale Passagen 5, H. 2, S. 177–193.
Dollinger, Bernd (2020): Sozialpädagogische Theoriegeschichten. Eine narrative Analyse historischer und neuerer Theorien Sozialer Arbeit. Weinheim/Basel: Beltz Juventa.
Esping-Andersen, Gøsta (1990): The three worlds of welfare capitalism. Princeton, N. J.: Princeton University Press.
Fenske, Uta/Hülk, Walburga/Schuhen, Gregor (Hrsg.) (2013): Die Krise als Erzählung. Bielefeld: transcript.
Füssenhäuser, Cornelia (2018): Theoriekonstruktion und Positionen der Sozialen Arbeit. In: Otto, Hans-Uwe/Thiersch, Hans/Treptow, Rainer/Ziegler, Holger (Hrsg.): Handbuch Soziale Arbeit. 6. Auflage. München: Ernst Reinhardt, S. 1734–1747.
Hamburger, Franz (2012): Einführung in die Sozialpädagogik. 3. Auflage. Stuttgart: Kohlhammer.
Hardtwig, Wolfgang (2007): Formen der Geschichtsschreibung. In: Goertz, Hans-Jürgen (Hrsg.): Geschichte. 3. Auflage. Reinbek b. H.: Rowohlt, S. 218–237.
Heitmeyer, Wilhelm/Collmann, Birgit/Conrads, Jutta/Matuschek, Ingo/Kraul, Dietmar/Kühnel, Wolfgang/Möller, Renate/Ulbrich-Herrmann, Matthias (1995): Gewalt. Schattenseiten der Individualisierung bei Jugendlichen aus unterschiedlichen Milieus. Weinheim/München: Juventa.
Horn, Eva (2014): Zukunft als Katastrophe. Frankfurt a. M.: Fischer.
Hünersdorf, Bettina (2019): Paradoxien der Normalisierung (in) der Sozialpädagogik. In: Zeitschrift für Sozialpädagogik 17, H. 3, S. 281–296.
Knoblauch, Hubert (2019): Gesellschaftstheorien, Gesellschaftsdiagnosen und Zeitdiagnosen. In: Alkemeyer, Thomas/Buschmann, Nikolaus/Etzemüller, Thomas (Hrsg.): Gegenwartsdiagnosen. Bielefeld: transcript, S. 217–234.
Koschorke, Albrecht (2017): Wahrheit und Erfindung. 4. Auflage. Frankfurt a. M.: Fischer.
Kuhn, Thomas S. (1976): Die Struktur wissenschaftlicher Revolutionen. 2. Auflage. Frankfurt a. M.: Suhrkamp.
Monahan, Brian/Best, Joel (2023): Clocks, Calendars, and Claims: On the Uses of Time in Social Problems Rhetoric. In: The Sociological Quarterly 6, S. 320–338.
Müller, Burkhard (1992): Sisyphos und Tantalus – Bernfelds Konzept des „Sozialen Ortes" und seine Bedeutung für die Sozialpädagogik. In: Hörster, Reinhard/Müller, Burkhard (Hrsg.): Jugend, Erziehung und Psychoanalyse. Neuwied: Luchterhand, S. 59–74.
Nassehi, Armin (2021): Unbehagen. München: C. H. Beck.
Niemeyer, Christian (2010): Klassiker der Sozialpädagogik. Einführung in die Theoriegeschichte einer Wissenschaft 3. Auflage. Weinheim/München: Juventa.
Polletta, Francesca (2006): It was like a fever. Chicago: University of Chicago Press.
Prisching, Manfred (2018): Zeitdiagnose. Methoden, Modelle, Motive. Weinheim/Basel: Beltz Juventa.
Rauschenbach, Thomas (1999): Das sozialpädagogische Jahrhundert. Analysen zur Entwicklung sozialer Arbeit in der Moderne. Weinheim/München: Juventa.
Rauschenbach, Thomas/Züchner, Ivo (2010): Theorie der Sozialen Arbeit. In: Thole, Werner (Hrsg.): Grundriss Soziale Arbeit. Ein einführendes Handbuch. 3. Auflage. Wiesbaden: VS, S. 151–173.
Sandermann, Philipp/Neumann, Sascha (2018): Grundkurs Theorien der Sozialen Arbeit. Stuttgart: Ernst Reinhardt.
Sandermann, Philipp/Neumann, Sascha (2023): Großes E*erzählen. In: Soziale Passagen 15, H. 1, S. 93–109.
Schimank, Uwe (2000): Soziologische Gegenwartsdiagnosen. In: Schimank, Uwe/Volkmann, Ute (Hrsg.): Soziologische Gegenwartsdiagnosen I. Eine Bestandsaufnahme. Wiesbaden: VS, S. 9–22.

Schimank, Uwe/Volkmann, Ute (2000): Soziologische Gegenwartsdiagnosen I. Eine Bestandsaufnahme. Wiesbaden: VS.

Schimank, Uwe/Volkmann, Ute (2019): Gesellschaftstheorie und Gegenwartsdiagnosen. In: Alkemeyer, Thomas/Buschmann, Nikolaus/Etzemüller, Thomas (Hrsg.): Gegenwartsdiagnosen. Bielefeld: transcript, S. 235–255.

Schmidt, Manfred G. (2005): Sozialpolitik in Deutschland. 3. Auflage. Wiesbaden: VS.

Spector, Malcolm/Kitsuse, John I. (2009): Constructing social problems. 4. Auflage. New Brunswick, N. J.: Routledge.

Todt, Sabine (2007): Linguistic turn. In: Goertz, Hans-Jürgen (Hrsg.): Geschichte. 3. Auflage. Reinbek b. H.: Rowohlt, S. 178–198.

White, Hayden (2014): Metahistory. Baltimore: J. Hopkins University Press.

Zur doppelten Reflexivität der Historischen Sozialpädagogik

Stephan Dorf

Insbesondere in sozial- und erziehungswissenschaftlichen Disziplinen verortete theoretische Betrachtungen von Zeit vermögen diese kaum aus der Beziehung zu dem Geschehen zu lösen, das sich in ihr entfaltet. So liegt der Fokus der theoretischen Auseinandersetzung mit Zeit in der Sozialpädagogik auch weniger auf dieser als solcher. Das gilt auch dann, wenn Zeit als ein für das jeweilige Phänomen bzw. für dessen Qualitäten konstitutiver oder regulativer Faktor erachtet wird.

Mit Blick auf die historische Forschung in der Sozialpädagogik rücken vor diesem Hintergrund forschungsgeschichtliche Prozesse ins Zentrum der Aufmerksamkeit. Diese lassen sich über eine entwicklungsgeschichtliche Betrachtung der *Historischen Sozialpädagogik* konkretisieren. Ziel ist es, sich einer systematischen Bestimmung der Historischen Sozialpädagogik anzunähern, um von dort aus neuere Theorieentwicklungen in den Blick zu nehmen und deren Möglichkeiten und Grenzen für die historische Forschung zu diskutieren.

Wie in einem ersten Schritt dargelegt wird, konstituiert sich die Historische Sozialpädagogik als eigenständiger Forschungsbereich innerhalb der sozialpädagogischen Disziplin in den 1990er-Jahren über eine reflexive Ausrichtung ihrer Forschung. Vor dem Hintergrund einer zweifachen disziplinären Verortung zwischen Geschichtswissenschaft und Sozialpädagogik kann diese in einem zweiten Schritt näher als *doppelte Reflexivität* bestimmt werden. Angesichts neuerer Entwicklungen sozialpädagogischer Theorie werden abschließend drei Forschungsperspektiven diskutiert, die diese Reflexivität zur Geltung bringen, indem sie auf je eigene Art und Weise die Bedeutung von Geschichten für die sozialpädagogische Theorie und Historiographie herausstellen.

1. Historische Sozialpädagogik – historische Annäherungen

Eine Untersuchung der Historischen Sozialpädagogik wird von einem widersprüchlichen Befund ausgehen müssen: Auf der einen Seite scheint Konsens darüber zu bestehen, dass eine einheitliche Bestimmung der Historischen

Sozialpädagogik angesichts der Vielzahl historischer Arbeiten[1] nicht möglich ist.[2] Demgegenüber steht die Beobachtung, dass sich immer wieder Versuche finden lassen, die in die Richtung einer solchen Bestimmung weisen.[3] Die vorliegende entwicklungsgeschichtliche Untersuchung geht davon aus, dass eine abschließende Systematik der Historischen Sozialpädagogik nicht möglich ist, bestehende Bestimmungsversuche jedoch dazu dienen können, die historische Forschung in der Sozialpädagogik hinsichtlich ihrer disziplinären Verortung zu konturieren. Bevor das im zweiten Teil geschieht, soll zunächst eine erste Annäherung in begriffsgeschichtlicher Perspektive erfolgen.

Dass sich der Begriff Historische Sozialpädagogik auf die historische Forschung zur Sozialpädagogik bezieht, mag ebenso unmittelbar einleuchten, wie es sich auf den zweiten Blick als mindestens ungenau erweist. Als ungenau erweist sich diese Aussage deshalb, weil durch eine solch allgemeine Fassung der *historische Index* des Begriffs aus dem Blick zu geraten droht. Nach Schmieder bezeichnet der Begriff des historischen Index ein „Instrument zur Sichtbarmachung der spezifischen Historizität von Phänomenen", dessen „erkenntniskritisches Potenzial [daraus] erwächst [...], dass er als Mittel der Produktion historischer Differenzerfahrung zu einer vertieften Selbstaufklärung der Gegenwart beiträgt, indem er die geschichtlichen Dimensionen aktueller Probleme ausloten hilft" (Schmieder 2020, o. S.).

Vor diesem Hintergrund ist davon auszugehen, dass die Verwendung des Begriffs Historische Sozialpädagogik nicht gänzlich kontingent ist, sondern in einem historischen Zusammenhang gesehen werden muss, der seine (vermehrte) Verwendung bedingt. Insofern kann er als begrifflich verdichteter Ausdruck der folgenden (forschungs-)geschichtlichen Entwicklungen gelesen werden.

Das Erscheinen der *Grundlinien Historischer Sozialpädagogik* von Böhnisch, Niemeyer und Schröer (vgl. Böhnisch/Niemeyer/Schröer 1997), das maßgeblich zur Popularisierung des Begriffs beigetragen haben dürfte, lässt sich in einer Zeit der vertieften Diskussion historischer und historiographischer Fragen situieren. Hatte Münchmeier 1981 erstmals explizit den Zugang zur Geschichte der Sozialarbeit problematisiert (vgl. Münchmeier 1981), so sind es v. a. die 1990er-Jahre,[4] in denen ein breiterer Kreis an Autor*innen beginnt, sich auf Fragen nach den Zugängen, Bedingungen, Möglichkeiten und Grenzen der sozialpädagogischen Historiographie zu konzentrieren. Erstmals lassen sich in dieser Zeit auch Rückblicke auf bzw. Bilanzierungen der bisherigen historischen Forschung finden

---

1 Eine Übersicht von Arbeiten vor 1995 findet sich bei Sachße 1995. Übersichten, die auch neuere Arbeiten einschließen, finden sich bei Dollinger/Schabdach 2011 und Konrad 2014.
2 Vgl. Sachße 1995, S. 54; Dollinger/Schabdach 2011, S. 7.
3 Vgl. Sachße 1995; 1998; Gängler/Schröer 2005: Neumann 2011; Konrad 2014.
4 In diesem Sinne schreibt Neumann, „dass es seit Anfang der 1990er Jahre im deutschsprachigen Raum wieder ‚Mode' geworden ist, sich der Geschichte der Sozialpädagogik zu vergewissern" (Neumann 2011, S. 15).

(vgl. Sachße 1995; 1998). Ein weiterer Ausdruck des innerdisziplinär wachsenden historischen Interesses in dieser Zeit ist außerdem die Konstitution der AG Historische Sozialpädagogik/Soziale Arbeit, die seit ihrem ersten Fachtreffen 1998 in Dresden mit der Publikation der Tagungsbände wesentliche Beiträge zur Historischen Sozialpädagogik leistet.

Mit dem dergestalt zu verzeichnenden quantitativen Zuwachs des Interesses an historischer Forschung korrespondiert eine qualitative Neuausrichtung. Sie lässt sich exemplarisch an einer Verschiebung aufzeigen, die mit der Überarbeitung des *Handbuchs Soziale Arbeit* im Zuge seiner vierten Auflage einhergeht: Während Sachßes Artikel zur Geschichte der Sozialarbeit in der dritten Auflage die (eine) Geschichte der Sozialarbeit über deren Traditionslinien rekonstruiert (vgl. Sachße 2005), widmen sich ab der vierten Auflage zwei[5] Artikel der Geschichte der Sozialen Arbeit. Der Artikel von Münchmeier ersetzt dabei denjenigen Sachßes. Das hervorzuheben ist deshalb inhaltlich relevant, weil Münchmeier unter dem Titel Geschichte der Sozialen Arbeit die historische Forschung über die Diskussion „einige[r] Grundprobleme und methodologische[r] Fragen" (Münchmeier 2011, S. 528) zuallererst problematisiert.[6]

Diese Problematisierung der Geschichts*schreibung*, die sich in einer kritischen Distanz gegenüber dem, frühere Arbeiten kennzeichnenden Anspruch, „Geschichte in einem totalen Sinne" (Dollinger/Schabdach 2011, S. 9) zu schreiben, sowie in einer verstärkten Fokussierung methodischer und methodologischer Fragen äußert, scheint die historische Forschung in der Sozialpädagogik seit den 1990er-Jahren insgesamt zu kennzeichnen. Ihr quantitativer Zuwachs sowie ihre reflexive Ausrichtung sprechen daher dafür, den Ausdruck *Historische Sozialpädagogik* auf die historische Forschung zur Sozialpädagogik insbesondere insofern zu beziehen, als es sich um einen eigenständigen Forschungsbereich innerhalb der disziplinären Sozialpädagogik handelt, der sich neben der Erforschung der Geschichte der Sozialpädagogik durch einen reflexiven Umgang mit ihren Voraussetzungen auszeichnet. In diesem Sinne konstituiert sich die Historische Sozialpädagogik über eine *reflexive Wende*, die sich mit Neumann und Sandermann auch als „Re-Epistemologisierung" fassen lässt, sofern damit eine forschungsgeschichtliche Entwicklung beschrieben wird, nach der „heute

---

5   Neben Münchmeiers Artikel zur Geschichte der Sozialen Arbeit (Münchmeier 2011) erscheint ab der vierten Auflage auch ein Artikel zur Geschichte sozialpädagogischer Ideen von Maurer und Schröer (2011).

6   Zu diesen Grundproblemen und methodologischen Fragen zählt Münchmeier das Problem der Gegenstandsbestimmung, die Frage nach einer Theorie der Sozialen Arbeit, die – aufgrund fehlender Vermittlung problematische – doppelte Verwiesenheit auf einerseits Struktur- und andererseits Diskursgeschichte, das Problem der Beschränkung der sozialpädagogischen Historiographie auf Deutschland sowie die Frage nach der historiographisch erfassten Periode, die auch als die von Tröhler ausführlich problematisierte und diskutierte Frage nach den Anfängen sozialpädagogischer Geschichte formuliert werden könnte (vgl. Tröhler 2002).

stärker als zuvor über die grundlegenden beobachtungstheoretischen Voraussetzungen von Theorien in der Sozialen Arbeit diskutiert und diese auch vermehrt selbst zum Analysegegenstand werden" (Neumann/Sandermann 2019, S. 238). Wie im Folgenden gezeigt werden soll, muss die Reflexivität der Historischen Sozialpädagogik dabei einem doppelten Anspruch Genüge leisten, der aus ihrer disziplinären Verortung zwischen Geschichtswissenschaft und Sozialpädagogik resultiert.

2. Zur disziplinären Verortung der Historischen Sozialpädagogik

Wie eingangs bereits festgestellt wurde, dürfte es angesichts der „lebendigen und vielgestaltigen Landschaft sozialpädagogischer Historiographie" äußerst schwierig werden, ohne erhebliche Verkürzungen ein „in sich stimmiges Gesamtbild" der Historischen Sozialpädagogik zu zeichnen (Dollinger/Schabdach 2011, S. 7). Die Systematisierungen historischer Forschung in der Sozialpädagogik von Sachße und Konrad erlauben es jedoch, allgemeine und insofern die Historische Sozialpädagogik insgesamt betreffende Aussagen zu treffen. Diese Aussagen beziehen sich vorrangig auf ihre disziplinäre Verortung.

Während Konrad unter Historischer Sozialpädagogik allgemein die „quellengestützte und theoriegeleitete Erforschung der Geschichte von Sozialpädagogik und Sozialer Arbeit" (Konrad 2014, S. 211) versteht, unterscheidet er systematisch eine Historische Sozialpädagogik „im weiteren Sinne" von einer Historischen Sozialpädagogik „im engeren Sinne" (Konrad 2014, S. 214). Von erstgenannter sei dann zu sprechen, „wenn eine verglichen mit der disziplinären Perspektive der Sozialpädagogik weitere Perspektive gemeint ist, die auch andere historische Fächer mit einschließt, sofern diese die Handlungsfelder der Sozialpädagogik beforschen", von letzterer hingegen dann, „wenn die Sozialpädagogik als erziehungswissenschaftliche Subdisziplin gemeint ist, das Betätigungsfeld der genuinen Zunfthistoriker" (ebd.).

Konrads Systematisierung weist eine große Ähnlichkeit zu derjenigen Differenzierung historischer Forschung in der Sozialen Arbeit auf, die Sachße bereits Mitte der 1990er-Jahre vorgenommen hat.[7] Sachße unterscheidet zur

---

[7] Wenngleich Konrads Fokussierung transdisziplinärer Forschung über Sachßes Relationierung von Geschichtswissenschaft und Theorie der Sozialarbeit/Sozialpädagogik hinauszugehen scheint, plausibilisiert Konrad seinen Fokus lediglich mit Verweis auf die Geschichtswissenschaft, die für die Historische Sozialpädagogik „eine maßgebliche Rolle [spiele], wenn sie nicht überhaupt die Leitdisziplin ist, u. a. weil sie die methodischen Standards setzt, denen sich auch die Historische Sozialpädagogik zu unterwerfen hat" (Konrad 2014, S. 214). In dieser Hinsicht argumentiert Konrad in direktem Anschluss an Sachße, wenngleich er im selben Text auch auf die Notwendigkeit einer Orientierung an historiographischen Arbeiten anderer, mit der Sozialpädagogik in Verbindung stehenden Disziplinen verweist (vgl. ebd., S. 219).

Bestimmung der Aufgabe sozialpädagogischer historischer Forschung zwischen *Fachhistoriker*innen* und *Zunfthistoriker*innen*. Diese Typisierung läuft auf eine Verhältnissetzung von Geschichtswissenschaft und Theorie der Sozialarbeit/ Sozialpädagogik hinaus, mittels derer die beiderseitig auftretenden, fachlich begründeten blinden Flecke aufgehellt werden sollen. Während geschichtswissenschaftliche „Fachhistoriker*innen" ihre Arbeit nach Epochen orientierten, liege die Zuständigkeit der sozialpädagogischen „Zunfthistoriker*innen" in der Bearbeitung eines „spezifischen gesellschaftlichen Teilbereich[s], den sie gegebenenfalls über längere Zeiträume hinweg untersuchen" (Sachße 1995, S. 55). Bestimmt also in der Geschichtswissenschaft die Orientierung an einer bestimmten Epoche die Perspektive auf den historischen Gegenstand, so bestimmt im Falle der Sozialpädagogik die Orientierung am Gegenstand die Auswahl des untersuchten historischen Zeitraums.

Die spezifische Leistung seitens der Geschichtswissenschaft bestünde somit darin, den Gegenstand der Historischen Sozialpädagogik *innerhalb einer bestimmten Epoche* durch eine Transzendierung des Gegenstandsbereichs zu kontextualisieren. Hingegen wäre es die Leistung der Historischen Sozialpädagogik, eine *epochenübergreifende* Perspektive auf ihren genuinen Gegenstand zu entwickeln. Durch die Einordnung in die gegenständlich gesehen übergreifende Perspektive der Geschichtswissenschaft könne die Zunfthistorie der „Gefahr, ihren Gegenstand zu isolieren" (ebd.), entgehen, während sie gleichzeitig die in der Gegenstandsorientierung gelegene Überschreitung der Epochen zu leisten imstande ist, die nach Sachße von der geschichtswissenschaftlichen Perspektive durch ihre zeitliche Ausrichtung auf einzelne Epochen strukturell ausgeblendet werde (vgl. ebd.).

In dieser Konzeption lässt sich die Historische Sozialpädagogik zwar zwischen Geschichtswissenschaft und Sozialpädagogik verorten, allerdings mit deutlicher Schlagseite zur Geschichtswissenschaft. Denn obwohl sie eine spezifische Perspektive historischer Forschung bezeichnet, bleibt sie gemäß dieser Konzeption *als historische Forschung* Teil der Geschichtswissenschaft. Daher betont Sachße auch, sie könne „dauerhaft nur [...] als sektoraler Teilbereich der Geschichtswissenschaft [bestehen], nicht als eigene Disziplin" (ebd.). Ihre Perspektive besteht somit darin, „Anschluß zu finden und Anschluß zu halten an die Entwicklung der Sozial- und Gesellschaftsgeschichte" (ebd.). Die Reflexivität, die der Historischen Sozialpädagogik als solcher eignet, lässt sich nach Sachßes Systematisierung folglich als Reflexion ihrer geschichtswissenschaftlichen Zugehörigkeit konkretisieren.

Trotz dieser eindeutigen Zuordnung würde man der Historischen Sozialpädagogik nicht gerecht, würde man ihre Reflexivität auf die geschichtswissenschaftliche Reflexion beschränken. Sofern nämlich in der Zunfthistorie der Gegenstand die historische Perspektive bestimmt, impliziert die Zunfthistorie notwendig die Reflexion auf den Gegenstand der Historischen Sozialpädagogik, d. h., sie impliziert die Reflexion der Sozialpädagogik selbst. Diesen Aspekt machen Böhme und Tenorth für die historische Pädagogik als sachlichen Vorrang der disziplinären Selbstreflexion wie folgt geltend:

> „Tatsächlich muß Geschichte der Pädagogik jeweils von einem bestimmten Begriff von Pädagogik ausgehen, den sie in seiner Faktizität aufsuchen will, um ihn durch die Geschichte zu begleiten. [...] am Anfang pädagogischer Geschichtsbetrachtung steht schon ein Begriff von Pädagogik, der seinerseits den historischen Gegenstand konstituiert und der Untersuchung zugänglich macht" (Böhme/Tenorth 1990, S. 3).[8]

Überträgt man diesen Gedanken auf die Historische Sozialpädagogik, so lässt sich nachvollziehen, warum Münchmeier in Bezug auf die Frage nach dem Gegenstand der Sozialpädagogik vom „gewichtigste[n] Problem" (Münchmeier 2011, S. 528) historischer Forschung spricht und zurecht bemerkt, dass sich damit „die Frage nach dem Gegenstand einer Geschichte der Sozialpädagogik/Sozialarbeit in die Frage nach einer ‚Theorie der Sozialen Arbeit'" (ebd., S. 529) verwandelt. Auch in der Historischen Sozialpädagogik geht es somit um die Frage nach dem, was Sozialpädagogik ist. Diese Frage ist für die Historische Sozialpädagogik insofern konstitutiv, als sie sich mit ihr über den in der Folge historisch zu vermessenden Gegenstand versichert.

Selbst wenn es also, wie Konrad feststellt, „eine nicht mehr zu verdrängende Erkenntnis" ist, dass „die Erforschung der Geschichte der Sozialpädagogik nur im inter- und transdisziplinären Zusammenhang erfolgen kann" (Konrad 2014, S. 219), so ist gleichfalls innerdisziplinär der Begriff der Sozialpädagogik zu bestimmen. In diesem Sinne sehen selbst Gängler und Schröer, die ihrerseits dezidiert für eine transdisziplinäre Ausrichtung der sozialpädagogischen Historiographie argumentieren, die Notwendigkeit der Feststellung „eine[r] disziplinäre[n] Struktur, in der historische Forschung aufeinander bezogen wird" (Gängler/Schröer 2005, S. 179).[9] Hinsichtlich der Reflexivität, die die Historische Sozialpädagogik konstituiert, ist insgesamt festzuhalten, dass diese nur als doppel-

---

8   Die mit der Problematisierung der disziplinären Identität verbundenen Herausforderungen für die sozialpädagogische Historiographie ließen sich in ihrer theoretischen und historischen Tiefe genauer vermutlich erst über eine wissenschaftsgeschichtliche Betrachtung der historischen Pädagogik ermessen, da diese sich explizit im Bewusstsein vom historischen Zerfall der Systemphilosophie und der damit einhergehenden Lösung pädagogischen Denkens von philosophischen Grundlegungen im Spannungsfeld von historischer und systematischer Erziehungswissenschaft konstituiert (vgl. Nicolin 1970; Lenhart 1977; Heinemann 1985; Böhme/Tenorth 1990). An dieser Stelle ist festzuhalten, dass die für die historische (Sozial-)Pädagogik zentrale Frage nach der Verhältnisbestimmung von Geschichte und Theorie auch einer genuin (sozial-)pädagogischen Antwort bedarf.
9   In dieser Argumentationslinie wäre demnach der wissenschaftssoziologischen Einsicht Rechnung zu tragen, dass inter- und transdisziplinäre Forschungsprozesse eine entwickelte disziplinäre Struktur der an ihnen beteiligten Disziplinen voraussetzen (vgl. Stichweh 2021, S. 438).

te möglich ist: als geschichtswissenschaftlich und sozialpädagogisch informierte zugleich.

Gleichwohl muss eingewandt werden, dass das Verhältnis von geschichtswissenschaftlicher und sozialpädagogischer Reflexion dynamischer gefasst werden muss, als es die bisher herangezogenen Bestimmungen erlauben. Denn zum einen wurde von mehreren Seiten darauf hingewiesen, dass der Gegenstand der Sozialpädagogik nicht unabhängig von seiner geschichtlichen Dimension bestimmt werden kann, sodass sozialpädagogische und historische Reflexion vermutlich nicht derart äußerlich einander entgegengesetzt werden können, wie Böhme und Tenorth es nahelegen.[10] Wie im Folgenden anhand neuerer Entwicklungen sozialpädagogischer Theorie gezeigt werden soll, scheint es außerdem sinnvoll, den geschichtswissenschaftlichen Bezug nicht auf die von Sachße herausgestellte epochenspezifische Kontextualisierung der Sozialpädagogik zu beschränken, sondern ihn um den Einbezug methodologischer Überlegungen zu erweitern.

3. Neuere Perspektiven der Historischen Sozialpädagogik

Bereits vor mehreren Jahrzehnten kam mit dem *linguistic turn* in den Geschichtswissenschaften eine theoretische Verschiebung in den Blick, mit der „die unhintergehbare Sprachlichkeit der Geschichtsschreibung" (Lindorfer 2005, S. 90) in den Vordergrund rückte. Dieser historiographische Zugriff zielt auf eine Problematisierung des Verhältnisses von Geschichtsschreibung und Wirklichkeit, sofern die ihm zugrunde liegenden sprachtheoretischen Überlegungen davon ausgehen, „daß Sprache sich auf keinen Gegenstand bezieht" (Iggers 1995, S. 557), sondern „ein in sich geschlossenes Regelsystem mit einer festen Syntax ohne eine stabile referentielle Beziehung zur Außenwelt" (ebd., S. 559) darstellt. Für die Geschichtswissenschaft folgt daraus, „daß Geschichte keine immanente Einheit oder Kohärenz hat, daß jede Geschichtskonzeption eine Konstruktion ist, die mit sprachlichen Mitteln vollzogen wird" (Iggers 1995, S. 568). Die Konzentration auf die Sprache hat zur Konsequenz, dass nicht die historische Wirklichkeit als solche, sondern ausschließlich die Sprache sowie die sprachlichen Strukturen histo-

---

10 Sachße bemerkt, dass der Gegenstand der Zunfthistorie erst durch das „Verdeutlichen von Kontinuitäten und Entwicklungslinien", durch die Darstellung seiner historischen Dimension also, „wirklich sichtbar" (Sachße 1998, S. 151) werde. Ähnlich argumentiert Hornstein, dass sich in Bezug auf die Gegenstandsbestimmung der Sozialpädagogik ein historischer Zugriff „aus der Natur der Sache" ergebe: „insofern der Gegenstand ein sich geschichtlich wandelnder ist, ist die Gegenstandsbestimmung selbst Teil des wissenschaftlichen Erkenntnisprozesses, ist selbst geschichtlicher Prozeß und das heißt u. a., daß sie sich immer wieder neu stellt; sie ist nie erledigt" (Hornstein 1995, S. 15). Im dritten Abschnitt wird mit Dollinger eine dritte Variante dieses Arguments herausgestellt.

rischer Darstellungen zum Gegenstand der historischen Untersuchung werden. Der Fokus verschiebt sich damit von der Untersuchung der Geschichte auf die Art und Weise, *wie* Geschichte erzählt wird. Damit rücken insgesamt Erzählungen oder Narrationen, also *Geschichten* in den Vordergrund der theoretischen und historiographischen Reflexion.

Diese Verschiebung *von der Geschichte zu den Geschichten* scheint sich derzeit für die sozialpädagogische Theorie als besonders anschlussfähig zu erweisen. Im Folgenden sollen drei Ansätze diskutiert werden, in denen Geschichten auf unterschiedliche Art und Weise eine zentrale Rolle spielen. Im Kontext der vorliegenden Untersuchung bietet sich eine Betrachtung dieser Ansätze deshalb an, weil sie dem Anspruch der für die Historische Sozialpädagogik charakteristischen doppelten Reflexivität, d. i. zugleich geschichtswissenschaftlich und sozialpädagogisch informiert zu sein, Genüge tun.

3.1 Die Analytik geschichtlicher Narrative sozialpädagogischer Theorie

Im Anschluss an White und Genette verfolgt Dollinger *Sozialpädagogische Theoriegeschichten*. Die im Plural der Geschichte anklingende – und die linguistische Wende generell auszeichnende – Problematisierung, wenn nicht Infragestellung der Unterscheidung von Fakt und Fiktion, Geschichtsschreibung und Literatur, wird dort im Begriff der *Narration* greifbar, bedeutet aber – wie an Dollingers Beitrag deutlich wird – nur bedingt eine prinzipielle „Leugnung des Wirklichkeitsbezugs der Geschichtsschreibung" (Iggers 1993, S. 87). Narrationen versteht Dollinger explizit nicht als Erzählungen im Sinne einer literarischen Gattung (vgl. Dollinger 2020, S. 31), sondern als „Ordnungsgefüge in sozialpädagogischen Theorien" (ebd.). Entgegen der Annahme, Narrationen seien in sich geschlossene Erzählungen, hebt der Narrationsbegriff, wie ihn Dollinger verwendet, gerade auf die „Kontextbindung" (ebd., S. 16) sozialpädagogischer Theorie ab: Demnach zeichneten sich sozialpädagogische Theorien „konstitutiv durch eine Einbettung in besondere, u. a. kulturelle Zusammenhänge aus" (ebd.). Dementsprechend werden in einer wissenssoziologischen Erweiterung der Narrationstheorie außerwissenschaftliche Narrationen einbezogen, aus denen sozialpädagogische Theorien erst ihre Plausibilität zögen (vgl. ebd., S. 42 ff.).

Zwar werden mit dem narrationstheoretischen Ansatz „Ansprüche an eine repräsentative Beschreibung von Geschichte und Gesellschaft" (ebd., S. 40) explizit zurückgewiesen. Vielmehr geht er davon aus, dass Theorien „sozialpädagogische Realität in jeweils kontextabhängiger Weise gemäß ihrer spezifischen Sichtweise" ko-konstituieren (ebd., S. 18). Nichtsdestotrotz ist im Narrationsbegriff der Bezug zur sozialpädagogischen Geschichte und Historiographie angelegt, sofern Narrationen als „ordnungsstiftende Muster" verstanden werden, „die Relationen herstellen und ein zeitliches Geschehen thematisieren" (ebd., S. 33). Die verschiedenen Arten und Weisen, wie dieses zeitliche Geschehen als Geschichte qualifiziert wird, lässt sich anhand analytischer Begriffe typisieren.[11]

Die dadurch ermöglichte Analytik geschichtlicher Narrative macht deutlich, dass Geschichte in Form narrativer Strukturen ein integrales Moment sozialpädagogischer Theorie bildet. Genauer: Die Narrationsanalyse erbringt den Nachweis einer Eigenheit sozialpädagogischer Theorie, die darin besteht, ihren Gegenstand mittels der Einlassung in Geschichtsnarrative zu konstituieren. Deutlich wird damit auch, dass eine der sozialpädagogischen Historiographie vorgelagerte Gegenstandsbestimmung aus narrationstheoretischer Perspektive wiederum nicht unabhängig von der Konstruktion bestimmter Geschichtstypen vorgenommen werden kann. Vielmehr ist von einem wechselseitigen Bedingungsverhältnis von Geschichte und Theorie der Sozialpädagogik auszugehen, indem keines der beiden Momente dem anderen umstandslos vorausgesetzt werden kann. Mit Dollingers Narrationsanalyse sozialpädagogischer Theoriegeschichten kann und muss die Historische Sozialpädagogik somit einmal mehr ihre eigenen Voraussetzungen problematisieren.

3.2 Geschichten statt Geschichte

Ein weiterer möglicher Anschluss an den *linguistic turn* lässt sich derzeit in Winklers aktuellen Studien zum Verhältnis von Sozialpädagogik und Literatur beobachten. Ebenso wie Dollinger stellt Winkler die Frage nach dem „Erkenntnisgewinn durch Narrationen" (Winkler 2022, S. 21). Während Dollinger aber die narrative Struktur sozialpädagogischer Theorien in den Blick nimmt, bezieht Winkler sich explizit auf fiktionale, literarische Erzählungen.

Von da aus erschließt sich ein zweiter wesentlicher Unterschied, der sich als Differenz der Erkenntnisinteressen bestimmen lässt: Wie Winkler an anderer Stelle ausführt, erfolgt der Bezug auf Literatur mit der Absicht, in Anbetracht einer „Tendenz zur Objektivität oder zur Objektivierung des Geschehens" (Winkler 2019, S. 316), die Dollinger und Lütke-Harmann als *„Empirisierung der Sozialpädagogik"* (Dollinger/Lütke-Harmann 2019, S. 227, Herv. i. O.) fassen, „Subjektivität" als eine weitere „Erkenntnisform" (Winkler 2019, S. 315) ins Spiel zu bringen. Zwar zielt Winklers Kritik an der „objektivierende[n] Methodisierung von Erkenntnis" (ebd., S. 318) explizit auf eine Kritik der quantitativen und qualitativen empirischen Forschung (vgl. ebd., S. 316). Nichtsdestotrotz steht die intendierte „Rehabilitation" von Subjektivität als „einer unsicheren Größere" (ebd., S. 328)

---

11 Mit White nennt Dollinger die „Romance", die „Satire", die „Comedy" und die „Tragedy" (ebd., S. 63). Diese „Typen" sollen als analytische Instrumente die Klassifikation einer jeweils bestimmten „Art von Geschichte" ermöglichen, deren Kenntnis erst den „Status" (ebd.) der Sozialpädagogik verständlich mache, der ihr in den jeweiligen Theorien zugeschrieben wird.

in Kontrast zu Dollingers Vorhaben, den sozialpädagogischen Diskurs in den Ordnungsschemata der Narrationen zu objektivieren, um derart die Konstitutionsbedingungen sozialpädagogischer Theoriebildung aufzuschlüsseln.

Daher erstaunt es auch nicht, dass in Winklers Thematisierung von Narrationen offenbleibt, ob und inwiefern diese sich als anschlussfähig an eine wie immer geartete „objektive" Geschichte (der Sozialpädagogik) erweisen könnte. Lässt sich bei Dollinger der Bezug auf die sozialpädagogische Geschichte insofern aufrechterhalten, als er erstens einen Beitrag zur Theoriegeschichte leistet und zweitens rekapituliert, wie innerhalb sozialpädagogischer Theorien der Bezug auf die Geschichte der Sozialpädagogik erfolgt, so fällt in Winklers Hinwendung zur literarischen Erzählung die Geschichte nahezu gänzlich[12] aus dem Fokus der theoretischen Betrachtung. Sie verflüchtigt sich in die explizit im fiktionalen Bereich zu verortenden Geschichten.

3.3 Subjekt, Erfahrung und Begriff

Gleichwohl lässt sich mit dem von Winkler forcierten stärkeren Einbezug subjektiver Momente in den Erkenntnisprozess eine dritte Perspektive aufzeigen. Subjekte, so Winkler, „sind Idioten, eigentümliche, eigenartige Wesen, *gleichermaßen als Hinschauende wie als diejenigen, die betrachtet werden*" (Winkler 2019, S. 315 f., Herv. S. D.). Diese Eigentümlichkeit der Subjekte stellt ein zentrales Moment in Maurers Entwurf einer „reflexiven Historiographie" (Maurer 2009a, S. 150) dar, sofern die subjektive Erfahrung hier den Ausgangspunkt der historischen Betrachtung bildet. Allerdings wird die Erfahrung der Subjekte von vornherein gesellschaftlich rückbezogen: Wenn Maurer von *„gesellschaftliche[n] Erfahrungen"* spricht, dann geht es um

> „[i]ndividuelle Erfahrungen, die sich mit kollektiven Erfahrungen verschränken bzw. in den Kontext Kollektivität eingebettet sind; Erfahrungen, die mit Gesellschaft, der eigenen Vergesellschaftung gemacht werden; [...] zeitgenössische Erfahrungen, die im Medium von Gesellschaftsgeschichte und Gesellschaftstheorie thematisiert/thematisierbar werden" (ebd., S. 148).

---

12 Winkler gibt einige Hinweise darauf, dass die Geschichten der Subjekte sich keineswegs in Fiktionalität erschöpfen, sondern ihre „Handlungen und deren Verknüpfungen [...] in einen historischen Verlauf eingebunden [sind] und [...] wiederum die Folgemöglichkeiten" (Winkler 2019, S. 325) verändern. Mit Blick auf die anvisierte „Erweiterung oder gar Öffnung des sozialpädagogischen Denkens" wird daher deutlich, dass der „Verweis auf Subjektivität" nicht umhinkommt, in den Geschichten, die Subjekte erzählen, davon auszugehen, „dass Subjekte nicht für sich bestehen, sondern immer eingebunden sind in einen Weltzusammenhang, der Bestand hat" (ebd., S. 333) und daher – sofern er gerade nicht fiktiv ist – in einer historischen Analyse erschlossen werden müsste.

Vor dem Hintergrund der Annahme, dass Subjekte immer schon vergesellschaftet sind, können deren Erfahrungen in historisch-gesellschaftlicher Perspektive thematisiert werden. In einer reflexiven Historiographie wird daher die Reflexion der eigenen Positionalität – in Winklers Terminologie: die Reflexion der Eigentümlichkeit der (auf die Geschichte) Hinschauenden – zur Grundvoraussetzung historiographischen Arbeitens (vgl. Maurer 2017, S. 22). Es gibt keinen archimedischen Punkt, von dem aus der*die Historiograph*in erfassen könnte, „wie es eigentlich gewesen" (Ranke 1824, S. VI) ist. Vielmehr zeigt sich an dieser Stelle, dass auch Maurer von einer grundsätzlichen Konstruktivität der Geschichte ausgeht. Das Subjekt der Geschichtsschreibung macht Geschichte, indem es die Vergangenheit ausgehend von seinen Erfahrungen in der Gegenwart artikuliert.

Eingedenk der eigenen Positionalität werden somit die Erfahrungen des*der Historiograph*in relevant. Das lässt sich an Maurers eigenen Texten veranschaulichen: Mal sind es Friederike Hassauers Schilderungen ihrer Erfahrung als Frau im akademischen Feld, die zum Ausgangspunkt einer allgemeinen Betrachtung des „weibliche[n] akademische[n] Subjekt[s]" (Maurer 2009b) werden; mal sind es durchaus im Sinne von einleitenden Erzählungen zu verstehende Prologe, die Maurers eigene „Erfahrungen mit Dissens im Kontext des Feminismus" (Maurer 2016, S. 50) zum Ausdruck bringen und in der Folge den Ausgangspunkt einer kritischen Betrachtung von Freiheit im Rahmen von Projekten der Kritik bilden. In jedem Fall sind es *Geschichten von Erfahrungen*, mit denen die theoretische Entfaltung geschichtlicher Zusammenhänge und die Kritik der darin eingelassenen Machtgefüge einsetzen. Die Geschichten stehen somit am Anfang einer „historische[n] und literarische[n] Spuren-Suche", die darauf zielt,

> „Fragmente und Sedimente derjenigen Erfahrungen sowie ihrer Artikulationen aufzufinden, die – vor dem Hintergrund welcher gesellschaftlichen Differenz-(Unter-)Ordnung auch immer – als ‚subaltern' galten und deshalb in der vorherrschenden gesellschaftlichen Überlieferung entweder ‚nicht vorkamen' oder nur in problematischer (sexistischer, rassistischer, kolonialer) Weise repräsentiert waren" (Maurer 2017, S. 18).

Eine solche Historiographie ist aber immer auch auf die Objektivierung dieser sich in Geschichten manifestierenden Erfahrungen angewiesen. Dass diese Objektivierung nicht zwingend *mit Methode* bewerkstelligt werden muss, sondern die Erfahrungen im Rückgriff auf Theorie erhärtet werden können, zeigt Maurers reflexive Historiographie ebenso, wie sie deutlich macht, dass der Ertrag eines erkenntnistheoretischen Einbezugs von Subjektivität für die Historische Sozialpädagogik weniger im Erzählen von Geschichten als solchem liegt, sondern in der theoretischen und begrifflichen Reflexion, in der die Gehalte der besonderen, subjektiven Erfahrung als allgemeine, d. h. als historisch-gesellschaftlich vermittelte sichtbar werden.[13] Insofern könnte Maurers reflexive Historiographie mit Bareis und Cremer-Schäfer bereits als Antwort auf eine „methodologische Betroffenheit"[14] gelesen werden, die in der Historischen Sozialpädagogik zwar aussteht, von der aufgrund der starken Fokussierung methodologischer Reflexion aber nicht unwahrscheinlich ist, dass sie womöglich auch diese erfasst. Für diesen Fall stellen Bareis und Cremer-Schäfer heraus, dass sich diese Betroffenheit „[e]rkenntnistheoretisch [...] nur reflexiv und nicht über ‚Methode' bearbeiten" (Bareis/Cremer-Schäfer 2013, S. 140) ließe.

Mit Maurers *reflexiver Historiographie* könnte außerdem eine Aufforderung an die historischen Sozialpädagog*innen adressiert werden, nämlich: „[s]ich als Subjekte gesellschaftlichen Handelns ins Spiel [zu] bringen" (Maurer 1995, S. 63), indem sie ausgehend von ihren Erfahrungen in und mit Gesellschaft einen je spezifischen, eventuell eigentümlichen Blick auf die Geschichte werfen, ohne allerdings dabei von der Notwendigkeit enthoben zu sein, diese Erfahrungen auch begrifflich vermitteln zu müssen. Insofern ließe sich der linguistischen Wende noch in ihrer literarischen Zuspitzung etwas für die Historische Sozialpädagogik abgewinnen: Es gilt *mutatis mutandis*, was Ristau in Bezug auf einen Roman Robert Seethalers für das Verhältnis von Belletristik und Theorie der Sozialpädagogik geltend macht: „Um die Geschichte sozialpädagogisch lesen zu können, braucht es [...] beides: Auf der einen Seite theoretisch geleitetes Denken [...] als auch die Offenheit, sich auf das Subjektive, Unlogische, Überspitze, Fatalistische etc. einzulassen" (Ristau 2022, S. 65).

4. Fazit

Die entwicklungsgeschichtliche Betrachtung der Historischen Sozialpädagogik zeigt zweierlei: (I) zum einen zeigt sie, dass sich die historische Forschung zur Sozialpädagogik seit den 1990er-Jahren durch eine Reflexivität auszeichnet, mit der nicht nur die Geschichte der Sozialpädagogik, sondern auch die theoretischen Voraussetzungen der sozialpädagogischen Geschichtsschreibung zum Gegenstand der historischen Forschung werden. Dabei zeigen die Versuche einer systematischen Bestimmung der Historischen Sozialpädagogik, dass diese zwischen geschichtswissenschaftlicher und sozialpädagogischer Reflexion verortet werden muss. (II) Zum anderen zeigt die Untersuchung, dass die dadurch zur

---

13 Wie Adorno in der *Theorie der Halbbildung* schreibt, erfüllt sich Subjektivität „nach jeder bürgerlichen Theorie" in „Erfahrung und Begriff" (Adorno 1959/2018, S. 115). Daran anschließend lässt sich, was sich in Maurers reflexivem Zugriff auf die Geschichte vollzieht, als „Kultur nach der Seite ihrer subjektiven Zueignung" bestimmen, oder – begrifflich gefasst – als „Bildung" (ebd., S. 94).

14 Darunter verstehen die Autorinnen die Einsicht, „[d]ass Begriffe und Forschungsmethoden den Gegenstand häufig gerade nicht verstehbar machen" (Bareis/Cremer-Schäfer 2013, S. 140).

Aufgabe werdende Vermittlung geschichtswissenschaftlicher und sozialpädagogischer Theorie als dynamisches Geschehen zu begreifen ist: Wurde in früheren Zugriffen der Fokus vermehrt auf die Notwendigkeit einer sozialpädagogischen Gegenstandsbestimmung gelegt, die es der Sozialpädagogik erlauben sollte, sowohl eine eigene historische Perspektive zu entwickeln sowie den Anschluss an die geschichtswissenschaftliche Forschung zu wahren, so zeichnet neuere Studien eine als methodologisch zu qualifizierende Perspektive aus, mit der sie die Anschlussfähigkeit von Geschichten – sei es als theoretisches Konzept (Dollinger), als belletristische Erzählung (Winkler) oder als Artikulationsform subjektiver Erfahrungen (Maurer) – für die sozialpädagogische Theorie und Historiographie zu erweisen versuchen. Angesichts dieser Dynamik lässt sich die Historische Sozialpädagogik weniger als eindeutiges Forschungsprogramm, denn als Raum für eine – auch zukünftig in ihrer Entwicklung offene – theoretisch fundierte Forschung zur Geschichte der Sozialpädagogik begreifen.

Literatur

Adorno, Theodor W. (1959/2018): Theorie der Halbbildung. In: Adorno, Theodor W.: Gesammelte Schriften. Band 8. Soziologische Schriften I. 4. Auflage. Frankfurt a. M.: Suhrkamp, S. 93–121.
Bareis, Ellen/Cremer-Schäfer, Helga (2013): Empirische Alltagsforschung als Kritik. Grundlagen der Forschungsperspektive der „Wohlfahrtsproduktion von unten". In: Graßhoff, Gunther (Hrsg.): Adressaten, Nutzer, Agency. Akteursbezogene Forschungsperspektiven in der Sozialen Arbeit. Wiesbaden: Springer VS, S. 139–159.
Böhme, Günther/Tenorth, Heinz-Elmar (1990): Einführung in die Historische Pädagogik. Darmstadt: Wissenschaftliche Buchgesellschaft.
Böhnisch, Lothar/Niemeyer, Christian/Schröer, Wolfgang (1997): Die Geschichte der Sozialpädagogik öffnen – ein Zugangstext. In: dies. (Hrsg.): Grundlinien Historischer Sozialpädagogik. Traditionsbezüge, Reflexionen und übergangene Sozialdiskurse. Weinheim/München: Juventa, S. 7–32.
Dollinger, Bernd (2020): Sozialpädagogische Theoriegeschichten. Eine narrative Analyse historischer und neuerer Theorien Sozialer Arbeit. Weinheim/Basel: Beltz Juventa.
Dollinger, Bernd/Lütke-Harmann, Martina (2019): Zur Einleitung: Erkenntniskritische Annäherungen an sozialpädagogische Theorie. In: Zeitschrift für Sozialpädagogik 17, H. 3, S. 227–231.
Dollinger, Bernd/Schabdach, Michael (2011): Geschichte machen. Zugänge zur Geschichte von Sozialpädagogik und Sozialarbeit. In: dies. (Hrsg.): Zugänge zur Geschichte der Sozialpädagogik und Sozialarbeit. Siegen: Universitätsverlag Siegen, S. 7–11.
Gängler, Hans/Schröer, Wolfgang (2005): Sozialpädagogische Historie – Verstreute Forschung und transdisziplinäre Vernetzungen. In: Schweppe, Cornelia/Thole, Werner (Hrsg.): Sozialpädagogik als forschende Disziplin. Theorie, Methode, Empirie. Weinheim/München: Juventa, S. 175–184.
Heinemann, Manfred (1985): Historische Pädagogik in der Bundesrepublik Deutschland seit 1945. Aspekte ihrer Entwicklung. In: Heinemann, Manfred (Hrsg.): Die historische Pädagogik in Europa und den USA. Stuttgart: Klett-Cotta, S. 243–263.
Hornstein, Walter (1995): Zur disziplinären Identität der Sozialpädagogik. In: Sünker, Heinz (Hrsg.): Theorie, Politik und Praxis Sozialer Arbeit. Bielefeld: Kleine, S. 12–31.
Iggers, Georg G. (1993): Geschichtswissenschaft im 20. Jahrhundert. Göttingen: Vandenhoeck & Ruprecht.

Iggers, Georg G. (1995): Zur „Linguistischen Wende" im Geschichtsdenken und in der Geschichtsschreibung. In: Geschichte und Gesellschaft 21, H. 4, S. 557–570.
Konrad, Franz-Michael (2014): Historische Sozialpädagogik: Anmerkungen zu Stand und Perspektiven. In: Mührel, Eric/Birgmeier, Bernd (Hrsg.): Perspektiven sozialpädagogischer Forschung. Wiesbaden: Springer, S. 211–228.
Lenhart, Volker (1977): Theorie und Geschichte: Zum Erkenntnisbeitrag erziehungshistorischer Forschung für die Erziehungswissenschaft. In: Lenhart, Volker (Hrsg.): Historische Pädagogik. Methodologische Probleme der Erziehungsgeschichte. Wiesbaden: Akademische Verlagsgesellschaft, S. 12–33.
Lindorfer, Bettina (2005): Der Diskurs der Geschichte und der Ort des Realen. In: Trabant, Jürgen (Hrsg.): Sprache der Geschichte. München: R. Oldenbourg, S. 87–105.
Maurer, Susanne (1995): „Sich als Subjekte gesellschaftlichen Handelns ins Spiel bringen". Frauenbewegungen und Sozialarbeit um die Jahrhundertwende. In: Thiersch, Hans/Grundwald, Klaus (Hrsg.): Zeitdiagnose Soziale Arbeit. Zur wissenschaftlichen Leistungsfähigkeit der Sozialpädagogik in Theorie und Ausbildung. Weinheim/München: Juventa, S. 63–69.
Maurer, Susanne (2009a): Soziale Arbeit als „offenes Archiv" gesellschaftlicher Konflikte. In: Mührel, Eric/Birgmeier, Bernd (Hrsg.): Theorien der Sozialpädagogik – ein Theorie-Dilemma? Wiesbaden: Springer VS, S. 147–164.
Maurer, Susanne (2009b): Das ‚weibliche akademische Subjekt' – eine Forschungsnotiz. In: Glaser, Edith/Andresen, Sabine (Hrsg.): Disziplinengeschichte der Erziehungswissenschaft als Geschlechtergeschichte. Opladen/Farmington Hills: Barbara Budrich, S. 129–136.
Maurer, Susanne (2016): Freiheit zum Dissens? Dissens als ‚hot issue' und Gradmesser von ‚Freiheit' am Beispiel emanzipatorischer Bewegungen und Bestrebungen. In: Grubner, Barbara/Birkle, Carmen/Henninger, Annette (Hrsg.): Feminismus und Freiheit: Geschlechterkritische Neu-Aneignungen eines umkämpften Begriffs. Sulzbach/TS: Helmer, S. 50–73.
Maurer, Susanne (2017): „Gedächtnis der Konflikte"? Reflexion einer historiographiepolitischen Denkfigur. In: Richter, Johannes (Hrsg.): Geschichtspolitik und Soziale Arbeit. Interdisziplinäre Perspektiven. Wiesbaden: Springer VS, S. 11–30.
Maurer, Susanne/Schröer, Wolfgang (2011): Geschichte sozialpädagogischer Ideen. In: Otto, Hans-Uwe/Thiersch, Hans/Treptow, Rainer/Ziegler, Holger (Hrsg.): Handbuch Soziale Arbeit. 4. Auflage. München/Basel: Ernst Reinhardt, S. 541–551.
Münchmeier, Richard (1981): Zugänge zur Geschichte der Sozialarbeit. München: Juventa.
Münchmeier, Richard (2011): Geschichte der Sozialen Arbeit. In: Otto, Hans-Uwe/Thiersch, Hans (Hrsg.): Handbuch Soziale Arbeit. 4. Auflage. München/Basel: Ernst Reinhardt, S. 528–540.
Neumann, Sascha (2011): Eine nicht-sozialpädagogische Geschichte der Sozialpädagogik. Feldtheoretische Historiographie. In: Dollinger, Bernd/Schabdach, Michael (Hrsg.): Zugänge zur Geschichte der Sozialpädagogik und Sozialarbeit. Siegen: Universitätsverlag Siegen, S. 15–29.
Neumann, Sascha/Sandermann, Philipp (2019): Empirie als Problem? Theorien der Sozialen Arbeit nach dem Bedeutungsverlust der Grand Theories. In: Zeitschrift für Sozialpädagogik 17, H. 3, S. 232–250.
Nicolin, Friedhelm (1970): Geschichte der Pädagogik. In: Speck, Josef/Wehle, Gerhard (Hrsg.): Handbuch pädagogischer Grundbegriffe. München: Kösel, S. 493–516.
Ranke, Leopold (1824): Geschichten der romanischen und germanischen Völker von 1494 bis 1535. Erster Band. Leipzig/Berlin: G. Reimer.
Ristau, Alexander (2022): Soziale Arbeit über Belletristik verstehen. In: Sozialmagazin, H. 7–8, S. 61–67.
Sachße, Christoph (1995): Historische Forschung zur Sozialarbeit/Sozialpolitik. Eine Zwischenbilanz nach 20 Jahren. In: Thiersch, Hans/Grundwald, Klaus (Hrsg.): Zeitdiagnose Soziale Arbeit. Zur wissenschaftlichen Leistungsfähigkeit der Sozialpädagogik in Theorie und Ausbildung. Weinheim/München: Juventa, S. 49–61.

Sachße, Christoph (1998): Historische Forschung und Soziale Arbeit. Skizze eines problematischen Verhältnisses. In: Rauschenbach, Thomas/Thole, Werner (Hrsg.): Sozialpädagogische Forschung. Gegenstand und Funktionen, Bereiche und Methoden. Weinheim/München: Juventa, S. 141–155.

Sachße, Christoph (2005): Geschichte der Sozialarbeit. In: Otto, Hans-Uwe/Thiersch, Hans (Hrsg.): Handbuch Sozialarbeit Sozialpädagogik. 3. Auflage. München/Basel: Ernst Reinhardt, S. 670–681.

Schmieder, Falko (2020): Historischer Index. https://www.undisciplined-thinking.com/wp-content/uploads/2020/02/Schmieder_thinking.pdf (Abfrage: 03.02.2024).

Stichweh, Rudolf (2021): Disziplinarität, Interdisziplinarität, Transdisziplinarität – Strukturwandel des Wissenschaftssystems (1750–2020). In: Schmohl, Tobias/Thorsten, Philipp: Handbuch Transdisziplinäre Didaktik. Bielefeld: transcript, S. 433–448.

Tröhler, Daniel (2002): Die Anfangskonstruktionen der deutschsprachigen Sozialpädagogik. Ihre historiografischen und theoretischen Tücken. In: Andresen, Sabine/Tröhler, Daniel (Hrsg.): Gesellschaftlicher Wandel und Pädagogik. Studien zur historischen Sozialpädagogik. Zürich: Pestalozzianum, S. 25–37.

Winkler, Michael (2019): Subjektivität als Erkenntnisform. Oder: Ein höchst subjektives Plädoyer. In: Zeitschrift für Sozialpädagogik 17, H. 3, S. 315–334.

Winkler, Michael (2022): Peotologie zur Sozialpädagogik. Über die Möglichkeiten von Belletristik für die Soziale Arbeit. Weinheim/Basel: Beltz Juventa.

Perspektiven auf Transformation der Sozialen Arbeit in Ostdeutschland

Julia Hille, Mandy Schulze und Peter-Georg Albrecht

Dreißig Jahre nach der deutschen Wiedervereinigung argumentierte Ingrid Miethe, dass die Differenz zwischen Ost- und Westdeutschland Ausdruck einer westdeutschen Dominanzkultur sei (vgl. Miethe 2019). Für die Soziale Arbeit zeigen Ulrike Eichinger und Sandra Smykalla (2023) diskursanalytisch mit der Situationsanalyse auf, dass bestimmte theoretische Diskurse dominieren und Themen wie Soziale Arbeit in der DDR kaum diskutiert und als Desiderate sichtbar werden. Einige Bereiche wurden bereits beleuchtet, um die Herausforderungen der Sozialen Arbeit in Ostdeutschland vor dem Hintergrund ihres historischen Gewordenseins im Umbruch zu erklären und anzugehen. So wird die Entwicklung des Rechtsextremismus betrachtet (vgl. Bringt 2023; Radvan 2023), der Bereich der Jugendhilfe (vgl. Bütow/Chassé/Maurer 2006; Hille/Schulze 2023) und die Rolle der Frauen in den neuen Bundesländern (vgl. Kasten 2023; Enders/Schulze 2013; 2016). Für einige Handlungsfelder steht die historische Reflexion noch aus und bleibt für die professionelle Praxis wichtig, da Soziale Arbeit eng mit gesellschaftlichen Entwicklungen verwoben ist (vgl. Dewe/Otto 2018). Die verschiedenen Wissensformen, auf Praxis und Theorie Sozialer Arbeit bezogen (vgl. Becker-Lenz/Müller-Hermann 2023), müssen „auf ihre verschiedenen Entstehungsbedingungen, die differenziellen sozialstrukturellen Funktionen und unterschiedlichen Wirkweisen" (Engelke/Borrmann/Spatscheck 2018, S. 495) beleuchtet werden. Theoretischer Ausgangspunkt und Ziel dieses Beitrags ist folglich das Sichtbarmachen der spezifisch ostdeutschen Genese und heutigen Ausprägung Sozialer Arbeit anhand dreier Perspektiven.

1. Transformation als grundsätzlicher paradigmatischer Gestaltwandel

Anschließend an Dewe und Otto (2018) markiert eine Transformation einen fortwährenden Prozess konstanter Veränderungs- oder Wandlungsprozesse sozialer Zusammenhänge und bildet Ausgangspunkt, aber nicht Gegenstand theoretischer Auseinandersetzung (vgl. Kessl 2013, S. 7). Die eigentliche theoretische Auseinandersetzung sollte sich nicht auf den Verweis des sozialen Wandels oder der

Gesellschaftstransformation beschränken. Folglich zielt die sozialpädagogische Perspektive darauf ab, gesellschaftliche und politische Trends durch Gegenwartsdiagnosen zu erfassen und aktiv zu gestalten. Die Betrachtung der historisch-spezifischen Charakteristika des Wandels ermöglicht es, nicht nur oberflächliche Veränderungen zu identifizieren, sondern auch tiefere Strukturen und Figurationen zu analysieren, die den Wandel prägen (vgl. ebd.). Insgesamt verdeutlicht dieser Ansatz die Bedeutung der differenzierten, tiefgehenden Analyse sozialer Transformationen, um ihre komplexen Facetten zu verstehen und in sozialpädagogischen Kontexten sinnvoll zu nutzen.

Die Auseinandersetzung mit Transformationen, verbunden mit der Theoriebildung und Professionalisierung Sozialer Arbeit, ist geprägt von der Wirkmächtigkeit eines *westdeutschen* Blicks (vgl. Eichinger/Smykalla 2023). Es gibt eine lange Kontinuität der Selbstverständlichkeit Westdeutschlands als Norm, die häufig in der Sozialen Arbeit unhinterfragt bleibt (vgl. Radvan 2019). Sicher ist, dass sich Sozialarbeiter*innen in Ostdeutschland spezifischen Herausforderungen stellen, deren Entstehung auch aus der Genese nach der Wiedervereinigung erklärbar gemacht werden können (vgl. Schulze/Hille/Albrecht 2023). Mit der deutschen Wiedervereinigung wurden mittels Transfer Institutionen, Strukturen und Prozesse nach bundesrepublikanischem Vorbild in Partnerschaften und mit westdeutschem Führungspersonal in kurzer Zeit eingeführt. Das geschah, ohne die jeweiligen regionalen und soziokulturellen Strukturen ernsthaft und v. a. mit Respekt in den Blick zu nehmen und zu schauen, welche Ansätze vielleicht eine Chance verdient hätten.[1]

Die zeitgeschichtliche Differenz zwischen Ost- und Westdeutschland soll jedoch nicht nur als einseitiger Dominanzkulturtransfer (vgl. Schulze 2019; Hille/Schulze 2023) verstanden werden, sondern zugleich als Chance und Herausforderung für die Soziale Arbeit. Die Akademisierung, Etablierung und Professionalisierung Sozialer Arbeit in Ostdeutschland ist geprägt durch Gleichzeitigkeiten. Nicht nacheinander und aufeinander abgestimmt werden Strukturen verändert, sondern verschränkt und verkoppelt; gleichzeitig wirken neue Verfahren und Regularien, verlangen eine große Flexibilität der Beteiligten, machen Spiel-

---

1 „Seit dem Herbst 1989 findet in der ehemaligen DDR ein tiefgreifender Lernprozess statt. Dieses ‚Lernen im Alltag' reicht von der Korrektur ethischer Werte bis zum Erlernen neuer Straßenschilder. Es schließt biografisches Identitätslernen ebenso ein wie eine neue Sicht der DDR-Geschichte, es beinhaltet aber auch eine Vielfalt alltagspraktischer Kenntnisse und Verhaltensweisen. Dieser komplexe Lernprozess erfordert ein Verlernen des Gewohnten, eine Umdeutung und einen Perspektivenwechsel, ein Probedenken und Probehandeln, eine permanente ‚Suchbewegung'. Ein solches Lernen benötigt Zeit, und – auch gutgemeinte – Ratschläge aus dem Westen sind oft eher störend als hilfreich. Die westdeutsche Gesellschaft hat sich in diesem Einigungsprozess eher als lernresistent erwiesen. Der offenkundige Bankrott des Sozialismus schien eine kritische Bilanz des westlichen Systems und Lebensstils überflüssig zu machen" (Siebert 2010, S. 79).

räume für Entwicklung auf und führen zu hoher Instabilität. Dies geschieht an (Fach-)Hochschulen, in Kommunen, Sozialdienstleistern, Wohlfahrtsverbänden und Organisationen der Hilfe. Auf drei Perspektiven wird nun beispielhaft eingegangen.

Perspektive 1: Zwei Seiten von Akademisierung und eine einseitige Professionalisierung

Die Professionalisierung Sozialer Arbeit ist wechselseitig mit der Entwicklung einer wissenschaftlich fundierten Ausbildung, einem professionellen Selbstverständnis der Praktiker*innen und letztlich einer Akademisierung inklusive Forschung und theoretisch fundierte Lehre verbunden. Rauschenbach und Züchner rekurrieren, mit Blick auf Stichweh (1994, S. 281), auf beide Seiten und schreiben, „dass für die Soziogenese von Professionen immer sowohl innerprofessionelle Initiativen und Strategien als auch – und unabhängig davon – die Entstehung und Entwicklung des modernen Hochschulsystems verantwortlich waren" (Rauschenbach/Züchner 2011, S. 135). Beide Stränge verlaufen in der Sozialen Arbeit parallel, aber getrennt voneinander in den 1950er- und 1970er-Jahren in der Bundesrepublik als professions- und disziplinbezogene Akademisierung (vgl. Motzke 2014, S. 169 ff.; Rauschenbach/Züchner 2011, S. 135 ff.). Bis zur Gründung der Fachhochschulen in Westdeutschland in den 1970er-Jahren findet die professionsbezogene Akademisierung weitgehend jenseits universitärer Diskurse statt und geht erst mit der Aufwertung der Höheren Fachschulen für Sozialpädagogik als Fachhochschulen ein (vgl. Rauschenbach/Züchner 2011, S. 136). Zur disziplinbezogenen Akademisierung entstehen universitäre Diplomstudiengänge in den Erziehungswissenschaften mit Schwerpunkt Sozialpädagogik in Westdeutschland (vgl. Rauschenbach/Züchner 2011, S. 137).

Die Akademisierung der Sozialen Arbeit in Ostdeutschland findet grundsätzlich erst nach der deutschen Wiedervereinigung mit dem Aufbau von Studiengängen als Top-down-Prozess statt. Es ist im Schwerpunkt eine disziplinbezogene, vom Umbau der Hochschulen ausgehende Akademisierung. Die neugegründeten Fachhochschulen[2] in Ostdeutschland entstehen nicht, wie die in den alten Bundesländern in den 1970er-Jahren, aus Höheren Fachschulen oder Werkkunst-

---

2 „Mit den Fachhochschulen (FHs) wurde ein Hochschultyp eingeführt, den es so in der DDR nicht gegeben hatte. Wo diese FHs nicht gänzlich neu gegründet wurden, bauten sie auf vormaligen Ingenieurhochschulen auf. Politisch war hier das Ziel, dass mindestens 40 Prozent der Studierenden an die stark praxisorientierten Fachhochschulen gehen, während in den westdeutschen Ländern seinerzeit nur rund 20 Prozent ein FH-Studium absolvierten. Inzwischen hat sich dieser Wert im bundesweiten Durchschnitt bei rund 30 Prozent eingepegelt, wobei die ostdeutschen Länder nur noch wenig über den westdeutschen liegen" (Pasternack 2020).

schulen. Für viele der Vorgängereinrichtungen ist der Umbau als Fachhochschule keine institutionelle Aufwertung, sondern eine akademische Abwertung, denn die vormaligen Ingenieurhochschulen waren universitäre Strukturen mit Promotions- und Habilitationsrecht (vgl. Schulze/Gawalski 2023). War also für die Soziale Arbeit der Umbau der Hochschullandschaft in Ostdeutschland ein Aspekt der Akademisierung und ein Nachvollzug dieser in den alten Bundesländern bereits geschehenen Verankerung im tertiären Bildungsbereich, so war die Gründung der Fachhochschulen für ihre Vorgängerinstitutionen eher eine De-Gradierung ihres bisherigen Status. Inwieweit sich aus dieser Gleichzeitigkeit Friktionen an ostdeutschen Hochschulen ableiten lassen, wäre eine Forschungsfrage. Auch weil es Ingenieur*innen waren, die ihren universitären Status verloren und Hochschullehrende in der Sozialen Arbeit, die einen hochschulischen gewannen. In diesem Prozess, der von 1990 bis in die 2000er-Jahre andauerte, konnte nicht an einen parallel notwendigen professionsbezogenen Entwicklungsstrang, einem innerprofessionellen Selbstverständnis der Praktiker*innen, ausgedrückt in Initiativen und Strategien, als Bottom-up-Prozess in die Hochschulen hinein, in Ostdeutschland angeknüpft werden. Ein Grund dafür ist, dass diese Akteur*innen erst ausgebildet bzw. nachqualifiziert werden mussten. Die Genese Sozialer Arbeit in Ostdeutschland ist eng mit disziplinbezogener Akademisierung im Hochschulumbau Ost verknüpft (vgl. Pasternack 2000).

Eine Chance war dies für die curriculare Entwicklung der Studiengänge, die auf der grünen Wiese ohne „verkrustete Strukturen und Beharrungsvermögen" (Heitkamp/Preis 1996, S. 125) der bereits etablierten Hochschulstrukturen in Westdeutschland umgesetzt werden konnten. Es kam inhaltlich zur Stärkung sozialwissenschaftlicher Forschungsmethoden und des Sozialmanagements in den Studienordnungen (vgl. Schulze 2019). Diese Entwicklung knüpfte an den disziplinären westdeutschen Diskurs an, entsprach aber nicht den konkreten Herausforderungen sozialarbeiterischer Praxis in Ostdeutschland. Es bestand eine Diskrepanz zwischen westdeutschen Hochschullehrenden mit „Selbstverwirklichungsbedürfnissen" und ostdeutschen Studierenden mit „Orientierungsbedürfnissen" (Busse/Ehlert/Scherer 2009, S. 294). Die prägende soziale Lebenslage der ostdeutschen Bevölkerung war Massenarbeitslosigkeit mit individualisierter Bewältigungsverantwortung. Bis zum Jahr 2005 stieg die Arbeitslosigkeit in Ostdeutschland auf 22,8 Prozent, die „bis dahin höchste gemessene Zahl" (Böick/Lorke 2002, S. 82). Überforderung, Orientierungslosigkeit und Abwanderung von bis zu 40 Prozent der lokalen Bevölkerung waren die Folge (vgl. Markwardt/Zundel 2017). Soziale Arbeit, die sich diesen Bedarfen entgegenstellte, war in höchstem Maße abhängig von öffentlichen Zuwendungen, Organisationen der Hilfe wurden prekär mit Projektmitteln aufgebaut, viele Praktiker*innen ringen aus Arbeitsbeschaffungsmaßnahmen heraus um ein professionelles Selbstverständnis (Broszeit et al. 2023). Befristete Verträge, kurzfristige Finanzierungen bei gleichzeitigem Aufbau der Verwaltung nach New-

Public-Management-Standards und immer größer werdende Planungsräume (letzte Kreisgebietsreform fand 2008 statt) prägen die Praxis Sozialer Arbeit. Eine durch Abwanderung geschwächte Zivilgesellschaft in Ostdeutschland weist zudem wenig Verankerung in sozialmoralische Milieus auf. Der Professionalisierungsgrad der Beschäftigten wird an der wissenschaftlichen Ausbildung der Praktiker*innen gemessen und bleibt trotz weithin ausgebauten Studienangeboten geringer als im Westen (vgl. Busse/Ehlert/Scherer 2009, S. 299). Diese Herausforderungen werden zwar problematisiert (vgl. Bütow/Chassé/Maurer 2006), aber diese Wirklichkeit kaum mit starker Stimme in professionsbezogenen Initiativen und Strategien (vgl. Stichweh 1994, S. 281) als Teil der Soziogenese der Profession übertragen. Letztlich wird eine langfristige Anpassung an westdeutsche Standards erwartet.

Differenzen bestehen aber bis heute, wenn auch nicht empirisch erhoben, sind z. B. nur wenige Praktiker*innen in Ostdeutschland in Berufsverbänden und Gewerkschaften organisiert (Schäfer 2023). Dieser Teil der Akademisierung, die professionsbezogene, die aus dem Selbstverständnis professionell Handelnder entsteht,[3] fehlt Sozialer Arbeit in Ostdeutschland. Daraus resultiert, dass die professionell notwendige Anwaltschaft Sozialarbeitender für Adressat*innen, die Parteilichkeit für vulnerable Gruppen gegenüber staatlichen Organisationen als öffentliche Sozialanwält*innen im Vergleich in Ostdeutschland geringer ausgeprägt ist (vgl. Ludwig/Rahn 2006, S. 155 f.). Nicht als sozialpolitische Partner*innen werden öffentliche Geldgeber*innen verstanden, sondern vielmehr als Auftraggeber*innen, um deren Gunst zu ringen ist. Ein sozialpädagogisches Korrektiv, dass für das wohlfahrtsstaatliche Gleichgewicht einer sozialen Marktwirtschaft von so großer Bedeutung ist, wird in den ostdeutschen Bundesländern zu wenig geltend gemacht, gefördert, geschützt und gestärkt. Akteur*innen fordern dies immer wieder ein (vgl. Kulturbüro Sachsen e. V. 2014). Die Aufmerksamkeit auf die professionelle Praxis und deren Rahmenbedingungen zu legen und aus dieser Reflexion einen Professionalisierungsdiskurs zwischen Forschung und Lehre, Sozialpolitik und Organisationen der Hilfe zu führen, ist eine Aufgabe zu der ein Blick auf die Genese der Akademisierung Sozialer Arbeit in Ostdeutschland anregen soll. Dass dies eine gemeinsame Aufgabe von Hochschulen ist, steht aufgrund der Dringlichkeit in vielen Handlungsfeldern außer Frage.

---

3   Zudem führt dieser Teil der Akademisierung z. B. bei den Ingenieur*innen zur Aufwertung der Fachschulen der beruflichen Bildung zu Fachhochschulen in den 1970er-Jahren der BRD (vgl. Kahlert 1996).

Perspektive 2: Veränderungspfade der Sozialen Dienste für ältere Menschen

Am Beispiel der Entwicklung der Gesundheits-, Pflege-, Begegnungs- und Beratungsdienste für ältere Menschen in Ostdeutschland wird deutlich,[4] in welchen, regulatorisch und gesetzlich gewollten, *Phasen* die Transformation der Organisationen der Sozialen Arbeit verliefen. In diesen, nicht jahresgenau, sondern nur zeittheoretisch eingrenzbaren Phasen kam es zu spezifischen *Pfaden*, auf denen sich Adressat*innen (ältere Menschen), Professionelle (Sozialarbeiter*innen, hier insbesondere in der Beratungsarbeit) in den Bereichen der Begegnung (familiärer, nachbarschaftlicher und sozialräumlicher Zugehörigkeit, Teilhabe, Inklusion, Integration), der Pflege und der Gesundheitsversorgung bewegten, ob aus finanziellen, organisatorischen, alltagspraktischen und/oder wahl-, entscheidungsrelevanten Gründen.

In der DDR waren Polikliniken, Krankenhäuser, Gemeindeschwestern sowie in kleinerem Maßstab auch Beratungsstellen für die Gesundheit älterer Menschen zuständig (vgl. Ministerrat der DDR 1980). Die Pflege älterer Menschen wurde familiär, von den Hauswirtschaftshelfer*innen der Volkssolidarität, den bereits genannten Gemeindeschwestern und in sog. Feierabendheimen realisiert (vgl. Volkssolidarität in der DDR 1985). Begegnung von älteren Menschen erfolgte bei betrieblichen Angeboten für verrentete ehemalige Mitarbeiter*innen (sog. Veteran*innen) (vgl. FDGB 1985), in den Wohngebietsklubs der sozialpolitischen Massenorganisation Volkssolidarität und, ebenfalls in deutlich kleinerem Maßstab, in Kirchgemeinden. Ärztliche, krankenpflegerische, fürsorgerische, versorgende und teilhabende Beratungsleistungen waren Teil dieser Handlungsfelder der DDR (vgl. Autorenkollektiv 1989; Albrecht 2023).

In den 1990er-Jahren kam es im ostdeutschen Gesundheitswesen zur Niederlassung von bis dato in den Polikliniken angestellten Ärzt*innen, wurden die staatlichen Krankenhäuser kommunalisiert bzw. an freigemeinnützige Verbände übertragen und – nach damals modernem westdeutschen Vorbild – Sozialstationen gegründet (vgl. Winkler 1989). Die weiterhin auf verschiedenen Schultern ruhende Pflege wurde zunehmend privat, temporär krankenversicherungsrechtlich und für bestimmte Zielgruppen sozialhilfefinanziert (vgl. Tangemann 1995). Die Schließung oder Zerschlagung der bisherigen Großbetriebe (Kombinate) führte zur vollständigen Einstellung betrieblicher Angebote für Veteran*innen.

---

4 Die vorliegende Analyse basiert forschungsmethodisch auf einer Langzeitbeobachtung, die auf kommunaler Ebene in Ostdeutschland 1992 begann, ab 1996 auf Landesebene in einem ostdeutschen Bundesland fortgeführt und ab 2005 um die Verbändeentwicklung in ganz Ostdeutschland erweitert wurde. Erhoben wurde durch Sammlung von Verbandspublikationen bis hin zur Archivarbeit (in der Deutschen Nationalbibliothek in Leipzig), analysiert auf Basis der Forschungsstrategie der Grounded Theory (vgl. Strauss/Corbin 1996).

Parallel dazu erfolgte die Übernahme der ehemaligen Volkssolidaritätsklubs sowie der Aufbau kommunaler und wohlfahrtsverbandlicher Wohngebietsklubs (vgl. Angerhausen 2003). Kontinuität zeigte sich nur in der Begegnungsarbeit der Kirchgemeinden (verblieben doch Senior*innen in den Gemeinden, während viele Jüngere abwanderten) (vgl. Albrecht 1999). Beratung wurde Tätigkeitsfeld der Krankenhaussozialdienste. Die kommunale und wohlfahrtsverbandliche Beratung adressierte v. a. essens- und hauswirtschaftliche Versorgung bedürftiger älterer Menschen (vgl. Angerhausen et al. 1998; Bundestagsenquetekommission 2002).

In den 2000er-Jahren nahm in der gesundheitlichen Versorgung älterer Menschen die Ausdifferenzierung der Ärzteschaft, die Zusammenlegung von Krankenhäusern zu Verbünden sowie die Etablierung spezialisierter Krankenpflegedienste zu. Pflege wurde, wenn nicht daheim, von selbstständigen (Alten-)Pflegediensten und betriebswirtschaftlich rechnenden Pflegeheimen (zumeist gekoppelt an Wohlfahrtsverbände) realisiert (vgl. Kiess 2019). Für die Begegnung älterer Menschen wurden opulente bundespolitische Programme zur Bürgerengagementförderung (Seniorenbüros, Freiwilligenagenturen) aufgesetzt. Sie erfolgte weiterhin in Begegnungsstätten der Volkssolidarität, der Wohlfahrtsverbände und Kommunen sowie in Kirchgemeinden (vgl. Dienel/von Blanckenburg/Albrecht 2007; von Blanckenburg 2008). Die Beratung älterer Menschen, so sie kommunal nicht finanziert wurde, war an Krankenpflege- und Pflegedienste gekoppelt und Gatekeeper für diese Dienstleistungen (sei es vermittelnd wie in den Krankenhaussozialdiensten, sei es aufnehmend durch die Dienste selbst) (vgl. Albrecht 2014).

Heute zeigt sich in der Gesundheit, Pflege, Begegnung und Beratung älterer Menschen in Ostdeutschland, dass die Gesundheit älterer Menschen ein Gut ist, um das wettbewerblich agierende Dienste konkurrieren. Kompetente Adressat*innen holen mehrere Angebote und Meinungen ein (Wahlmöglichkeit). Trotzdem ist das Angebot zunehmend von Knappheit geprägt (Ärztemangel). Steigende Lebenserwartung und eingeschränkte Gesundheit fordern Gesundheitseinrichtungen ebenso heraus (vgl. Shazi-König 2021), wie rassismuskritische Pflegesettings zur Integration ausländischer Fachkräfte (vgl. Ritter 2024). In der Pflege konkurrieren Pflegedienste und -heime von Großunternehmer*innen und Investor*innen um Pflegebedürftige. Einen guten Pflegeplatz (bzw. ein Einbettzimmer) zu bekommen, ist trotz opulenter Kosten schwierig. Es zeigt sich eine neue Zuwendung zu häuslicher Pflege, allerdings ohne dass die jüngere Generation vor Ort ist.

Perspektive 3: Transgenerationale Weitergabe von Erfahrungswissen in Familien

Am Beispiel der Transformationen der aufsuchenden Hilfen für Familien in Ostdeutschland wird nun die Perspektive der Adressat*innen und deren transgenerationale Weitergabe von Erfahrungswissen mit Hilfe beleuchtet.

Das Grundverständnis der DDR war, dass der Staat die „Verantwortungsübernahme für die soziale Absicherung und andere grundlegende Daseinsfragen" (Seidenstücker 2018, S. 1586) übernahm. Die Familie wurde neben dem Arbeitskollektiv als bedeutendes Grundkollektiv betrachtet, dem die Aufgabe zukam, als Vermittlerin zwischen den Individuen und der Gesellschaft zu agieren (vgl. ebd.). In der DDR wurde die Fürsorge (*Jugendhilfe*) aus diversen sozialen Gründen aktiv (vgl. Riege 2020, S. 218 ff.), v. a. wenn Prinzipien sozialistischen Zusammenlebens nicht verwirklicht wurden (vgl. Wapler 2012, S. 74). Zu den Aufgaben der meist ehrenamtlichen Mitarbeiter*innen in der Fürsorge gehörten

> „die lebenspraktische und erzieherische Beratung von Eltern sowie konkrete Unterstützungsangebote zur Verbesserung der Lebens- und Erziehungsbedingungen (z. B. Einflussnahme auf Arbeitszeitregelungen über die Sicherung materieller Lebensbedingungen bis zur Verbesserung der Wohnverhältnisse) sowie die Kontrolle über deren Einhaltung" (Seidenstücker 2018, S. 1591).

Der verhältnismäßig geringe Institutionalisierungsgrad (vgl. Böllert 2006, S. 17; Kühl 1997, S. 155) erfuhr mit der Wiedervereinigung eine Transformation. Neben dem strukturellen Umbau der Hilfe- und Unterstützungsleistung musste von Ehren- und Hauptamtlichen nun ein „fachlich-konzeptioneller Entwicklungsprozess durchlaufen werden" (Drößler/Freigang 2009, S. 260). Der Fokus lag weniger auf fürsorglichem Handeln, sondern wich einer autonomieorientierten Hilfeleistung (vgl. Hildenbrand 2004, S. 41; Böhnisch/Seidenstücker 2009, S. 451). Im SGB VIII wurde die aufsuchende *Sozialpädagogische Familienhilfe* (SPFH) nach westdeutschem Verständnis[5] etabliert als

> „intensive Betreuung und Begleitung Familien in ihren Erziehungsaufgaben, bei der Bewältigung von Alltagsproblemen, der Lösung von Konflikten und Krisen sowie im Kontakt mit Ämtern und Institutionen unterstützen und Hilfe zur Selbsthilfe geben [soll]" (SGB VIII, § 31).

---

5   Ab Ende der 1960er-Jahre entstand in der Bundesrepublik Deutschland die Hilfeform der SPFH als alternative Maßnahme zur Heimerziehung. Ab 1977 wurde sie flächendeckend von Jugendämtern in der BRD eingeführt (vgl. Nielsen/Nielsen 1990, S. 438). Die SPFH durchlief in der BRD eine erhebliche qualitative und quantitative Entwicklung, deren Legitimation im Kinder- und Jugendhilfegesetz ab 1990/1991 manifestiert wurde.

Ab Anfang der 1990er-Jahre lässt sich die Entwicklung der SPFH in Ostdeutschland in mehrere Phasen unterteilen (vgl. Kühl 1997; Schattner 2007): Pionierphase, Phase der elementaren Grundqualifizierung und Grundausstattung (vgl. Kühl 1997, S. 157) bzw. Konsolidierungsphase (vgl. Schattner 2007, S. 600), Phase der Entfaltung fachlicher Standards und angestrebte Entwicklung zum partnerschaftlichen Kooperationspartner des Jugendamtes. Diese Phasen verliefen keinesfalls idealtypisch. Nach der Jahrtausendwende zeigten Studien und Auseinandersetzungen, dass die Transformation der Kinder- und Jugendhilfe in den 1990er- und 2000er-Jahren „ostdeutsche Besonderheiten und disparate Entwicklungen ausgeblendet" (Bütow/Chassé 2009, S. 264) hatte.

Wer als Adressat*in von Sozialer Arbeit bzw. Familienhilfe institutionell hergestellt wird, erfolgt v. a. im Kontext der sozialstaatlichen Bearbeitung sozialer Probleme (vgl. Ecarius/Groppe/Malmede 2009). Das bedeutet, dass nur bestimmte Familienumstände und strukturelle Situationen von Hilfe und Unterstützung erkannt und anerkannt und damit Familien zu Adressat*innen von SPFH werden. Unter den verschiedenen gesellschaftlichen Verhältnissen lässt sich erkennen, dass jeweils geltende Übereinkünfte mit gesellschaftlichen Entwicklungen und v. a. auch mit Auseinandersetzungen um Ordnungsverhältnissen verbunden sind, in denen sich mit Reichweiten (Grenzen) und damit immer wieder mit neuen Definitionen dessen, was als *normal* gilt, auseinandergesetzt wird (vgl. Bitzan/Bolay 2017, S. 17f.). So haben Adressat*innen selbst explizite und implizite Vorstellungen von Hilfe und Hilfeanspruch. Dabei bringen diese konkrete Anliegen und Aufträge gegenüber Familienhelfer*innen vor, wobei sie ihre Vorstellungen von der eigenen Hilfebedürftigkeit betonen (vgl. Dewe/Otto 2018, S. 1416). Familienmitglieder schildern daran ausgerichtet Symptome, bringen Rechtfertigungen hervor und liefern relevante Fallinformationen (Groenemeyer 2010, S. 46).

Neben dem Blick auf den möglichen Rückgriff auf Ressourcen ist die Beachtung von Erwartungshorizonten und Orientierungen notwendig. In Familien werden Handlungen und Orientierungen von Individuen in Abhängigkeit von Sozialgeschichte und Gesellschaftsstruktur im Zusammenhang von Vergangenheit, Gegenwart und Zukunft gebildet, gestaltet und weitergegeben (vgl. Schierbaum 2017, S. 148 ff.). Eigene erinnerte und erlebte Lebensgeschichte ist eng mit der Familiengeschichte vernetzt (vgl. Inowlocki 2017, S. 40), der individuelle Lebenslauf unmittelbar mit Familiengeschichte und familialen Beziehungsstrukturen verwoben (Hille et al. 2022). Gesellschaftliche Umbrüche werden vor diesem Hintergrund als transgenerationale Bildungsprozesse bearbeitet – und weitergegeben.

Darauf aufbauend ist nun davon auszugehen, dass Familien, die schon über einen längeren Zeitraum in Hilfen zur Erziehung eingebettet sind und Erfahrungen mit den Transformationsprozessen seit Anfang der 1990er-Jahre aufweisen, transgenerational bestimmte Bildungsprozesse weitergeben, die transformiert oder reproduziert werden.[6] Denn die Erwartungen der Adressat*innen an Staat und Hilfesystem können von den konkreten Erfahrungen beteiligter Personen in der DDR und Nachwendezeit geprägt sein und werden – solcherart tradiert – transgenerational weitergegeben. Besonders beim Blick auf Familien, die schon über mehrere Jahre und Jahrzehnte in den Strukturen der Kinder- und Jugendhilfe durch unterschiedliche Hilfen eingebettet sind, kann hier als Perspektive deutlich werden, welche Erwartungen die Familien selbst an Hilfe stellen und wie diese sich über die Generationen hinweg transformiert hat. Das heißt, dass sich in den Hilfen auch die weitergetragenen, transgenerationalen Erfahrungshorizonte im Wechselspiel mit den lokalen Bedingungen unterscheiden (vgl. Hille/Schulze 2023).[7] Diese Form der Forschung agiert an der Schnittstelle von Adressat*innen- und Institutionenforschung. Der Analysefokus liegt auf der Einbettung der Adressatin *Familie* sowie ihrer Mitglieder in wohlfahrtsstaatliche Arrangements und öffentlicher Aufgabenstellung (vgl. Sabla 2015, S. 212), unter Berücksichtigung der Historie von Sozialer Arbeit und Gesellschaft.

2. Zukunft der Sozialen Arbeit für Ost- und Gesamtdeutschland

Zeitgeschichtlich stellte Westdeutschland eine Norm in der deutschen Wiedervereinigung dar. Die Soziale Arbeit in Ostdeutschland benötigt eine erneute Reflexion ihrer Genese, um den kritischen Blick auf Abhängigkeiten professionellen Handelns, die geringe Anwaltschaft für Adressat*innen und schwache Strukturen zu richten und für eine gesamtdeutsche Profession zu stärken. In all dem wird die Spezifik und Besonderheit ostdeutschen Alltags und deren biografisch eingeschriebenen Erfahrungen in den sozialarbeiterischen Beziehungen, im Organisationalen und der Wissenschaft herauszuarbeiten sein. Das öffnet dann den Weg zu (komparativen, methodologisch begründeten) Vergleichen, sodass Differenzen markiert werden können und sich daraus lernen lässt. Notwendig sind dazu starke Kooperationen: von gemeinsamer hochschulischer Forschung zur disziplinären Entwicklung, von Sozialpartner*innen mit Berufs- und Fachverbänden, Gewerkschaften, sozialen Organisationen und Unternehmen, eingebettet in die europäische Entwicklung mit dem Ziel einer vereinten Positionierung für eine

---

6 Auf Basis eines Forschungsdesigns, das sich an die rekonstruktive Familienforschung (nach Hildenbrand 2005) anlehnt, wird dieser Frage derzeit nachgegangen. Die Erhebung erfolgt(e) mittels Genogramm, Familieninterview, Fotografien (vor und nach der Wende) und Einsichtnahme in Hilfepläne, die Auswertung u. a. mit der objektiven Hermeneutik (vgl. Oevermann 2002).

7 Einige Forschungen haben schon eine Ost-Perspektive auf Familienbiografien aufgelegt. Sei es auf politische Sozialisationsprozesse (vgl. Bock 2000), Erziehung der einzelnen Generationen (vgl. Ecarius 1995), Biografien aus Kind- und Elternperspektive (vgl. Ecarius/Grunert 1998) oder dem religiösen Wandel in den Generationen (vgl. Karstein/Wohlrab-Sahr 2016).

professionelle und demokratische Theorie und Praxis Sozialer Arbeit in der sozial-ökologischen Transformation.

Literatur

Albrecht, Peter-Georg (1999): Soziale Arbeit und Ehrenamtlichkeit in der nachberuflichen Lebensphase in den neuen Bundesländern. In: Anheier, Helmut K. (Hrsg.): Ehrenamt und Modernisierungsdruck in Nonprofit-Organisationen. Wiesbaden: Deutscher Universitätsverlag, S. 79–94.

Albrecht, Peter-Georg (2014): Einfach Helfen in komplizierter Welt? Neuere Entwicklungen in der Beratungsarbeit älterer Menschen. In: Theorie und Praxis der Sozialen Arbeit 65, H. 6, S. 438–447.

Albrecht, Peter-Georg (2023): Entstaatlichung nach vorheriger Verstaatlichung? Eine organisationssoziologische Neubewertung der beiden historischen Großtransformationen der Volkssolidarität. In: Theorie und Praxis der Sozialen Arbeit 74, H. 3, S. 230–238.

Angerhausen, Susanne (2003): Radikaler Organisationswandel: Wie die Volkssolidarität die deutsche Vereinigung überlebte. Leverkusen/Opladen: Leske + Budrich.

Angerhausen, Susanne/Backhaus-Maul, Holger/Offe, Claus/Olk, Thomas/Schiebel, Martina (1998): Überholen ohne Einzuholen. Freie Wohlfahrtspflege in Ostdeutschland. Wiesbaden: Westdeutscher.

Autorenkollektiv (Hrsg.) (1989): Fürsorge im Alter. Berlin: Staatsverlag der Deutschen Demokratischen Republik.

Becker-Lenz, Roland/Müller-Hermann, Silke (2023): Jenseits Wissenschaftlichen Wissens – Wissensarten und Professionalität. In: Köttig, Michaela/Kubisch, Sonja/Spatscheck, Christian (Hrsg.): Geteiltes Wissen – Wissensentwicklung in Disziplin und Profession Sozialer Arbeit. Leverkusen/Opladen: Barbara Budrich, S. 121–36.

Bitzan, Maria/Bolay, Eberhard (2017): Soziale Arbeit – die Adressatinnen und Adressaten. Leverkusen/Opladen/Toronto: Barbara Budrich.

von Blanckenburg, Christine/Albrecht, Peter-Georg (2008): Freiwilliges Engagement junger Senioren in Abwanderungsregionen Ostdeutschlands. In: Theorie und Praxis der Sozialen Arbeit 59, H. 5, S. 358–362.

Bringt, Friedemann (2023): Jugend- und Gemeinwesenarbeit in Sachsen seit 1990 – Probleme, Bedarfe und Perspektiven. Eine Beschreibung aus Perspektive der Arbeit für demokratische Kultur gegen Rechtsextremismus im Kulturbüro Sachsen e. V. In: Schulze, Mandy/Hille, Julia/Albrecht, Peter-Georg (Hrsg.): Genese Ost. Transformationen der Sozialen Arbeit in Deutschland. Leverkusen/Opladen: Barbara Budrich, S. 263–276.

Bock, Karin (2000): Politische Sozialisation in der Drei-Generationen-Familie: eine qualitative Studie aus Ostdeutschland. Leverkusen/Opladen: Leske + Budrich.

Böhnisch, Lothar/Seidenstücker, Bernd (2009): Die Entwicklung der Kinder- und Jugendhilfe in den neuen Bundesländern – im Spiegel der deutsch-deutschen Transformation. In: Unsere Jugend 61, H. 11–12, S. 450–462.

Böick, Marcus/Lorke, Christoph (2022): Zwischen Aufschwung und Anpassung. Eine kleine Geschichte des „Aufbaus Ost". Bonn: Bundeszentrale für politische Bildung.

Böllert, Katrin (2006): Sozialpolitik und Sozialadministration im deutsch-deutschen Transformationsprozess. In: Bütow, Birgit/Chassé, Karl August/Maurer, Susanne (Hrsg.): Soziale Arbeit zwischen Aufbau und Abbau. Transformationsprozesse im Osten Deutschlands und die Kinder- und Jugendhilfe. Wiesbaden: VS Verlag für Sozialwissenschaften, S. 13–24.

Broszeit, Birgit/Fritsch, Daniela/Heinig, Regine/Schäfer, Maria (2023): Von der Arbeitsbeschaffungsmaßnahme zur professionellen Struktur oder: das Wirken von Systemik auf Leidenschaft und Engagement. In: Schulze, Mandy/Hille, Julia/Albrecht, Peter-Georg (Hrsg.): Genese Ost:

Transformationen der Sozialen Arbeit in Deutschland. Leverkusen/Opladen: Barbara Budrich, S. 311–328.

Bundestagsenquetekommission zur Zukunft des bürgerschaftlichen Engagements (2002): Bürgerschaftliches Engagement auf dem Weg in eine zukunftsfähige Bürgergesellschaft. Wiesbaden: Leske + Budrich.

Busse, Stefan/Ehlert, Gudrun/Scherer, Wolfgang (2009): Zwanzig Jahre Professionalisierung in Ostdeutschland – das Personal der Sozialen Arbeit in Sachsen. In: Busse, Stefan/Ehlert, Gudrun (Hrsg.): Soziale Arbeit und Region. Lebenslagen, Institutionen, Professionalität. Berlin: Raben-Stück, S. 294–309.

Bütow, Birgit/Chassé, Karl August/Maurer, Susanne (Hrsg.) (2006): Soziale Arbeit zwischen Aufbau und Abbau. Transformationsprozesse im Osten Deutschlands und die Kinder- und Jugendhilfe. Wiesbaden: VS Verlag für Sozialwissenschaften.

Bütow, Birgit/Chassé, Karl August (2009): Entwicklungen in der Kinder- und Jugendhilfe Ost. In: Forum Erziehungshilfen 15, H. 5, S. 264–268.

Dewe, Bernd/Otto, Hans-Uwe (2018): Professionalität. In: Otto, Hans-Uwe/Thiersch, Hans/Treptow, Rainer/Ziegler, Holger (Hrsg.): Handbuch Soziale Arbeit. Grundlagen der Sozialarbeit und Sozialpädagogik. München: Ernst Reinhardt, S. 1203–1213.

Dienel, Hans-Liudger/von Blanckenburg, Christine/Albrecht, Peter-Georg (2007): Junge Alte in der Mitte der Gesellschaft: Modelle für den produktiven Umgang mit dem demografischen Wandel in den neuen Bundesländern. Abschlussbericht für das BMVBS Bundesministerium für Verkehr, Bau und Stadtentwicklung. Berlin: Nexus Institut.

Drößler, Thomas/Freigang, Werner (2009): 20 Jahre Wende in der Jugendhilfe. In: Forum Erziehungshilfen 15, H. 5, S. 260–263.

Ecarius, Jutta (1995): Generationenbeziehungen in ostdeutschen Familien. Moderne Familienbeziehungen in drei Generationen. In: Löw, Martina/Meister, Dorothee/Sander, Uwe (Hrsg.): Pädagogik im Umbruch: Kontinuität und Wandel in den neuen Bundesländern. Wiesbaden: Springer, S. 171–185.

Ecarius, Jutta/Grunert, Cathleen (1998): Ostdeutsche Heranwachsende zwischen Risiko- und Gefahrenbiographie. In: Büchner, Peter/Bois-Reymond, Manuela/Ecarius, Jutta/Fuhs, Burkhard/Krüger, Heinz-Herman (Hrsg.): Teenie-Welten. Aufwachsen in drei europäischen Regionen. Leverkusen/Opladen: Leske + Budrich, S. 245–260.

Ecarius, Jutta/Groppe, Carola/Malmede, Hans (2009): Familie und öffentliche Erziehung. Wiesbaden: VS Verlag für Sozialwissenschaften.

Eichinger, Ulrike/Smykalla, Sandra (2023): Mapping Theorien Sozialer Arbeit – (Macht-)Kritische und konfliktorientierte Perspektiven auf aktuelle Ordnungsversuche in Lehrbüchern. In: Köttig, Michaela/Kubisch, Sonja/Spatscheck, Christian (Hrsg.): Geteiltes Wissen – Wissensentwicklung in Disziplin und Profession Sozialer Arbeit. Leverkusen/Opladen: Barbara Budrich, S. 79–90.

Enders, Judith/Schulze, Mandy (2013): Frauen in der Dritten Generation Ostdeutschlands. In: Pittius, Katrin/Fuchslocher, Eva/Kollewe, Kathleen/Bergfrede, Anja (Hrsg.): FrauenBewegung(en). Westfälisches Dampfboot: Münster, S. 111–121.

Enders, Judith/Schulze, Mandy (2016): Feministische Mutterbilder? – Eine Verständigung von Feminismus und Mutter-Sein vor dem Hintergrund ost- und westdeutscher Entwicklungen. In: Doldner, Maya/Holme, Hannah/Jerzal, Claudia/Tietge, Ann-Madeleine (Hrsg.): O Mother where are thou? Westfälisches Dampfboot: Münster, S. 47–61.

Engelke, Ernst/Borrmann, Stefan/Spatscheck, Christian (2018): Theorien der Sozialen Arbeit. Eine Einführung. Freiburg im Breisgau: Lambertus.

FDGB der DDR (Hrsg.) (1985): Richtlinie über Rolle, Aufbau, Aufgaben und Arbeitsweise der Veteranenkommissionen bei den Vorständen des FDGB und der IG/Gewerkschaften sowie der Veteranen-AGL in Betrieben und Institutionen. Berlin: FDGB-Vorstand.

Groenemeyer, Axel (2010): Doing Social Problems – Doing Social Control. Mikroanalysen der Konstruktion sozialer Probleme in institutionellen Kontexten – Ein Forschungsprogramm. In: Groenemeyer, Axel (Hrsg.): Doing Social Problems. Mikroanalysen der Konstruktion sozialer Probleme und sozialer Kontrolle in institutionellen Kontexten. Wiesbaden: VS Verlag für Sozialwissenschaften, S. 13–56.

Heitkamp, Hermann/Preis, Wolfgang (1996): Integration wagen. Das Ausbildungskonzept für Soziale Arbeit an der Hochschule Zittau/Görlitz. In: Engelke, Ernst (Hrsg.): Soziale Arbeit als Ausbildung. Studienreform und -modelle. Freiburg im Breisgau: Lambertus, S. 125–149.

Hildenbrand, Bruno (2004): Die Transformation der Jugendhilfe in Ostdeutschland im Kontext von Tradition, Diskontinuität und Strukturbildung. In: Österreichische Zeitschrift für Soziologie 29, H. 2, S. 41–59. DOI: 10.1007/s11614-004-0013-7.

Hildenbrand, Bruno (2005): Fallrekonstruktive Familienforschung. Wiesbaden: VS Verlag für Sozialwissenschaften.

Hille, Julia/Gdowska, Katarzyna/Kansy, Milena/Borcsa, Maria (2022): „Ja, denn ich lebe generell schon jetzt ein sesshaftes Leben" – Ambiguität(en) in Erzählungen von Familien mit einer Vertreibungsgeschichte. In: Jakob, Peter/Borcsa, Maria/Olthof, Jan/von Schlippe, Arist (Hrsg.): Narrative Praxis. Göttingen: Vandenhoeck & Ruprecht, S. 466–479.

Hille, Julia/Schulze, Heiner (2023): Die Relevanz von Ost-West-Kontextsensibilität für die Disziplin Soziale Arbeit – Am Beispiel der Sozialpädagogischen Familienhilfe. In: Schulze, Mandy/Hille, Julia/Albrecht, Peter-Georg (Hrsg.): Genese Ost. Transformationen der Sozialen Arbeit in Deutschland. Leverkusen/Opladen: Barbara Budrich, S. 39–64.

Inowlocki, Lena (2017): ‚Generationsarbeit' in Familien. In: Böker, Kathrin/Zölch, Janina (Hrsg.): Intergenerationale Qualitative Forschung. Wiesbaden: Springer VS, S. 33–45.

Kahlert, Herbert (1996): Vergessene Aktion – Wie die Fachhochschule entstanden ist. Bremer Stiftung für Sozialgeschichte des 20. Jahrhunderts. https://www.stiftung-sozialgeschichte.de/index.php/de/component/content/article/183-vergessene-aktionen?catid=95&Itemid=514 (Abfrage: 19.02.2024).

Karstein, Uta/Wohlrab-Sahr, Monika (2016): Religiöser Wandel als Generationenwandel? – Betrachtungen zum Generationenkonzept am Beispiel ostdeutscher Generationenverhältnisse. In: Matthäus, Sandra/Kubiak, Daniel (Hrsg.): Der Osten. Neue sozialwissenschaftliche Perspektiven auf einen komplexen Gegenstand jenseits von Verurteilung und Verklärung. Wiesbaden: Springer VS, S. 17–44.

Kasten, Anna (2023): Makro(sozialarbeits)praxis in Ostdeutschland aus feministischer Perspektive. In: Schulze, Mandy/Hille, Julia/Albrecht, Peter-Georg (Hrsg.): Genese Ost: Transformationen der Sozialen Arbeit in Deutschland. Leverkusen/Opladen: Barbara Budrich, S. 65–76.

Kessl, Fabian (2013): Soziale Arbeit in der Transformation des Sozialen. Eine Ortsbestimmung. Wiesbaden: Springer.

Kiess, Johannes M. (2019): Brüche und Kontinuitäten im deutschen Korporatismus. In: Forschungsjournal Soziale Bewegungen 32, H. 1, S. 113–115.

Kühl, Wolfgang (1997): Kompetenzentwicklung der Sozialpädagogischen Familienhilfe in den neuen Bundesländern. In: neue praxis 27, H. 2, S. 154–168.

Kulturbüro Sachsen e. V. (Hrsg.) (2014): Politische Jugendarbeit vom Kopf auf die Füße. Zum anwaltschaftlichen Arbeiten mit menschenrechtsorientierten Jugendlichen im ländlichen Raum. Dresden: Eigenverlag.

Ludwig, Heike/Rahn, Peter (2006): Fachhochschulen und gesellschaftliche Praxis – zur Rolle der Fachbereiche Sozialwesen in den neuen Bundesländern. In: Bütow, Birgit/Chassé, Karl August/Maurer, Susanne (Hrsg.): Soziale Arbeit zwischen Aufbau und Abbau. Transformationsprozesse im Osten Deutschlands und die Kinder- und Jugendhilfe. Wiesbaden: VS Verlag für Sozialwissenschaften, S. 149–160.

Markwardt, Gunther; Zundel, Stefan: (2017): Strukturwandel in der Lausitz. Eine wissenschaftliche Zwischenbilanz. In: Ifo Dresden berichtet 24, H. 3, S. 17–22.

Miethe, Ingrid (2019): Dominanzkultur und deutsche Einheit. In: Berliner Debatte Initial 30, H. 4, S. 5–19.

Ministerrat der DDR (Hrsg.) (1980): Erste und zweite Richtlinie zur Verbesserung der medizinischen, sozialen und kulturellen Betreuung der Bürger im höheren Lebensalter und zur Förderung ihrer stärkeren Teilnahme am gesellschaftlichen Leben. Berlin: Ministerrat.

Motzke, Katharina (2014): Soziale Arbeit als Profession. Zur Karriere „sozialer Hilfstätigkeit" aus professionssoziologischer Perspektive. Leverkusen/Opladen: Barbara Budrich.

Nielsen, Heidi/Nielsen, Karl (1990): Sozialpädagogische Familienhilfe. In: Textor, Martin R. (Hrsg.): Hilfen für Familien. Ein Handbuch für psychosoziale Berufe. Frankfurt a. M.: Fischer, S. 438–448.

Oevermann, Ulrich (2002): Klinische Soziologie auf der Basis der Methodologie der objektiven Hermeneutik – Manifest der objektiv hermeneutischen Sozialforschung. https://www.ihsk.de/publikationen/Ulrich_Oevermann-Manifest_der_objektiv_hermeneutischen_Sozialforschung.pdf (Abfrage: 15.02.2024).

Pasternack, Peer (2000): Der ostdeutsche Transformationsfall. Hochschulerneuerung als Geschichte einer Komplexitätsreduktion. In: Kehm, Barbara/Pasternack, Peer (Hrsg.): Hochschulentwicklung als Komplexitätsproblem. Fallstudien des Wandels. Weinheim/Basel: Beltz Juventa, S. 33–64.

Pasternack, Peer (2020): Der Wandel an den Hochschulen seit 1990 in Ostdeutschland. In: Bundeszentrale für politische Bildung (Hrsg.): Lange Wege der Deutschen Einheit. Bonn: https://www.bpb.de/themen/deutsche-einheit/lange-wege-der-deutschen-einheit/310338/der-wandel-an-den-hochschulen-seit-1990-in-ostdeutschland (Abfrage: 15.11.2023).

Radvan, Heike (2019): DDR-Geschichte und Ostsozialisation in der Sozialen Arbeit. In: Blätter der Wohlfahrtspflege 5, H. 5, S. 183–185.

Radvan, Heike (2023): Perspektiven auf die Wahrnehmung extrem rechter Frauen in Forschung und Praxis der 1990er Jahre. Ein Plädoyer für die Differenzkategorie „Ost" und Intersektionen. In: Bock, Vero/Bruns, Lucia/Jänicke, Christin/Kopke, Christoph/Lehnert, Esther/Mildenberger, Helene (Hrsg.): Jugendarbeit, Polizei und rechte Jugendliche in den 1990er Jahren. Weinheim/Basel: Beltz Juventa, S. 88–96.

Rauschenbach, Thomas/Züchner, Ivo (2011): Berufs- und Professionsgeschichte der Sozialen Arbeit. In: Otto, Hans-Uwe/Thiersch, Hans (Hrsg.): Handbuch Soziale Arbeit. Grundlagen der Sozialarbeit und Sozialpädagogik. München: Ernst Reinhardt, S. 131–142.

Riege, Iris (2020): Ambulante Interventionen der DDR-Jugendhilfe in die Familien in den 1960er bis 1980er Jahren. Berlin: Duncker & Humblot.

Ritter, Monique (2024): Rassismus und Altenpflege in Ostdeutschland. Zum „Unbehagen" in der beruflichen Zusammenarbeit mit Migrant*innen. Bielefeld: transcript.

Sabla, Kim Patrick (2015): Familie im Spannungsfeld öffentlicher Aufgaben- und Hilfestellungen. In: Soziale Passagen 7, H. 2, S. 205–218.

Schäfer, Maria (2023): Soziale Arbeit und ihre gewerkschaftlichen Interessenvertretungen – Wer sind sie und wofür werden sie gebraucht? In: Schulze, Mandy/Hille, Julia/Albrecht, Peter-Georg (Hrsg.): Genese Ost: Transformationen der Sozialen Arbeit in Deutschland. Opladen/Berlin/Toronto: Barbara Budrich, S. 143–159.

Schattner, Heinz (2007): Sozialpädagogische Familienhilfe. In: Ecarius, Jutta (Hrsg.): Handbuch Familie. Wiesbaden: Springer VS, S. 593–613.

Schierbaum, Anja. (2017): Die Genogrammarbeit. Ein biographisch-rekonstruktives Verfahren intergenerationaler qualitativer Sozialforschung. In: Böker, Kathrin/Zölch, Janina (Hrsg.): Intergenerationale qualitative Forschung. Theoretische und methodische Perspektiven. Wiesbaden: Springer, S. 147–171.

Schulze, Heiner (2019): Critical Westness. Unsichtbare Normen und (west)deutsche Perspektiven. In: OstJournal für Politik, Kultur & Gesellschaft 4, H. 5, S. 38–43.

Schulze, Mandy (2019): Erfolgreiche Studiengangentwicklung in der Hochschulweiterbildung. Die Institutionalisierung des Masterstudiengangs Sozialmanagement an deutschen Fachhochschulen. Nomos: Baden-Baden.

Schulze, Mandy/Gawalski, Lena (2023): Die Entwicklung des Studiums der Sozialen Arbeit an den Fachhochschulen in Ostdeutschland. Akademisierung und Professionalisierung durch die Fachbereiche und Fakultäten. In: Schulze, Mandy/Hille, Julia/Albrecht, Peter-Georg (Hrsg.): Genese Ost: Transformationen der Sozialen Arbeit in Deutschland. Leverkusen/Opladen: Barbara Budrich, S. 19–64.

Schulze, Mandy/Hille, Julia/Albrecht, Peter-Georg (2023): Genese Ost. Transformationen der Sozialen Arbeit in Deutschland. Leverkusen/Opladen: Barbara Budrich.

Seidenstücker, Bernd (2018): Sozialpolitik und Soziale Arbeit in der DDR. In: Otto, Hans-Uwe/Thiersch, Hans/Treptow, Rainer/Ziegler, Holger (Hrsg.): Handbuch Soziale Arbeit. München/Basel: Ernst Reinhardt, S. 1586–1696.

Shazi-König, Nayla Samina (2021): Das Gesundheitswesen im freien Fall. Gera: Daniel Funk.

Siebert, Horst (2010): Erwachsenenbildung in der Bundesrepublik Deutschland – Alte Bundesländer und neue Bundesländer In: Tippelt, Rudolf/Hippel, Aiga von (Hrsg.): Handbuch Erwachsenenbildung/Weiterbildung. Wiesbaden: Springer VS, S. 59–88.

Stichweh, Rudolf (1994): Wissenschaft, Universität, Professionen. Soziologische Analysen. Frankfurt a. M.: Suhrkamp.

Strauss, Anselm L./Corbin, Juliet M. (1996): Grounded Theory. Grundlagen qualitativer Sozialforschung. Weinheim: Beltz.

Tangemann, Marion (1995): Intermediäre Organisationen im deutsch-deutschen Einigungsprozess: Deutsches Rotes Kreuz, Diakonisches Werk, Volkssolidarität. Konstanz: Hartung-Gorre.

Volkssolidarität in der DDR (Hrsg.) (1985): Satzung und Arbeitsprogramm sowie Richtlinie für die Kulturarbeit der Volkssolidarität und Grundsätze für die Organisierung der Mittagessenversorgung betreuungsbedürftiger Bürger in den Wohngebieten durch die Volkssolidarität. Berlin: Generalsekretariat der VS.

Wapler, Friederike (2012): Expertise 1: Rechtsfragen der Heimerziehung in der DDR. In: Beauftragter der Bundesregierung für die Neuen Bundesländer (Hrsg.): Aufarbeitung der Heimerziehung in der DDR – Expertisen: Aufarbeitung der Heimerziehung in der DDR. Berlin: Eigenverlag AGJ, S. 5–123.

Winkler, Gunnar (1989): Geschichte der Sozialpolitik in der DDR 1945–1985. Berlin: Akademie.

Ein Blick zurück auf die Zeit der 1990er-Jahre.

Leerstellen zur Offenen Jugendarbeit mit rechten Jugendlichen im Kontext der Entstehungsgeschichte des NSU

Lucia Bruns

Der Mauerfall im Jahr 1989 gilt rückblickend als „historische Zäsur" (Lierke/Perinelli 2020, S. 14): Die „massive und vielfach tödliche rassistische Welle der Gewalt" (ebd., S. 15) in den frühen 1990er-Jahren in Ost- wie Westdeutschland hatte unmittelbaren Einfluss auf das Leben migrantischer und jüdischer Communitys sowie auf Personen, die aufgrund ihrer Sexualität, Wohnungslosigkeit oder ihrem linken bzw. alternativen Lebensstil als *anders* stigmatisiert wurden. Die frühen 1990er-Jahre wurden zudem durch die Dominanz rechter Jugendkulturen geprägt. Deren Anhänger*innen kamen nicht nur aus der einschlägigen Skinheadkultur, sondern in einem bis dahin unbekannten Ausmaß aus lokalen maskulinen Szenen und Cliquen, die vorher nicht im rechtsextremen[1] Spektrum aufgefallen waren und jetzt als Akteur*innen rechter Gewalttaten in Erscheinung traten (vgl. Kohlstruck 2023, S. 93). Der Umgang mit rechten Jugendlichen[2] wurde damals innerhalb der Sozialen Arbeit kontrovers diskutiert (vgl. Bohn/Fuchs/Kreft 1997). Von kritischen Stimmen aus der Sozialpädagogik wurde auf das Problem eines neueren und stärkeren Nationalbewusstseins der Mehrheitsgesellschaft hingewiesen (vgl. Leiprecht 1992a, S. 9). Die besondere gesellschaftliche Situation stellte die Soziale Arbeit vor neue Herausforderungen.

---

1 Verwendung findet hier der Rechtsextremismusbegriff, der Gegenstand einer wissenschaftlichen Kontroverse darstellt. In der Kritik steht dabei der Umgang mit der verfassungsrechtlichen Begriffsbestimmung, die eine demokratische Mitte im Kontrast zu extremistischen Polen an der rechten und linken Seite unterscheidet. Verkannt werden dabei Ideologien der Ungleichwertigkeit, die sehr wohl in der sog. Mitte der Gesellschaft zu verorten sind (vgl. Radvan 2013, S. 13). Trotz dieser Problematik kann konstatiert werden, dass sich der Begriff mittlerweile in der Forschung, Politik und Zivilgesellschaft durchgesetzt hat (vgl. ZRex 2021).

2 Ich verwende den weiter gefassten Begriff der „rechten Jugendlichen", um die Jugendgruppen zu beschreiben, die nach der deutschen Vereinigung in ost- wie westdeutschen Sozialräumen auch „auf Jugendliche außerhalb einer engen neonationalsozialistischen Szene eine erhebliche Anziehungskraft ausübten" (Bock et al. 2023, S. 12).

„Eine langwährende Phase politischen und öffentlichen Desinteresses an der Lebenssituation Jugendlicher ist inzwischen durch eine aufgeregte Thematisierung von Jugend als gesellschaftlicher Problemgruppe abgelöst worden. In Reaktion auf die Gewalttaten gegen Asylsuchende werden Konferenzen einberufen, Maßnahmen beschlossen und wird politische Aktivität vorgezeigt" (Scherr 1993, S. 28).

Im Zitat von Scherr dokumentiert sich, dass die 1990er-Jahre eine besondere *sozialpädagogische Zeit* darstellen. Angesichts der rassistischen Gewalt und Dominanz rechter Jugendgruppen erfuhr die Offene Jugendarbeit mit rechten Jugendlichen eine enorme gesellschaftliche Aufmerksamkeit (vgl. Buderus 2002, S. 365), eine „Repolitisierung der Auseinandersetzung um jugendpädagogische und jugendpolitische Konzepte" (Scherr 1992, S. 17) konnte beobachtet werden.

Diese zeithistorische Gemengelage ist für die folgenden Ausführungen eine wichtige Bezugsgröße. Sichtbar wird, dass in den 1990er-Jahren kontrovers über die Jugendarbeit mit rechten Jugendlichen diskutiert wurde, es jedoch gegenwärtig an empirischem Wissen über den damaligen sozialpädagogischen Umgang mit rechten Jugendlichen fehlt. Dieses entsteht erst allmählich mit dem Fokus auf einzelne Sozialräume (vgl. Bock/Bruns/Lehnert 2023; ReMoDe 2022). Dieses Forschungsdesiderat erfährt im Kontext der Entstehungsgeschichte des „Nationalsozialistischen Untergrunds" (NSU) in den 1990er-Jahren eine besondere Relevanz. In jenen Jahren der Transformation der ostdeutschen Gesellschaft erfolgte die politische Sozialisation der Mitglieder des rechtsterroristischen NSU (vgl. Jentsch 2016, S. 62). Im Rahmen der NSU-Aufarbeitung wird auf die Offene Jugendarbeit[3] der 1990er-Jahre verwiesen, wobei dem Jugendclub Winzerclub in Jena-Winzerla eine besondere Rolle zugemessen wird. Er gilt als „Anlauf- und Kristallisationspunkt für rechte Jugendliche" (Stolle 2018, S. 111) in den 1990er-Jahren, der nach dem Konzept der akzeptierenden Jugendarbeit (vgl. Krafeld 1992) betrieben worden sein soll. Diese Annahme findet sich an mehreren Stellen im Forschungsstand (vgl. Bruns 2019; Keller 2023; Kleffner 2015). Eine dezidierte sozialpädagogische Betrachtung des damaligen Handlungsfeldes der Offenen Jugendarbeit im Winzerclub scheint jedoch aus einer professionsgeschichtlichen und professionstheoretischen Perspektive bis dato nicht vollzogen. Dies kann im

---

3   Der Winzerclub stellte in den 1990er-Jahren eine Einrichtung der Offenen Kinder- und Jugendarbeit da. In der folgenden Auseinandersetzung geht es explizit nur um die Arbeit mit Jugendlichen.

Kontext eines „Schweigen der Wissenschaften zum NSU-Komplex"[4] (Karakayalı et al. 2017, S. 29) verortet werden.

Auf der Basis meiner Forschung zum NSU-Komplex werfe ich in diesem Artikel einen Blick zurück auf die Zeit der 1990er-Jahre und frage nach Leerstellen, die bei der Betrachtung des Diskurses der Offenen Jugendarbeit im Umgang mit rechten Jugendlichen[5] in den 1990er-Jahren sichtbar werden. Um dieser Frage nachzugehen, gliedert sich der Artikel in drei Abschnitte. Erstens gewähre ich einen Einblick in die Kontroverse über die Offene Jugendarbeit mit rechten Jugendlichen in den 1990er-Jahren.[6] Zweitens wird das Ziel verfolgt, Leerstellen herauszuarbeiten, die für die Forschung zur Offenen Jugendarbeit mit rechten Jugendlichen in den 1990er-Jahren im Kontext der Entstehungsgeschichte des NSU von Interesse sind.[7] Drittens werden im abschließenden Resümee die Ergebnisse zusammengefasst. Der Artikel plädiert für einen Einbezug der Vorgeschichte der Sozialen Arbeit in der DDR, um die Gestalt der Offenen Jugendarbeit in der ostdeutschen Transformationsgesellschaft der 1990er-Jahre zu verstehen. Zum anderen führt der Artikel in intersektionale Betrachtungen ein, die im Fachdiskurs der 1990er-Jahre unterrepräsentiert sind.

1. Zum Fachdiskurs der Offenen Jugendarbeit mit rechten Jugendlichen in den 1990er-Jahren

Die Omnipräsenz rechter Jugendkulturen und der rasche Anstieg rassistischer Gewalttaten Anfang der 1990er-Jahre wurde auch innerhalb der Sozialen Arbeit verhandelt. Geprägt wurde dieser von der damaligen Jugendforschung, die Anfang der 1990er-Jahren die Ursachen der rechten Gewalt in sozialer Vereinzelung,

---

4   Eine lückenlose Aufklärung der rassistischen Mordserie an Enver Şimşek, Abdurrahim Özüdoğru, Süleyman Taşköprü, Habil Kılıç, Mehmet Turgut, Ismail Yaşar, Theodoros Boulgarides, Mehmet Kubaşık, Halit Yozgat und Michèle Kiesewetter hat nicht stattgefunden. Bis heute existieren zahlreiche ungeklärte Fragen, die die Entstehungsgeschichte des NSU, seine Taten sowie das Nicht-Handeln der Polizei und Verfassungsschutzbehörden betrifft (vgl. von der Behrens 2018, S. 290).

5   Von Interesse ist das Handlungsfeld der Offenen Jugendarbeit und der Umgang ehemaliger (nicht-rechter) Fachkräfte mit rechten Jugendlichen. Eine kritische Betrachtung rechtsextremer oder völkischer Jugendarbeit erfolgt nicht (vgl. Botsch 2023; Grigori 2022).

6   Dieser Einblick erfolgt im Rahmen einer begrenzen Darstellung (ausführlich zum Fachdiskurs Bruns 2019).

7   Besondere Aufmerksamkeit liegt dabei auf der ostdeutschen Transformationsgesellschaft der 1990er-Jahre. In der Forschung wird zwar auf die „Spezifik rechter Gewalt in den 1990er-Jahren" (Virchow 2022, S. 14) in ostdeutschen Sozialräumen verwiesen. Wichtig ist, darauf hinzuweisen, dass Rechtsextremismus dennoch nicht isoliert als ostdeutsches Phänomen bezeichnet werden kann. Dies lässt sich durch zahlreiche empirische Verweise (z. B. durch die Gewaltzahlen und Todesfälle in der alten Bundesrepublik) belegen (vgl. Kollmorgen 2022, S. 34).

steigender Arbeitslosigkeit und Orientierungslosigkeit von Jugendlichen sah (vgl. Heitmeyer 1992). Auch im Konzept der akzeptierenden Jugendarbeit mit rechten Jugendcliquen (vgl. Krafeld 1992) findet sich das Verständnis der damals verbreiteten Modernisierungsopfertheorie (vgl. Heitmeyer 1994). In dieser werden rechtsextreme Einstellungen als Symptomatik aufgefasst, die durch desintegrative Prozesse im Alltag entstehen. Basierend auf Praxiserfahrungen mit rechten Skincliquen in Bremen Ende der 1980er-Jahre wurde das Konzept von Krafeld entwickelt (vgl. Krafeld 1992). Es gilt als erste Konzeption in der Arbeit mit der Zielgruppe der rechten Jugendlichen. Als ursprüngliches Ziel galt es, eine Ausbuchstabierung von Handlungsansätzen für die Arbeit mit rechten Jugendlichen vorzunehmen (vgl. Krafeld 1996). Akzeptierende Arbeit war in der Arbeit mit Suchtmittelabhängigen anerkannt und wurde auf den Bereich Jugendarbeit und Rechtsextremismus übertragen. In Abgrenzung zu antifaschistischen Bildungskonzepten wurde dabei eine Arbeit mit rechten Jugendlichen forciert. Die herkömmlichen pädagogischen Ansätze im Bereich Rechtsextremismus, die „belehrungs- und aufklärungsorientierten antifaschistischen Bildungskonzepte" (Krafeld 1996, S. 211) wurden als nutzlos gewertet. Kontrastierend dazu plädiert Krafeld für eine Jugendarbeit, die sich auf die Lebenswelt und damit einhergehenden Alltagserfahrungen und Nöte der Jugendlichen einlasse, da diese – in Anlehnung an Heitmeyer – der Grundstein für Gewalt darstellten. Durch diese Zuwendung sollten die Ursachen für Gewalttaten gelöst werden. Mit Beginn des neuen Jahrtausends wurde das Konzept unter dem Schlagwort einer „gerechtigkeitsorientierten Jugendarbeit" (Krafeld 2000) weiterentwickelt. Fast parallel[8] zur Konzeptentwicklung etablierte die damalige Bundesregierung im Jahr 1992 das *Aktionsprogramm gegen Aggression und Gewalt* (AgAG) in 30 sog. ostdeutschen Brennpunktregionen (vgl. Merkel 1993). Das AgAG, das als politischer Antwortversuch auf die rechte, rassistische und antisemitische Gewalt verstanden werden kann, wurde wissenschaftlich begleitet und dokumentiert (vgl. Bohn/Münchmeier 1997). In über 150 sozialpädagogischen Projekten in den neu gegründeten Bundesländern sollte der Gewalt unter Heranwachsenden begegnet werden. Zudem galt es als wichtiges Instrumentarium, um die Jugendarbeits- und Jugendhilfestrukturen in den Neuen Bundesländern aufzubauen, die mit der Wende schrittweise demontiert wurden.

Die akzeptierende Jugendarbeit sowie das AgAG blieben nicht ohne Widerspruch. In deutschen Wochenzeitungen wurde über eine „Glatzenpflege auf

---

8   Das Konzept der akzeptierenden Jugendarbeit wird oftmals als *das* Konzept des AgAG bezeichnet. Es finden sich jedoch keine Bezüge zur akzeptierenden Jugendarbeit in der Programmevaluation (vgl. Lindner 2023, S. 122). Retrospektiv äußert Krafeld eine deutliche Kritik am Programm und bestreitet, dass die akzeptierende Jugendarbeit *das* Konzept des AgAG gewesen sei (Krafeld 2022, S. 54). Gleichzeitig betonen damalige Fachkräfte, die im Rahmen von AgAG-Projekten tätig waren, dass sie nach dem Konzept gearbeitet hätten (Bock/Bruns/Lehnert 2023, S. 56)

Staatskosten" (Drieschner 1993) debattiert. Starken Widerhall fanden Konzept und Programm auch innerhalb der Sozialen Arbeit und Pädagogik, so entwickelte sich in den 1990er-Jahren ein – zuweilen sehr kontrovers – geführter Diskurs über den Umgang mit rechten Jugendlichen (u. a. vgl. Bohn/Fuchs/Kreft 1997). In deutlicher Abgrenzung zu Krafeld problematisierten Wissenschaftler*innen wie Leiprecht und Rommelspacher die einseitige Adressierung der Offenen Jugendarbeit unter dem Schlagwort einer „Sozialpädagogisierung des Rechtsextremismus" (Scherr 1992, S. 19). Die damalige Kritik umfasste weitere Punkte, die hier exemplarisch wiedergegeben werden. So wurde der Schlussfolgerung widersprochen, dass die extreme Gewaltbereitschaft und der Rassismus sowie Antisemitismus jener Zeit als einseitiger Arbeitsauftrag der Jugendarbeit zu verstehen sei (vgl. Leiprecht 1992b; Rommelspacher 1995). Außerdem erfuhr die Fokussierung auf junge Heranwachsende aus ostdeutschen Bundesländern, die im AgAG angelegt ist, eine Problematisierung. Rechtsextremismus erscheine so als Phänomen der Jugend[9] – und v. a. als Thema abgehängter junger, männlicher Heranwachsender aus dem Osten. Die Kritik richtete sich auch gegen die Zielgruppe der rechten, gewaltausübenden Jugendlichen, die durch das AgAG und der akzeptierenden Jugendarbeit sozialpädagogische Zuwendung (im Rahmen räumlicher und finanzieller Ressourcen) erhielten. Nicht die Opfer, sondern jene Personen, die rückblickend als die (potenziellen) Täter*innen der damals grassierenden rechten Gewalt galten, erfuhren somit Unterstützung (vgl. Weber 1999, S. 15). Auch genderreflektierende Kritiken wurden vereinzelnd formuliert, da sich lediglich sieben der 140 geförderten AgAG-Projekte an Mädchen richteten, ohne eine spezifische genderreflektierende Analyse der Gewaltverhältnisse vorzunehmen (vgl. Behn 1995; Rommelspacher 1995, S. 71). Genderreflektierende Überlegungen sind dem Konzept der akzeptierenden Jugendarbeit nicht zu entnehmen, lediglich einzelne Projektmitarbeiter*innen befassten sich mit der Rolle von Mädchen in rechten Cliquen (vgl. Lutzebäck/Schaar/Storm 1995). Auch im neuen Jahrtausend nahm die Debatte über den sozialpädagogischen Umgang mit rechten Jugendlichen nicht ab (u. a. vgl. Köttig 2020; Pingel/Rieker 2002; Stützel 2019). Angesichts des Erfahrungswissens der 1990er-Jahre wurde verstärkt auf die Relevanz einer Offenen Jugendarbeit mit demokratischen und nichtrechten Jugendlichen verwiesen. Das 2001 implementierte Bundesprogramm *Jugend für Toleranz und Demokratie – gegen Rechtsextremismus, Fremdenfeindlichkeit und Antisemitismus* markiert diesen Paradigmenwechsel hin zur Stärkung der demokratischen Zivilgesellschaft durch umfangreichere präventive Maßnah-

---

9   Es ist keine Seltenheit, dass Rechtsextremismus als Jugendproblem verhandelt wird. Empirische Untersuchungen verweisen jedoch auf die Tatsache, dass rechte Ideologiefragmente bei älteren Generationen sogar teilweise höher vertreten sind. „Insofern macht es gerade auch aus pädagogischer Perspektive wenig Sinn, Rechtsextremismus auf das Jugendalter zu projizieren; er zeigt sich generationen- und milieuübergreifend gleichermaßen" (Radvan 2013, S. 14).

men gegen Rechtsextremismus. Auch Fragen der migrationsgesellschaftlichen Öffnung der Offenen Jugendarbeit werden seit dieser Zeit stärker verhandelt (vgl. Scherr 2012). Stützel wies bereits 2013 daraufhin, dass sozialpädagogische Projekte den Begriff der akzeptierenden Arbeit zwar kaum noch in ihrer Selbstbezeichnung verwenden, die aktuelle sozialpädagogische Arbeit jedoch durch die Deutungsweisen über Rechtsextremismus aus den 1990er-Jahren geprägt wird (vgl. Stützel 2013, S. 227). Glaser und Lehnert (2016) gehen auf die mögliche unreflektierte Übernahme sozialpädagogischer Prämissen des akzeptierenden Ansatzes bei der Entwicklung von Deradikalisierungskonzepten ein.

2. Leerstellen zur Offenen Jugendarbeit mit rechten Jugendlichen im Kontext des NSU

Das folgende Kapitel widmet sich den Leerstellen, die bei der Beschäftigung mit der Offenen Jugendarbeit mit rechten Jugendlichen im Kontext des NSU sichtbar werden. Argumentiert wird im ersten Unterkapitel, dass der Einbezug der Vorgeschichte der Sozialen Arbeit der DDR unerlässlich ist, um die Gestalt der Offenen Jugendarbeit mit rechten Jugendlichen in den 1990er-Jahren zu verstehen. Zum anderen wird im zweiten Unterkapitel auf die Bedeutsamkeit intersektionaler Perspektiven verwiesen, die in der Erinnerung an die Jugendarbeit mit rechten Jugendlichen in den 1990er-Jahren unterrepräsentiert sind.

2.1 Leerstelle I: Fehlender Einbezug der Geschichte der Sozialen Arbeit in der DDR

In der DDR existierte kein vergleichbares System der Sozialen Arbeit (vergleichbar zu Westdeutschland) (vgl. Maurer 2006, S. 46). Die Vorstellung, dass soziale Problemlagen mittel- bis langfristig in einem sozialistischen Staat überwunden werden, führte zu einer anderen Funktion der Sozialen Arbeit. Jugendarbeit und Jugendpolitik waren stark schulisch geprägt bzw. in der Volksbildung integriert. Die FDJ war für die Jugendförderung und für die Jugendarbeit zuständig. Die Jugendhilfe hatte im Kontrast zur Schule und Jugendverbänden im Erziehungsverständnis eine randständige Bedeutung, denn die fürsorgende Zuwendung zu einzelnen Jugendlichen sollte durch den Staat und jedes einzelne Gesellschaftsmitglied erfolgen (vgl. Kuhlmann 2013, S. 114). Die Auswirkungen dieser Vorstellung wirkte auch innerhalb der Institutionen und zeigt sich in den autoritären Missständen in den DDR-Jugendwerkhöfen (oftmals verbunden mit dem *Prinzip der Kollektiverziehung*), wie sie abweichende und deviante Jugendliche erlebten (vgl. Radvan 2019, S. 184). Die Offene Arbeit (mit großem O) adressierte genau jene Jugendliche, die in der Gesellschaft als nicht normal und deviant erschienen und gilt als Teil der nicht-offiziellen Vorgeschichte der Sozialen Arbeit in der DDR (vgl. Maurer 2006, S. 50 f.). Organisational angebunden (wenn auch am Rand) war die Offene Arbeit oftmals unter dem Dach der Evangelischen Kirche in der DDR und stand gleichzeitig im Kontrast zur traditionellen Jugendarbeit der evangelischen Kirche der offenen Arbeit (mit kleinem o). Das Selbstverständnis der Offenen Arbeit: „vorbehaltlose Offenheit gegenüber den Jugendlichen, radikale Akzeptanz, keine ‚Betreuung' [...], sondern ‚Raum zum Ausleben von Bedürfnissen und Nöten'" (ebd., S. 52). Die Offene Arbeit stellte somit im Kontrast zur staatlichen Sozialen Arbeit in der DDR eine widerständige und anti-autoritäre Form der Sozialen Arbeit dar.

Mit der Wende wurden die damaligen Jugendhilfe- und Jugendarbeitsstrukturen der DDR abgewickelt. Die Zeit wurde von einem radikalen „Aufbau und Abbau" (Bütow/Chassé/Maurer 2006) der Sozialen Arbeit gekennzeichnet. Die bewährten Strukturen wurden quasi über Nacht zerschlagen und mussten neu installiert werden. In dieser finanziellen prekären Notlage befand sich die Politik und Verwaltung, die zeitlich zum Abbau der Jugendhilfe- und Jugendarbeitsstrukturen in sehr kurzer Zeit eine Aufbau- und Entwicklungsarbeit neuer Strukturen in Ostdeutschland verantworten musste (vgl. ebd., S. 10). Viele Projekte, die nach der Wende entstanden, wurden maßgeblich durch Personen geprägt, die in der DDR in oppositionellen Szenen aktiv waren (vgl. Maurer 2006, S. 50). Dies gilt auch für die Mehrzahl der Fachkräfte, die 1991 den Winzerclub in Jena-Winzerla aufbauten und in der DDR in der Offenen Arbeit aktiv waren (vgl. Grund 2019). Auf diese Ausgangslage wird bei der Auseinandersetzung mit der Offenen Jugendarbeit und dem NSU kaum verwiesen, findet bislang im Forschungsstand nur marginal Erwähnung (u. a. vgl. Stiebritz 2019, S. 142; Wagner 2014, S. 503). Das in der Offenen Arbeit angelegte Offenheitspostulat und die „radikale Akzeptanz" (Maurer 2006, S. 52) aller Jugendlichen verweist im Kontext des sozialpädagogischen Umgangs mit rechten Jugendlichen in den 1990er-Jahren auf eine interessante Kontinuitätslinie. In der Forschung wird bislang die Offene Jugendarbeit mit rechten Jugendlichen, die ab 1991 im AgAG-finanzierten Winzerclub ausgeübt wurde, anhand der akzeptierenden Jugendarbeit nach Krafeld gedeutet. Fraglich ist, inwieweit im damaligen sozialpädagogischen Umgang mit rechten Jugendlichen nicht eher ein Nachwirken eines ostspezifischen Offenheitsbegriffs dokumentiert ist, der in der Vorgeschichte der Fachkräfte in der Offenen Arbeit begründet liegt. Durch die Interpretation von Konzeptpapieren und Jahresberichten des Winzerclubs aus den 1990er-Jahren wird diese Interpretation bekräftigt. Dort wird der Winzerclub Anfang der 1990er-Jahre als Einrichtung der Offenen Arbeit konzeptioniert, der alle Jugendlichen frei von Weltanschauung oder jugendkultureller Zugehörigkeit akzeptiert (vgl. A2452 Projektbeschreibung „Winzerclub" 1993). In diesen Dokumenten aus den frühen 1990er-Jahren finden sich keine Verweise auf das Konzept der akzeptierenden Jugendarbeit.

Die vorherrschende Deutung, dass im Winzerclub nach Krafelds Konzept der akzeptierenden Jugendarbeit gearbeitet wurde, wird somit infrage gestellt.

2.2 Leerstelle II: Die Notwendigkeit intersektionaler Betrachtungen

Aus einer intersektionalen Betrachtung heraus wird deutlich, dass im sozialpädagogischen Fachdiskurs zur Offenen Jugendarbeit mit rechten Jugendlichen in den 1990er-Jahren die Erinnerungen von nicht-weißen, jüdischen, queeren oder linken Jugendlichen unterrepräsentiert sind, die im Sozialraum jener Jugendclubs lebten, die gezielt mit rechten Jugendlichen arbeiteten. Aufgrund der damaligen, in der Jugendforschung etablierten Theoretisierung rechtsextremer Einstellungen standen (unmarkiert) männliche Jugendliche im Fokus der analytischen Betrachtung. Erkenntlich wird in dieser Stereotypisierung der rechten Gewalt aus der gegenwärtigen Perspektive eine intersektionale Verschränkung. Als Träger der rechten Ideologien werden weiße, männliche und deklassierte Jugendliche aus Ostdeutschland identifiziert. Radvan weist auf die Notwendigkeit intersektionaler Betrachtungen bei der Beschäftigung mit rechtsextremen Phänomenen der 1990er-Jahre am Beispiel der (Nicht-)Wahrnehmung rechter Frauen hin und plädiert für eine Analyse der DDR-Geschichte und genderreflektierenden Blickwinkel (vgl. Radvan 2023, S. 91). Dessen Bedeutsamkeit zeigt auch der Umgang mit geschlechter- und männlichkeitstheoretischen Perspektiven in der Rechtsextremismusforschung. So kommt es immer noch vor, dass der Einbezug geschlechterkritischer Sichtweisen bei der wissenschaftlichen Auseinandersetzung mit Rechtsextremismus als Zusatzkategorie oder als *Add-on* verstanden wird. In Abgrenzung dazu ermöglicht die Implementierung feministischer Perspektiven (und damit auch eine kritische Auseinandersetzung mit der Kategorie Männlichkeit und Geschlecht[10]) erst einen vollumfänglichen analytischen Zugang zu rechtsextremen Phänomenen. In Anlehnung an die Forschungen zu Gender und Rechtsextremismus, im deutschsprachigen Raum seit über 30 Jahren betrieben, geht es darum, auf die Relevanz männlicher Inszenierungen sowie extremer Hypermaskulinität im Rechtsextremismus hinzuweisen (vgl. Möller 2010; Pohl 2003). Gleichzeitig unterliegt der Blick auf Frauen und Mädchen innerhalb des Rechtsextremismus einer „doppelter Unsichtbarkeit" (Lehnert 2013), sie werden oftmals als unpolitisch und friedfertig wahrgenommen. Im Kontext des Forschungsgegenstandes ist zu fragen, welche Auswirkungen die fehlenden genderreflektierenden Perspektiven auf das sozialpädagogische Handeln der 1990er-Jahre hatten. So verweist eine aktuelle Forschung zur Offenen

---

10 Dem Rechtsextremismus ist eine heteronormative, binäre Vorstellung von Geschlecht inhärent, dennoch finden sich rechtsextreme Akteur*innen jenseits einer heteronormativen Norm (vgl. Degen 2024).

Jugendarbeit mit rechten Jugendlichen in den 1990er-Jahren darauf, dass durch das Fehlen genderreflektierender Ansätze männliche Vergemeinschaftungspraxen ermöglicht wurden, die eine konstitutive Bedeutung für rechtsextreme Konsolidierungsprozesse besitzen (vgl. Bruns/Lehnert 2022).

Bei der kritischen Auseinandersetzung mit fehlenden intersektionalen Perspektiven geht es auch darum, die Erinnerungen marginalisierter Stimmen von jüdischen Personen, Migrant*innen und Vertragsarbeiter*innen, Rom*nja und Sinti*zze oder schwarzen Deutschen auf den Mauerfall als unabdingbarer Teil einer Geschichtsschreibung anzuerkennen. Wie Perinelli und Lierke im Hinblick auf diese Perspektiven konstatieren: „Ohne sie bleibt die Geschichte [...] leer und unverstanden" (Lierke/Perinelli 2020, S. 11 f.). Bezüglich der Forschung zum sozialpädagogischen Umgang mit rechten Jugendlichen der 1990er-Jahre und dem NSU stellt sich die Frage, wie diese Personen damals die Offene Jugendarbeit mit rechten Jugendlichen in Jena-Winzerla erlebten und wie ihre Erinnerungen als relevanter Bestandteil empirischer Forschung konzeptualisiert werden können.[11] Die Vergegenwärtigung des Fachdiskurses der 1990er-Jahre zeigt neben dem fehlenden Einbezug der Lebenswelten von migrantischen, nicht-weißen und linken Jugendlichen auch, dass Rassismus und Antisemitismus oftmals als individuelles Problem einzelner ostdeutscher Jugendlicher gefasst wurde. In Abgrenzung dazu bedarf es einer rassismus- und antisemitismuskritischen Forschung, welche Rassismus sowie Antisemitismus auf der gesellschaftlich strukturellen Ebene verortet und nicht als individuelles Phänomen betrachtet (vgl. Messerschmidt 2024).

3. Resümee

Die Retrospektive auf die *sozialpädagogische Zeit* der 1990er-Jahre mit dem Fokus auf den Fachdiskurs zu rechten Jugendlichen macht erstens sichtbar, dass die Betrachtung des damaligen sozialpädagogischen Umgangs mit rechten Jugendlichen ohne den Einbezug der DDR-Geschichte unvollkommen bleibt. Die biografischen Bezüge der Mitarbeiter*innen des Winzerclubs zur oppositionellen DDR-Szene stellen für die Entwicklung der Sozialen Arbeit in den frühen 1990er-Jahren keine Seltenheit dar (vgl. Maurer 2006). Dies wird bis dato in der Auseinandersetzung mit der Offenen Jugendarbeit mit rechten Jugendlichen im Kontext des NSU nicht verhandelt. Berücksichtigt werden müssen dabei die spezifischen Ausgangsbedingungen der Sozialen Arbeit in den frühen 1990er-Jahren in Ostdeutschland. Viele regionale wie überregionale Trägerstrukturen wurden in den neu gegründeten Ländern aufgebaut, eine Qualifizierungsphase für Fachkräfte

---

11 Zur Herausforderung der Repräsentation marginalisierter Perspektiven innerhalb der Rechtsextremismusforschung und der damit einhergehenden Gefahr des „Otherings" vgl. Mietke et al. 2023, S. 8.

erfolgte (vgl. Dietrich 2020, S. 92). Gleichzeitig kann die Geschichte der Offenen Jugendarbeit mit rechten Jugendlichen nicht allein aus dem Osten heraus erklärt werden. Es sollte bei der Analyse des damaligen Handelns nicht um individuelle Schuldzuschreibungen einzelner sozialpädagogischer Akteur*innen aus dem Osten gehen, die für das Erstarken rechter Strukturen (mit-)schuldig gemacht werden. Dazu gehört auch, auf die Rolle von *Professionellen* aus dem Westen aufmerksam zu machen, die in den 1990er-Jahren den Diskurs um die Offene Jugendarbeit im Osten und die damit einhergehenden Deutungsmuster über Rechtsextremismus und Gewalt prägten (vgl. ReMoDe 2022, S. 90).

Zweitens verdeutlicht die Beschäftigung mit intersektionalen Perspektiven, dass die Betrachtung der Offenen Jugendarbeit mit rechten Jugendlichen in den 1990er-Jahren nicht ohne die Erinnerungen marginalisierter Stimmen vollzogen werden kann. Diese Fokussetzung speist sich auch aus dem Fachdiskurs der 1990er-Jahre, der, wie aufgezeigt, unmarkiert männliche und weiße Jugendlichen in den Mittelpunkt sozialpädagogischer Aufmerksamkeit rückte. Die Perspektiven (potenziell) Betroffener der damaligen rassistischen und antisemitischen Gewaltexzesse wurden nicht beachtet, gesehen und gehört. Im Anschluss daran wird für die Notwendigkeit rassismus- und antisemitismuskritischer Perspektiven plädiert. Hierdurch können selbstreflexive Perspektiven auf den sozialpädagogischen Umgang mit rechten Jugendlichen eingenommen werden, da die Normalität des Rassismus und Antisemitismus betont und keine Projektion rassistischer Vorstellungen an die imaginierten, äußeren Ränder der Gesellschaft vollzogen wird.

Literatur

Behn, Sabine (1995): Mädchenarbeit und geschlechtsspezifische Arbeit im Aktionsprogramm gegen Aggression und Gewalt. In: Monika, Engel (Hrsg.): Weibliche Lebenswelten – gewaltlos? Münster: Agenda, S. 163–170.

Bock, Vero/Bruns, Lucia/Jänicke, Christin/Kopke, Christoph/Lehnert, Esther/Mildenberger, Helene (2023): Jugendarbeit, Polizei und rechte Jugendliche in den 1990er Jahren. Ergebnisse und Perspektiven. In: Bock, Vero/Bruns, Lucia/Jänicke, Christin/Kopke, Christoph/Lehnert, Esther/Mildenberger, Helene (Hrsg.): Jugendarbeit, Polizei und rechte Jugendliche in den 1990er Jahren. Weinheim/Basel: Beltz Juventa, S. 7–28.

Bock, Vero/Bruns, Lucia/Lehnert, Esther (2023): „Bei mir haben sich auch die härtesten Nazis im Liebeskummer ausgeheult". Genderreflektierende und antisemitismuskritische Perspektiven auf den sozialpädagogischen Umgang mit rechten Jugendlichen Anfang der 1990er Jahre. In: Bock, Vero/Bruns, Lucia/Jänicke, Christin/Kopke, Christoph/Lehnert, Esther/Mildenberger, Helene (Hrsg.): Jugendarbeit, Polizei und rechte Jugendliche in den 1990er Jahren. Weinheim/Basel: Beltz Juventa, S. 51–70.

Bohn, Irina/Fuchs, Jürgen/Kreft, Dieter (1997): Das Aktionsprogramm gegen Aggression und Gewalt. Band 3. Münster: Votum.

Bohn, Irina/Münchmeier, Richard (1997): Das Aktionsprogramm gegen Aggression und Gewalt. Band 1. Münster: Votum.

Botsch, Gideon (2023): Hundert Jahre Erziehung zu Gewalt und Hass. Zur Kontinuität rechtsextremer Jugendarbeit in Deutschland. In: Bock, Vero / Bruns, Lucia / Jänicke, Christin / Kopke, Christoph / Lehnert, Esther / Mildenberger, Helene (Hrsg.): Jugendarbeit, Polizei und rechte Jugendlichen in den 1990er Jahren. Weinheim / Basel: Beltz Juventa, S. 106–117.

Bruns, Lucia (2019): Der NSU-Komplex und die akzeptierende Jugendarbeit. Perspektiven aus der Sozialen Arbeit. Oldenburg: BIS.

Bruns, Lucia / Lehnert, Esther (2022): Zur Entpolitisierung von Männlichkeiten im Kontext des sozialpädagogischen Handelns mit rechten Jugendlichen Anfang der 1990er-Jahre. In: Zeitschrift für Rechtsextremismusforschung 2, H. 2, S. 251–267.

Buderus, Andreas (2002): Die Götterdämmerung der Jugendsozialarbeit. Der akzeptierende Ansatz zwischen Allheilmittel und Beelzebub. In: Raabe, Jan / Dornbusch, Christian (Hrsg.): Rechts-Rock. Bestandsaufnahme und Gegenstrategien. Hamburg / Münster: Unrast, S. 365–379.

Bütow, Birgit / Chassé, Karl August / Maurer, Susanne (2006): Soziale Arbeit zwischen Aufbau und Abbau. Wiesbaden: VS Verlag für Sozialwissenschaften.

Degen, Katrin (2024): Flexible Normalität: Über die fragile Zugehörigkeit von cis Frauen und LSBTI-Personen zur extremen Rechten. Bielefeld: transcript.

Dietrich, Kai (2020): Durch's Dorf gejagt. Jugendarbeit in völkischen Affinisierungskontexten. In: Sozial Extra 44, H. 2, S. 92–96.

Drieschner, Frank (1993): Glatzenpflege auf Staatskosten. https://www.zeit.de/1993/33/glatzenpflege-auf-staatskosten (Abfrage: 30.01.2024).

Glaser, Enrico / Lehnert, Esther (2016): Verstellter Blick. Eine Absage an „Deradikalisierung" im Zusammenhang mit Jugend- und Präventionsarbeit. In: Burschel, Friedrich (Hrsg.): Durchmarsch von rechts. Berlin: Rosa Luxemburg Stiftung, S. 125–130.

Grigori, Eva (2022): Jugendarbeit von Rechts. In: Goetz, Judith / Reitmair-Juárez, Susanne / Lange, Dirk (Hrsg.): Handlungsstrategien gegen Rechtsextremismus. Politische Bildung – Pädagogik – Prävention. Wiesbaden: Springer, S. 69–83.

Grund, Thomas (2019): Die Stasi, der NSU & Ich. Mein Leben in Thüringen. Hamburg: tredition.

Heitmeyer, Wilhelm (1992): Die Bielefelder Rechtsextremismus-Studie. Weinheim / München: Juventa.

Heitmeyer, Wilhelm (1994): Das Desintegrations-Theorem. Ein Erklärungsansatz zu fremdenfeindlich motivierter, rechtsextremer Gewalt und zur Lähmung gesellschaftlicher Institutionen. In: Heitmeyer, Wilhelm (Hrsg.): Das Gewalt-Dilemma. Frankfurt a. M.: Suhrkamp, S. 29–72.

Jentsch, Ulli (2016): Im „Rassenkrieg". Von der nationalsozialistischen Bewegung zum NS-Untergrund. In: Kleffner, Heike / Spangenberg, Anna (Hrsg.): Generation Hoyerswerda. Das Netzwerk militanter Neonazis in Brandenburg. Berlin-Brandenburg: be.bra, S. 62–73.

Karakayalı, Juliane / Kahveci, Çagri / Liebscher, Doris / Melchers, Carl (2017): Der NSU-Komplex und die Wissenschaft. In: Karakayalı, Juliane / Kahveci, Çagri / Liebscher, Doris / Melchers, Carl (Hrsg.): Den NSU-Komplex analysieren. Aktuelle Perspektiven aus der Wissenschaft. Bielefeld: transcript, S. 15–36.

Keller, Caro (2023): Die Rolle der akzeptierenden Jugendarbeit im NSU-Komplex. In: Widersprüche, H. 167: Recht(s) belastend – Druck von rechts und Verhältnisse Sozialer Arbeit, S. 113–125.

Kleffner, Heike (2015): Die Leerstelle in der Fachdiskussion füllen. Sozialarbeit und der NSU-Komplex. https://www.bpb.de/apuz/212367/sozialarbeit-und-der-nsu-komplex (Abfrage: 30.01.2024).

Kohlstruck, Michael (2023): Maskuline Jugendszenen und fremdenfeindliche Gewalt in den 1980er- und frühen 1990er-Jahren in Ost und West. In: Kössler, Till / Steuwer, Janosch (Hrsg.): Brandspuren. Das vereinte Deutschland und die rechte Gewalt der frühen 1990er-Jahre. Bonn: Bundeszentrale für politische Bildung.

Kollmorgen, Raj (2022): Radikale Rechte als ostdeutsches Problem? In: Aus Politik und Zeitgeschichte 72, H. 49–50, S. 33–38.

Köttig, Michaela (2020): Akzeptieren? Konfrontieren? Gesellschaftshistorische Einbettung professioneller Ansätze in der Sozialen Arbeit im Umgang mit extrem rechten Tendenzen. In: Soziale Arbeit 69, H. 4, S. 131–137.

Krafeld, Franz Josef (1992): Grundsätze einer akzeptierenden Jugendarbeit mit rechten Jugendcliquen. In: Scherr, Albert (Hrsg.): Jugendarbeit mit rechten Jugendlichen. Bielefeld: KT, S. 37–45.

Krafeld, Franz Josef (1996): Konzeptionelle Überlegungen für die Arbeit mit Cliquen. In: Deinet, Ulrich / Sturzenhecker, Benedikt (Hrsg.): Konzepte entwickeln. Anregungen und Arbeitshilfen zur Klärung und Legitimation. Weinheim / München: Juventa, S. 211–226.

Krafeld, Franz Josef (2000): Von der akzeptierenden Jugendarbeit zu einer gerechtigkeitsorientierten Jugendarbeit. In: deutsche jugend 48, H. 6, S. 266–268.

Kuhlmann, Carola (2013): Geschichte Sozialer Arbeit. Schwalbach a. T.: Wochenschau.

Lehnert, Esther (2013): Parteiliche Mädchenarbeit und Rechtsextremismusprävention. In: Radvan, Heike / Amadeu Antonio Stiftung (Hrsg.): Gender und Rechtsextremismusprävention. Metropol, S. 197–210.

Leiprecht, Rudolf (1992a): Biedermänner als Brandstifter. In: Leiprecht, Rudolf (Hrsg.): Unter Anderen. Rassismus und Jugendarbeit. Duisburg: DISS, S. 7–19.

Leiprecht, Rudolf (1992b): „Pech, daß Ausländer mehr auffallen …". Zum Reden über die Kultur der „Anderen" und auf der Suche nach angemessenen Begriffen und Ansätzen für eine antirassistische Praxis (nicht nur) in der Jugendarbeit. In: Leiprecht, Rudolf (Hrsg.): Unter Anderen. Rassismus und Jugendarbeit. Duisburg: DISS, S. 93–130.

Lierke, Lydia / Perinelli, Massimo (2020): Intro. In: Lierke, Lydia / Perinelli, Massimo (Hrsg.): Erinnern stören. Der Mauerfall aus migrantischer und jüdischer Perspektive. Berlin: Verbrecher, S. 11–30.

Lindner, Stefanie (2023): Parallelen und Differenzen im Umgang mit extrem rechten Jugendlichen im Ost-West-Verhältnis. In: Zeitschrift für Rechtsextremismusforschung 3, H. 1, S. 118–134.

Lutzebäck, Elke / Schaar, Gisela / Storm, Carola (1995): Mädchen in rechten Jugendcliquen. In: Behn, Sabine / Heitmann, Helmut / Voß, Stephan (Hrsg.): Jungen, Mädchen und Gewalt – ein Thema für die geschlechtsspezifische Jugendarbeit?! Band 8. Berlin: IFFJ Schriften, S. 153–161.

Maurer, Susanne (2006): Gedächtnis der Konflikte: Oppositionelle Milieus in der DDR und Soziale Arbeit in den Neuen Bundesländern. In: Bütow, Birgit / Chassé, Karl August / Maurer, Susanne (Hrsg.): Soziale Arbeit zwischen Aufbau und Abbau. Wiesbaden: VS Verlag für Sozialwissenschaften, S. 45–58.

Merkel, Angela (1993): Jugend im Kontext von Gewalt, Rassismus und Rechtsextremismus. In: Otto, Hans-Uwe / Merten, Roland (Hrsg.): Rechtsradikale Gewalt im vereinigten Deutschland. Opladen / Bonn: Leske + Budrich, S. 402–406.

Messerschmidt, Astrid (2024): Rassismus- und Antisemitismuskritik in postkolonialen und postnationalsozialistischen Verhältnissen. In: Überblick. Zeitschrift des Informations- und Dokumentationszentrum für Antirassismusarbeit in NRW 30, H. 1, 3–9.

Mietke, Hannah / van de Wetering, Denis / Sellenriek, Juliane / Thießen, Ann-Kathrin / Zick, Andreas (2023): NaDiRa Working Papers: Wie kann eine kritische Rechtsextremismus- und Diskriminierungsforschung aussehen? Reflexionen hegemonialer Positionierungen. https://www.dezim-institut.de/fileadmin/user_upload/Demo_FIS/publikation_pdf/FA-5403.pdf (Abfrage: 03.09.2024).

Möller, Kurt (2010): Männlichkeitsforschung im Rahmen von Rechtsextremismusstudien. Ausgangspunkte, Ansätze, Ergebnisse und Perspektiven. In: Lehnert, Esther / Claus, Robert / Müller, Yves (Hrsg.): „Was ein rechter Mann ist …": Männlichkeiten im Rechtsextremismus. Berlin: Karl Dietz, S. 25–38.

Pingel, Andrea / Rieker, Peter (2002): Pädagogik mit rechtsextrem orientierten Jugendlichen. Ansätze und Erfahrungen in der Jugendarbeit. Leipzig: Deutsches Jugendinstitut.

Pohl, Rolf (2003): Paranoide Kampfhaltung. Über Fremdenhass und Gewaltbereitschaft bei männlichen Jugendlichen. In: Koher, Frauke / Pühl, Katharina (Hrsg.): Gewalt und Geschlecht. Konstruktionen, Positionen, Praxen. Wiesbaden: Springer, S. 161–186.

Radvan, Heike (2013): Geschlechterreflektierende Rechtsextremismusprävention. Eine Leerstelle in Theorie und Praxis? In: Radvan, Heike / Amadeu Antonio Stiftung (Hrsg.): Gender und Rechtsextremismusprävention. Berlin: Metropol, S. 9–36.

Radvan, Heike (2019): DDR-Geschichte und Ostsozialisation in der Sozialen Arbeit. In: Blätter der Wohlfahrtspflege 5, H. 166, S. 161–200.

Radvan, Heike (2023): Perspektiven auf die Wahrnehmung extrem rechter Frauen in Forschung und Praxis der 1990er Jahre. Ein Plädoyer für die Differenzkategorie Ost / West und Intersektionen. In: Bock, Vero / Bruns, Lucia / Jänicke, Christin / Kopke, Christoph / Lehnert, Esther / Mildenberger, Helene (Hrsg.): Jugendarbeit, Polizei und rechte Jugendliche in den 1990er Jahren. Weinheim / Basel: Beltz Juventa, S. 88–96.

ReMoDe (2022): „Wir haben gedacht, wir müssten die Welt retten". Jugendarbeit mit „rechtsorientierten Jugendlichen" – (k)ein Blick auf die 1990er Jahre. ReMoDe – Regional und Mobil für Demokratie. LAK Mobile Jugendarbeit Sachsen e. V.

Rommelspacher, Birgit (1995): Soziale Arbeit und Gewalt: Geschlechtsspezifische Aspekte. In: Arbeitsgemeinschaft für Jugendhilfe / IFFJ (Hrsg.): Rechtsextremismus als Herausforderung für die Ausbildung im Sozialwesen – curriculare, didaktisch-methodische und organisatorische Konsequenzen. Berlin: IFFJ Schriften, S. 71–78.

Scherr, Albert (1992): Gegen „Leggewisierung" und „Heitmeyerei" im Antifaschismus? Antikritisches zur Debatte um eine Pädagogik mit rechtsorientierten Jugendlichen. In: Scherr, Albert (Hrsg.): Jugendarbeit mit rechten Jugendlichen, Bielefeld: KT, S. 17–36.

Scherr, Albert (1993): Stabile Strukturen statt kurzfristiger Programme. Neun Thesen zur Jugendarbeit mit rechten Jugendlichen. In: Sozialmagazin, H. 5, S. 28–30.

Scherr, Albert (2012): Jugendarbeit und Rechtsextremismus: Was kann und was sollte Jugendarbeit zur Aneignung menschenrechtlicher und demokratischer Überzeugungen beitragen? In: Bundschuh, Stephan / Drücker, Ansgar / Scholle, Thilo (Hrsg.): Wegweiser Jugendarbeit gegen Rechtsextremismus. Frankfurt a. M.: Wochenschau, S. 107–121.

Stiebritz, Anne (2019): Werkstatt: Offene Arbeit: Biographische Studien zu jungen Frauen in der kirchlichen Jugendarbeit der DDR. Opladen / Berlin / Toronto: Budrich UniPress.

Stolle, Peer (2018): Die Entstehung des NSU. In: von der Behrens, Antonia (Hrsg.): Kein Schlusswort. Nazi-Terror. Sicherheitsbehörden, Unterstützungsnetzwerk. Plädoyers im NSU-Prozess. Hamburg: VSA, S. 105–131.

Stützel, Kevin (2013): Männlich, gewaltbereit und desintegriert. Eine geschlechterreflektierende Analyse der akzeptierenden Jugendarbeit in den neuen Bundesländern. In: Radvan, Heike / Amadeu Antonio Stiftung (Hrsg.): Gender und Rechtsextremismusprävention. Frankfurt a. M.: Metropol, S. 211–229.

Stützel, Kevin (2019): Jugendarbeit im Kontext von Jugendlichen mit rechten Orientierungen. Wiesbaden: Springer VS.

Virchow, Fabian (2022): Rechte Gewalt in Deutschland nach 1945. In: Aus Politik und Zeitgeschichte 72, H. 49–50, S. 10–14.

von der Behrens, Antonia (2018): Das Netzwerk des NSU, staatliches Mitverschulden und verhinderte Aufklärung. In: von der Behrens, Antonia (Hrsg.): Kein Schlusswort. Nazi-Terror. Sicherheitsbehörden. Unterstützungsnetzwerk. Plädoyers im NSU-Prozess. Hamburg: VSA, S. 197–322.

Wagner, Bernd (2014): Rechtsradikalismus in der Spät-DDR. Norderstedt: edition Widerschein.

Weber, Ilona (1999): Chancen und Grenzen des „akzeptierenden Ansatzes" in der Jugendarbeit. In: Zentrum Demokratische Kultur (Hrsg.): Keine Akzeptanz von Intoleranz. Grenzen der akzeptierenden Jugendarbeit mit rechtsextremen Jugendlichen, Bulletin 1/99. Berlin: Zentrum Demokratische Kultur, S. 13–19.

ZRex (2021): Editorial. In: Zeitschrift für Rechtsextremismusforschung 1, H. 1, S. 3–4.

Archivmaterial
A2452 Projektbeschreibung „Winzerclub" 1993. Stadtarchiv Jena.

Naturwissenschaftliche Zeitdiagnosen und ihre Relevanz für die Sozialpädagogik.

Ein Plädoyer für ein in Alltag und Lebenswelt angelegtes erkenntnistheoretisches Verständnis von Interdisziplinarität

Alexandra Retkowski

„Wir haben kein Erkenntnisproblem, sondern ein Umsetzungsproblem", so heißt es von der Wirtschaftswissenschaftlerin Claudia Kemfert, Leiterin der Abteilung Energie, Verkehr, Umwelt am Deutschen Institut für Wirtschaftsforschung (DIW Berlin) und Mitglied im Präsidium der Deutschen Gesellschaft des Club of Rome über die sozialökologische Transformationsnotwendigkeit angesichts weltweiter ökologischer Krisen (vgl. Kemfert 2024). In diesem Beitrag wird die These vertreten, dass diese Auffassung für viele wissenschaftliche Disziplinen, politische Kontexte und große Bereiche des öffentlichen Lebens zutreffen mag, in der Sozialen Arbeit aber – ähnlich wie in den gesamten Sozialwissenschaften – vorrangig von einem Erkenntnisproblem auszugehen ist. Denn weder wurden in der Vergangenheit den Erkenntnissen der naturwissenschaftlichen Klima- und Umweltforschung für die Problem-, Aufgaben- und Zuständigkeitsbestimmungen auf gesellschaftlicher, organisationaler oder interaktionaler Ebene innerhalb der Sozialen Arbeit ein besonderer Stellenwert zugemessen, noch fanden Dimensionen des ökologischen Wandels als Entdeckungszusammenhang in empirischen Forschungen oder in theoretisch-konzeptionellen Arbeiten in sichtbaren Umfang Eingang. In beiden Fällen geht es um die Frage, welches disziplinäre Bezugswissen für Fragestellungen in der Sozialen Arbeit relevant ist und in welchen (inter-)disziplinären Rahmen die Gegenstandsbestimmungen des Sozialen gesetzt werden. Diese Beobachtung bzw. diese These umkreist der Beitrag, indem zunächst am Beispiel des im Jahre 2022 erfolgten 50. Jahrestages der Veröffentlichung des aus dem Club of Rome – einem Zirkel von besonders renommierten naturwissenschaftlichen Forscher*innen – hervorgegangenen Weltbestsellers *The limits to growth* (Maedows et al. 1972) der Bedeutung wissenschaftlichen Wissens und seiner Wandlungsprozesse für den Diskurs um das Verhältnis von sozialer und ökologischer Frage nachgegangen wird. Im zweiten Kapitel wird dann die gegenwärtige Situation sozialpädagogischer Disziplin und Profession als eine beschrieben, die charakterisiert ist durch die Adressierung aus Naturwissenschaft und Politik, ihrer Verantwortung nachzukommen und die

Verquickung von sozialer und ökologischer Frage konzeptionell und praktisch in vielfältigen Umsetzungsdimensionen wie z. B. in der Ausbildung von Fachkräften oder organisationalen Selbstverpflichtungen (CSR), die v. a. die Wohlfahrtsverbände derzeit umsetzen, einzulösen. Diese Entwicklung wird nicht kritisiert, sondern es wird darauf hingewiesen, dass diese ohne einen hinreichend großen Korpus an originär sozialpädagogisch reflektierten empirischen Wissensbeständen und theoretisch entfalteten Konzepten zur Bedeutung der Aspekte von „Natur" innerhalb des Zuständigkeitsbereichs der Sozialen Arbeit erfolgt. Der Artikel schließt mit dem Versuch, auf traditionelle und aktuelle Theorieoptionen zur Schärfung des Erkenntnisproblems hinzuweisen, die an Überlegungen anknüpfen, materialistischen Aspekten der Erforschung alltäglicher Lebenswelten deutlicheres Gewicht zu verleihen.

1. Die Bedeutung von Wissenschaft im Kontext der Auseinandersetzung um „Sustainable Development Goals" und Nachhaltigkeit

Im Übergang vom 20. zum 21. Jahrhundert hat sich die ökologische Frage auch im System Wissenschaft zur globalen Aufgabe entwickelt, um eine Abkehr von der Zerstörung der Lebensgrundlagen zu erreichen. Blickt man zu den Ursprüngen dieser Diskussion und ihrer ersten wirklich breiten öffentlichen Wahrnehmung, so gelangt man zu dem 1972 veröffentlichten ersten Bericht des Club of Rome unter dem Titel *The limits to growth* (deutsch: Grenzen des Wachstums) (Maedows et al. 1972). Dieser Bericht habe „die Nachhaltigkeitsdebatte der Moderne" losgebrochen, da „Umweltschäden sich erstmals nicht mehr nur als lokales Problem zeigen, sondern Grenzen überschreiten – in räumlicher und zeitlicher Dimension" (Bauchmüller 2014, S. 3). Der Blick auf die Übernutzung und Endlichkeit von natürlichen Ressourcen fiel zeitgeschichtlich u. a. zusammen mit der Ölkrise und erzeugte dadurch eine hohe mediale Wirkung (vgl. Kahl et al. 2024). Das Buch wurde weltweit ein Bestseller und wird rückblickend als das „dramatischste und umweltpolitisch einflussreichste Informationsereignis" (Jänicke 1999, S. 94 zit. n. Hahn 2006, S. 7) bezeichnet. In den folgenden Jahrzehnten sind im Anschluss an diese Debatte v. a. die Vereinten Nationen (UN) Treiber der gesellschaftlichen Diskussion und der Entwicklung internationaler politischer Rahmenbedingungen geworden. Zu nennen ist hier u. a. der Brundtlandt-Bericht der Weltkommission für Umwelt und Entwicklung der UN im Jahre 1987 (vgl. Brundtland 1987), der die Rechte zukünftiger Generationen herausstellte, sowie die darauffolgenden UN-Konferenzen u. a. in Genf, Rio de Janeiro und Paris, in denen das Profil der „Agenda 21" mit den „17 Sustainable Development Goals" und der „Bildung für nachhaltige Entwicklung" (BNE) herausgearbeitet und fortgeschrieben wurde.

Mit dem IPCC (Intergovernmental Panel on Climate Change) gründeten 1988 die UN ihren eigenen wissenschaftlichen Expertenrat, der innerhalb von mehreren Arbeitsgruppen das interdisziplinäre Wissen zum Klimawandel und seinen Folgen zusammenträgt und einflussreiche Sachstandsberichte veröffentlicht.

Der Club of Rome wurde im Jahre 1968 von Aurelio Peccei, einem italienischen Industriellen der Automobilbranche, ins Leben gerufen. Der Club of Rome war damals eine Vereinigung von 70 Wissenschaftler*innen und Unternehmer*innen aus 25 Ländern und existiert als gemeinnützige Organisation noch immer. Es ging darum, sich mit „the present and future predicament of man" (Maedows et al. 1972, S. 9) auseinanderzusetzen. Gefördert mit Mitteln der Volkswagenstiftung ging aus ihm eine siebzehnköpfige interdisziplinäre Gruppe von Wissenschaftler*innen hervor, die v. a. am Massachusetts Institute of Technology (MIT) angesiedelt waren. Geleitet wurde diese Gruppe von dem Ökonomen und Chemiker Dennis L. Maedows und der Umweltwissenschaftlerin Donatella Maedows. Die weiteren Mitherausgeber waren der Ökonom und Systemwissenschaftler Erich Zahn und der Ökonom Peter Milling (vgl. Maedows et al. 1972). In dem Buch wurde mithilfe von Computersimulationen das sog. BAU-Modellszenario (Business-As-Usual-Modell) entwickelt, welches die Wachstumsgrenzen auf einem endlichen Planeten aufzeigt. Das Computermodell „World3" zielte darauf, die komplexen Systemdynamiken der menschlichen Gesellschaften auf globaler Ebene zu erfassen, um darüber Zukunftsszenarien zu entwickeln. Es beinhaltet an die 100 Faktoren entlang der fünf Variablen Bevölkerungsentwicklung, Industrieproduktion, Ressourcen, Nahrungsmittelproduktion und Umweltverschmutzung und zählt nach wie vor zu den exaktesten ersten globalen Bewertungsmodellen ökologischer Veränderungsprozesse, das kontinuierlich weiterentwickelt und überprüft wurde. Das Modell stellt vier Szenarien dar: In einem ersten Szenario besteht das BAU-Risiko darin, dass Bevölkerungswachstum und zur Verfügung stehende Nahrungsmittel scharf auseinanderklaffen. In einem zweiten Szenario führt die Übernutzung von Ressourcen zu einem durch Umweltverschmutzung verursachten Kollaps, während das dritte Szenario eine rasante technologische Entwicklung aufzeigt, die mit einem besorgniserregenden Rückgang der Ressourcen einhergeht. Allein im vierten Szenario konnte innerhalb des BAU-Modells aufgrund eines gesunkenen Ressourcenverbrauchs eine Stabilisierung des Weltökosystems erreicht werden (Dixson-Decleve et al. 2022, S. 23). Der Erfolg des Berichts war zur damaligen Zeit auch darin begründet, dass er „nicht von einer sektiererischen, zukunftspessimistischen oder rein ökologisch motivierten Bewegung, sondern von einem Netzwerk einflussreicher Wirtschafts-Politik- und Wissenschaftsvertreter" veröffentlicht wurde, der sich „auf die Forschungsergebnisse einer der weltweit renommiertesten internationalen Universitäten" stützte und „modernste Systemmodelle und alle Möglichkeiten der sich gerade entwickelnden elektronischen Datenverarbeitung für komplexe Berechnungen" nutzen konnte, sodass „das bisherige Fortschrittsmodell quasi aus einem der Zentren des Fortschritts kritisiert" (Schneidewind 2018, S. 122) wurde. Der spätere Leiter des Wuppertal Instituts und Co-Präsident des Club of Rome, Ernst-Ulrich von Weizsäcker, der die Veröffentlichung des Buchs *The limits to growth* als Student begleitet hat, sagt zu der enormen Resonanz des Weltmodells in einem Interview des Deutschlandfunks:

> „Wir waren sehr überrascht und haben uns etwas später den Reim darauf gemacht, dass das die Frühzeit der Heiligsprechung der Mathematik war, wo alles, was in mathematischen Formen kam, als pure Wahrheit angesehen wurde. Das war natürlich absurd. Die Mathematik ist ein ganz schlechtes Abbild der Realität. Aber die Grenzen des Wachstums in einer systemtheoretischen, mathematischen Verbindung in Kurvenform dem Publikum vorzustellen, das war ein absolut genialer Publizitätsstreich" (DLF Hintergrund: Dohmen 2022).

Die der Öffentlichkeit besonders im Gedächtnis gebliebene bevorstehende Endlichkeit der Ressourcen im zweiten Szenario stellte sich allerdings nicht nur als falsch, sondern für die weitere Entwicklung des Umweltschutzes als in doppelter Weise folgenreich heraus, denn da die Ressourcen an Kohle und Öl größer waren als in den Berechnungen zugrunde gelegt, ist zum einen durch die Erschließung neuer Lagerstätten (Öl in der Tiefsee oder die Methode des Frackings von Gas und Öl) der Erschöpfungszeitpunkt knapper Rohstoffe zeitlich nach hinten verschoben worden. Zum anderen ist allerdings durch den Verbrauch der zusätzlich zur Verfügung stehenden Ressourcen die Bedrohung durch den Klimawandel nochmals erheblich verstärkt worden (vgl. Schneidewind 2018, S. 124).

Im Jahre 2022 wurde dann unter dem Titel „Earth for all" nach 50 Jahren ein neuer Bericht eines interdisziplinären Wissenschaftler*innenteams des Club of Rome vorgelegt (vgl. Dixson-Decleve et al. 2022). Diese Veröffentlichung beruht wesentlich auf den Arbeiten eines Forscher*innenteams unter Federführung des schwedischen Umweltwissenschaftlers Johann Rockström. Die Forschungsergebnisse führten zur Identifizierung von neun planetaren Grenzen, die weniger auf der Endlichkeit der Ressourcen abzielen, sondern vielmehr gefährdete Ökosystemfunktionen wie die Atmosphäre, die Biodiversität, die Landnutzung oder die Gefährdung der Meere markieren. Im Bereich des Klimasystems durch den Treibhauseffekt und beim Verlust an Biodiversität sowie hinsichtlich der globalen Nitrateinträge seien die ermittelten kritischen Grenzen bereits überschritten (vgl. Schneidewind 2018, S. 126). Ebenso bezieht sich die Veröffentlichung des Buches „Earth for all" auf die Arbeiten des Nobelpreisträgers Paul J. Crutzen, der mit dem Begriff des Anthropozäns eine neue geologische Epoche nach dem Holozän bezeichnet, in der nunmehr der Mensch selbst, der Homo sapiens, die wichtigste treibende Kraft des erdgeschichtlichen Wandels darstellt (vgl. Crutzen 2002). Die Folgen der seit dem Beginn der industriellen Revolution auftretenden und sich seit den 1950er-Jahren auswirkenden Folgen des explosiven Wachstums im Zuge der fortschreitenden Industrialisierungsprozesse überschreiten die vom Holozän gesetzten Grenzen. In 24 Graphiken entwerfen die Autor*innen ein „Muster der großen Beschleunigung, welches in der Interdependenz von sozioökonomischen und erdsystembezogenen Entwicklungstrends die Auswirkungen der Bereiche wie BIP, Wasserverbrauch, Transport und Verkehr, Papierproduktion, Versauerung der Ozeane oder Düngemittelverbrauch auf das Lebenserhaltungssystem der Erde und entwickeln daraus potenzielle Kipppunkte beträchtlicher klimatischer und ökologischer Veränderungen, „die entweder abrupt oder irreversibel sind oder beides" (Dixson-Decleve et al. 2022). In Konsequenz dessen werden fünf Kehrwenden „für globale Gerechtigkeit auf einem gesunden Planeten" entworfen, die aus einer globalen „Armutskehrtwende", einer wirtschaftlichen „Ungleichheitskehrtwende", einer geschlechterbezogenen „Ermächtigungskehrtwende", einer „Ernährungskehrtwende" sowie einer „Energiekehrtwende" (ebd.) den Schlüssel v. a. in sozialen Veränderungsszenarien platziert. Dieses Beispiel der interdisziplinären Wende in den Veröffentlichungen des Club of Rome hin zu einer Integration von sozialen und ökologischen Fragen dokumentiert die zwar späte, nun jedoch sehr deutliche Adressierung der weltweiten sozialwissenschaftlichen und sozialpolitischen Akteur*innen, am Versuch der Bewältigung der ökologischen Katastrophe mitzuwirken.

2. Interdisziplinarität in der Sozialen Arbeit und der fragmentierte Zugang zur ökologischen Frage

Blickt man nun in das Feld der Sozialen Arbeit, so zeichnet sich ein zunehmender Bedeutungszuwachs von ökologischen Fragen seit den 2020er-Jahren ab. So finden die oben bereits erwähnten 17 Sustainable Development Goals der Vereinten Nationen auf breiter Basis Eingang in die Praxis der Sozialen Arbeit und es ist zu vermuten, dass diese analog zur UN-Kinderrechtskonvention aus dem Jahr 1992 und der UN-Behindertenrechtskonvention aus dem Jahr 2008 für das bundesdeutsche Sozial- und Bildungswesen von paradigmatischer Bedeutung werden und als für Regierungen verbindliche UN-Beschlüsse ein transformatives Potenzial in der Sozialen Arbeit entfalten (vgl. Retkowski 2021). Hierauf weisen bereits zahlreiche Veröffentlichungen aus Wohlfahrtsverbänden zur Umsetzung der Nachhaltigkeitsstandards in ihren Einrichtungen hin (vgl. Deutscher Caritasverband e. V. 2022; AWO Bundesverband 2020). Gleichzeitig wird deutlich, dass die Relevanz von Ökologie und Nachhaltigkeit mehrheitlich über die Mahnung aus den Forschungsergebnissen der Naturwissenschaften über die Politik in das Bildungs- und Sozialsystem eingemündet ist. Die in den vorherigen Jahrzehnten aus dem Feld der Wirtschafts- und Naturwissenschaften stammenden Warnungen zu den Folgen des „Business As Usual" haben auf die Ausrichtung der Sozialen Arbeit keine größeren Auswirkungen gehabt. Die Soziale Arbeit hat in ihren wesentlichen Ausprägungen die ökologische Problemstellung – wie die gesamte Sozial- und Geisteswissenschaft – erst spät und über politische Rahmungen zum Gegenstand wissenschaftlicher und professionsbezogener Auseinandersetzungen gemacht. Allerdings ist ein wichtiger Strang innerhalb der Thematisierung ökologischer Fragen die weltweite Bildungskampagne „Bildung für nachhaltige Entwicklung" (BNE) der Organisation der Vereinten Nationen für Erziehung, Wissenschaft und Kultur (UNESCO), durch die das Bildungssystem wie auch bildungsbezogene Angebote der Sozialen Arbeit – z. B. umwelt-, natur- und erlebnispädagogische Angebote im Bereich kultureller Bildung oder im vorschulischen und schulischen Bereich – früher und in einem größeren Umfang ökologische Fragen und eine Nachhaltigkeitsorientierung in ihre Themenbereiche eingeführt haben, die in der Regel mit dem Konzept des transformativen Lernens und der transformativen Bildung arbeiten (vgl. Singer-Brodowski 2016). Die Bedeutsamkeit der Verbindung der Sozialen Arbeit zur Debatte um Nachhaltigkeit wurde postuliert (vgl. Bartosch 2020) und der Bereich von Nachhaltigkeit und BNE im Kontext der Ausbildung zukünftiger Sozialarbeiter*innen im Handlungsfeld Demokratie diskutiert (vgl. Berndt/Mührel 2023) sowie durch eine Reihe von Professuren der Sozialen Arbeit mit Denominationen zu Nachhaltigkeit und Transformation etabliert (z. B. „Ecosocial Work and Care" an der Frankfurt University of Applied Sciences). Einen inhaltlichen Zugang vertreten Johannes Verch und Yannick Liedholz mit der Konzeption einer „suffizienzkulturellen Transformation" sowie einer Orientierung an einer „starken Nachhaltigkeit" (Liedholz 2021; Liedholz/Verch 2023). In dieser werden für die Soziale Arbeit veränderte normative Rahmungen vorgeschlagen, in der „ökologische Bestände [...] in ihren materiellen, ästhetischen und glückstiftenden Qualitäten als nicht oder nur sehr beschränkt ersetzbar angesehen" (Liedholz 2023, S. 39) werden. Über diesen normativen Zugang in Hinblick auf die Positionierung der Sozialen Arbeit hinsichtlich der Herausforderungen der Umweltkrise stehen die Ansätze in Verbindung mit Positionen aus dem englischsprachigen Raum, die über die Thematisierung der ökologischen Krise die Verbindung von social justice und environmental justice herausarbeiten (vgl. etwa Dominelli 2012). Inwieweit sich dieser englischsprachige Strang der Auseinandersetzung um „Green social Work" (ebd.) aus einer interdisziplinären Entwicklungslinie speist, kann an dieser Stelle nicht beantwortet werden und würde einer genaueren Analyse bedürfen.

Gleichwohl bleibt der Eindruck bestehen, dass sich in Bezug auf ökologische Fragen die Naturwissenschaften in den letzten Jahrzehnten interdisziplinärer entwickelten – zumindest auf der Ebene von (sozial-)politischen Konsequenzen. Dies mag auch damit zusammenhängen, dass in Deutschland die Soziale Arbeit eine junge wissenschaftliche Disziplin ist, die erst in den 1970er-Jahren im Zuge der Bildungsreformen in das institutionelle System der Wissenschaften eingemündet ist – also zu jenem Zeitpunkt der ersten Veröffentlichung des Buches

The limits to growth (Maedows et al. 1972). Disziplinen sind nach Rudolf Stichweh „Formen sozialer Institutionalisierung eines mit vergleichsweise unklaren Grenzziehungen verlaufenden Prozesses kognitiver Differenzierung der Wissenschaft" (Stichweh 2013, S. 17) und sie bilden sich „um Gegenstandsbereiche und Problemstellungen herum" (ebd., S. 18) aus. Während die hochschulische Produktion von Wissen für die Soziale Arbeit also etwa 50 Jahre alt ist, blickt das handlungs-, professions- und berufsbezogene Wissen in der Bundesrepublik Deutschland auf wesentlich längere Traditionslinien zurück, die eng an die Auseinandersetzung mit den Folgen der industriellen Revolution seit dem Ende des 19. Jahrhunderts geknüpft sind. Die Entstehung explizit sozialer Betätigungen entstehen im Zuge der bürgerlich-gesellschaftlichen Entwicklung und der wirtschaftlichen Umwälzungen zwischen 1750 und 1850, in denen „die erste Voraussetzung der Konstitution einer Sozialen Arbeit und eines sozialen Werkes, nämlich die Wahrnehmung dessen, was *sozial* heißen soll und was sozial getan werden kann" (Wendt 2017, S. 2) zustande kommt. In Antwort auf die soziale Frage gestalten sich in den sich industrialisierenden Ländern jeweils spezifische Sozialpolitiken und eine Sozialstaatlichkeit heraus, zu der auch ein spezifisches System der Sozialen Arbeit gehört (vgl. Hammerschmidt/Aner/Weber 2017, S. 16). Soziale Arbeit ist somit seit Beginn an mit technologischem Fortschritt und wirtschaftlichem Wachstum verknüpft und sichert deren soziale Flankierung in kritischer Begleitung auch in den dann folgenden industriellen Revolutionen des 20. Jahrhunderts. In den zurückliegenden Prozessen der Entwicklung weiterer industrieller Revolutionen von Massenfertigung, Automatisierung, Digitalisierung und in der derzeitigen industriellen Revolution 5.0, dem maschinellen Lernen sowie der Kollaboration von Mensch und Maschine, geht es kontinuierlich darum, im Nachgang des gesellschaftlichen Wandels die sozialen Folgen aufzufangen, Teilhabe sicherzustellen sowie Prekarisierungen und Exklusion zu vermeiden. Das Problem, das sich jedoch zeigt, ist, dass sich die damit einhergehenden massiven sozialökologischen Veränderungen in den Lebensbedingungen von Menschen – vor allen Dingen in den Lebensbedingungen der gesellschaftlich nicht privilegierten – nicht in den wissenschaftlichen Arbeiten im Kontext der Sozialen Arbeit der letzten Jahrzehnte wiederfinden – zumindest nicht in ihren sozialökologischen Verflechtungen. Dazu ein Beispiel: Die sozialpädagogische Analyse der Bedingungen des Aufwachsens von Kindern sind in der wissenschaftlichen Literatur allein durch soziale und gesellschaftliche Bedingungen erfasst. Ökologische bzw. naturbezogene Faktoren wie z. B. *die Sonne* spielen keine Rolle. In Folge der Klimakrise wird nun *die Sonne* u. a. durch einen medizinischen Kinderschutzdiskurs über die besondere gesundheitliche Gefährdung von Schwangeren, Säuglingen und Kindern durch UV-Strahlung, Ozonbelastung und Hitzewellen bedeutsam (vgl. Wettach/Albers/Herbst 2023). Ähnlich wie die durch neurowissenschaftliche Erkenntnisse evozierten Diskurse über Entwicklung, Erziehung und Bildung, die eine „randständige Beachtung des Verhältnisses von Sozialer Arbeit zu den Naturwissenschaften" nicht mehr zuließ, gilt mit Blick auf das Sonnenbeispiel auch im Kontext ökologischen Wissens die Mahnung von Michael Behnisch und Michael Winkler, dass Soziale Arbeit ihr Verhältnis zu den Naturwissenschaften neu justieren muss, da im Fall der Negation der Auseinandersetzung die Situation drohe, dass „Soziale Arbeit ihre eigenen Praxisdiskurse" (Behnisch/Winkler 2009, S. 7) nicht mehr versteht. Die äußerst kursorische Zusammenstellung des Bezugs zur ökologischen Frage in der Sozialen Arbeit zeigt, dass diese v. a. durch verschiedene Prozesse und Figuren einer Institutionalisierung normativer Konzeptionen – sei es in Form von Standards wie den SDGs oder ethischen Orientierungen – umgesetzt wird, weniger durch eine interdisziplinäre Öffnung bzw. einen Prozess interdisziplinärer Auseinandersetzung oder das Ringen um veränderte erkenntnistheoretische Zugänge zur Lebenswelt oder zum Selbst-Welt-Verhältnis in einer vom Menschen hergestellten und zugleich zerstörten Natur.

3. Die Interdisziplinarität der Lebenswelt

Begibt man sich auf die Suche nach erkenntnistheoretischen Alternativen, so ist die vom Psychologen Wilhelm Windelband 1894 gehaltene Rede zum Antritt des Rektorats der Kaiser-Wilhelm-Universität zu Straßburg interessant, in der er das Thema *Geschichte und Naturwissenschaft* besprach (vgl. Windelband 1894). Seither geht auf ihn das klassische Unterscheidungsmerkmal zwischen Natur- und Geisteswissenschaften zurück. Während die Logik der Naturwissenschaften nomothetisch sei, d. h. sich an allgemeinen Gesetzmäßigkeiten orientiert, sei eine geisteswissenschaftliche Logik auf die Erzeugung von idiographischem Wissen ausgerichtet, also einem Wissen, welches sich auf zeitlich und räumlich spezifische und konkrete Ereignisabläufe und Besonderheiten bezieht. Die Unterscheidung machte er entlang des folgenden Beispiels deutlich:

> „In der Causalbetrachtung nimmt jegliches Sondergeschehen die Form eines Syllogismus an, dessen Obersatz ein Naturgesetz, bzw. eine Anzahl von gesetzlichen Notwendigkeiten, dessen Untersatz eine zeitlich gegebene Bedingung oder ein Ganzes solcher Bedingungen, und dessen Schlusssatz dann das wirkliche einzelne Ereignis ist. Wie aber logisch der Schlusssatz eben zwei Prämissen voraussetzt, so das Geschehen zwei Arten von Ursachen: einerseits die zeitlose Notwendigkeit, in der sich das andauernde Wesen der Dinge ausdrückt, andererseits die besondere Bedingung, die in einem bestimmten Zeitmoment eintritt. Die Ursache einer Explosion ist in der einen – nomothetischen – Bedeutung der Natur der explosiblen Stoffe, die wir als chemisch-physikalische Gesetze aussprechen, in der anderen – ideographischen – Bedeutung eine einzelne Bewegung, ein Funke, eine Erschütterung oder Ähnliches. Erst beides zusammen verursacht und erklärt das Ereignis, aber keines von beiden ist

eine Folge des anderen; ihre Verbindung ist in ihnen selbst nicht begründet" (Windelband 1894, S. 11).

Am Beispiel des Phänomens einer Explosion macht Wilhelm Windelband die Differenz des disziplinären Erkenntniszugangs sehr plastisch. Gleichzeitig verdeutlicht er den Gewinn von interdisziplinären Zugängen, indem er die Verknüpfung von chemisch-physikalischen und sozialen Faktoren aufzeigt. Darüber hinaus verdeutlicht das Beispiel, dass sich mit dieser disziplinären Aufteilung der erkenntnistheoretischen Erklärungszugänge von Welt im Verlauf von über 100 Jahren Wissenschaftsgeschichte eine deutliche Einschränkung der analysierten Phänomene ergeben hat. Um im Beispiel der Explosion zu bleiben, zeigt sich übertragen auf die Soziale Arbeit, dass jegliche Art von Verbrennungsvorgängen, sei es im Kontext von Heizen, Mobilität oder anderen Kontexten in der wissenschaftlichen Analyse und professionsbezogenen Begleitung von Lebenswelten keinerlei Rolle spielen, da sie jenseits der ideographischen Betrachtung liegen. Verbrennungsvorgänge scheinen von vornherein einseitig einer naturwissenschaftlichen Betrachtung zugerechnet zu werden – eine wissenschaftliche Entwicklung, die für die soziale Bearbeitung von im Kontext von Klimawandel so bedeutsamen Prozessen wie den der Verbrennung, äußerst problematisch ist. Dies begründet sich u. a. in dem von Alfred Schütz (1974) geprägten Verständnis von Lebenswelt und der lebensweltorientierten Sozialen Arbeit (vgl. Thiersch 2014), deren handlungspragmatischer Ansatzpunkt für sozialpädagogisches Handeln sich über soziale Interaktionen zu den Auslegungen, Typisierungen und normativen Geltungsansprüchen von sozialen Regeln, Strukturen und Abläufen ergibt, die die alltägliche Lebenspraxis konstituieren. Deutlich wird ein Wirklichkeitsverständnis, das allein auf sozialen Phänomenen beruht, und ein Interaktionsverständnis, das sich auf intersubjektives Handeln beschränkt.

Mag diese Perspektive zunächst befremden, so ist grundsätzlich interdisziplinäres Denken in der Sozialen Arbeit tief verankert. Dies zeigt sich an der Diskussion um die Rolle der sog. Bezugswissenschaften (vgl. Wendt 2006). Auch Thole konstatiert, dass „der sozialpädagogische Theoriebildungsprozess auf keinen zentralen, allseits akzeptierten, fachlichen beziehungsweise disziplinären Ort" (Thole 2012, S. 39) verweist, vielmehr ließen sich theoretische „Mischpositionen" (Thole 2005, S. 40) und interdisziplinäre Lokalisierungen in den aktuellen Diskussionen vermehrt finden (vgl. Thole 2005, S. 40). Allerdings beschreibt diese Interdisziplinarität eine Verankerung im Feld der Sozial-, Geistes- und Kulturwissenschaften. Naturwissenschaftliche Bezüge finden sich eher selten. Hinzu kommt die in der Sozialen Arbeit vertretene Auffassung, dass „viele der technisch erzeugten Naturveränderungen des Menschen [...] sich nur noch technisch vermittelt erfassen, dokumentieren, abbilden und mit Blick auf die Zukunft prognostizieren" (Liedholz 2023, S. 27) lassen. Deutlich wird, welche hohen Hürden bestehen, die Phänomenbereiche der ökologischen Frage zum Gegenstand von interdisziplinären Forschung zu machen – sei es hinsichtlich der Folgen von Klimawandel und Biodiversitätsverlust für die Lebenswelt wie auch hinsichtlich lebensweltlich verankerter Praxen des Umgangs mit *Natur*.

4. Ausblick

Am Beispiel der Veröffentlichungen des Club of Rome wies der Beitrag auf die geringe Berücksichtigung wissenschaftlicher Erkenntnisse aus der Disziplin der Naturwissenschaft über die Zerstörung der natürlichen Lebensgrundlagen und ihrer gesellschaftlichen Diskurse in Disziplin und Profession der Sozialen Arbeit hin. Dies führt zu einer gegenwärtigen Situation für die wissenschaftliche, organisationale und professionelle Praxis, in der die ökologische Frage hauptsächlich über politische Steuerungsinstrumente (Stichwort 17 SDGs) unter der Referenz der Nachhaltigkeit sowie mit normativen Ansätzen eingeführt wird und Bedeutsamkeit erhält. Diese fehlende Auseinandersetzung mit naturwissenschaftlichen Erkenntnissen im Bereich der Ökologie geht einher, so die zentrale These, mit einem fehlenden eigenen wissenschaftlichen Zugang zur Interdisziplinarität der Lebenswelt. Obgleich wichtiger Bestandteil aller lebensweltlichen Zusammenhänge, wurde dem *Physischen*, der *Natur*, der *Materie* oder in welcher Begrifflichkeit auch immer das *anders als das Menschliche* gefasst wird, nur geringe Bedeutsamkeit beigemessen. Damit liegt eine Situation vor, in der kein eigener sozialpädagogischer Zugang mit entsprechenden Befunden einer empirischen Alltagsforschung zur Analyse von Lebenswelten in Zeiten des Klimawandels besteht. Trotz eines jahrzehntelang bestehenden Diskurses um Erderwärmung ist z. B. *Sonne* für das Verständnis von Alltag nicht relevant, obgleich die Verankerung und Verflechtung sozialer, technologischer und materialer Dimensionen in Bezug auf *Sonne* gegenwärtig und in Zukunft für Prozesse der Subjekt- und Weltbildung sehr prägend sein werden – sei es als Wissen um Ozon, als Wissen über biografische und sozialisatorische Sinnvermittlung im Umgang mit Sonnenlicht, den intersektionalen Ungleichheiten bezüglich des Ausgesetztseins/ des Genusses von Sonne oder über die Praxis des Wahrnehmens und Gewahrwerdens sowie ggf. technologisch unterstützten Messens von Sonnenintensität und Hitze. Mit anderen Phänomenbereichen verhält es sich ähnlich. So kam bislang das sozialpädagogische Verständnis des Alltags ohne *Müll* aus. Das Plädoyer für ein insofern in Alltag und Lebenswelt angelegten Verständnisses von Interdisziplinarität zielt auf eine Gleichrangigkeit des Materialen mit dem Sozialen bzw. einer immer wieder neu zu überwindenden Differenz in der theoretischen Gegenstandsbestimmung. Dies ist v. a. in der Gegenwartsgesellschaft notwendig, um den beschleunigten Wandel in den Lebenswelten zu verstehen.

Um diesen Prozess anzustoßen, sollen abschließend über den Erfahrungsbegriff des Pragmatisten John Dewey und den Ansätzen des New Materialism zwei Theorieansätze vorgeschlagen werden, mit denen diese interdisziplinäre Bestimmung und Erforschung der Lebenswelt eingeholt werden könnte: In dem von vielen als sein Hauptwerk angesehenen Buch „Erfahrung und Natur" definiert Dewey Erfahrung weder als „einen Schleier oder einen Schirm, der uns von der Natur abtrennt", noch vertritt er die Auffassung, „Natur als Bezeichnung für etwas gänzlich Materielles und Mechanisches" (Dewey 1925/1995, S. 15) zu begreifen. Damit hat der Pragmatismus Deweys „die Idee der Kontinuität aller Aspekte der Wirklichkeit zum Leitgedanken seines Denkens" und „verpflichtet sich damit auf eine antidualistische Auffassung der Wirklichkeit" (Langner-Pitschmann 2018, S. 18). Natur besteht aus Koordinierungsprozessen, deren Subjekte und Objekte einer „‚inclusive integrity'" (Dewey 1981, S. 19 zit. n. Volbers 2018, S. 77) unterliegen. Das bedeutet, dass Dewey in seinem Verständnis von den Strukturen der Welt niemals dahinter zurückgegangen ist, diese anders zu denken als sowohl unabhängig vom Menschen wie auch als durch die Eingriffe des Menschen geprägt: „Die mit dem *experience* wahrgenommenen Qualitäten (Gerüche, Farben, Geräusche, Schmerzen und Wohlgefühle etc.) waren für Deweys Verständnis weder ‚im' menschlichen Organismus noch außerhalb, sondern eben Qualitäten der Interaktion von Organismus und Dingen" (Bohnsack 2005, S. 23). Damit verändert sich auch die erkenntnistheoretische Position. Deweys empirischer Naturalismus wendet sich gegen eine Unterscheidung von praktischem und theoretischem Wissen ebenso wie gegen eine Trennung von natur- und geisteswissenschaftlichen Erfahrungsbeständen und der „Dichotomie zwischen Tatsachen und Werten" (Langner-Pitschmann 2018, S. 25). Vielmehr geht es ihm darum, Wissensbestände zu zerstören, die auf einer „Inkonsistenz mit der Natur der Dinge" (Dewey 1925/1995, S. 8) beruhen. Dewey deutet Erfahrung als „Ausdruck organischer Aktivität" (Volbers 2018, S. 77), insofern Erfahrungen den methodischen Weg der Auseinandersetzung mit der Welt, die demnach stets gleichermaßen physisch wie human ist (siehe das Explosionsbeispiel von Windelband), darstellen:

> „Wir können organisches Leben und Geist nicht von der physischen Natur trennen, ohne nicht auch die Natur vom Leben und vom Geist zu trennen. Die Trennung hat einen Punkt erreicht, wo intelligente Menschen sich fragen, ob das Ende nicht eine Katastrophe sein wird, die Unterwerfung des Menschen unter die industriellen und militärischen Maschinen, die er geschaffen hat. Diese Situation verleiht der Tatsache eine eigentümliche Schärfe, dass wir gerade da, wo Verbindungen und Interdependenzen am zahlreichsten, engsten und durchgängigsten sind, in der lebendigen psycho-physischen Aktivität, die Einheit und Verbindung am meisten ignorieren und am hemmungslosesten in unseren bewußten Überzeugungen auf das Isolierte und Spezifische vertrauen" (Dewey 1925/1995, S. 282).

Das Zitat verdeutlicht, wie sehr Dewey die wissenschaftliche Ignoranz gegenüber der Interdisziplinarität der Lebenswelt mit problematischen Gesellschaftsentwicklungen in Verbindung brachte. Es sei ihm hingegen darum gegangen, „mit seinen prozessphilosophischen Spekulationen über Natur und Erfahrung […] die Streitigkeiten zwischen idealistischen und realistischen Erkenntnistheorien ebenso [zu] beenden, wie die zwischen reduktionistischen und konstruktivistischen Ontologien" (Hampe 2017, S. 5).

Eine zweite Theorierichtung die in den einführenden Literaturen als „Neue Materialismen" (Hoppe/Lemke 2021; Kissmann/van Loon 2019) gebündelt werden und Ansätze aus der Akteur-Netzwerk-Theorie (vgl. Latour 2017) und ihrer Weiterentwicklung (vgl. Haraway 2018), des „Posthumanismus" (Braidotti 2014), des „materialistischen Vitalismus" (Bennett 2020) oder des „Agentiellen Realismus" (Barad 2015) umfassen, weisen ebenso wie Dewey der materialen Dimension von Wirklichkeit eine stärkere Bedeutung zu. Sie gehen mit der Auffassung von Materialität als etwas Passivem, welches dem Menschen inert im Sinne von unbeteiligt gegenübersteht, in eine kritische Auseinandersetzung (vgl. Retkowski/Sierra Barra 2022a). Die Beziehungen von Natur, Gesellschaft und Technik werden als gleichrangig thematisiert bzw. die Verschränkungen zwischen dem Menschlichen, dem Nicht-Menschlichen und der anders als menschlichen Welt deutlicher in den Vordergrund gerückt (vgl. Kallmeyer 2017). An die Stelle dualistischer Subjekt-Objekt-Trennungen geht es auch hier um verschiedene „Arten und Weisen des Affiziertwerdens, um konative und affektive Dynamiken entlang derer sich Gefüge bilden, die nicht vorab definiert werden können" (Retkowski/Sierra Barra 2022b, S. 455). Argumentiert wird mit einer Theorie des verteilten Handlungsvermögens: „Der Begriff des Handlungsvermögens verändert sich auf bedeutende Weise, sobald man nichtmenschliche Dinge weniger als soziale Konstrukte denn als Akteure und Menschen nicht als autonom, sondern als vitale Materialitäten begreift" (Bennett 2020, S. 55). Insgesamt zielen die mit einer flacheren, d. h. weniger hierarchischen Ontologie argumentierenden Ansätze erkenntnistheoretisch auf die Frage nach zukünftigen Existenzweisen auf dem Planeten, welche sowohl menschliche als auch nicht menschliche Lebensformen in einem Interdependenzverhältnis berücksichtigt und münden in die ethische und politische Frage „was zur fundamentalen Referenzeinheit des Humanen zählt" (Braidotti 2016, S. 13). Der Theorieansatz unterwandert insofern die disziplinären Unterscheidungen von Geistes-, Kultur-, Sozial- und Naturwissenschaften, da er „mit der Vorstellung einer entnaturalisierten, von ihren ökologischen und organischen Grundlagen abgekoppelten sozialen Ordnung" bricht und stattdessen „ein komplexes Verständnis der vielschichtigen Interdependenz, in der wir leben" (Braidotti 2014, S. 163), verlangt. Deutlich wird eine „prozesstheoretische Ontologie", die

„den gegenwärtigen krisenförmigen wenn nicht für den Menschen von existentieller Bedrohung gekennzeichneten Zustand der Welt mit der Interdependenzvergessenheit der menschlichen Weltauffassung gegenüber ihrer materialen, d. h. ‚organisch-natürlichen' und ‚technologischen' Umwelten zu erklären versucht" (Retkowski/Sierra Barra 2022a, S. 537).

Die Debatte um die „disziplinäre Systematik einer wissenschaftlich basierten Sozialen Arbeit" (Spatscheck/Borrmann 2021, S. 230) entwickelt sich weiter. Angesichts der fortschreitenden Zerstörung der ökologischen Grundlagen von Lebenswelt ist es für die Soziale Arbeit bedeutsam, weiterhin über die Frage der Rezeption naturwissenschaftlichen Wissens (Beispiel: Veröffentlichungen des Club of Rome) nachzudenken wie auch über nicht anthropozentrische Erkenntnistheorien (Beispiel Deweys Erfahrungsbegriff und der Akteursstatus von Materie im Neuen Materialismus). Der Beitrag plädiert in diesem Zusammenhang für Ansätze eines erkenntnistheoretischen Verständnisses von Interdisziplinarität zur Analyse des Alltäglichen und der Lebenswelt.

Literatur

AWO Bundesverband e. V. (2020): Leitlinien zur Umsetzung von Nachhaltigkeit in AWO-Einrichtungen. Berlin: AWO Bundesverband. https://awo.org/sites/default/files/2020-10/AWO-QM%20Leitlinien%20Nachhaltigkeit_Stand%20Februar%202020_0.pdf (Abfrage: 30.06.2024).
Barad, Karen (2015): Verschränkungen. Berlin: Merve.
Bartosch, Ulrich (2020): Nachhaltigkeit ohne Soziale Arbeit? Entdecke die Weltrettung als sozialpädagogisches Projekt! In: Birgmeier, Bernd Rainer/Mührel, Eric/Winkler, Michael (Hrsg.): Sozialpädagogische Seitensprünge. Einsichten von außen, Aussichten von innen: Befunde und Visionen zur Sozialpädagogik. Weinheim/Basel: Beltz Juventa, S. 19–33.
Bauchmüller, Michael (2014): Schönen Gruß aus der Zukunft. In: Aus Politik und Zeitgeschichte 64, H. 31–32, S. 3–6.
Behnisch, Michael/Winkler, Michael (2009): Zwischen Faszination und Ablehnung. Einflüsse, Diskurse, Perspektiven im Verhältnis von Sozialer Arbeit und Naturwissensnchaften. In: Behnisch, Michael/Winkler, Michael (Hrsg.): Soziale Arbeit und Naturwissenschaft. München: Ernst Reinhardt, S. 10–42.
Bennett, Jane (2020): Lebhafte Materie. Eine politische Ökologie der Dinge. Berlin: Matthes & Seitz.
Berndt, Constanze/Mührel, Eric (2023): Nachhaltigkeit und Bildung für nachhaltige Entwicklung. In: van Rießen, Anne/Bleck, Christian (Hrsg.): Handlungsfelder und Adressierungen der Sozialen Arbeit. Stuttgart: Kohlhammer, S. 377–388.
Bohnsack, Fritz (2005): John Dewey. Ein pädagogisches Porträt. Weinheim/Basel: Beltz Juventa.
Braidotti, Rosi (2014): Posthumanismus. Frankfurt a. M.: Campus.
Braidotti, Rosi (2016): Jenseits des Menschen: Posthumanismus. In: Aus Politik und Zeitgeschichte 66, H. 37–38, S. 33–38.
Brundtland, Gro H. (1987): Our Common Future. Report of the World Commission on Envronment and Development. https://www.are.admin.ch/are/de/home/medien-und-publikationen/publikationen/nachhaltige-entwicklung/brundtland-report.html (Abfrage: 27.06.2024).
Crutzen, Paul (2002): The Geology of Mankind. In: Nature 415, H. 6867, S. 23. DOI: 10.1038/415023a.

Deutscher Caritasverband e. V. (2022): Umwelterklärung 2022. Freiburg im Breisgau: Deutscher Caritasverband e. V. https://www.caritas.de/diecaritas/deutschercaritasverband/verbandszentrale/standorte/dcv-zentrale-freiburg (Abfrage: 30.06.2024).

Dewey, John (1925/1995): Natur und Erfahrung. Frankfurt a. M.: Suhrkamp.

Dixson-Decleve, Sandrine/Gaffney, Owen/Ghosh, Jayati/Randers, Jorgen/Rockström, Johan/Stoknes, Per Espen (2022): Earth for All. Ein Suvivalguide für unseren Planeten. München: oekom.

Dohmen, Caspar (2022): Szenarien für die Entwicklung der Welt. Vor 50 Jahren erschien „Die Grenzen des Wachstums". Deutschlandfunk, Hintergrund. https://www.deutschlandfunk.de/vor-50-jahren-erschien-die-studie-die-grenzen-des-wachstums-dlf-41309b1b-100.html (Abfrage: 09.09.2024).

Dominelli, Lena (2012): Green Sozial Work. From Environmental Crisis to Environmental Justice. Cambridge: Polity Press.

Hahn, Friedemann (2006): Von Unsinn bis Untergang: Rezeption des Club of Rome und der Grenzen des Wachstums in der Bundesrepublik der frühen 1970er Jahre. Freiburg im Breisgau. d-nb.info/98217618x/34 (Abfrage: 30.06.2024).

Hammerschmidt, Peter/Aner, Kirsten/Weber, Sascha (2017): Zeitgenössische Theorien Sozialer Arbeit. Weinheim/Basel: Beltz Juventa.

Hampe, Michael (2017): Einleitung. In: Hampe, Michael (Hrsg.): John Dewey: Erfahrung und Natur. Berlin/Boston: Walter de Gruyter, S. 1–17.

Haraway, Donna J. (2018): Unruhig bleiben. Die Verwandschaft der Arten im Chtuhuluzän. Frankfurt a. M.: Campus.

Hoppe, Katharina/Lemke, Thoams (2021): Neue Materialismen zur Einführung. Hamburg: Junius.

Kahl, Wolfgang/Teichert, Volker/Meider, Thomas/Schröder, Johannes/Huggins, Benedikt (2024): Umwelt interdisziplinär. Grundlagen – Konzepte – Handlungsfelder. Universität Heidelberg. archiv.ub.uni-heidelberg.de/volltextserver/32131/1/Umwelt_interdisziplinaer_Nachhaltigkeit_2024.pdf (Abfrage: 30.06.2024).

Kallmeyer, Martin (2017): New Materialism: neue Materialitätskonzepte für die Gender Studies. In: Kortendiek, Beate (Hrsg.): Handbuch interdisziplinäre Geschlechterforschung. Wiesbaden: Springer Fachmedien, S. 437–446.

Kemfert, Claudia (2024): Interview. The Club of Rome. cluboforme.de/news/wir-haben-kein-erkenntnisproblem-sondern-ein-umsetzungsproblem (Abfrage: 09.09.2024).

Kissmann, Ulrike Tikvah/van Loon, Joost (Hrsg.) (2019): Discussing New Materialism. Methodological Implications for the Study of Materialities. Wiesbaden: Springer Nature.

Langner-Pitschmann, Annette (2018): John Dewey. In: Festl, Michael G. (Hrsg.): Handbuch Pragmatismus. Stuttgart: J. B. Metzler, S. 18–26.

Latour, Bruno (2017): Kampf um Gaia. Acht Vorträge über das neue Klimaregime. Frankfurt a. M.: Suhrkamp.

Liedholz, Yannick (2021): Berührungspunkte von Sozialer Arbeit und Klimawandel. Perspektiven und Handlungsspielräume. Opladen/Berlin/Toronto: Barbara Budrich.

Liedholz, Yannick (2023): Starke und schwache Nachhaltigkeit. Eine Annäherung für die Soziale Arbeit. In: Liedholz, Yannick/Verch, Johannes (Hrsg.): Nachhaltigkeit und Soziale Arbeit. Grundlagen, Bildungsverständnisse, Praxisfelder. Opladen/Berlin/Toronto: Barbara Budrich, S. 37–50.

Liedholz, Yannick/Verch, Johannes (2023): Nachhaltigkeit und Soziale Arbeit. Grundlagen, Bildungsverständnisse, Praxisfelder. Opladen/Berlin/Toronto: Barbara Budrich.

Maedows, Dennis/Maedows, Donatella/Zahn, Erich/Milling, Peter (1972): The Limits to growth. Falls Church/Virginia: Potomac Associates.

Retkowski, Alexandra (2021): Die Lausitz als Modellregion einer nachhaltigen Transformation. In: Soziale Passagen 13, S. 7–29. DOI: 10.1007/s12592-021-00381-6.

Retkowski, Alexandra / Sierra Barra, Sebastian (2022a): Das Ontische und das Gesellschaftliche – eine Diskussion der Herausforderungen der Ansätze der sogenannten New Materialism für die Soziale Arbeit. In: Zeitschrift für Sozialpädagogik 20, H. 4, S. 521.

Retkowski, Alexandra / Sierra Barra, Sebastian (2022b): Einführung in den Themenschwerpunkt. In: Zeitschrift für Sozialpädagogik 20, H. 4, S. 454–457

Schneidewind, Udo (2018): Die große Transformation. Frankfurt a. M.: Fischer.

Schütz, Alfred (1974): Der sinnhafte Aufbau der sozialen Welt. Frankfurt a. M.: Suhrkamp.

Singer-Brodowski, Mandy (2016): Transformatives Lernen als neue Theorie-Perspektive in der BNE. In: Umweltdachverband GmbH (Hrsg.): Jahrbuch Bildung für nachhaltige Entwicklung. Im Wandel. Wien: Forum Umweltbildung im Umweltdachverband, S. 130–139.

Spatscheck, Christian / Borrmann, Stefan (2021): Architekturen des Wissens. Wissenschaftstheoretische Grundpositionen im Theoriediskurs der Sozialen Arbeit. Weinheim / Basel: Beltz Juventa.

Stichweh, Rudolf (2013): Wissenschaft, Universität, Profession. Bielefeld: transcript.

Thiersch, Hans (2014): Lebensweltorientierte Soziale Arbeit. Weinheim / Basel: Beltz Juventa.

Thole, Werner (2005): Soziale Arbeit als Profession. Das sozialpädagogische Projekt in Praxis, Theorie, Forschung und Ausbildung – Versuche einer Standortbestimmung. In: Thole, Werner (Hrsg.): Grundriss Soziale Arbeit: Ein einführendes Handbuch. Wiesbaden: VS Verlag für Sozialwissenschaften, S. 15–60.

Thole, Werner (2012): Die Soziale Arbeit – Praxis, Theorie, Forschung und Ausbildung: Versuch einer Standortbestimmung. In: Thole, Werner (Hrsg.): Grundriss Soziale Arbeit: Ein einführendes Handbuch. Wiesbaden: VS Verlag für Sozialwissenschaften, S. 19–70.

Volbers, Jörg (2018): Erfahrung. In: Festl, Michael G. (Hrsg.): Handbuch Pragmatismus. Stuttgart: J. B. Metzler, S. 74–80.

Wendt, Wolf Rainer (2006): Die Disziplin der Sozialen Arbeit und ihre Bezugsdisziplinen. Erweiterter Text eines Vortrages an der Hochschule Potsdam am 4. Dez. 2006. ams-forschungsnetzwerk.at / downloadpub / Wendt_Sozialarbeitswissenschaft.pdf (Abfrage: 30.06.2024).

Wendt, Wolf Rainer (2017): Geschichte der Sozialen Arbeit. Die Gesellschaft vor der sozialen Frage 1750 bis 1900. Wiesbaden: Springer.

Wettach, Christof / Albers, Maria / Herbst, Antje (2023): Kinder vor den Folgen der Klimakrise schützen. AG Pädiatrie, Deutsche Allianz Klimawandel und Gesundheit, KLUG e. V. https://www.klimawandel-gesundheit.de/wp-content/uploads/2023/11/Positionspapier-Kinder-vor-den-Folgen-der-Klimakrise-schuetzen.pdf (Abfrage: 30.06.2024).

Windelband, Wilhelm (1894): Geschichte und Naturwissenschaft. Rede zum Antritt des Rektorats der Kaiser-Wilhelms-Universität Straßburg.

Zeit für (mehr) aktivistisches Wissen in der Sozialen Arbeit?

Rahel More, Caroline Schmitt und Hanna Weinbach

Soziale Arbeit[1] kann weder historisch noch gegenwärtig ohne ihre Bedeutung für und ihre Verstrickungen in gesellschaftliche Inklusions- und Exklusionsdynamiken betrachtet werden. Während soziale Ungleichheit, Ausschließung und die Herstellung von Partizipation seit jeher den Gegenstand der Sozialen Arbeit bestimmen, wandeln sich mit veränderten disziplinären Debatten auch die Perspektiven auf soziale Probleme und ihre Ursachen. Dazu zählen Verschiebungen mit Blick auf die Verhältnisse von Individuum und Gesellschaft zwischen individuellem Anpassungszwang und der Forderung nach gesellschaftlichen Veränderungen. Letztere werden insbesondere im Rahmen sozialer Bewegungen[2] artikuliert. Daher werden Bezüge zwischen Sozialer Arbeit und sozialen Bewegungen, ihre miteinander verwobenen Historien, aber auch ihre Konflikthaftigkeit reflektiert (vgl. Kessl 2020; Lohrenscheit et al. 2023; Roth 2018; Widersprüche H. 161; H. 165).

Wir richten in diesem Beitrag unseren Blick exemplarisch anhand dreier gegenwärtiger Bewegungen – digitalem Aktivismus gegen Ableism, solidarischen Stadtbewegungen im Bereich Flucht*Migration und Selbstvertretungsinitiativen von Menschen mit Lernschwierigkeiten – auf den bedeutsamen Aspekt, dass soziale Bewegungen hegemoniale Wissensbestände sowie exkludierende Formen der Wissensproduktion der Sozialen Arbeit hinterfragen. Sie bringen dabei neues Wissen hervor, das wir hier, in leichter Abweichung eines Buchtitels von Maddison und Scalmer (2005), die den Begriff *activist wisdom* geprägt haben, als *aktivistisches Wissen* bezeichnen. Ist es, so ließe sich die unseren Überlegungen zugrunde liegende Frage zuspitzen, nicht zuletzt angesichts sich verschärfender gesellschaftlicher Problemlagen und Ungleichheiten an der Zeit für mehr aktivistisches Wissen in den Fachdebatten der Sozialen Arbeit?

---

[1] Die Autorinnen verorten sich in unterschiedlicher Weise im Bereich der Sozialen Arbeit und/oder Sozialpädagogik, weshalb in diesem Beitrag alle Begriffe gleichermaßen genutzt werden.

[2] Wir befassen uns in diesem Beitrag mit auf Antidiskriminierung zielenden Bewegungen. Demokratie- und menschenrechtsfeindliche Bewegungen sind explizit nicht Gegenstand dieses Beitrags; diese benötigen eine eigene, vertiefte Auseinandersetzung.

1. Soziale Arbeit und soziale Bewegungen

Soziale Bewegungen lassen sich – genauso wie die Soziale Arbeit (vgl. Thole 2012, S. 19) – nur schwer eindeutig definieren und typisieren. Sie zeichnen sich insbesondere durch Heterogenität aus (vgl. Maurer 2019, S. 367). Gemeinsam ist ihnen in all ihrer Vielfalt, dass sie sich mit gesellschaftlichen Verhältnissen kritisch auseinandersetzen, in diese intervenieren und sich zu diesem Zweck zusammenfügen – aus loseren Zusammenhängen können dabei durchaus formale Strukturen wie Vereine entstehen (vgl. Neidhardt 1985). Entwickeln sie sich hin zu Strukturen mit formalen Mitgliedschaften und sind sie auf eine lange Dauer angelegt, überführen sie ihren Bewegungscharakter in eine neue, institutionalisierte Gestalt. Andersherum können soziale Bewegungen aber auch wieder verschwinden, wenn sie ihre Ziele als erreicht ansehen oder aber an Unterstützung oder politischen Spielräumen einbüßen (vgl. Roth/Rucht 2002).

Maurer und Schröer (2018, S. 540) verweisen darauf, „dass sozialpädagogische Perspektiven aus sozialhistorischen Kontexten heraus entstehen und dabei gleichzeitig auf übergreifende gesellschaftliche Diskurse zur Frage des Sozialen bezogen sind". An der Bedeutung der Frauenbewegung für die frühe Professionalisierung Sozialer Arbeit wird dies exemplarisch deutlich (vgl. ebd.; Wagner 2009). Für die jüngere Zeit können die Selbsthilfebewegungen der 1970er-Jahre genannt werden, die sich, wie Engelhardt (2011) beschreibt, als Motoren einer Demokratisierung erweisen. Sozialpädagogische Diskurse nehmen bezogen auf den durch soziale Bewegungen hervorgerufenen, veränderten gesellschaftlichen Umgang mit Fragen von Sorge, Differenz, Erziehung und Bildung theoretische und empirische Vergewisserungen vor.

Wenngleich soziale Bewegungen produktiv und kritisch in die Soziale Arbeit intervenieren und mit ihr eng verwoben sind, kritisieren ihre Vertreter*innen immer wieder die Vereinnahmung ihres Wissens durch dessen Akademisierung sowie die hegemoniale Wissensproduktion an sich, die nach wie vor zum Teil zur Objektivierung von Menschen bzw. zur Individualisierung ihrer Probleme führt. Beispielhaft dafür ist die aus sozialen Bewegungen behinderter Menschen entstandene Wissenschaftsrichtung der Disability Studies, in der neben einer als emanzipatorisch eingeschätzten Expansion und zunehmenden (akademischen) Verankerung „eine steigende Tendenz der Vereinnahmung der Disability Studies" festgestellt wird, etwa „in Diskursen um Inklusion, Teilhabe und Partizipation, in denen unter dem Label der Disability Studies oftmals lediglich konventionelle Behinderungsforschung betrieben wird" (Brehme et al. 2020, S. 11).

Choudry (2020a, S. 35) sieht kollektive Prozesse und Praktiken sozialer Bewegungen als eine Form der Theoriebildung an, die in der Wissenschaft, aber auch in sozialen Bewegungen selbst häufig wenig Beachtung erfahre. Ebenfalls auf kollektives Organisieren und das damit verbundene Lernen fokussieren Maddison und Scalmer (2005, S. 38–39) mit dem Begriff des *activist wisdom*. Sie üben u. a.

Kritik an der akademischen Akkumulation von Wissen und am Aufgreifen und „Übersetzen" aktivistischer Anliegen durch Wissenschaftler*innen in akademischen Debatten, die eine große Distanz zu sozialen Bewegungen aufweisen und deren Ergebnisse keinerlei Relevanz für Aktivist*innen hätten (vgl. ebd.).

Demgegenüber wird die mitunter unscharfe Grenzziehung zwischen wissenschaftlichem und aktivistischem Wissen in den sog. kritischen Wissenschaftsrichtungen (Critical Studies) immer wieder kontrovers diskutiert. In Teilen der Gender Studies wird etwa die Differenzierung von Wissenschaft und Politik (inklusive politischem Engagement) als notwendig erachtet, auch um einer politischen Vereinnahmung der Errungenschaften sozialer Bewegungen entgegenzuwirken (vgl. Villa / Speck 2020, S. 9–12). Wissenschaft müsse eine gewisse Distanz zu Aktivismus mit klaren politischen Zielen wahren, um eine kritische, reflexive und hinterfragende Haltung einnehmen zu können, so etwa Villa und Speck (2020, S. 19). Aus Villas und Specks differenzierender Sicht zielen soziale Bewegungen auf kollektive Handlungsfähigkeit, Solidarität und Bündnisse, während Forschung und Theorie u. a. das Soziale sowie Herrschaftsverhältnisse verstehen und erklären wollen (vgl. ebd.).

Weitere Zugänge weisen hingegen auf eine noch stärker als bisher notwendige Verbündung von Wissenschaft und sozialen Bewegungen hin, z. B. im Einstehen für Klimagerechtigkeit (vgl. z. B. Lutz 2022, S. 387–388).

2. Empirische Spotlights

Nachfolgend geben wir exemplarische Einblicke in ausgewählte soziale Bewegungen und Aspekte ihres aktivistischen Wissens, um im Anschluss Überlegungen zum Verhältnis Sozialer Arbeit zu diesen Wissensformen zu diskutieren.

2.1 Digitaler Aktivismus gegen Ableism

Seit einigen Jahren findet Aktivismus zunehmend im digitalen Raum und über die sozialen Medien statt. Über Hashtags wie #metoo und #blacklivesmatter positionieren, solidarisieren und vernetzen sich Menschen international für oder gegen eine gemeinsame Sache. Die Auswirkungen dieses digitalen Aktivismus auf strukturelle Machtverhältnisse werden von Kritiker*innen angezweifelt (vgl. Mann 2018, S. 609). Dem wird entgegnet, dass digitaler Aktivismus kollektive Botschaften und Ideen sozialer Transformation transportiere und gleichzeitig Menschen erlaube, sich zu beteiligen, die an den traditionell stark physisch orientierten sozialen Bewegungen wenig Beteiligungsmöglichkeiten haben (vgl. Mann 2018, S. 605–607). Zugleich entstehen im digitalen Raum neue Ausschlüsse bzw. verschieben sich die Grenzen zwischen Ein- und Ausschluss. So repräsentieren etwa die lautesten Stimmen auf den sozialen Medien eine verhältnismäßig privilegierte Gruppe, insbesondere global betrachtet (vgl. Mehrotra 2021, S. 1994–1995).

Ein in den letzten Jahren v. a. im deutschsprachigen Raum vielgenutzter Hashtag ist #ableismtellsme, der von der behinderten US-Studentin Kayle Hill im Jahr 2020 initiiert wurde (vgl. Maskos 2020). Unter diesem teil(t)en bekannte digitale Aktivist*innen sowie andere behinderte Nutzer*innen ihre Diskriminierungserfahrungen in Verbindung mit Dis/ability. Ableism wird allerdings häufig mit „Behindertenfeindlichkeit" gleichgesetzt, was dessen Komplexität aus Sicht der Disability Studies – deren Vertreter*innen den Begriff theoretisiert haben – nicht gerecht wird (vgl. Köbsell 2015, S. 21).

Ableism beschreibt ein Herrschaftsverhältnis, das auf Fähigkeitsorientierungen und -individualisierungen basiert bzw. diese fortlaufend produziert und kann daher auch nicht auf Ignoranz, Vorurteile oder negative Haltungen gegenüber behinderten Menschen reduziert werden (vgl. Campbell 2019, S. 146). Nach Campbell nähren zwei wesentliche Aspekte Ableism: Zum einen die Vorstellungen von Fähigkeit (abledness) und damit von – in einem sehr breiten Verständnis – körperlicher Vollständigkeit sowie damit verbundene Wertungen und Privilegierung. Zum anderen die binäre Unterscheidung zwischen fähig und unfähig, u. a. entlang der Kategorisierung von Menschen als nicht-/behindert (vgl. ebd.).

Aktivistische Kritik kann den individualisierenden Zwangscharakter von Fähigkeitsorientierungen aufdecken und benennt Ableism als Ursprung der Unterdrückung von behinderten Menschen (vgl. More 2023, S. 6). In den sozialen Bewegungen behinderter Menschen, laut Wolbring (2021, S. 2) bereits ab den 1960er-/1970er-Jahren, nutzen Aktivist*innen den Begriff Ableism, um auf an able-bodiedness orientierte Normalitätsvorstellungen und die damit einhergehende Benachteiligung und Unterdrückung von behinderten Menschen aufmerksam zu machen. Zuletzt wurden kritische Stimmen gegenüber Ableism (bzw. im deutschsprachigen Raum zum Teil auch *Ableismus*) zunehmend im digitalen Raum laut, aber auch durch aktivistische Literatur (vgl. z. B. Buschmann/ L'Audace 2023; Kollodzieyski 2020; Schöne 2023).

Die prominentesten der digitalen Aktivist*innen erreichen mit ihren Botschaften eine hohe Anzahl von Menschen. Sie betreiben demnach nicht lediglich eine Form des vielfach kritisierten individualistischen Aktivismus (vgl. Choudry 2020a, S. 35), sondern schaffen digitale Räume des Austausches, gegenseitigen Lernens und der Vernetzung. So entstanden etwa bereits Buchprojekte (z. B. Buschmann/L'Audace 2023) aus digitalem Aktivismus heraus. Zugleich ist nicht zu bestreiten, dass viele Postings zu #ableismtellsme und andere Inhalte in den sozialen Medien ein verkürztes Verständnis von Ableism wiedergeben (vgl. Wesselmann 2022, S. 70). Wesselmann sieht etwa trotz der Wichtigkeit solcher Hashtags die Gefahr, dass die vorherrschenden Normalitätsvorstellungen und die mit ihnen verbundenen Machtverhältnisse und institutionellen Strukturen weitgehend unberücksichtigt bleiben. Ableism als Macht- und Herrschaftsverhältnis bleibt damit im digitalen Aktivismus häufig unterthematisiert, kann aber gerade auch für diesen Kontext eine relevante Perspektive sein (vgl. More 2023, S. 6).

Was aber bedeutet diese zu einem großen Anteil online formulierte aktivistische Kritik für die Soziale Arbeit bzw. inwieweit hat diese (digitalen Aktivismus gegen) Ableism bislang aufgegriffen? Noch scheint in der Sozialen Arbeit, insbesondere im deutschsprachigen Raum, der Bezug auf Ableismkritik ausbaufähig (vgl. Wesselmann 2023). Zu dieser für die Soziale Arbeit jedoch durchaus relevanten Kritik zählt auch die digitale aktivistische Auseinandersetzung mit Ableism, die unter #ableismtellsme auch Resonanz in den klassischen Medien erfuhr.[3] Ableism als Analyseperspektive kann im Kontext Sozialer Arbeit u. a. dazu dienen, selbstverständlich scheinende, jedoch exkludierend und stigmatisierend wirksame (Un-)Fähigkeitskonzeptionen und -erwartungen zu erkennen und zu hinterfragen, etwa im Hinblick auf Intersektionen von Ableism und Rassismus im „Zugang zu Erwerbsarbeit an der Schnittstelle Behinderung und Migration/Flucht" (Afeworki Abay 2022a, S. 104) oder auf Medikalisierungen in Feldern Sozialer Arbeit und hier v. a. mit Blick auf behinderte Menschen (vgl. Wesselmann 2023, S. 61). Ein breiteres Verständnis von Ableism, wie es von den Disability Studies geprägt wurde, schärft den Blick für fähigkeitsindividualisierende Herrschaftsverhältnisse, die letztlich alle Menschen betreffen, wenngleich auch in unterschiedlichem Ausmaß. Damit expliziert Kritik an Ableism zum einen die Marginalisierung und Diskriminierung von behinderten Menschen bzw. Adressat*innen Sozialer Arbeit, fokussiert aber primär hegemoniale Normalitäts- und Fähigkeitsvorstellungen anstelle von Behinderung. Mit dem Konzept Ableism wird also eine explizit theoretisch-aktivistische Perspektive in wissenschaftliche und praxisbezogene Kontexte eingebracht, wobei es weder um eine Aufhebung der Grenzen zwischen Wissenschaft und Aktivismus geht noch um eine Verschleierung ihrer (unterschiedlichen) Interessen, sondern um die Anerkennung historisch gewachsener sich überschneidender Positionen und die Anerkennung aktivistischen Wissens.

2.2 Soziale Bewegungen und solidarische Städte im Bereich Flucht*Migration

Ein weiterer Bereich gegenwärtigen, aktivistischen Engagements, der insbesondere seit dem *langen Sommer der Migration* im Jahr 2015 eine solidarische (Wieder-)Belebung erfahren hat, ist das Feld von Flucht*Migration (vgl. z. B.

---

3 Dies geschah u. a. über Zeitungen bzw. deren Onlineausgaben in Deutschland und Österreich, z. B. Zeit Online (Parbey 2020) oder Kurier.at (Stepanek 2020).

die im Band von Schiffauer/Eilert/Rudloff 2017 versammelten Beispiele). Während 2015 in Deutschland und vielerorts in der Europäischen Union noch eine *Willkommenskultur* ausgerufen wurde, hat sich das politische Klima gegenüber Menschen mit Mobilitäts- und Fluchtgeschichte in den vergangenen Jahren in Richtung Abschottung an den EU-Außengrenzen und zu einer offenen Migrationsfeindlichkeit verschoben. Es sind mitunter soziale Bewegungen, die diese Verschiebungen nicht einfach hinnehmen und dort ansetzen, wo staatliches sowie institutionell gerahmtes pädagogisches Handeln an seine Grenzen stößt (vgl. Muy 2018) – etwa wenn Abschiebungen umgesetzt werden und sich Widersprüche dieser Praxen zum pädagogischen Auftrag offenbaren. Bewegungen wie die „Seebrücke – Schafft sichere Häfen!" engagieren sich gegen das Sterben von Menschen auf dem Mittelmeer und auf den Fluchtrouten an Land (vgl. Hentges 2021; Täubig 2021). Sie fordern die Einhaltung und Umsetzung von Menschenrechten und wollen das Wissen um die Lage von Menschen auf der Flucht für eine breite Öffentlichkeit sichtbar machen. Nicht selten sind innerhalb dieser Bewegungen auch Sozialarbeiter*innen engagiert, die ihr Engagement als Beitrag zur Erfüllung des menschenrechtlichen Mandats Sozialer Arbeit erachten (vgl. Schmelz 2023, S. 109).

Ein Beispiel für soziale Bewegungen im Kontext von Fluchtmigration, die sich mittlerweile vielerorts institutionalisiert haben, sind solidarische Stadtbewegungen. Diese haben ihren Ursprung in den USA und in Kanada, wo sich seit den 1980er-Jahren Städte wie San Francisco sowie Toronto aufgrund restriktiver Migrations- und Asylpolitiken zu Städten der Zuflucht, sog. Sanctuary Cities, erklären. Religiöse Zusammenschlüsse, Menschenrechtsaktivist*innen und städtische Vertreter*innen setzten sich – da sie auf Bundesebene bisher keine Veränderung der Gesetzgebung erzielen konnten – im Stadtraum für ein menschenwürdiges Leben von Menschen auf der Flucht und von illegalisierten Personengruppen gemeinsam mit diesen ein (vgl. Bauder 2016). Die Idee von Sanctuary Cities umfasst das Prinzip, alle Menschen, die in einer Stadt leben, als gleichberechtigte Bürger*innen anzusehen und ihnen Teilhabe und Teilnahme am urbanen Leben zu ermöglichen (vgl. Schmelz 2019). Einschränkend muss festgehalten werden, dass Konzepte und Strategien von Sanctuary Cities die bundesrechtliche Ebene nicht außer Kraft setzen, kein Garant vor Abschiebung sind, nicht mit einer Regularisierung von Aufenthaltsstatus einhergehen und auf enge Kooperationsnetzwerke in einer Stadt und den Willen aller Beteiligten angewiesen sind (vgl. Scherr/Hofmann 2016).

Ein bekanntes Beispiel ist die Stadt New York City, in welcher im Jahr 2015 die New York City ID-Karte eingeführt wurde. Diese Karte steht für „eine erfolgreiche Zusammenarbeit zwischen der [...] Regierung und den sozialen Bewegungen" (Lebuhn 2016, S. 114) und geht maßgeblich auf den Dialog und Austausch sozialer Bewegungen mit dem damaligen Bürgermeister de Blasio zurück. Mit dem Stadtausweis können Personen z. B. eine Anzeige bei der Polizei erstatten, eine Wohnung anmieten und kulturelle Angebote nutzen. Die Karte eröffnet Spielräume für gesellschaftliche Teilhabe und Teilnahme; sie fungiert jedoch nicht als Eintritt zu sozialversicherungsrechtlichen Leistungen. Ausgegeben wird die ID von der Stadtverwaltung, ohne dass hierfür Angaben zum Aufenthaltsstatus der Person gemacht werden müssen.

Die Idee von Sanctuary Cities hat in den USA und Kanada in den letzten Jahrzehnten an Popularität gewonnen. In den USA haben sich mittlerweile mehrere hundert Städte zu Sanctuary Cities erklärt.[4] Auch auf dem europäischen Kontinent stoßen die Ansatzpunkte dieser Städte seit 2015 auf zunehmendes Interesse und dienen als Orientierungsrahmen sozialer Bewegungen. So orientiert sich die Stadt Zürich am US-amerikanischen Vorbild des Stadtausweises und möchte einen Ausweis mit ähnlicher Funktion einführen. Dies geht auf ein Kollektiv engagierter Personen zurück, die sich zunächst im Rahmen einer Kunstausstellung mit dem Titel *Die ganze Welt in Zürich* zusammenfand und sich mit dem Verein Züri City Card mit einem *Sans-Papiers-Komitee* eine institutionalisierte Struktur schuf (vgl. Morawek 2019). Empirische Erhebungen zeigen dabei, dass es v. a. die engmaschige Netzwerkarbeit der Protagonist*innen war, die zu einer Verknüpfung von Engagierten und städtischen Vertreter*innen führte. So sprach sich 2018 der Zürcher Gemeinderat für die Einführung der Züri City Card aus und 2022 stimmte die Stadtzürcher Stimmbevölkerung in einem Referendum mit einer knappen Mehrheit für die Etablierung des Stadtausweises (vgl. Hill/Schmitt 2023). Zum Zeitpunkt des Verfassens dieses Beitrags ist eine Arbeitsgruppe mit der Ausarbeitung der Umsetzung der Karte befasst. Auch wenn der Stadtausweis noch nicht eingeführt wurde, zeigt das Beispiel bereits, wie aktivistisches Wissen sozialer Bewegungen auf Stadtebene Wirkmacht entfalten kann.[5]

Für die Soziale Arbeit zeigt das Beispiel der Stadtbewegungen, dass sich soziale Bewegungen mitunter dort einsetzen, wo sich staatliche Unterstützungsstrukturen zurückziehen oder wo sie in Gänze fehlen. Die Bestrebungen in Zürich werden von einer Protagonistin der Debatte – Bea Schwager – als Weg zu einer inklusiven Stadt bezeichnet (vgl. ebd.) und damit explizit mit der menschenrechtlichen Debatte um Inklusion verknüpft. Dieser Bezug und die Orientierung an räumlichen Konzepten machen Verbindungen des Engagements zu sozialarbeiterischen Ansätzen wie Gemeinwesenarbeit und Community Work offensichtlich. In den Worten von Lavalette (2019) zeigt sich hier eine Form von Popular Social Work. Dieser Begriff wird genutzt, um institutionalisierte Formen sozialer Unterstützung anzuerkennen, die in Communitys entstehen – mal mit, mal ohne die Involviertheit von qualifizierten Sozialarbeiter*innen. Popular Social Work

---

4   Eine Karte findet sich hier: https://www.cis.org/Map-Sanctuary-Cities-Counties-and-States.
5   Die solidarischen Allianzen rund um die Züri City Card werden seit März 2024 im von der Gerda Henkel Stiftung geförderten Forschungsprojekt *European Areas of Solidarity (EASY)* im Team Can/Hill/Hofmann/Kuper/Schmitt/Shkirat untersucht.

zielt nicht darauf ab, staatlich organisierte Formen Sozialer Arbeit überflüssig zu machen. Anliegen ist vielmehr eine Blickerweiterung hin zu Kontexten sozialer Unterstützung und Inklusion über institutionalisierte pädagogisierte Felder hinaus. Ein solch öffnender Blick ermöglicht eine Auseinandersetzung mit Formen von Unterstützung, die außerhalb der formalisierten Arbeits- und Handlungsfelder der Profession entstehen und ansetzend an menschlichen Bedürfnissen mit Armut, Marginalisierung und Ausgrenzung umgehen (vgl. ebd., S. 546).

Jene Felder des Sozialen werden zunehmend auch in der Flucht*Migrationsforschung aufgegriffen; international und in Deutschland setzen sich dabei immer mehr Forschende mit partizipativ ausgerichteten Studiendesigns auseinander und versuchen, ein solches konkret umzusetzen. Hintergrund ist der Anspruch, nicht *über*, sondern gemeinsam *mit* Menschen auf der Flucht zu forschen und im Idealfall mit der Forschung zu einer Verbesserung der Lebenssituation geflüchteter Menschen beizutragen (vgl. z. B. Afeworki Abay 2022b). Dieser Anspruch ist, wie auch in anderen Feldern partizipativer Forschung, nicht spannungsfrei: Denn es sind in vielen Fällen v. a. die Forschenden selbst, die von ihrer Forschung mit Blick auf die eigene wissenschaftliche Karriere profitieren und Gefahr laufen, aktivistisches Wissen zu vereinnahmen (vgl. z. B. Betscher 2019). Partizipative Ansätze verlangen somit nach einer fortwährenden Reflexion dazu, welchen Nutzen die Forschung haben kann, zu ihren Grenzen und nach viel Raum für eine Kommunikation zu den Interessen aller Involvierter. Hiermit verbunden sind notwendige Veränderungen in der Wissenschaftsarchitektur, etwa die Ermöglichung einer angemessenen Vergütung von Co-Forschenden, z. B. von jenen mit Fluchterfahrung, sowie eine Debatte dazu, wer welches Wissen aus der Forschung sichtbar machen und handlungspraktisch nutzen kann und darf.

2.3 Selbstvertretungsinitiativen von Menschen mit Lernschwierigkeiten

Als drittes Spotlight findet in diesem Beitrag das aktivistische Engagement von Menschen mit Lernschwierigkeiten in Selbstvertretungsinitiativen Berücksichtigung. In Deutschland schließen sie sich seit den 1990er-Jahren in sog. People-First-Gruppen zusammen, um sich für Selbstbestimmung und gegen ihre Stigmatisierung als *geistig Behinderte* einzusetzen (vgl. Freudenstein et al. 2001, S. 6). Als programmatische Leitformel kann die Bezeichnung des bundesweiten Vereins und der lokalen Gruppen, die sich in verschiedenen Städten etabliert haben und im Verein Mensch zuerst – Netzwerk People First Deutschland (vgl. Mensch zuerst – Netzwerk People First Deutschland e. V. o. J.) zusammengeschlossen sind, angesehen werden (vgl. Weinbach 2016, S. 109). Sie geht auf den Ausspruch einer Selbstvertreterin in der Gründungsphase der Organisation in den 1970er-Jahren in den USA zurück, die sagte: „Ich habe es satt, geistig behindert genannt zu werden – wir sind zuerst einmal Menschen, eben People First" (Ströbl 2006, S. 42).

Die in dieser Äußerung deutlich werdende zentrale „Forderung der Betroffenen, in erster Linie als Menschen gesehen, behandelt, geachtet und nicht anhand ihrer kognitiven Beeinträchtigung sozial abwertend kategorisiert zu werden" (Kniel/Windisch 2005, S. 20), kann auch als aktivistische Kritik an behinderungsspezifischer Diskriminierung gelesen werden.

People-First- bzw. Mensch-zuerst-Gruppen nahmen ihren Ausgang vom Selbsthilfegedanken, wonach

> „[e]ine Selbsthilfegruppe […] eine Gruppe [ist], in der sich Menschen treffen, die etwas gemeinsam haben. Die Mitglieder einer Selbsthilfegruppe wollen sich gegenseitig helfen Probleme zu lösen. Sie machen sich Mut und wollen etwas in ihrem Leben verbessern. GEMEINSAM GEHT ES LEICHTER!" (Göbel 1995, S. 20).

Das Leben von Menschen mit Lernschwierigkeiten ist – zur Gründungszeit der Initiativen in Deutschland in den 1990er-Jahren ebenso wie heute – zumeist durch den Verweis auf ein spezielles Segment des Bildungs- und Beschäftigungssystems (Förderschulen und Werkstätten für behinderte Menschen) sowie spezialisierte (Wohn-)Einrichtungen und Hilfen im Alltag (Heime) und damit durch pädagogische *Expert*innen* geprägt. Vor diesem Hintergrund ist es von besonderer Bedeutung, dass im „Arbeitsbuch zum Aufbau von Selbsthilfegruppen für Menschen mit Lernschwierigkeiten" (Göbel 1995), aus dem das bereits genannte Zitat stammt, im weiteren Text explizit darauf hingewiesen wird, dass „[a]n People First-Treffen […] pädagogische Mitarbeiter oder Betreuer normalerweise nicht teil[nehmen]" (Göbel 1995, S. 20) und die Gruppen „unabhängig von Behinderteneinrichtungen" (ebd., S. 21) sind. Die damit vollzogene Betonung des Charakters von Selbstorganisation und aktivistischer Grenzziehung gegenüber potenzieller pädagogisch-institutioneller Fremdbestimmung findet sich auch darin wieder, dass Mitglied im Verein Mensch zuerst – Netzwerk People First Deutschland „jede natürliche Person mit Lernschwierigkeiten (früher ‚geistig behindert'), jede natürliche Person mit Lernschwierigkeiten (früher ‚geistig behindert') und Mehrfachbehinderung oder jede Person, die als Mensch mit Lernschwierigkeiten (früher ‚geistig behindert') bezeichnet wird", werden kann (Mensch zuerst – Netzwerk People First Deutschland e. V. o. J., § 6 Mitgliedschaft).

Aktivist*innen von Mensch zuerst setzen sich insbesondere dafür ein, Selbstvertretungsstrukturen auf lokaler Ebene zu etablieren und bundesweite Netzwerkstrukturen aufzubauen, wobei ihr Engagement auch Bildungsarbeit und Komponenten des Peer Counseling umfasst. Mit dem Konzept der Leichten Sprache und seiner Verbreitung sollen Barrieren für Menschen mit Lernschwierigkeiten abgebaut werden. In ihrer empirischen Studie zu People-First-Gruppen stellen Kniel und Windisch (2005, S. 140) fest, dass bei einer Heterogenität der Ziele der einzelnen untersuchten People-First-Gruppen die Aktivitäten Ähnlichkeiten aufweisen. Demnach stehen „Gespräche und Informationsaustausch",

„Diskussionen von Selbstbestimmungsfragen und Teilnahme an (Bildungs-)Veranstaltungen" sowie „Freizeitveranstaltungen" und teilweise „politische Aktionen (z. B. Teilnahme an Demonstrationen)" (Kniel/Windisch 2005, S. 140) im Vordergrund. Ein weiterer, der bereits genannten Zielperspektive gegenläufiger Befund besteht darin, dass „[d]ie Gruppen häufig an Einrichtungen wie Wohnheime und Werkstätten angebunden [sind]" (ebd., S. 141).

In einem mit der Mensch-zuerst-Bewegung verflochtenen Entwicklungsstrang lassen sich Bestrebungen zur Stärkung von Selbstvertretung im Kontext der Bundesvereinigung Lebenshilfe verorten. Ein wichtiges Datum stellt dabei der Kongress „*Ich weiß doch selbst, was ich will*" – *Menschen mit geistiger Behinderung auf dem Weg zu mehr Selbstbestimmung* 1994 in Duisburg dar. Er führte zu der *Duisburger Erklärung*, die zentrale Forderungen für mehr Selbstbestimmung im Alltag und gegen Fremdbestimmung und Diskriminierung enthält. Im Jahr 2019 veranstaltete die Bundesvereinigung Lebenshilfe in Leipzig wiederum einen *Selbstvertreter-Kongress*, der ebenfalls mit einer Erklärung zu Zielen und Forderungen zur Selbstvertretung insbesondere im Rahmen von Heim- und Werkstattbeiräten sowie innerhalb lokaler Lebenshilfe-Vereinigungen beschlossen wurde (vgl. LHZ 2020, S. 13).

Wenn man das Verhältnis aktivistischer Wissensbildung und ihrer Wahrnehmung in der Fachdebatte der Sozialen Arbeit mit Blick auf Selbstvertretungsinitiativen von Menschen mit Lernschwierigkeiten in den Blick nimmt, so ist wichtig festzuhalten, dass sich Aktivist*innen von People First auch als „Wegweiser" (Freudenstein et al. 2001, S. 7) für die zukünftige Entwicklung des strukturellen Unterstützungssystems für behinderte Menschen verstehen. In Beiträgen zur fachlichen Debatte der Gestaltung des Unterstützungssystems wurde an verschiedenen Stellen auf das aktivistische Wissen, etwa in Bezug auf die Forderungen, die von Menschen mit Lernschwierigkeiten auf dem Duisburger Kongress 1994 geäußert wurden, unmittelbar Bezug genommen (vgl. z. B. Hähner et al. 1997). Ströbl (2006, S. 45–47) führt als zentrale konzeptionelle Ziele von People First neben der Überwindung getrennter Beschulung von Menschen mit und ohne Lernschwierigkeiten, einer Qualifizierung ihrer Berufsausbildung und Unterstützung bei der Arbeit auf dem ersten Arbeitsmarkt, dem Abbau von Großeinrichtungen und dem selbstbestimmten Wohnen mit Blick auf Unterstützung durch Fachkräfte aus: „[W]ir brauchen keine pädagogische Erziehung. Sie sollen lieber auf die Sprache, die Wörter und die Schrift achten" (ebd.). Aktivistische Wissensbildung sollte nach Ströbl in die Lehre und Forschung einfließen: „Das wollen wir den Studierenden selber beibringen. Sie sollen es nicht nur von den Professoren und Professorinnen erzählt bekommen. Bei Forschung wollen wir auch gefragt werden" (ebd.).

3. Fazit und Ausblick

Verbündungen und Kooperationen zwischen Sozialer Arbeit und sozialen Bewegungen haben eine lange Tradition und sind zugleich nicht spannungsfrei. Sie verlangen nach einer hohen Reflexion dahingehend, soziale Bewegungen und selbst initiiertes Engagement nicht zu vereinnahmen und auszubeuten. Für die forscherische Praxis gilt es zu fragen, wem das generierte Wissen nützt, und ob es im Sinne der betreffenden Personen der Forschung zur Verbesserung ihrer Lebenssituation eingesetzt werden kann. Dies ist ein anspruchsvolles Unterfangen und in einer ökonomisierten Forschungslandschaft nicht immer umsetzbar – daher verstehen wir diesen Gedanken in erster Linie als Reflexionsanfrage an Forschende, mit Blick auf ihre spezifische Forschung hierüber nachzudenken und etwaige kollaborative Räume der gemeinsamen Nutzbarmachung von Forschung ggf. zu erschließen oder aus reflektierten Gründen hiervon abzusehen. Eine solche Stoßrichtung emanzipatorischer Forschung täuscht zudem nicht darüber hinweg, dass sich aktivistisches und wissenschaftliches Wissen voneinander unterscheiden (können). Choudry (2020a; 2020b) und Maddison und Scalmer (2005) etwa verstehen aktivistisches Wissen als praktisches Wissen, das auf soziale Veränderung zielt. Zugleich ist aber auch festzuhalten, dass es Wissenschaftler*innen gibt, die ihre Forschung explizit intervenierend – etwa in Anlehnung an die Traditionen von action research – verorten.

Mit Blick auf die Dimension der Zeit finden wir – ungeachtet der vielfältigen Verortungen auch innerhalb des Autorinnenteams – bei Choudry den Hinweis darauf, die Relevanz *historischer* Zusammenhänge und die Berücksichtigung von Archiven und Veröffentlichungen früherer Generationen sozialer Bewegungen lebendig zu halten (vgl. Choudry 2020b, S. 643). Durch eine solche zeitsensible Auffassung aktivistischen Wissens könne nicht nur Historisches für gegenwärtige *struggles* sozialer Bewegungen nutzbar gemacht, sondern auch ein alternativer Blick auf „historical social struggles" (Choudry 2020b, S. 647) ermöglicht werden. Zeitbezogene Perspektiven können, beispielhaft sei dafür der Ansatz der Disability History (vgl. Waldschmidt 2010, S. 22–24) genannt, Möglichkeitsräume für Kooperationen zwischen Wissenschaft und Aktivismus eröffnen.

Unsere offenen Überlegungen verfolgen nicht den Anspruch, alle Möglichkeits- und Spannungshorizonte zu Ende gedacht oder in Gänze abgebildet zu haben. Vielmehr möchten wir herausstellen, dass sich in den letzten Jahren die Frage nach den Bezügen sozialer Bewegungen und der Sozialen Arbeit wieder und zugleich neu (etwa vor dem Hintergrund der Klimakrise, dem zunehmenden Rechtsextremismus sowie Digitalisierungsprozessen) stellen. Aus unserer Sicht bedarf es hierzu noch eingehender empirischer (Diskurs-)Analysen, um das Verhältnis aktivistischer Wissensbildung im Kontext von sozialen Bewegungen, Selbstvertretungsinitiativen und der Wissensbildung innerhalb der Sozialen Arbeit vertieft zu erschließen.

Jegliche Wissensproduktion verlangt eine Reflexion zu ihrer jeweiligen „Standort- bzw. Praxisverbundenheit der Erkenntnis" (Przyborski/Wohlrab-Sahr 2021, S. 356), wozu ein etwaiges noch *mehr* an Ausloten kollaborativer Praxen an den Schnittstellen von Sozialer Arbeit und sozialen Bewegungen dazu gehört – dies insbesondere vor dem Hintergrund rechtsextremer und populistischer Politiken. Um Vereinnahmung zu vermeiden, zugleich aber aktivistische und marginalisierte Wissensformen sichtbarer zu machen, kann aktivistische Literatur (auch) Bestandteil der Lehre im Bereich der Sozialen Arbeit sein, ebenso der Austausch und die Zusammenarbeit mit (u. a. digitalen) sozialen Bewegungen und Aktivist*innen in Forschung und Lehre. Hierzu ist in unseren Augen entscheidend, adäquate Rahmenbedingungen, wie etwa monetäre Ressourcen, zur Verfügung zu stellen sowie Reflexionsräume, welche die von sozialen Bewegungen kritisierten Herrschaftsverhältnisse (z. B. Ableism sowie Konstruktionen von *einheimisch* und *fremd*) thematisieren, und Hierarchien zwischen Wissensformen kritisch hinterfragen. Exemplarisch soll darauf verwiesen werden, dass etwa ein Einbezug von Aktivist*innen als Gastvortragende allein nicht ausreichend sein kann, wenn gleichzeitig Lehrende mit Behinderungs- oder Flucht*Migrationserfahrung in der Academia und auf allen Ebenen eines ableistischen und klassistischen Bildungssystems unterrepräsentiert sind. Mit diesen Überlegungen spannen wir den Bogen zurück zur Position von Villa und Speck (2020), dass es eine Differenzierung von Wissenschaft und politischem Engagement braucht; daneben sehen wir Potenzial in verbindenden, reflektierten Kollaborationen zwischen sozialpädagogischen und aktivistischen Kontexten, insbesondere vor dem Hintergrund weiter zu schaffender ermöglichender Rahmenbedingungen.

Literatur

Afeworki Abay, Robel (2022a): Rassismus und Ableism: Same, Same but Different? Intersektionale Perspektive und konviviale Visionen auf Erwerbsarbeit in der Dominanzgesellschaft. In: Konz, Britta/Schröter, Anne (Hrsg.): DisAbility in der Migrationsgesellschaft: Betrachtungen an der Intersektion von Behinderung, Kultur und Religion in Bildungskontexten. Bad Heilbrunn: Klinkhardt, S. 93–110.

Afeworki Abay, Robel (2022b): Decolonize Behinderung und Flucht/Migration: Partizipative Forschung als Möglichkeit methodologischer Dekolonialisierungsarbeit. In: Akbaba, Yaliz/Heinemann, Alisha M. (Hrsg.): Erziehungswissenschaft dekolonisieren. Weinheim/Basel: Beltz Juventa, S. 536–553.

Bauder, Harald (2016): Sanctuary Cities: Policies and Practices in International Perspective. In: International Migration 55, H. 2, S. 174–187.

Betscher, Silke (2019): „They come and build their careers upon our shit" oder warum ich 2014/15 nicht über Geflüchtete geforscht habe und sie dennoch maßgeblich zu meiner Forschung beitrugen. In: Kaufmann, Margrit/Otto, Laura/Nimführ, Sarah/Schütte, Dominik (Hrsg.): Forschen und Arbeiten im Kontext von Flucht. Wiesbaden: Springer VS, S. 237–259.

Brehme, David/Fuchs, Petra/Köbsell, Swantje/Wesselmann, Carla (2020): Einleitung: Zwischen Emanzipation und Vereinnahmung: Disability Studies im deutschsprachigen Raum. In: Brehme, David/Fuchs, Petra/Köbsell, Swantje/Wesselmann, Carla (Hrsg.): Disability Studies im deutschsprachigen Raum. Zwischen Emanzipation und Vereinnahmung. Weinheim/Basel: Beltz Juventa, S. 9–21.

Buschmann, Alina/L'Audace, Luisa (Hrsg.) (2023): Angry Cripples: Stimmen behinderter Menschen gegen Ableismus. Graz: Leykam.

Campbell, Fiona K. (2019): Precision ableism: A studies in ableism approach to developing histories of disability and abledment. In: Rethinking History 23, H. 2, S. 138–156.

Choudry, Aziz (2020a): Reflections on academia, activism, and the politics of knowledge and learning. In: The International Journal of Human Rights 24, H. 1, S. 28–45.

Choudry, Aziz (2020b): Activist learning and knowledge production. In: van Ackeren, Isabell/Bremer, Helmut/Kessl, Fabian/Koller, Hans Christoph/Pfaff, Nicolle/Rotter, Caroline/Klein, Dominique/Salaschek, Ulrich (Hrsg.): Bewegungen: Beiträge zum 26. Kongress der Deutschen Gesellschaft für Erziehungswissenschaft. Leverkusen/Opladen: Barbara Budrich, S. 641–652.

Engelhardt, Hans Dietrich (2011): Leitbild Menschenwürde. Wie Selbsthilfeinitiativen den Gesundheits- und Sozialbereich demokratisieren. Frankfurt a. M./New York: Campus.

Freudenstein, Werner/Göthling, Stefan/Kunau, Arnd/Ströbl, Josef (2001): Selbstbestimmung und Selbstvertretung – ein Recht und kein Geschenk. In: Das Band 32, H. 4, S. 4–7.

Füssenhäuser, Cornelia (2005): Werkgeschichte(n) der Sozialpädagogik: Klaus Mollenhauer – Hans Thiersch – Hans-Uwe Otto. Der Beitrag der ersten Generation nach 1945 zur universitären Sozialpädagogik. Baltmannsweiler: Schneider-Verlag Hohengehren.

Göbel, Susanne (1995): „Wir vertreten uns selbst!" Ein Arbeitsbuch zum Aufbau von Selbsthilfegruppen für Menschen mit Lernschwierigkeiten. Kassel: bifos.

Hähner, Ulrich/Niehoff, Ulrich/Sack, Rudi/Theunissen, Georg (Hrsg.) (1997): Vom Betreuer zum Begleiter. Eine Neuorientierung unter dem Paradigma der Selbstbestimmung. Marburg: Lebenshilfe.

Hentges, Gudrun (2021): Kriminalisierung solidarischen Handelns in Europa am Beispiel der Seenotrettung. In: Hill, Marc/Schmitt, Caroline (Hrsg.): Solidarität in Bewegung. Neue Felder für die Soziale Arbeit. Baltmannsweiler: Schneider-Verlag Hohengehren, S. 114–134.

Hill, Marc/Schmitt, Caroline (2023): Solidarität in einer Stadt für alle. Skizzierungen einer urbanen Vision am Beispiel der Züri City Card. In: Bukow, Wolf-Dietrich/Rolshoven, Johanna/Yildiz, Erol (Hrsg.): (Re-)Konstruktionen von lokaler Urbanität. Wiesbaden: VS, S. 247–262.

Kessl, Fabian (2020): Bewegungen an den Grenzen des Disziplinären: das Beispiel von Sozialpädagogik und Sozialer Arbeit. In: van Ackeren, Isabell/Bremer, Helmut/Kessl, Fabian/Koller, Hans Christoph/Pfaff, Nicolle/Rotter, Caroline/Klein, Dominique/Salaschek, Ulrich (Hrsg.): Bewegungen. Beiträge zum 26. Kongress der Deutschen Gesellschaft für Erziehungswissenschaft. Leverkusen/Opladen: Barbara Budrich, S. 71–82.

Kniel, Adrian/Windisch, Matthias (2005): People First. Selbsthilfegruppen von und für Menschen mit geistiger Behinderung. München: Ernst Reinhardt.

Köbsell, Swantje (2015): Ableism: Neue Qualität oder „alter Wein" in neuen Schläuchen? In: Attia, Iman/Köbsell, Swantje/Prasad, Nivedita (Hrsg.): Dominanzkultur reloaded: Neue Texte zu gesellschaftlichen Machtverhältnissen und ihren Wechselwirkungen. Bielefeld: transcript, S. 21–34.

Kollodzieyski, Tanja (2020): Ableismus. Berlin: Subkultur.

Lavalette, Michael (2019): Popular social work. In: Webb, Stephen A. (Hrsg.): The Routledge Handbook of Critical Social Work. London/New York: Routledge, S. 536–548.

Lebuhn, Henrik (2016): „Ich bin New York". Bilanz des kommunalen Personalausweises in New York City. In: Luxemburg 3, S. 114–119.

LHZ – Lebenshilfezeitung (2020): Sonderteil Selbstvertretung. Marburg: Bundesvereinigung Lebenshilfe e. V.

Lohrenscheit, Claudia/Schmelz, Andrea/Schmitt, Caroline/Straub, Ute (Hrsg.) (2023): Internationale Soziale Arbeit und soziale Bewegungen. Baden-Baden: Nomos.

Lutz, Ronald (2022): Anthropozän und Klimaverwandlung. Skizzen einer „transformativen Sozialen Arbeit". In: Pfaff, Tino / Schramkowski, Barbara / Lutz, Ronald (Hrsg.): Klimakrise, sozialökologischer Kollaps und Klimagerechtigkeit: Spannungsfelder für Soziale Arbeit. Weinheim / Basel: Beltz Juventa, S. 370–394.

Maddison, Sarah / Scalmer, Sean (2006): Activist wisdom: Practical knowledge and creative tension in social movements. Sydney: UNSW Press.

Mann, Benjamin W. (2018): Rhetoric of online disability activism: #CripTheVote and civic participation. In: Communication, Culture and Critique 11, H. 4, S. 604–621.

Maskos, Rebecca (2020): Warum Ableismus Nichtbehinderten hilft, sich „normal" zu fühlen. In: Die neue Norm. https://www.dieneuenorm.de/gesellschaft/ableismus-behindertenfeindlichkeit (Abfrage: 16.02.2023).

Maurer, Susanne (2019): Soziale Bewegung. In: Kessl, Fabian / Reutlinger, Christian (Hrsg.): Handbuch Sozialraum. Sozialraumforschung und Sozialraumarbeit. Wiesbaden: VS Verlag für Sozialwissenschaften, S. 359–380.

Maurer, Susanne / Schröer, Wolfgang (2018): Geschichte sozialpädagogischer Ideen. In: Otto, Hans-Uwe / Thiersch, Hans / Treptow, Rainer / Ziegler, Holger (Hrsg.): Handbuch Soziale Arbeit. 6., überarbeitete Auflage. München: Ernst Reinhardt, S. 540–550.

Mehrotra, Nilika (2021): Emergent Disability voices on Social Media during Covid-19 times. In: Disability and the Global South 8, H. 1, S. 1993–2006.

Mensch zuerst – Netzwerk People First Deutschland e. V. (o. J.): Homepage. https://www.menschzuerst.de (Abfrage: 06.02.2024).

Morawek, Katharina (2019): Städtische Bürgerschaft und der kommunale Personalausweis. In: Wenke, Christoph / Kron, Stefanie (Hrsg.): Solidarische Städte in Europa. Berlin: Rosa-Luxemburg-Stiftung, S. 37–52.

More, Rahel (2023): Storying ableism: Proposing a feminist intersectional approach to linking theory and digital activism. In: Feminist Theory. DOI: 10.1177/14647001231173242.

Muy, Sebastian (2018): Über Widersprüche Sozialer Arbeit in Sammelunterkünften für Asylsuchende. In: Stehr, Johannes / Anhorn, Roland / Rathgeb, Kerstin (Hrsg.): Konflikt als Verhältnis – Konflikt als Verhalten – Konflikt als Widerstand. Perspektiven kritischer Sozialer Arbeit. Wiesbaden: VS Verlag für Sozialwissenschaften, S. 155–167.

Neidhardt, Friedhelm (1985): Einige Ideen zu einer allgemeinen Theorie sozialer Bewegungen. In: Hradil, Stefan (Hrsg.): Sozialstruktur im Umbruch. Wiesbaden: VS Verlag für Sozialwissenschaften, S. 193–204.

Parbey, Celia (2020): Unter #AbleismTellsMe prangern Menschen mit Behinderung Ableismus an. https://www.zeit.de/zett/politik/2020-09/unter-ableismtellsme-prangern-menschen-mit-behinderung-ableismus-an (Abfrage: 02.04.2024).

Przyborski, Aglaija / Wohlrab-Sahr, Monika (2021): Qualitative Sozialforschung. Ein Arbeitsbuch. 5., überarbeitete und erweiterte Auflage. Berlin: de Gruyter.

Roth, Roland (2018): Soziale Bewegungen. In: Otto, Hans-Uwe / Thiersch, Hans / Treptow, Rainer / Ziegler, Holger (Hrsg.): Handbuch Soziale Arbeit. 6., überarbeitete Auflage. München: Ernst Reinhardt, S. 1458–1466.

Roth, Roland / Rucht, Dieter (2002): Neue soziale Bewegungen. In: Greiffenhagen, Martin / Greiffenhagen, Sylvia / Neller, Katja (Hrsg.): Handwörterbuch zur politischen Kultur der Bundesrepublik Deutschland. Opladen: Westdeutscher, S. 296–303.

Scherr, Albert / Hofmann, Rebecca (2016): Sanctuary Cities: Eine Perspektive für deutsche Kommunalpolitik? In: Kritische Justiz (KJ) 49, H. 1, S. 86–97.

Schiffauer, Werner / Eilert, Anne / Rudloff, Marlene (Hrsg.) (2017): So schaffen wir das – eine Zivilgesellschaft im Aufbruch. Bielefeld: transcript.

Schmelz, Andrea Frieda (2019): „Recht auf Rechte" für Flüchtlinge in Kommunen Europas praktizieren? In: Arslan, Emre / Bozay, Kemal (Hrsg.): Symbolische Ordnung und Flüchtlingsbewegungen in der Einwanderungsgesellschaft. Wiesbaden: VS Verlag für Sozialwissenschaften, S. 189–206.

Schmelz, Andrea Frieda (2023): Globale Migration und Flucht. In: Lohrenscheit, Claudia/Schmelz, Andrea/Schmitt, Caroline/Straub, Ute (Hrsg.): Internationale Soziale Arbeit und soziale Bewegungen. Baden-Baden: Nomos, S. 99–119.

Schöne, Andrea (2023): Behinderung & Ableismus. Münster: Unrast.

Stepanek, Lisa (2020): #AbleismTellsMe: Hier müssen Nichtbehinderte dringend hinhören. https://www.kurier.at/freizeit/trending/ableismtellsme-hier-muessen-nichtbehinderte-dringend-hinhoeren/401020520 (Abfrage: 02.04.2024).

Ströbl, Josef (2006): Behinderung und gesellschaftliche Teilhabe aus Sicht von Menschen mit so genannter geistiger Behinderung. In: Hermes, Gisela/Rohrmann, Eckhard (Hrsg.): „Nichts über uns – ohne uns!". Disability studies als neuer Ansatz emanzipatorischer und interdisziplinärer Forschung über Behinderung. Neu-Ulm: AG-SPAK, S. 42–49.

Täubig, Vicki (2021): Transnationale Flüchtlinge und Flüchtlingssozialarbeit. Eine (immer noch neue?!) Denkfigur. In: neue praxis 51, H. 1, S. 11–25.

Thole, Werner (2012): Die Soziale Arbeit – Praxis, Theorie, Forschung und Ausbildung. Versuch einer Standortbestimmung. In: Thole, Werner (Hrsg.): Grundriss Soziale Arbeit. Wiesbaden: Springer, S. 19–70.

Villa, Paula-Irene/Speck, Sarah (2020): Das Unbehagen mit den Gender Studies. Ein Gespräch zum Verhältnis von Wissenschaft und Politik. In: Open Gender Journal. DOI: 10.17169/ogj.2020.141.

Wagner, Leonie (2009): Soziale Arbeit und Soziale Bewegungen. Wiesbaden: VS Verlag für Sozialwissenschaften.

Waldschmidt, Anne (2010): Warum und wozu brauchen die Disability Studies die Disability History? Programmatische Überlegungen. In: Bösl, Elsbeth/Klein, Anne/Waldschmidt, Anne (Hrsg.): Disability History: Konstruktionen von Behinderung in der Geschichte. Eine Einführung. Bielefeld: transcript, S. 13–28.

Weinbach, Hanna (2016): Soziale Arbeit mit Menschen mit Behinderungen. Das Konzept der Lebensweltorientierung in der Behindertenhilfe. Weinheim/Basel: Beltz Juventa.

Wesselmann, Carla (2022): Konstruktionen von (Nicht-)Behinderung. Konz, Britta/Schröter, Anne (Hrsg.): DisAbility in der Migrationsgesellschaft: Betrachtungen an der Intersektion von Behinderung, Kultur und Religion in Bildungskontexten. Bad Heilbrunn: Klinkhardt, S. 66–79.

Wesselmann, Carla (2023): Medikalisierungsprozesse und Soziale Arbeit unter der Lupe der Disability Studies. In: Schübel, Thomas/Friele, Boris (Hrsg.): Medikalisierung und Soziale Arbeit. Wiesbaden: Springer VS, S. 47–65.

Widersprüche. Zeitschrift für sozialistische Politik im Bildungs-, Gesundheits- und Sozialbereich 41, H. 161, September 2021.

Widersprüche. Zeitschrift für sozialistische Politik im Bildungs-, Gesundheits- und Sozialbereich 42, H. 165, September 2022.

Wolbring, Gregor (2021): Cherry-Picking and Demonizing Abilities. In: Zeitschrift für Disability Studies 1. https://www.zds-online.org/wp-content/uploads/2021/07/ZDS_2021_1_5_Wolbring.pdf (Abfrage: 14.02.2024).

II Doing time und temporale Anforderungen

Doing Transitions in Time.
Zur zeitlichen Dimension sozialpädagogischer Übergangsgestaltung

Barbara Stauber und Andreas Walther

(Sozial-)Pädagogisches Handeln zielt auf Veränderung, so zumindest eine weithin geteilte Gegenstandsbestimmung. Es steht für die Absicht, Prozesse der Entwicklung und Sozialisation, in denen Menschen zu Anderen werden, mitzugestalten und Menschen in Transformationsprozessen dabei zu unterstützen, sich Selbst-Welt-Verhältnisse anzueignen (vgl. Winkler 2006). Gleichzeitig geht sozialpädagogisches Handeln weder in normativen Ansprüchen auf noch ist es losgelöst von anderen sozialen Prozessen, in denen sich Lebensverläufe konstituieren und die in der Institution des Lebenslaufs gebündelt sind. Letzterer unterteilt das Leben in altersbezogene Phasen, die durch Übergänge voneinander unterschieden und miteinander verbunden sind.

Sozialpädagogik, so unsere erste Annahme, ist also unmittelbar mit der Frage verbunden, wie Menschen Übergänge im Lebenslauf bewältigen (vgl. Hof/Meuth/Walther 2014; Walther 2014). Damit ist sie zweitens an der Gestaltung dieser Übergänge beteiligt und – dafür steht „Doing Transitions" vor allen Dingen – an deren fortlaufender Konstituierung (vgl. Walther 2020 et al.; Andresen et al. 2022a). Drittens hat es sozialpädagogisches Handeln mit Differenzsetzungen und Ungleichheiten zu tun, die vorrangig an Übergängen reproduziert werden (vgl. Stauber 2020). Sozialpädagogik wird hinzugezogen, diese Differenzsetzungen zu bearbeiten und zu moderieren, (re-)produziert sie aber auch in der Auslegung von (u. a. altersbezogenen) Zugangsregeln und in der Prozessierung der Fallkonstituierung.

Eine Dimension, entlang derer das Verhältnis von Sozialpädagogik und Übergängen untersucht werden kann, ist Zeit. So wie (sozial-)pädagogisches Handeln über die ihm inhärente Veränderungsperspektive eine Zeitdimension beinhaltet, so stehen auch Übergänge im Lebenslauf für die Zeitlichkeit von Sozialisationsprozessen (vgl. Kohli 1985), markieren sie doch Zustandswechsel im Sinne eines Vorher/Nachher in Lebensverläufen. Die Zeitlichkeit des Verhältnisses von Sozialpädagogik und Übergängen ist jedoch wesentlich komplexer, sie umfasst verschiedene Schichten und Dimensionen, nicht zuletzt normative, die in komplexen Wechselbeziehungen zueinanderstehen. Die Entstehung der Sozialpädagogik und die Institutionalisierung des Lebenslaufs sind Ausdruck des gleichen Zeitregimes gesellschaftlicher Modernisierung. Dessen zentrale

Elemente sind Zukunftsorientierung, Linearität und Aufschübe bzw. Moratorien zur Vorbereitung auf spätere Teilhabe. Gleichzeitig weisen Konzepte wie die Entgrenzung des Lebenslaufs (vgl. ebd.) oder die Beschleunigung von Vergesellschaftung (vgl. Rosa 2006) auf gesamtgesellschaftliche Zeitdynamiken hin, die die Notwendigkeit einer temporalen Reflexivität von Sozialpädagogik nahelegen.

Gegenstand dieses Beitrags ist der Zusammenhang von Übergängen, Sozialpädagogik und Zeit. Sein Ziel ist es, anhand einer Analyse des sozialpädagogischen Beitrags zur Gestaltung und Hervorbringung von Übergängen Elemente einer temporalen Reflexivität in Bezug auf das Verhältnis Sozialpädagogik und Übergänge zu formulieren. Eine Spur in diese Richtung sind zeitliche Spannungsverhältnisse, die die pädagogische Praxis der Gestaltung von Übergängen herausfordern, die diese teilweise aber auch selbst mit hervorbringt. Dabei schwingen immer auch zeitliche Normen und Normalitäten mit, das „in Time" des Beitragtitels hat also eine zweifache Bedeutung: in der Zeit und rechtzeitig.

Zuerst wird kurz in die Perspektive Doing Transitions eingeführt und die sozialpädagogische Praxis darin als Modus der institutionellen Regulierung von Übergängen im Lebenslauf verortet. Dann wird detaillierter die zeitliche Konstituierung von Übergängen erläutert. Vor diesem Hintergrund werden exemplarisch an der Lebenslage Jugendlicher und junger Erwachsener drei zeitliche Spannungsverhältnisse skizziert und anhand relationaler Konzepte von Zeitlichkeit interpretiert. Abschließend wird diskutiert, inwiefern die Perspektive Doing Transitions in Time zur Reflexivität sozialpädagogischer Übergangsgestaltung beiträgt.

1. Doing Transitions – eine Forschungsperspektive und ihre sozialpädagogischen Implikationen

Ausgangspunkt der Forschungsperspektive Doing Transitions war u. a. die Beobachtung, dass immer mehr soziale Prozesse als Übergänge thematisiert und gestaltet werden, und zwar von der frühen Kindheit bis ins höhere Alter.[1] Während die Forschungsperspektive notwendigerweise interdisziplinär ist, enthält die Gestaltung von Übergängen Fragen nach Gelingen und Risiken des Scheiterns, nach Förder- und Unterstützungsbedarfen und damit eine sozialpädagogische Relevanz, wobei die Kriterien für Gelingen und Scheitern selten hinterfragt werden.

Die Forschungsperspektive Doing Transitions ist praxistheoretisch angelegt. Übergänge sind danach keine sozialen Gegebenheiten, sondern soziale Vollzugswirklichkeiten (vgl. Hirschauer 2004), d.h. historisch gewordene, fortlaufend

---

[1] Institutioneller Rahmen ist das DFG-Graduiertenkolleg „Doing Transitions – zur Gestaltung von Übergängen im Lebenslauf" an den Universitäten Frankfurt und Tübingen (2017–2025, siehe https://www.doingtransitions.org, Abfrage: 14.05.2024).

institutionalisierte, normalisierte und biografisch angeeignete Praktiken, in denen ihr Durchlaufen und ihre Gestaltung zusammenfallen. Zu diesen Praktiken gehört auch die Forschung, denn in ihrer Situiertheit und Positionierung und mit ihren Konzepten, Methodologien und Methoden leistet sie einen wesentlichen Beitrag zur Konstitution des Gegenstands, weshalb Doing Transitions als Beitrag zu einer reflexiven Übergangsforschung zu verstehen ist, die sich nicht darauf beschränkt, zu untersuchen, ob und wie Individuen Übergänge erfolgreich durchlaufen oder an ihnen scheitern, sondern auch ihre Hervorbringung zum Gegenstand von Forschung macht.

Schaut man sich Übergänge unter dem Gesichtspunkt ihrer Hervorbringung an, erscheinen sie zuallererst als Praktiken der Differenzierung (vgl. Hirschauer 2017). Konstitutiv ist zum einen die Unterscheidung zwischen den in der Regel wiederum als gegeben angenommenen Ausgangs- und Zielzuständen im Sinne des Vorher/Nachher, mithin ein Wechsel von Zugehörigkeiten zu (v. a. altersbezogenen) Strukturkategorien (Schüler*in → Auszubildende), der sich in manchen Fällen auch als Wechsel von Mitgliedschaften in Organisationen materialisiert (Schule → Ausbildungsbetrieb). Zum anderen werden dabei aber auch andere Differenzlinien aufgerufen (z. B. formale Bildung, Geschlecht, Aufenthaltsstatus etc.) und dementsprechend gesellschaftliche Ungleichheitsverhältnisse reproduziert und manchmal auch verschoben (vgl. Stauber 2020).

Zur Operationalisierung der Frage, wie sich Übergänge und ihre Hervorbringung als Praktiken vollziehen, lassen sich zuerst verschiedene Modi der Gestaltung analytisch unterscheiden:

- diskursive Praktiken, die Situationen und Prozesse als Übergänge, als Zustände des Dazwischen, z. B. des *nicht mehr* jugendlich, aber *noch nicht* erwachsen relevant machen;
- institutionelle Markierungen, Zugangsregulierungen (Gatekeeping) und Ablaufmuster, aber auch rituelle Symbolisierungen, die Übergänge prozessieren;
- Positionierungen der Subjekte in ihren biografischen Konstruktions- und Bewältigungsleistungen zur Adressierung als im Übergang bzw. als nicht mehr/ noch nicht.

So produktiv ihre analytische Unterscheidung ist, so wichtig ist die theoretische und empirische Einsicht, dass diese Modi in Wechselbeziehungen zueinanderstehen. Zudem vollzieht sich die Hervorbringung von Übergängen nicht nur in aufeinander bezogenen Modi der Gestaltung, sondern auch in quer zu ihnen liegenden, relationalen Dimensionen:

- Übergänge im Lebenslauf sind nicht als individuelle zu denken, sondern als wechselseitige Prozesse in interpersonalen Beziehungen (etwa von Familienmitgliedern),

- Doing Transitions hat außerdem eine materiale Dimension in Bezug auf Körper, Räume und Artefakte, die je unterschiedlich an der Hervorbringung von Übergängen beteiligt sind und
- die Hervorbringung von Übergängen ist zeitlich relationiert.

Insbesondere ausgehend vom Modus institutioneller Regulierung zeigt sich, dass der Gestaltung von Übergängen ein pädagogisches Element innewohnt, was wiederum auf ihre soziale, materiale, v. a. aber zeitliche Relationierung verweist. Schon die frühe anthropologische Übergangsforschung hat darauf hingewiesen, dass Übergänge sowohl die Vorbereitung der Übergangssubjekte auf zukünftige Anforderungen enthalten als auch die Überprüfung ihrer Eignung und die Begleitung in die neue Position (vgl. Eisenstadt 1956; Turner 1969; Andresen et al. 2022a). Nicht zuletzt deshalb vollziehen sich in modernen Gesellschaften viele sog. normative Übergänge, die alle Gesellschaftsmitglieder durchlaufen, explizit in pädagogisch gerahmten Institutionen des Aufwachsens wie Kita, Schule, Ausbildung oder Jugendhilfe. Pädagogische Adressierungen werden aber auch in weniger prominenten Übergängen sichtbar, z. B. in Übergängen von Kindern in selbstständige Mobilität, in denen sich Zuschreibungen von Risiken, Kompetenzen und Verantwortlichkeiten ausdrücken, in Umzügen in gemeinschaftliches Wohnen, in denen die Auseinandersetzung mit veränderten Bedürfnissen artikuliert (vgl. Freutel-Funke/Müller 2022), oder in der Jugendweihe, in der ausgehandelt wird, was Jugend bedeutet (vgl. Prescher 2024). Doing Transitions ist somit immer auch eine pädagogische Praxis der Gestaltung und Herstellung von Übergängen, auch dort, wo das nicht explizit benannt wird. Gleichzeitig ist pädagogische Praxis immer direkt oder indirekt auf Übergänge bezogen und trägt damit zu ihrer Gestaltung und Herstellung bei (vgl. Hof/Meuth/Walther 2014). Für die Sozialpädagogik hat Klaus Mollenhauer bereits 1965 festgestellt, sie leiste

„Integrationshilfen an den vielen Übergängen und Konfliktstellen, die das Heranwachsen in modernen Gesellschaften charakterisieren, und bessert die Schäden aus, die dem Einzelnen dabei immer wieder zugefügt werden" (Mollenhauer 1965, S. 27).

Auch Lothar Böhnisch bestimmt Sozialpädagogik als Unterstützung bei der Bewältigung des Lebenslaufs und charakterisiert Übergänge als kritische Lebensereignisse und Bewältigungskontexte (vgl. Böhnisch 1997; Böhnisch/Schröer/ Thiersch 2005). Diese programmatischen Zielbestimmungen sozialpädagogischer Praxis leiten sich nach Franz Hamburger aus der lebenslaufbezogenen Institutionalisierung der Sozialpädagogik ab, die im Wohlfahrtsstaat für die Situationen zuständig ist, in denen „die Bedingungen für eine altersspezifische Normalität oder für die durchschnittliche Bewältigung von Statuspassagen fehlen" (Hamburger 2012, S. 157). Er sieht in der Struktur sozialpädagogischer

Handlungsfelder deshalb auch eine Lebenslaufordnung angelegt, aus der sich je nach Lebensalter und Lebens*ver*lauf unterschiedliche pädagogische Interventionen legitimieren (vgl. Hof/Meuth/Walther 2014; Walther 2021).

Tabelle 1: Lebenslaufordnung der Sozialpädagogik (Hamburger 2012, S. 157)

Grundstruktur des Lebenslaufs	Kindheit	Jugend	Erwachsenenstatus	Alter
Basisinstitutionen	Familie	Schule, Ausbildung	Erwerbsarbeit, Familienarbeit	Familie, Partnerschaft
Absicherung	Tagesbetreuung, Elternbildung	Jugendarbeit	Kranken-/Arbeitslosenversicherung	Renten-/Pflegeversicherung
Normalisierung	Erziehungsberatung, Familienhilfe	Jugendsozialarbeit, Tagesgruppen	Beratung, Klinik, Wohngeld	Altenarbeit
Krisenbearbeitung	Pflegefamilie, Adoption	Heimerziehung, Drogenhilfe	Wohnungslosenhilfe, Suchthilfe, Schuldnerberatung	Stationäre Altenhilfe
Ausgliederung	Inobhutnahme, Herausnahme	Jugendpsychiatrie/-strafvollzug, geschlossene Unterbringung	Psychiatrie, Strafvollzug	Pflegeheim, Hospiz

Hamburgers Schema (Tab. 1) zeigt, dass zum einen fast alle Handlungsfelder einen eindeutigen Lebensaltersbezug haben und auf vorangegangene und kommende Übergänge bezogen sind (horizontale Achse). Zum anderen unterscheiden sie sich in ihrer Nähe oder Distanz zum Normallebenslauf – je stärker die Abweichung, desto deutlicher die Intervention und desto folgenreicher ist diese auch für den weiteren Lebensverlauf (vertikale Achse).

Dieser Lebenslaufordnung sozialpädagogischen Handelns unterliegt ein Zeitregime (vgl. Torres 2021). Abweichungen, die als individueller Hilfebedarf gedeutet werden, erscheinen immer auch als zeitliche Abweichungen im Sinne eines zu früh oder zu spät gegenüber im Normallebenslauf institutionalisierten Verhaltenserwartungen. Gleichzeitig führt deren sozialpädagogische Bearbeitung keineswegs zur Nivellierung dieser Abweichungen, sondern zu weiteren Verzögerungen gegenüber dem Normallebenslauf, besonders dort, wo sozialisatorischer Nachholbedarf zugeschrieben wird, d. h. der Bedarf eines zusätzlichen oder verlängerten Moratoriums zur kompensatorischen Erfüllung noch nicht erledigter Entwicklungsaufgaben. In den Fällen, in denen die Möglichkeiten eines

Aufholens ausgeschlossen wird, erfolgt die Ausgliederung aus dem Zeitregime des Normallebenslaufs. Das in fachlichen Diskursen, institutionellen Regulierungen und konkreten Interaktionen dominante Zeitregime (sozial-)pädagogischen Handelns lässt sich v. a. durch drei Aspekte charakterisieren:

- Zukunftsorientierung – im Sinne einer zukünftig zu erreichenden normalen Lebensführung,
- Linearität der Abfolge von Entwicklungsschritten, Lebensphasen, Übergängen und sozialen Positionen,
- Zeiten des Aufschubs bzw. Bildungs- oder Entwicklungsmoratorien, deren Länge vom Grad der zugeschriebenen Abweichung abhängt.

Da sozialpädagogische Praxis und die Gestaltung von Übergängen v. a. in dieser zeitlichen Dimension so eng miteinander verbunden sind, verspricht eine Auseinandersetzung mit der zeitlichen Konstituierung von Übergängen gleichermaßen einen Beitrag zur Reflexivität von Übergangsforschung wie auch zur Reflexivität von Sozialpädagogik.

2. Die zeitliche Konstituierung von Übergängen im Lebenslauf

Übergänge im Lebenslauf haben wir eingangs als Ausdruck einer sozial situierten und historisch gewordenen Differenzierungspraxis bestimmt. Diese Differenzierungspraxis enthält zeitliche Basisunterscheidungen zwischen davor und danach und zwischen nicht mehr und noch nicht, die wiederum in vielfältiger Hinsicht zeitlich relationiert sind.

Erstens sind Institutionalisierungen von Übergängen (etwa in Bezug auf Jugend) genauso wie damit zusammenhängende (jugendkulturelle) Praktiken in Relation zu jeweiligen gesellschaftlichen Entwicklungen in der historischen Zeit situiert. Dabei können relevante Zeitspannen von kürzerer oder längerer Dauer sein und sich wie Schichten überlagern (vgl. Koselleck 2000) oder es können Ungleichzeitigkeiten entstehen, weil Erwartungen eines beschleunigten Bewältigens von Übergängen (etwa schulischer Bildungsübergänge) in Widerspruch treten zu Vorstellungen von jugendlichen Bildungsmoratorien. In dem Maße, in dem der Lebenslauf sozialem Wandel unterworfen ist, werden außerdem neue Übergänge oder etablierte Übergänge auf neue Weise hervorgebracht. So wurde etwa der Übergang in die Kita vor drei oder vier Jahrzehnten noch keineswegs als Übergang thematisiert, der möglicherweise scheitern kann, Folgen für den weiteren Lebensverlauf hat und deshalb durch Eingewöhnungsmodelle abgesichert werden muss. Inzwischen gilt dieser Übergang als erste zentrale Weichenstellung für eine Bildungsbiografie und ist mithin ganz selbstverständlicher Gegenstand einer institutionalisierten Übergangsgestaltung (vgl. Griebel/Niesel 2000). Ein anderes Beispiel sind gesellschaftliche Diskurse zu sexueller Gewalt, deren historische Formierung und Institutionalisierung etwa durch Aufarbeitungskommissionen Übergänge zum Sprechen über sexuelle Gewalterfahrungen inszenieren und so erst ermöglichen. Dabei bringen sie gleichzeitig aber auch eine eigene Normativität von Gelingen und Scheitern hervor, mit der sich Betroffene auseinandersetzen müssen, was sie auf sehr unterschiedliche Weise tun (vgl. Pohling 2021).

Zweitens vollziehen sich Übergänge in der Relation zur Lebenszeit. Dies zeigt sich aus einer Perspektive auf Lebensverläufe im Sinne von Sequenzen von Lebensereignissen und Lebensphasen in Relation zum institutionalisierten Lebenslauf (vgl. Becker 2020). Dies gilt aber auch aus biografieanalytischer Sicht im Sinne der biografischen Erfahrungsaufschichtung in der Lebensgeschichte, obwohl sich Biografieforschung nicht immer explizit als Übergangsforschung versteht. So wird z. B. im Kontext von längerer Erkrankung Betroffenen eine permanente Neu-Justierung und Neu-Positionierung im Hinblick auf verschobene oder versäumte Übergänge abverlangt, während medizinische Interventionen eigene Übergangsanforderungen stellen (vgl. Schwertel 2020). Als benachteiligt adressierte Jugendliche beziehen sich im Übergang in die Ausbildung auf unterschiedliche Weise auf zwischen Schule und Familie akkumulierte Erfahrungen von Anerkennung und Missachtung, die Erwachsene im Fall des Nachholens von Schulabschlüssen als verpasste Gelegenheiten artikulieren (vgl. Eberle/Hirschfeld 2022).

Drittens gibt es institutionelle Zeitschichten, die sich in der Markierung von Übergängen durch Altersgrenzen und Zugangsvoraussetzungen bestimmter Positionen, Ablaufmuster ihrer Prozessierung und Praktiken des Gatekeeping ausdrücken. Darin manifestieren sich ganz offensichtlich normative Markierungen richtiger Zeitpunkte und Zeitdauer von Übergängen. Diese können sich auch in organisationale Routinen einlagern. So zeigt Marius Hilkert (2022) in seiner Untersuchung der Prozessierung der Übergänge von Kindern in Fremdunterbringung, wie Abfolge und Timing dieser Prozesse im Jugendamt v. a. durch organisationsinterne Zeitrhythmen bestimmt werden.

In diesen unterschiedlichen Zeitschichten zeigen sich verschiedene Aspekte von Zeitlichkeit:

- Momente oder Zeitpunkte im Kontext längerer Prozesse und Verläufe,
- Dauer und Geschwindigkeit im Sinne der für bestimmte Prozesse benötigten Zeit,
- Sequenzialität von Prozessen und Zeitpunkten im Sinne von Linearität, Reversibilität oder Synchronizität,
- Verhältnisse zwischen Vergangenheit, Gegenwart und Zukunft.

Alle diese Dimensionen haben nicht nur eine analytisch-beschreibende, sondern auch eine normative Seite – die Chrononormativität des Lebenslaufs (vgl. Freeman 2010; Riach/Rumens/Tyler 2014). Es gibt richtige und falsche Zeitpunkte für Übergänge; bestimmten Prozessen wird eine bestimmte Zeitdauer und Geschwindigkeit als normal zugeschrieben, institutionell zugewiesen, alltagsweltlich bzw. biografisch erwartet, andere gelten als deviant. Der Lebenslauf unterstellt eine richtige bzw. normale Abfolge von Übergängen und Lebensphasen. Sie drückt sich in Figuren wie den Early School Leavers aus, die das Schulsystem vor dem Erreichen eines durchschnittlichen Abschlussniveaus verlassen, den Teenage Moms, denen aufgrund von Mutterschaft vor Erreichen eines ausreichenden Schulabschlusses fehlende Reife zugeschrieben wird, oder Altbewerber*innen auf Ausbildungsplätze (vgl. Stauber 2021). Dies sind nur einige prägnante Beispiele für die zeitliche Markierung von Zuständen des *nicht mehr, aber noch nicht*, in denen gleichzeitig normative Bewertungen als *zu früh* oder *zu spät* besonders deutlich hervortreten.

Gleichzeitig deutet sich in der Unterscheidung und Relationierung von historischen, institutionellen und Lebenszeitschichten schon an, dass wir es hier mit komplexen Überlagerungen und Wechselverhältnissen zu tun haben; umso mehr, wenn wir sozialen Wandel in Rechnung stellen, der in prominenten Zeitdiagnosen als Beschleunigung, Verlust oder Fragmentierung der Zukunft, Aktivierung oder Stillstand thematisiert wird. So bedeutet Beschleunigung sowohl, dass bestimmten Prozessen weniger Zeit zugestanden wird, als auch, dass sich Übergänge, die traditionell nacheinander zu absolvieren waren, zunehmend ineinanderschieben, gleichzeitig vollziehen, wenn auch in unterschiedlichen Gestaltungsprozessen, und zu Entscheidungs- und Bewältigungsdilemmata führen können, die individuell bewältigt werden müssen.

In der westlichen Moderne wird Zukunftsorientierung höher bewertet als Gegenwarts- oder Vergangenheitsorientierung (vgl. Schmidt-Lauff 2014). Aus diesem dominanten Zukunftsbezug werden weder Individuen noch pädagogische Institutionen entlassen, auch wenn mit der Entgrenzung des Lebenslaufs seit Ende des 20. Jahrhunderts allgemein eine zunehmende Zukunftsungewissheit zugestanden wird (vgl. Leccardi 2021; Blossfeld et al. 2005). Eine Metapher für letzteres sind etwa die sog. Yoyo-Übergänge junger Erwachsener, die das Phänomen bezeichnen, dass Übergänge zwischen Jugend und Erwachsensein potenziell reversibel werden und sich mit eigenen Geschwindigkeiten und Rhythmen zunehmend fragmentieren (vgl. Stauber/Walther 2013). Dies verstärkt sich noch einmal im aktivierenden Wohlfahrtsstaat, der vorausschauende Investition in Humankapital als Prävention verlangt und fördert, die Absicherung von Risiken dagegen als rückwärtsgewandt delegitimiert, Unterstützung hierfür reduziert oder zumindest an Eigenleistungen knüpft.

3. Zeitliche Spannungsverhältnisse in Übergängen Jugendlicher und junger Erwachsener

Aus der Gemengelage unterschiedlicher Perspektiven auf und Dimensionen von Zeit in der Gestaltung und Hervorbringung von Übergängen und deren Wandel entstehen Spannungsverhältnisse, die wir exemplarisch an den als Übergänge thematisierten, regulierten und erfahrenen bzw. angeeigneten Lebenslagen Jugendlicher und junger Erwachsener kurz skizzieren (vgl. ausführlicher hierzu Stauber/Walther 2024).

3.1 Aufschub (Moratorium) versus Beschleunigung

An Übergängen in Ausbildung und Arbeit nehmen Bildungs- und Qualifikationsanforderungen kontinuierlich zu, andererseits werden diskursiv und institutionell Erwartungen formuliert, diese Anforderungen immer schneller und früher im Lebenslauf zu erfüllen. Solche Erwartungen zeigten sich etwa in den Begründungen für die Modularisierung von Studiengängen im Bolognaprozess, für die Einführung von G8, in der Unterscheidung zwischen U25 und Ü25 im Jobcenter oder für die Vorverlagerung der Berufsorientierung in Klasse 7. Es scheint darum zu gehen, die historische Verlängerung von Übergängen ins Erwachsensein institutionell wieder einfangen zu müssen. Dass dies nicht oder nur bedingt funktioniert, zeigt sich u. a. daran, dass Jugendliche bei Beginn einer Ausbildung heute fast so alt sind wie Studienanfänger*innen, nicht zuletzt auch deshalb, weil viele Schulabgänger*innen mit Haupt- oder Realschulabschluss inzwischen lieber ihre Schulabschlüsse erhöhen als direkt in eine Ausbildung einzumünden. Sie wollen ihre Wahlmöglichkeiten verbessern – und Zeit gewinnen; dies auch gegen den Widerstand von sozialpädagogischen Fachkräften, die unter Druck stehen, vollzogene Übergänge zu liefern und gleichzeitig einen Beitrag gegen den Fachkräftemangel zu leisten (vgl. Walther 2020). In der Pandemie, als auf einmal alles stillzustehen schien, reduzierte sich diese Spannung keinesfalls, sondern steigerte sich noch im Sinne eines unproduktiven Moratoriums: „Es ist sehr frustrierend am selben Punkt zu stehen wie letztes Jahr vor dem harten und gefühlt ewigen Winter voller Beschränkungen ... Ich habe Sorge mein Leben zu verpassen" (Zitat einer Befragten in JuCo2, Andresen et al. 2022b: 4).

Mit dieser Sorge trat auch die Kritik am dominanten Modus der Beschleunigung (vgl. Rosa 2006) in den Hintergrund; gleichzeitig schien und scheint die Attraktivität und Omnipräsenz des jugendkulturellen Phänomens des Chillens ungebrochen zu sein (vgl. Mengilli 2022; siehe auch den Beitrag von Leinhos, Mengilli und Siepholz in diesem Band) und kann vor diesem Hintergrund als Versuch, immer wieder Phasen des Innehaltens oder selbstbestimmter Kurzzeitmoratorien zu organisieren, interpretiert werden kann.

3.2 Gleichzeitigkeit und Ungleichzeitigkeit

Die Lebenslage junger Erwachsene steht für eine Entgrenzung des Lebenslaufs und für zunehmend gleichzeitige Anforderungen, Erwartungen, Zumutungen, aber auch für Möglichkeiten des Jugend- und Erwachsenenalters. Auch an dieser Entwicklung der Gestaltung von Übergängen sind sozialpädagogische Maßnahmen aktiv beteiligt, indem sich etwa in der Schule Jugendliche, die noch mit der Bewältigung des Übergangs in die weiterführende Schule beschäftigt sind, schon aktiv zu Ausbildung und Arbeit positionieren sollen; indem die offene Kinder- und Jugendarbeit immer seltener junge Erwachsene und dafür stärker Kinder und jüngere Jugendliche adressiert, auch indirekt mit früheren Schließzeiten; oder indem Care Leavern zugemutet wird, so zu tun, als sei der Übergang ins Erwachsensein mit dem Ende der Hilfe schon vollzogen. Doch Jugendliche sind nicht nur Opfer solcher Zumutungen, sie gehen auch aktiv mit diesen um. Jana Heer (2022) analysiert in einer laufenden Dissertation Praktiken, mit denen Jugendliche in der Pandemie versuchten, die (anders nicht lebbare) Gegenwart – z. B. die verpassten Feste und Partys – einzufangen. So wurde anhand von TikTok-Trends wie „What I would have worn" (wenn z. B. der Abiball stattgefunden hätte) Konjunktiv 2 zum Ersatz für nicht gelebte Gegenwart. Zudem enthielt diese Bearbeitung des Problems fehlender Gegenwart das prospektive Moment, sich in unterschiedlichen Varianten zu entwerfen.

3.3 Gegenwarts- versus Zukunftsorientierung

Schon vor fast 40 Jahren begründeten Lothar Böhnisch und Werner Schefold (1985) das Konzept der Lebensbewältigung damit, dass der Wohlfahrtsstaat sein Integrations- und Zukunftsversprechen nicht länger aufrechterhalten könne, und beobachteten eine zunehmende Gegenwartsorientierung Jugendlicher. In der Jugendforschung korrespondierte dies mit der Entdeckung der Eigenständigkeit der Jugendphase. Ende der 1990er-Jahre konstatierte Richard Münchmeier (1998), die Krise der Arbeitsgesellschaft habe die junge Generation erreicht. Schon da verdichteten sich Anzeichen eines Planungsparadoxes: Jugendliche sollen immer früher beginnen, ihre Zukunft zu planen, die gleichzeitig immer ungewisser wird (vgl. Stauber/Walther 2013; Stauber 2021). Auch hier lässt sich die Praxis des Chillens als ein vorübergehendes Aussteigen aus diesem Dilemma interpretieren – im Sinne einer kollektiven Verteidigung der Gegenwart und Ausdruck einer Generationenlage, die durch verweigerte Zukunft charakterisiert ist (vgl. Mengilli 2022).

Die Frage nach Gegenwart und Zukunft wird aber am deutlichsten im Fall von Fridays for Future. Hier findet – darauf weist auch Fabian Kessl (2023) hin – eine Umkehrung des Generationenverhältnisses statt. War das Einklagen von

Zukunftsorientierung traditionellerweise der Part der Erwachsenen gegenüber einer gegenwartsorientierten Jugend, so scheint sich dies umgekehrt zu haben. Sich für die Zukunft des Planeten zu engagieren, lässt sich dabei jedoch auch als sinnstiftende Bewältigung der eigenen biografischen Zukunftsungewissheit lesen. Allerdings ist diese Form der Bewältigung nicht allen gleichermaßen verfügbar, man muss sie sich leisten können, denn auch in diesen Protesten reproduziert sich soziale Ungleichheit.

Tatsächlich stellen alle diese Spannungsverhältnisse Bewältigungsanforderungen an Jugendliche und junge Erwachsene in ungleicher Intensität und in Lebenslagen, die durch ungleiche Bewältigungsressourcen und -spielräume strukturiert sind. So werden gestaltbare Moratorien und erzwungene Wartesituationen unterschiedlich zugestanden bzw. zugemutet – Valentina Cuzzocrea (2019) spricht von „forced waithood" als Strukturmerkmal des Erwachsenwerdens angesichts ungewisser und prekärer Übergänge Jugendlicher in Süditalien, ein Strukturmerkmal, das erst recht für junge Geflüchtete gilt (vgl. Reinhardt 2022).

4. Relationale Zeit – zeitliche Relationalität

Wohlfahrtsstaatliche Institutionen, Sozialpädagogik und Jugendforschung haben bislang wenig Reflexivität für diese verschwimmenden Zeitlichkeiten des Aufwachsens entwickelt. Dabei gibt es durchaus Vorschläge, Zeit und insbesondere das Verhältnis von Jugend und Zeit auch nicht-linear zu deuten. So kritisiert etwa Bronwyn Wood (2017) die Trennung von Übergangs-, Jugendkultur- und Partizipationsforschung, weil mit dieser Trennung das Zusammenwirken von Gegenwart und Zukunft im Alltag und den Biografien Jugendlicher übersehen werde, während institutionell ein Verständnis von Jugend als linearem Übergang dominant bleibe. In Anlehnung an Ingolds (2007) „Geschichte der Linie" entwirft sie für eine relationale Jugendforschung drei alternative Figuren für Zeitlichkeit: Es gehe erstens darum, längere Zeiträume, Genealogien und historische Sedimente im Vollzug von Jugend sichtbar zu machen und damit individualistisch verkürzte Zuschreibungen (etwa von aktuellen Benachteiligungslagen, Ausgrenzungsrisiken, Positionierungen und Praktiken) zu verhindern. Es gehe zweitens darum, deutlich zu machen, dass Zeiten nicht einfach als Schichten aufeinanderliegen, sondern ineinander verflochten sind – zu *threads*, d. h. Strängen oder Kordeln, – eine Figur, die auf die Relationalität von Zeit und Raum, aber auch auf intersektional verwobene soziale Positionierungen verweist. Drittens sind Veränderungen im Lebensverlauf eingebettet in fortlaufende, längerfristige alltagsweltliche Prozesse und daher nicht als isolierte, spektakuläre Brüche zu betrachten. Hierfür steht die Forschungsperspektive des *Wayfaring* (des Herumwanderns) anstelle einer Fokussierung auf institutionell als Übergänge markierte

Zeitpunkte. Alle drei Figuren betonen statt naheliegender Entweder-Oder-Logiken das Zusammenspiel unterschiedlicher Temporalitäten:

- Beschleunigung *und* Moratorium,
- Zukunfts- *und* Gegenwartsorientierung,
- Sequenzialität *und* Gleichzeitigkeit.

Dieses Zusammenspiel unterschiedlicher historischer, institutioneller und biografischer Zeitlichkeiten statt eindimensional-linearer Zeit haben auch Nuria Sánchez und Laura Bernardi mit ihrem Konzept *relativer Zeit* im Blick: „We need to adopt a more comprehensive and explicit conceptualisation of time – a conceptualisation that goes beyond an absolute (linear, chronological, uniform) definition – to incorporate the notion of relative time" (Sánchez/Bernardi 2022, S. 122).

Sie denken die Relativierung von Zeit in dreierlei Hinsicht: „multidirectional, elastic and telescopic" (ebd.). Multidirektional bezeichnet das Gegenteil von linear: nämlich vor und zurück (reversibel), in Gleichzeitigkeit und Ungleichzeitigkeit oder in Suchbewegungen – wie etwa die Tik-Tok-Onlinepraktiken im Umgang mit verpassten Gelegenheiten. Elastisch bezeichnet einen konstanten Wechsel von Warten, Mithalten und Hinterherlaufen und das Unterlaufen des Zeitdrucks – z. B. die Versuche, durch Chillen eine Entschleunigung zu bewirken. Teleskopisch bezeichnet den Blick auf eine Zukunft, sowohl konform, im Sinne von wohlfahrtsstaatlich institutionalisierten Lebenslaufversprechen als auch in Entwürfen, diese Zukunft anders zu denken – wie etwa bei Fridays for Future (vgl. ebd., S. 123 ff.).

Michael Flaherty (2003) fasst die subjektive Interpretation und Bearbeitung von Zeit aus einer interaktionistischen Perspektive mit dem Begriff time work, der im Sinne zeitbezogener Agency darauf hinweist, dass Zeiterfahrungen im Hinblick auf Dauer oder Geschwindigkeit (etwa von Schulstunden) (inter-)aktiv gestaltet werden: „Time work integrates agency with temporality [...] Thus we can define time work as one's effort to promote or suppress a particular temporal experience" (ebd., S. 19). Carmen Leccardi (2021) greift dieses Konzept auf, um so die Agency Jugendlicher angesichts ungewisser Übergänge ins Erwachsensein zu fassen: „By engaging in time work, subjects operate personal choices based on ad hoc evaluations" (ebd., S. 91).

Hier liegt der Bezug auf das grundlegend temporale Verständnis von Agency sehr nahe, welches Emirbayer und Mische (1998) ausgearbeitet haben, wonach sich Agency als iterative Praxis immer aus einem Akkord der drei – situativ jeweils unterschiedlich stark tönenden – Zeitdimensionen zusammensetzt: aus in der Vergangenheit erworbenen Erfahrungen, aus einem prospektiven Blick auf die Zukunft und aus der Bewältigung gegenwärtiger Anforderungen. Alle diese Konzepte eröffnen einen gleichermaßen relationalen wie reflexiven Blick auf zeitliche Kontingenzen, Unplanbarkeiten, Unverfügbarkeiten sowie biografische Eigenwilligkeiten und Unvorhersehbarkeiten in Bezug auf Fragen der Gestaltung und Hervorbringung von Übergängen und damit auch sozialpädagogische Fragen.

5. Doing Transitions in Time: der Gewinn einer zeitlich relationalen Perspektive auf Übergänge für die Sozialpädagogik

Eine zeitlich-relationale Perspektive auf Übergänge, wie wir sie hier skizziert haben, erlaubt erstens, die zeitlichen Normativitäten und ihren Niederschlag in den Institutionen des Lebenslaufs und damit auch in sozialpädagogischen Zugriffen und Praktiken offenzulegen. Das ist bedeutsam sowohl für die sozialpädagogische Praxis und Forschung, da beide eine Tendenz zur Reifizierung der wohlfahrtsstaatlich-normativen Vorgaben des Lebenslaufs haben, was Wolfgang Schröer (2013) treffend als methodologischen Institutionalismus bezeichnet. Zweitens lassen sich Differenzen und Ungleichheiten zwischen Jugenden (aber auch in anderen Lebensaltern), die sozialpädagogischer Adressierung und Intervention zugrunde liegen, als temporale reformulieren und analysieren. Besonders an Bildungsverläufen und Übergängen in Ausbildung und Arbeit zeigt sich, wem welche Aufschübe, Auszeiten und Wartezeiten zugestanden bzw. zugemutet werden, wem welche Möglichkeiten des Entschleunigens offenstehen (und wem nicht). Drittens ermöglicht zeitliche Relationierung einen differenzierten Blick auf Agency und auf Subjektivierungsprozesse im Lebensverlauf, umso mehr, wenn, wie in der Pandemie, auf der Flucht oder in Kriegszeiten, Gegenwart und Zukunft prekär werden (vgl. Stauber 2021). Während z. B. Jugendliche nach der Pandemie durch Aufholprogramme weiter durch die beschleunigte Vergesellschaftung getrieben werden, nutzen sie diese diskursiven Anlässe auch dafür, ein Recht auf Gegenwart zu reklamieren. Sie suchen und finden immer wieder Wege, sich einer strikten Leistungsorientierung und einseitigen Verwertungslogik zu entziehen, auch wenn der aktivierende Zugriff auf den Lebenslauf unausweichlich zu sein scheint; das lässt sich in Praktiken des Chillens ebenso zeigen wie im politischen Aktivismus. Genau in dieser subjektivierenden Funktion zeigt sich die Machtförmigkeit zeitlicher Zugriffe, die genauso Unterwerfung unter dominante Zeitregimes bedeutet wie sie eigensinnige Handlungsfähigkeit generiert.

Doing Transitions in Time beansprucht die beschriebenen Figuren relationaler Zeitlichkeit auch in ihrer Kritik an Chrononormativität aufzunehmen und forschungspragmatische Trennungen wie die von Übergängen, Alltagsgestaltung und Partizipation zu überwinden. Dabei ist mitnichten der Anspruch verbunden, ein neues Paradigma in den Raum zu stellen. Es geht vielmehr darum, das Thema der Zeitlichkeit zu nutzen, um bereits entwickelte Konzepte in temporaler

Perspektive neu zu reflektieren, etwa als konsequentes Weiterdenken des Konzepts der Lebensbewältigung. Dieses beanspruchte in seiner ursprünglichen, sozialisationstheoretischen Fassung (vgl. Böhnisch/Münchmeier 1985) v. a., den subjektiven (bzw. subjektivierenden) Sinn der Lebensstile und Praktiken, die vom Normallebenslauf abweichen, zu fassen und diese im Kontext der abnehmenden Erreichbarkeit dieses Normallebenslaufs zeitgeschichtlich zu situieren. Eine temporale Relationierung trägt in diesem Sinne als weitere wichtige Perspektivierung zum Kaleidoskop sozialpädagogischer Reflexivität bei.

Literatur

Andresen, Sabine/Bauer, Petra/Stauber, Barbara/Walther, Andreas (Hrsg.) (2022a): Doing Transitions – die Hervorbringung von Übergängen im Lebenslauf. In: Zeitschrift für Pädagogik, 68.

Andresen, Sabine/Lips, Anna/Rusack, Tanja/Schröer, Wolfgang/Thomas, Severine/Wilmes, Johanna (2022b): Verpasst? Verschoben? Verunsichert? Junge Menschen gestalten ihre Jugend in der Pandemie. Hildesheim: Universitätsverlag Hildesheim. https://www.dx.doi.org/10.18442/205 (Abfrage: 21.01.2021).

Becker, Birgit (2020): Lebensverlaufsforschung und Übergangsforschung. In: Walther, Andreas/Stauber, Barbara/Rieger-Ladich, Markus/Wanka, Anna (Hrsg.): Reflexive Übergangsforschung: Theoretische Grundlagen und methodologische Herausforderungen. Opladen: Barbara Budrich, S. 63–81.

Blossfeld, Hans-Peter/Klijzing, Erik/Mills, Melinda/Kurz, Karin (Hrsg.) (2005): Globalization, uncertainty and youth in society. London: Routledge.

Böhnisch, Lothar (1997): Sozialpädagogik der Lebensalter. Weinheim/München: Juventa.

Böhnisch, Lothar/Schefold, Werner (1985): Lebensbewältigung. Weinheim/München: Juventa.

Böhnisch, Lothar/Schröer, Wolfgang/Thiersch, Hans (2005): Sozialpädagogisches Denken. Weinheim/München: Juventa.

Cuzzocrea, Valentina (2019): Moratorium or waithood? Forms of time-taking and the changing shape of youth. In: Time & Society, 28(2), S. 567–586.

Eberle, Noreen/Hirschfeld, Heidi (2022): Biografische Perspektiven auf Übergänge. zwischen Normalitätserwartungen und Handlungsspielräumen. In: Bauer, Petra/Becker, Birgit/Friebertshäuser, Barbara/Hof, Christiane (Hrsg.): Diskurse – Institutionen – Individuen. Neue Perspektiven der Übergangsforschung. Opladen: Barbara Budrich, S. 123–143.

Eisenstadt, Shmuel Noah (1956): From generation to generation: age groups and social structure. London: Routledge & Kegan.

Emirbayer, Mustafa/Mische, Ann (1998): What is agency? In: The American Journal of Sociology, 103(4), S. 962–1023.

Flaherty, Michael G. (2003): Time work: Customizing Temporal Experience. In: Social Psychology Quarterly, 66(1), S. 17–33.

Freeman, Elizabeth (2010): Time Binds: Queer Temporalities, Queer Histories. Durham: Duke University Press.

Freutel-Funke, Tabea/Müller, Helena (2022): How Spatial Sensitivity Enriches Understanding Transitions in Childhood and Later Life. In: Stauber, Barbara/Walther, Andreas/Settersten, Richard A. (Hrsg.): Doing Transitions in the Life Course. Processes and Practices. Cham: Springer Nature, S. 218–235.

Griebel, Wilfried/Niesel, Renate (Hrsg.) (2004): Transitionen: Fähigkeit von Kindern in Tageseinrichtungen fördern, Veränderungen erfolgreich zu bewältigen. Weinheim/München: Juventa.

Hamburger, Franz (2012): Einführung in die Sozialpädagogik. 3. Auflage. Stuttgart: Kohlhammer.

Heer, Jana (2022): Doing Transitions Online – Übergangspraktiken (Post-)Adoleszenter fernab körperlicher Kopräsenz. Beitrag im Symposium ‚Vergewisserungspraxen von Jugendlichen in entgrenzten Zeit-Räumen', 28. DGfE Kongress ENT|GRENZ|UNGEN, Universität Bremen.
Hilkert, Marius (2022): Die Fremdunterbringung kleiner Kinder. Übergänge in den Hilfen zur Erziehung. In: Bauer, Petra/Becker, Birgit/Friebertshäuser, Barbara/Hof, Christiane (Hrsg.): Diskurse – Institutionen – Individuen. Neue Perspektiven der Übergangsforschung. Opladen: Barbara Budrich, S. 85–103.
Hirschauer, Stefan (2004): Praktiken und ihre Körper. Über materielle Partizipanden des Tuns. In: Hörning, Karl H./Reuter, Julia (Hrsg.): Doing Culture. Zum Begriff der Praxis in der gegenwärtigen soziologischen Theorie. Bielefeld: transcript, S. 73–91.
Hirschauer, Stefan (2017): Humandifferenzierung. Modi und Grade sozialer Zugehörigkeit. In: Hirschauer, Stefan (Hrsg.): Un/doing difference – Praktiken der Humandifferenzierung. Baden-Baden: Nomos, S. 29–54.
Hof, Christiane/Meuth, Miriam/Walther, Andreas (Hrsg.) (2014): Pädagogik der Übergänge. Übergänge in Lebenslauf und Biographie als Anlässe und Bezugspunkte von Erziehung, Bildung und Hilfe. Weinheim/Basel: Beltz Juventa.
Ingold, Tim (2007): Lines – a brief history. London: Routledge.
Kessl, Fabian (2023): Von der symbolischen Umkehrung des Generationenverhältnisses: Fridays for Future als gesellschaftliche, pädagogische und wissenschaftliche Herausforderung. In: Brinkmann, Malte/Weiß, Gabriele/Rieger-Ladich, Markus (Hrsg.): Generation und Weitergabe. Weinheim/Basel: Beltz Juventa, S. 154–167.
Kohli, Martin (1985): Die Institutionalisierung des Lebenslaufs. In: Kölner Zeitschrift für Soziologie und Sozialpsychologie, 37(1), S. 1–29.
Kosellek, Reinhart (2000): Zeitschichten. Frankfurt a. M.: Suhrkamp.
Leccardi, Carmen (2021): Redefining the Link between Structure and Agency. The Place of Time. In: Nico, Magda/Caetano, Ana (Hrsg.): Structure and Agency in Young People's Lives. London: Routledge, S. 82–99.
Mengilli, Yağmur (2022): Chillen als jugendkulturelle Praxis. Wiesbaden: Springer VS.
Mollenhauer, Klaus (1965): Einführung in die Sozialpädagogik. Probleme und Begriffe der Jugendhilfe. Weinheim: Beltz.
Münchmeier, Richard (1998): Jugend als Konstrukt. Zum Verschwimmen des Jugendkonzepts in der „Entstrukturierung" der Jugendphase. Anmerkungen zur 12. Shell-Jugendstudie. In: Zeitschrift für Erziehungswissenschaft, 1(1), S. 103–118.
Pohling, Andrea (2021): Artikulationen Sexueller Gewalt: Biographien, Diskurse und der Übergang zum Sprechen. Wiesbaden: Springer.
Prescher, Julia (2024): Jugendweihe machen. Eine ethnografische Studie zu Praktiken der Übergangsgestaltung. Opladen: Barbara Budrich.
Reinhardt, Anna Cornelia (2022): „Wir sind nur Gäste" oder wie symbolische Differenzierung Zugehörigkeit konstruiert. In: Bauer, Petra/Becker, Birgit/Friebertshäuser, Barbara/Hof, Christiane (Hrsg.): Diskurse – Institutionen – Individuen. Neue Perspektiven der Übergangsforschung. Opladen: Barbara Budrich, S. 29–49.
Riach, Kathleen/Rumens, Nicolas/Tyler, Melissa (2014): Un/doing Chrononormativity. Negotiating Ageing, Gender and Sexuality in Organizational Life. In: Organization Studies, 35(11), S. 1677–1698.
Rosa, Hartmut (2006): Beschleunigung. Die Veränderung der Zeitstrukturen der Moderne. 3. Auflage. Frankfurt a. M.: Suhrkamp.
Sánchez-Mira, Nora/Bernardi, Laura (2022): Relative time and life course research. In: Stauber, Barbara/Walther, Andreas/Settersten, Richard A. (Hrsg.): Doing Transitions in the Life Course – Processes and Practices. Cham: Springer Nature, S. 121–139.
Schmidt-Lauff, Sabine (2014): Zeitprogrammatiken und temporale Semantiken für eine neue Zeitsensibilität pädagogischen Organisierens. In: Weber, Susanne Maria/Göhlich, Michael/Schrö-

er, Andreas/Schwarz, Jörg (Hrsg.): Organisation und das Neue. Wiesbaden: Springer VS, S. 115–127.

Schröer, Wolfgang (2013): Entgrenzung, Übergänge, Bewältigung. In: Schröer, Wolfgang/Stauber, Barbara/Walther, Andreas/Böhnisch, Lothar und Lenz, Karl (Hrsg.): Handbuch Übergänge. Weinheim/Basel: Beltz Juventa, S. 64–80.

Schwertel, Tamara (2020): Difficulties in the trajectories: an investigation of care structures for refugees suffering from tuberculosis in Germany. In: Steger, Florian/Orzechowski, Marcin/Rubeis, Giovanni (Hrsg.): Migration and medicine. Originalausgabe (Angewandte Ethik. Medizin). Baden-Baden: Nomos, S. 217–234.

Stauber, Barbara (2020): Doing difference by doing transitions: differenz(ierungs)theoretische Grundüberlegungen für die reflexive Übergangsforschung. In: Walther, Andreas/Stauber, Barbara/Rieger-Ladich, Markus/Wanka, Anna (Hrsg.): Reflexive Übergangsforschung: Theoretische Grundlagen und methodologische Herausforderungen. Opladen: Barbara Budrich, S. 231–252.

Stauber, Barbara (2021): Erwachsen werden in pandemischen Zeiten – Herausforderungen an die zeitliche Herstellung und Gestaltung von Übergängen im Lebenslauf. In: Diskurs Kindheits- und Jugendforschung, 3, S. 315–332.

Stauber, Barbara/Walther, Andreas (2013): Junge Erwachsene. In: Schröer, Wolfgang/Stauber, Barbara/Walther, Andreas/Böhnisch, Lothar/Lenz, Karl (Hrsg.): Handbuch Übergänge. Weinheim/Basel: Beltz Juventa, S. 270–291.

Stauber, Barbara/Walther, Andreas (2024): Jugend und Zeit – Zur spannungsreichen zeitlichen Konstituierung einer Lebensphase. In: Zeitschrift für Pädagogik, 70, S. 55–72.

Torres, Felipe (2021): Temporal Regimes. Materiality, Politics, Technology. London: Routledge.

Turner, Victor (1969): The Ritual Process. Chicago: Aldine.

Walther, Andreas (2014): Der Kampf um ‚realistische Berufsperspektiven'. Cooling-Out oder Aufrechterhaltung von Teilhabeansprüchen im Übergangssystem. In: Karl, Ute (Hrsg.): Rationalitäten im Übergang. Weinheim/Basel: Beltz Juventa, S. 118–136.

Walther, Andreas (2020): Meritokratie, Gate-Keeper und Bildungsentscheidungen. Reproduktion von Ungleichheit durch die Herstellung von Übergängen. In: Thiersch, Sven/Silkenbeumer, Mirja/Labede, Julia (Hrsg.): Individualisierte Übergänge: Aufstiege, Abstiege, Umstiege und Ausstiege im Bildungssystem. Wiesbaden: Springer VS, S. 61–89.

Walther, Andreas (2021): Kinder- und Jugendhilfe im wohlfahrtsstaatlichen Lebenslaufregime. Verortung von Spannungslinien des Aufwachsens in öffentlicher Verantwortung. In: Franzheld, Tobias/Walther, Andreas (Hrsg.): „Vermessungen" der Kinder- und Jugendhilfe. Versuch einer Standortbestimmung. Weinheim/Basel: Beltz Juventa, S. 32–58.

Walther, Andreas/Stauber, Barbara/Rieger-Ladich, Markus/Wanka, Anna (Hrsg.) (2020): Reflexive Übergangsforschung: Theoretische Grundlagen und methodologische Herausforderungen. Opladen: Barbara Budrich.

Winkler, Michael (2006): Bildung mag zwar die Antwort sein – das Problem aber ist die Erziehung. Drei Thesen. In: Zeitschrift für Sozialpädagogik, 4(2), S. 182–201.

Wood, Bronwyn Elisabeth (2017): Youth studies, citizenship and transitions: towards a new research agenda. In: Journal of Youth Studies, 20(9), S. 1176–1190.

Doing-Time in Übergangsprozessen in Mutterschaften

Stefanie Veith

Zeit als soziale und subjektive Ordnungskategorie konstruiert und strukturiert biografische Übergänge im Lebensverlauf. Die Zeitperspektive ist daher immanent für die Übergangs- und Biografieforschung in Theorie und Empirie und so auch für die Rekonstruktion von Übergängen in Mutterschaften als bedeutende biografische Wendepunkte mit weitreichenden Umstellungen für die alltägliche Lebensführung (vgl. Kleikamp 2017, S. 18). Das Vorhandensein zeitlicher Dimensionierung wird dabei in den vorhandenen Studien – im Kontext von Biografie- und Übergangsforschung sowie auch spezifischer auf Übergänge in Mutter-, Vater- oder Elternschaft bezogen – bis auf wenige Ausnahmen (vgl. Krumbügel 2022) vorausgesetzt und in seiner theoretischen und empirischen Bedeutung und Strukturiertheit meist nicht explizit verhandelt. Dies trifft auch auf die bisherigen Analyseschritte im Kontext des eigenen Dissertationsprojektes zu, welches Bewältigungsverläufe im Übergang in Mutterschaften als biografische Längsschnittstudie mit zwei Erhebungszeitpunkten (prä- und postnatal) rekonstruiert.

Angestoßen durch den Titel der Kommissionstagung „Sozialpädagogische*s Zeit*en" und die Auseinandersetzung mit dem Doing-Transition-Ansatz von Walther et al. (2020), wurde Zeit nun explizit als heuristische Interpretationsfolie zur erneuten inhaltsanalytischen Auswertung eines Teilbereichs des Datenmaterials genutzt. Dieser zusätzliche Analyseschritt versucht, die bisherigen narrationsanalytisch (vgl. Schütze 1983) gewonnenen Ergebnisse bezogen auf eine Zeitperspektive zu schärfen und verschiedene Zeitbezüge und deren Wechselwirkung in Übergängen in Mutterschaften zu rekonstruieren. Walther et al. (2020) verorten Zeit, neben sozialen Beziehungen und der materiellen Dimension aus Raum, Dinglichkeit und Körper als zentralen Modus der Herstellung und Gestaltung von Übergängen, welcher sich in lebensalterspezifischen Überzeugungen und demnach Fragen der Chrononormativität zeige (vgl. auch Walther/Stauber/Settersten 2022, S. 11).

Die eigene Analyse folgt dem Zeit-Verständnis, die Zeit im Sinne eines Doing-Time als Fähigkeit, „natürliche, gesellschaftliche und subjektive Zeiten in eine individuelle Ordnung zueinander zu bringen" (Gerding 2009, S. 225), konstruiert und auf mögliche Krisen verweist, wenn die Synthese der Zeitbezüge ausbleibt. Der von Gerding übernommene Begriff der Zeitordnung, den die Autorin wiederum u. a. auf Durkheim zurückführt (vgl. ebd., S. 23), verweist allgemeinhin auf die strukturierende Funktion von Zeit in sozialen Bezügen, Alltag und Biografie. Auf Grundlage des eigenen Datenmaterials fragt der Beitrag daher auch nach den Aushandlungsprozessen eines Doing-Time in Übergangsprozessen in Mutterschaft, möglichen Krisen, wenn Syntheseleistungen ausbleiben, sowie daran anknüpfende Bewältigungsversuche. Nach einem knappen forschungsmethodischen Einblick in die Dissertationsstudie, wird das ergänzende inhaltsanalytische Vorgehen im Kontext des Beitrags skizziert. Hieran anschließend werden zentrale inhaltsanalytisch gewonnene Befunde im Querschnitt sowie bezogen auf zwei Fallbeispiele vorgestellt und abschießend hinsichtlich der Potenziale einer Doing-Time-Perspektive für die Rekonstruktion von Übergängen in Mutterschaften diskutiert.

1. Zur Studie

Als Konsens aktueller Übergangsforschung kann die Erkenntnis betrachtet werden, dass Deutungen und Handlungen im Übergang immer von biografischen Erfahrungsaufschichtungen im Spannungsverhältnis situativer und gesellschaftlicher Kontextbedingungen durchdrungen sind (vgl. Walther/Stauber/Settersten 2022; Dausien/Rothe/Schwendowius 2016), die bestmöglich longitudinal erfasst werden können (vgl. Thiersch 2020, S. 16). Daher ist das eigene Dissertationsprojekt als rekonstruktive Längsschnittstudie mittels biografisch-narrativer Interviews (vgl. Schütze u. a. 1983) zu zwei Erhebungszeitpunkten angelegt. Um Prozessverläufe des Mutterwerdens in ihrer Komplexität und Vielfaltigkeit rekonstruieren zu können, wurden Frauen, die zum ersten Mal ein Kind erwarteten, pränatal im letzten Schwangerschaftsdrittel zu ihren Erwartungen an die eigene Mutterschaft und das Leben mit dem Kind sowie postnatal, rund um den ersten Geburtstag des Kindes, nach ihren Erfahrungen zur Mutterschaft befragt. Zum Zeitpunkt der ersten Befragung befanden sich alle Frauen in heterosexuellen Partnerschaften.

Das Datenmaterial, bestehend aus 29 biografisch-narrativen Interviews zu zwei Erhebungszeitpunkten, wurde mit einem mehrdimensionalen und mehrstufigen Auswertungsverfahren als Erweiterung von Schützes Methodik der Narrationsanalyse (vgl. Schütze 1983, S. 286 f.) ausgewertet.

Anders als im Dissertationsprojekt zielt die ergänzende inhaltsanalytische Auswertung (vgl. Mayring 2022) für diesen Aufsatz, auf Grundlage von sieben Eckfällen aus dem Korpus des Samples,[1] nun nicht auf die Rekonstruktion von

---

[1] Die sieben Eckfälle wurden für diesen Beitrag mithilfe des Datenanalyseprogrammes MAXQDA inhaltsanalytisch bezogen auf Zeit als Analysedimension codiert und ausgewertet. Die Auswertung führte zu der in Kapitel 2 dargestellten Systematik der unterschiedlichen Zeitordnungen

Übergängen in Mutterschaften in der Gesamtbetrachtung. Vielmehr soll die zeitliche Dimension als Teilaspekt der Übergangsbewältigung, welche Vermittlungsversuche unterschiedlicher Zeitordnungen im Sinne eines Doing-Time beinhaltet, explizit hervorgehoben werden.

Im Anschluss an die Darstellung grundlegender Ergebnisse aus der Inhaltsanalyse wird eine als besonders krisenhaft erfahrende Zeitdiskrepanz – aufgrund von erwarteten, aber nicht direkt mit der Geburt des Kindes einsetzenden spezifischen *Muttergefühlen* – hinsichtlich der erkennbaren Herstellungs- und Bewältigungsverläufe anhand von zwei exemplarischen Fallanalysen rekonstruiert. Bei dem Konstrukt der Muttergefühle handelt es sich um keine Kategorie, die von außen an das Datenmaterial herangetragen wurde, sondern um eine, die sich in der Fallanalyse rekonstruieren ließ und von den befragten Frauen implizit oder explizit so benannt wurde.

2. Zentrale Befunde der Inhaltsanalyse

Die Inhaltsanalyse legt vielfältige, teils widersprüchliche und miteinander verwobene Zeitordnungen offen, mit denen das Subjekt im Übergang in Mutterschaft konfrontiert wird und die für individuelles Zeithandeln synthetisiert werden müssen. Neben den *natürlichen* Zeitordnungen (vgl. Gerding 2009, S. 225), wie dem Zeitpunkt der Geburt des Kindes als Realordnung von Zeit, wird allgemeinhin in der Übergangs- und Biografieforschung (vgl. Böhnisch/Schröer 2004; Walther/Stauber/Settersten 2022) sowie spezifisch in der Erforschung von Übergängen in Mutterschaften (vgl. Hof 2022; Miller 2005; Rille-Pfeiffer 2010) auf die Relevanz a) gesellschaftlicher Zeitordnungen hingewiesen. In der Analyse des eigenen Materials zeigen sich darüber hinaus auch Zeitordnungen als strukturierend für das Deuten und Handeln im Übergang in Mutterschaft, die hier als b) partner-, c) kind- und d) subjektbezogene Zeitordnungen bezeichnet werden sollen. Diese Befunde werden im Weiteren ausgeführt.

a) Gesellschaftliche Modernisierungsprozesse insbesondere seit den 1960er-Jahren haben zur Individualisierung und Pluralisierung der Lebensführung geführt, sodass monolithische normative gesellschaftliche Zeitordnungen, die den Lebenslauf zwingend strukturieren, nicht mehr gegeben sind. Dies zeigt sich u. a. in der abnehmenden biografischen Selbstverständlichkeit von Ehe und Elternschaft (vgl. Peukert 2019) oder veränderten Elternschaftsleitbildern (vgl. Diabaté et al. 2015). Dennoch hat Zeit ihre gesellschaftliche oder zumindest soziale Ordnungsfunktion nicht gänzlich verloren, wie in der

---

im Übergang in Mutterschaften. Die so gewonnenen Ergebnisse wurden durch weitere Befunde aus der longitutionalen Dissertationsstudie angereichert.

Analyse u. a. bezogen auf Vorstellungen über den *richtigen* Zeitpunkt für die Umsetzung eines Kinderwunsches deutlich wird. Dieser wird laut Studien (vgl. u. a. Matthiesen 2013, S. 69; Rille-Pfeiffer 2010, S. 167) und auch von einer Mehrheit der befragten Frauen chrononormativ (vgl. Walther/Stauber/ Settersten 2022) innerhalb einer gewissen, idealtypischen Altersspanne als gegeben betrachtet sowie nach Beendigung von Ausbildung, nach beruflicher Etablierung und verfestigter Partnerschaft. Darüber hinaus zeigen sich in der eigenen Analyse soziale Erwartungen über richtige Zeitpunkte besonders deutlich in Bezug auf Fragen der Verselbstständigung von Mutter und Kind, wie bezogen auf ein Abstillen des Kindes oder den Wiedereinstieg in den Beruf. Gesellschaftliche Zeitordnungen im Übergang in Mutterschaft implizieren des Weiteren als normal klassifizierte prä- wie postnatale Zeitverläufe. So wird u. a. erwartet, dass sich die werdende Mutter präpartal auf die Geburt und das Leben mit Kind vorbereitet und den Verlauf der Schwangerschaft regelmäßig durch Gynäkolog*innen kontrollieren lässt. Da das Individuum diesbezügliche gesellschaftliche Zeitordnungen meist sozialisatorisch verinnerlicht hat, zudem von anderen Personen sowie durch mediale und medizinische Diskurse darauf hingewiesen wird und Abweichungen begründungsbedürftig sind, folgen die Frauen den Erwartungen meist unkritisch, auch um als verantwortungsvolle Mutter wahrgenommen zu werden. Denn wie u. a. die Studien von Miller (2005) und Mozygemba (2013) zeigen, werden mögliche negative Erfahrungen im Kontext von Schwangerschaft und Geburt anderenfalls direkt auf ungenügende Vorbereitung und Missachtung medizinischer Empfehlungen und demnach auf die mangelnde Verantwortungsübernahme der werdenden Mutter zurückgeführt (vgl. Miller 2005, S. 94; Mozygemba 2013, S. 56). Die wenigen Frauen in der eigenen Studie, die sich bewusst gegen gängige Formen der Schwangerschaftsvorsorge und Geburtsvorbereitung sowie postnatal für abweichende Praktiken der Versorgung sowie der Alltagsgestaltung mit Kind entschieden haben, beschrieben teilweise konflikthafte Abgrenzungs- und Selbstbehauptungsprozesse wie auch Zweifel und Selbstvorwürfe.

b) Partnerbezogene Zeitordnungen[2] beinhalten das Deuten und Handeln im Zeitbezug des jeweiligen Partners und Kindsvaters und erweisen sich besonders dann als strukturierend oder auch destrukturierend, wenn unterschiedliche partnerschaftliche Zeitvorstellungen aufeinandertreffen und ausgehandelt werden müssen, wie bezogen auf das Zeitmaß für gemeinsame Paar- und Familienzeit, aber auch für individuelle Freizeit. Partnerbezogene und partnerschaftliche Zeitordnungen sind dabei wiederum durchdrungen

---

2 Das Sample der Studie setzt sich ausschließlich aus Frauen in heterosexuellen Liebesbeziehungen zusammen mit in der Selbstbezeichnung männlich konnotierten Partnern.

von gesellschaftlichen Zeitordnungen, die sich weiterhin in einer geschlechtsspezifischen Aufteilung von Care- und Erwerbstätigkeit niederschlagen und die primäre Verantwortung und das Zeitnehmen für die Versorgung des Neugeboren, gefördert durch „Naturalismusdebatte und Stilldogma" (Kleikamp 2017, S. 16), vielfach primär der Mutter zusprechen. Zeit ist demnach keine geschlechtsneutrale Kategorie, sondern eine, die geschlechtsspezifische Ungleichheit über Zeit stabilisiert (vgl. Gerding 2009, S. 18).

c) Unter kindbezogenen Zeitordnungen sollen all diejenigen Zeitbezüge gefasst werden, die sich aus der kindlichen Entwicklung und den kindlichen Bedürfnissen ergeben. Während in der Schwangerschaft insbesondere Gynäkolog*innen und Hebammen quasi als Vormund*in für die kindlichen Bedürfnisse fungierten und bestimmte Verhaltensweisen von den werdenden Müttern zum Wohle der embryonalen Entwicklung einforderten, macht der Säugling nach der Entbindung direkt auf seine Bedürfnisse aufmerksam. Die von den befragten Frauen vielfach geäußerte Vorstellung, dass das Neugeborene für die Befriedigung seiner Grundbedürfnisse zu Beginn quasi dem mütterlichen Zeitnehmen ausgeliefert ist, strukturiert das individuelle Deuten und Handeln im Zeitbezug. Eine Vielzahl der Frauen beschreibt die Erfahrung in den ersten Monaten gleichsam zu jeder Zeit reaktiv auf die kindlichen – zeitlich kaum zu prognostizierenden – Bedürfnisse reagiert zu haben, einhergehend mit der Erfahrung des Zeitverlustes für die Befriedigung eigener Grundbedürfnisse. Während die meisten Frauen diese Erfahrung der absoluten Zeitdiskrepanz und Fremdbestimmung, verbunden mit dem Verlust von Alltagsstruktur, als temporär beschrieben, daher häufig nicht problematisierten und eher auf ein Genießen der intensiven Zeit verwiesen, erlebten andere Frauen die scheinbar unabdingbare Anpassung an die Zeitordnung des Kindes als Selbstaufgabe. Wenige Frauen konnten diese Zeitdiskrepanz bis zur zweiten Befragung nicht bewältigen, mit als belastend erlebten Folgen für das individuelle Zeithandeln.

d) Subjektbezogene Zeitordnungen beinhalten insbesondere die Zeitbedürfnisse und Zeitprioritäten der Frau vor der Elternschaft wie auch die Erwartungen an die Elternschaft als grundlegend für das postnatale Deuten und Handeln. Wie bereits beschrieben, geht Mutterschaft für die befragten Frauen vielfach mit einem Gefühl von Zeitknappheit einher, welches auch durch veränderte Prioritäten im Zeithandeln versucht wird zu bewältigen. Wie in der (Familien-)Soziologie bereits mit langjähriger Tradition beschrieben (vgl. u. a. Gerding 2009, S. 33), zeigt sich auch in der eigenen Studie, wie die Zeitbedürfnisse und Zeitordnungen in Familien stets aufeinander angepasst werden und emotionale Verstrickungen das Zeithandeln einzelner Familienmitglieder meist nicht rationalisierbar beeinflussen.

Insgesamt verdeutlicht die Inhaltsanalyse, dass (werdende) Mütter mit diversen Zeitordnungen konfrontiert werden, die in verschiedenen Phasen des Übergangs unterschiedlich mit dem subjektiven Zeiterleben in Einklang gebracht werden können. Diesbezügliche Aushandlungs- und Synthetisierungsprozesse verlaufen dabei zugleich bewusst wie auch unbewusst über einen Zeitverlauf, welcher die alltägliche Lebensführung als Deuten und Handeln im Zeitbezug und damit das Empfinden, Zeit zu haben oder auch nicht, prägt. So beschrieben pränatal einige Frauen das Wegfallen der Erwerbstätigkeit aufgrund des (vorzeitigen) Beschäftigungsverbotes und die damit entstandene Freisetzung von Zeit als wichtige Voraussetzung für die Vorbereitung auf die Mutterschaft, während andere Frauen teilweise ein Zuviel von Zeit thematisierten. Dies betraf insbesondere Frauen, die wenig Veränderungen der Alltagsführung durch das Leben mit Kind erwarteten oder ihrer Berufstätigkeit zentralen Stellenwert beimaßen. Zeiterleben beinhaltet demnach stets individuelle Komponenten, ist aber verwoben mit diversen familien- und individualbiografischen, ökonomischen, sozialen und politischen Kontextbedingungen und verschiedenen Zeitordnungen.

Wenn die diversen Zeitordnungen nicht mit den individuellen Erfahrungen synthetisiert werden können, kann es zu Irritationen oder Krisen kommen. Hierbei können sich die einzelnen Zeitordnungen hinsichtlich der Entstehung eines Krisencharakters verstärken, aber auch als Bewältigungsressource fungieren. Beispiele für solche irritierenden Erfahrungen, die im Datenmaterial deutlich wurden, sind u. a., wenn der Kinderwunsch nicht im geplanten Zeitfenster umgesetzt werden kann oder sich das Kind nicht altersentsprechend entwickelt. Eine als besonders krisenhaft erlebte Zeitdiskrepanz als Widerspruch zwischen pränatalen Erwartungen und postnatalen Erfahrungen beschrieben mehrere Frauen am Beispiel erwarteter spezifischer Gefühle gegenüber dem Kind oder Instinkte bezogen auf die Mutterrolle. Die Analyse zeigt, dass die Frauen vielfach spezifische als natürlich erachtete Formen der Affektivität gegenüber dem Kind erwarteten, die gemeinhin auch als *Mutterinstinkte* oder *Mutterliebe* bezeichnet werden. Obwohl im Kontext von Geschlechterforschung (vgl. u. a. Badinter 1991) der Mythos Mutterliebe als selbstverständliche Gegebenheit dekonstruiert wurde, ist die Vorstellung von sofort mit der Geburt einsetzenden spezifischen Muttergefühlen weiterhin bei den befragten Frauen präsent.

3. Fehlende Muttergefühle – fallspezifische Thematisierungen und Bewältigungen

Wie Zeitdiskrepanzen, bezogen auf nicht sofort mit der Geburt einsetzende spezifische Gefühle dem Neugeborenen gegenüber oder bezogen auf erwartete Mutterinstinkte, thematisiert und bewältigt wurden, wird nun exemplarisch anhand von Auszügen aus zwei Fallanalysen dargelegt. Die Erfahrungen, die beide Frauen – hier Christina und Luisa genannt – kurz nach der Geburt ihrer Kinder schildern, werden in ihrer Darstellung zum Fall- und Prozessverstehen eingebettet in biografische Fallskizzen.

3.1 Christina – „es war so, als hätte jemand sein Kind bei mir im Wohnzimmer vergessen"

Christina wird 1990 in einer Kleinstadt im Nordosten Deutschlands geboren, in welcher sie mit ihren Eltern und der sechs Jahre älteren Schwester die ersten fünf Lebensjahre verbringt. Anschließend zieht die Familie in ein Haus auf dem Dorf, in dem auch die Großeltern leben. Christinas Eltern sind beruflich beide stark eingebunden, weswegen sie insbesondere in ihrer Kindheit viel Zeit bei den Großeltern verbringt und ihre Oma zu einer wichtigen Bezugsperson wird. Obwohl die Kernfamilie über kaum gemeinsame Familienzeit im Alltag verfügt, erlebt sie die Bindung insbesondere zu ihrer Mutter als eng und verlässlich. Wenn es darauf ankommt, ist ihre Mutter immer für sie da. So kann das sich aufstauende Verlaufskurvenpotenzial (vgl. Schütze 1983; 2016) im Jugendalter, als in kurzer Zeitfolge Christinas Opa starb, ihr damaliger Freund Selbstmord beging und ein weiterer enger Freund an Krebs erkrankte, v. a. durch die beständige Unterstützung der Mutter abgewendet werden.[3]

Aus diesen Erfahrungen erwächst eine starke Familien- bzw. Beziehungsorientierung, der auch die berufliche Ausrichtung nach dem Abitur untergeordnet wird. Die Wahl für die begonnenen und wieder abgebrochenen Studiengänge erfolgt zudem nicht fach- oder tätigkeitsspezifisch, sondern basiert auf dem Wunsch nach finanzieller Absicherung. 2010 beginnt Christina nach dem ersten abgebrochenen Studium mit einem Lehramtsstudium, im Kontext dessen sie ihren heutigen Ehemann kennenlernt. Da sie im Laufe des Studiums das Gefühl bekommt, als Lehrerin nicht geeignet zu sein, bricht sie auch dieses Studium wieder ab und beginnt eine Ausbildung als Verwaltungsfachangestellte bei der Stadt, die ihr die erwünschte materielle Sicherheit verspricht und ebenso als familienkompatibel erscheint. Dass Christina einmal Kinder bekommen möchte, erscheint ihr als selbstverständlich. Als Christina im Sommer 2016 mit 26 Jahren ihre Ausbildung abschließt und auch ihr Partner sein Studium beendet hat, ist sie bereits schwanger.

Ihre Vorstellung vom Leben mit Kind orientiert sich an den eigenen biografischen Erfahrungen in einer liebevollen und fürsorglichen Familie mit traditio-

---

3   Nach Schütze sind Krankheit und Tod geliebter Menschen als „übermächtig erlebte Ereignisse" (vgl. Schütze 2016, S. 124) typische Auslöser für biografische Verlaufskurven, die zum Verlust individueller Handlungsautonomie führen und Krisenbewältigung nötig machen.

nellem Erziehungsleitbild, von dem sie sich bewusst nicht abgrenzen möchte. Von modernen Erziehungstrends, wie das Kind ohne Nein-Sagen zu erziehen, distanziert sich Christina. Mütterliche Fürsorgekompetenzen betrachtet Christina als natürlich gegeben, weswegen sie keine Ratgeberliteratur liest oder sich anderweitig als im Geburtsvorbereitungskurs auf das Leben mit Kind und die Geburt vorbereitet. Die Vielzahl von Empfehlungen, mit denen werdende Mütter konfrontiert werden, erscheinen Christina hierbei eher als Gefahr, wodurch der Mensch verlernt hätte, auf „seine tiefsten Instinkte zu hören" (Christina, 2. Interview). Mit Verweis auf den noch unbekannten Charakter des Kindes und um Enttäuschungen vorzubeugen, versucht sie, möglichst wenig Erwartungen an das Leben mit Kind zu entwickeln: „am liebsten möchte ich mich selber so reinwerfen" (ebd.). Als ebenso natürlich erscheint es Christina, dass nur sie Elternzeit nimmt, auch wenn sie die Vorstellung nach einer gleichberechtigten Elternschaft formuliert, die sie vorrangig auf die Aufteilung von Haushaltstätigkeiten bezieht.

Die Zeit nach der Geburt ihres Sohnes erlebt Christina dann anders als erwartet, entgegen ihrem Vertrauen auf natürlich gegebene Mutterinstinkte, wie die folgende Interviewsequenz verdeutlicht:

„[…] ja (Einatmen) dann wurde es geborn, s war alles andäs. (Lachen) Und das schon in den nächsten drei Wochen hab ich gedacht: Ich möcht gern wieder die Sachen machen, die ich so gern (Lachen) machen wollte. (Einatmen) Also ich hatte wirklich n schweren Start mit Emil, muss ich sagen. […] Naja und zuhause angekomm, (Hintergrundgeräusch) war eees (..) befremdlich. Also, es war so als hätte jemand sein Kind bei mir im Wohnzimmer vergessen (Lachen). (Einatmen) Najaa bis hin zu (.) Mama (.) gefragt, ob sie ihn nich mitnehmen möchte (Lachen). (Einatmen) Das Gefühl hat lange angehalten so diese Unbeholfenhaaaait, ne Überfooorderuuunug (Einatmen) mehr Heulen als das Kiiind, also muss ich … das war wirklich … also vier Wochen … wirklich schlimm. Und dann hatten wir einen Arztbesuch, bei dem ihm Blut abgenomm werden musste (Einatmen) und daaa hab ich vor der Tür gewartet und das war son Knackspunkt so … Knackspunkt und da ab dem Punkt wars dann vorbei. Hat sich alles geändert. Und da bin ich ne Mutter geworden, wie ichs nie gedacht hädde. (Lachen) Alsoo (..) seeehr (.) beschützend, behütend so" (ebd.).

Die Stegreiferzählung beginnt Christina mit der Geburt ihres Kindes, welches sie in der Retrospektive depersonalisiert als „es" bezeichnet und damit verdeutlicht, wie schwer es ihr zu Beginn fällt, die eigene Mutterschaft zu realisieren. Die nicht sofort mit der Geburt des Kindes einsetzenden spezifischen Gefühle dem Kind gegenüber erlebt sie als unerwartete Entfremdung von ihrem naturalistischen Mutterschaftsideal als übergeordneten Lebensentwurf, wie sie ihn vor der Geburt ihres Sohnes entwirft. Als Ursache hierfür benennt sie im weiteren Verlauf des Interviews den komplikationsreichen Geburtsverlauf, der ungeplant durch einen

Kaiserschnitt beendet wurde und zu einem „wirklich n schweren Start mit Emil" (ebd.) führte.

Anfangs ist der Sohn ihr fremd, „als hätte jemand sein Kind bei mir im Wohnzimmer vergessen" und Mutterschaft fühlt sich für sie erst einmal „befremdlich" (ebd.) an, sodass Christina sogar ihre Mutter fragt, ob sie den Sohn nicht mitnehmen möchte. Somit erlebt Christina den Übergang in die Mutterschaft vorerst als Verlust von Selbstsicherheit bezüglich ihrer Gefühle und Alltagsgestaltung. Nun realisiert sie auch, dass die Alltagsgestaltung mit Baby eingeschränkt ist bzw. den kindlichen Bedürfnissen folgt. Während Christina im ersten Interview voller freudiger Erwartung auf das Leben mit Kind blickt und daher die Empfehlungen von Freund*innen abschlägt, vor der Geburt noch einmal alles zu machen, was mit Baby erst einmal nicht möglich ist, beschreibt sie im Zweitinterview, wie sie bereits nach drei Wochen den Gedanken hatte, gerne wieder Dinge ohne Kind machen zu wollen. Die Geburt des Sohnes führt damit zu einer zeitlichen Zäsur in der Alltagsgestaltung. Dass sie auf der Handlungsebene ihren Sohn zur Verwirklichung eigener freizeitkultureller Interessen, aber nicht von ihrer Mutter oder dem Ehemann betreuen lässt, kann als Zerrissenheit zwischen präpartalen Alltagsroutinen und der neuen Identität als Mutter interpretiert werden, die zu dieser Zeit noch nicht vollständig etabliert scheint. Die Zeit, „also vier Wochen", in denen sie sich unbeholfen und überfordert fühlte, mehr weinte als ihr Kind, erlebt sie als „lange", „wirklich schlimme" (ebd.) Zeit.

So unerwartet, wie Muttergefühle nach der Geburt als gegebener Zeitpunkt nicht sofort vorhanden sind, setzen diese dann ein, als Christina während eines Arztbesuches zum ersten Mal von ihrem Sohn getrennt ist. Entgegen der gesellschaftlichen Erwartung, dass für die Gesundheit von Kindern das Gesundheitswesen verantwortlich ist und im Kontext von Arztbesuchen elterliche Verantwortung abgegeben werden kann und muss, wird genau in dieser Situation Christinas Verantwortungsgefühl für das Kind geweckt. Dieses Erlebnis rekonstruiert die junge Mutter als unerwarteten Wendepunkt, „als Knackpunkt" (ebd.). Sowohl der Zeitpunkt, zu dem spezifische Gefühle dem Sohn gegenüber einsetzen, wie auch deren Intensität beschreibt Christina als überraschend, nicht beeinflussbar und im Weiteren als handlungsweisend.

3.2 Luisa – „Naiin! Was is bei mir falsch?"

Im Gegensatz zu Christina bereitet sich Luisa zusammen mit ihrem Partner umfassend reflexiv auf die Elternschaft vor. Dennoch wird auch sie erst einmal enttäuscht.

Luisa wird 1987 im Nordosten Deutschlands geboren. Aufgrund des damaligen Wohnungsmangels lebt sie anfangs mit ihren Eltern bzw. ihrer Mutter auf dem Bauernhof der Großeltern väterlicherseits in einem Vier-Generationen-

Haushalt. Mit Geburt von Luisas Schwester 1990 wird der Familie eine kleine zwei-Zimmer-Wohnung in einer benachbarten mittelgroßen Stadt zugewiesen, in der die Familie bis zu Luisas 13. Geburtstag wohnt. Anschließend ziehen sie in ein vom Vater gebautes Haus, in ein wohlsituiertes Wohnquartier.

Aufgrund der beruflichen Einbindung und auch der Wesensmerkmale der Eltern erlebt Luisa die Beziehung zu diesen als wenig emotional, aber dafür als funktional unterstützend. Die Geschwister werden von ihrer Mutter, die in Familienangelegenheiten entscheidet und die Hauptbezugsperson der Kinder ist, mit vielen Freiheiten erzogen. Emotional gebunden fühlt sich Luisa an ihre Schwester, das Kindermädchen (welches eingestellt wird, als die Mutter wieder Vollzeit arbeitet) sowie an die Leiterin der Pfadfinderinnengruppe.

Ab ihrer frühen Jugend wird Luisas Werteorientierung und Identitätsbildung stark durch eine kirchliche und eine verbandliche Sozialisation – in einer freikirchlichen Gemeinde und bei den Pfadfinder*innen – bestimmt, die sie als Kontrast zu den Erfahrungen im schulischen Umfeld beschreibt. Zu beiden Gruppen findet sie jeweils durch Freundinnen. Mit 16 Jahren lernt Luisa bei den Pfadfinder*innen auch ihren späteren Partner kennen, mit dem sie, seit beide 19 Jahre alt sind, zusammen ist.

Nach ihrem Abitur studiert Luisa in einer benachbarten Stadt Deutsch als Fremdsprache und Skandinavistik. Während ihrer Studienzeit arbeitet sie im Bereich der politischen Bildung und beginnt, die Privilegien der eigenen Kindheit zu reflektieren und abzulehnen. Nach dem Studium arbeitet sie als Lehrerin für Deutsch als Zweitsprache im Bereich der Erwachsenenbildung und beginnt aufgrund der prekären Beschäftigungsverhältnisse ein Lehramtsstudium, welches zum Zeitpunkt der Schwangerschaft noch nicht beendet ist.

Im Kontext einer gefestigten Partnerschaft entwickelt sich bei Luisa und ihrem Partner der Wunsch nach einem eigenen Kind als bewusster Entscheidungsprozess über drei Jahre hinweg. Beide beobachten befreundete Paare mit Kindern und sind sich bewusst, wie stark ein Kind das Leben verändern kann. Die Umsetzung des Kinderwunsches bezeichnet Luisa als „als großen Schritt" (Luisa, 2. Interview). Beide sind damals 29 Jahre alt.

Ihre Partnerschaft, die Vorstellung vom gemeinsamen Leben und der Erziehung ihres Kindes entwirft Luisa kognitiv als Gegenmodell zu dem ihrer Eltern, in Anlehnung an die Werte der Pfadfinder*innen. Während ihre Eltern nach Auszug der Kinder kaum mehr gemeinsame Interessen hatten, die Familienaufgaben traditionell aufgeteilt waren und finanzieller Wohlstand und Absicherung im Fokus der elterlichen Bestrebungen lag, strebt Luisa eine gleichberechtigte Partnerschaft an. Statt materiellem Wohlstand ist es ihr wichtig, dass sie als Paar und mit Kind gemeinsam Zeit verbringen und dabei auch ihre Freizeitinteressen weiterhin verfolgen. Die Elternzeit wollen beide untereinander aufteilen.

Auf die Elternschaft bereitet sich das Paar intensiv mittels Literatur, Hebamme und Erfahrungsberichten von Freund*innen vor. Dennoch erlebt auch Luisa die Gefühle und Veränderungen, die die Geburt ihrer Tochter mit sich bringen, als unerwartet und „emotionalen Absturz" (Luisa, 2. Interview), demnach als drastischen Verlust von Sicherheit oder als abrupte Verschlechterung ihres psychischen Wohlbefindens:

> „[...] hat ich aber echt erstma n emotionalen Absturz so also ... [...] Und dann st- war auf einma alles anders und vor allem (..) war irgendwie so das Gefühl: Wir könn das gar nich genießen grade, weil wir uns laufend Sorgen machen, weil immer: ‚Hach klappt das jetz mit dem nächsten Stilln und jetz schläft sie, wann wacht sie auf? Ok, wann müssen wir wieder windeln?' Und so, also was eigentlich total banal is, aber man trotzdem irgendwie (.) sind wir aus diesen Sorgen äh am Anfang gar nich rausgekomm und ähm (..) und konnten es eigentlich gar nich so gut genießen und was mich dabei, aba (.) also (.) ich hätte das gar nich als so negativ empfunden, wenn ich nich in den ganzen Büchern, in den Ratgebern gelesen hätte. Ich weiß au nich, ob das gut war so viele Ratgeber zu lesen. (Einatmen) Ähm: ‚Und dann werden Sie die erste Zeit nur glücklich mit Ihrm Kind im Arm dasitzen'. (imitierend) Und s war überhaupt nich so (lachend). Ich dachte so: Naiin! Was is bei mir falsch? Bin ich depressiv oder weil man liest ja auch vorher, es kann auch sein, dass sie ne Depression entwickeln und so" (ebd.).

Luisa beschreibt, wie mit der Geburt ihrer Tochter plötzlich, „auf einma alles anders" war. Die Veränderung schlägt sich in dem nicht genau bestimmbaren und – so deutet sie es an – unbegründeten Gefühl der Sorge um das Kind nieder sowie in den eigenen Unsicherheiten bezogen auf die Versorgung der Tochter, für die sich noch keine Routinen einspielen konnten. Nicht nur Luisa, sondern auch ihr Partner machen sich „laufend Sorgen" (ebd.), welche die junge Mutter retrospektiv als „eigentlich total banal" (ebd.) bezeichnet. Die Unsicherheiten hinsichtlich der Care-Aufgaben sind verbunden mit Fragen nach dem richtigen Zeitpunkt für Stillen, Schlafen und Wickeln und deren zeitlicher Einbettung in den Alltagsablauf. Luisas Schilderungen zeigen demnach deutlich, mit welchen Anpassungserfordernissen die junge Mutter nach der Geburt konfrontiert wird, die nicht etwa intuitiv angenommen werden, sondern eher kognitiv versucht werden einzuordnen. Die Bewältigungsstrategie des Planens scheint die Sorgen jedoch nicht mindern zu können. Aufgrund der permanenten Sorgen hat Luisa das Gefühl, die Anfangszeit mit ihrer Tochter „eigentlich gar nich so gut genießen" (ebd.) zu können, was sie irritiert. Denn die ambivalenten Gefühle und Sorgen stimmen nicht mit den idealisierten Vorstellungen von Mutterschaft, wie der Vorstellung nach uneingeschränktem Mutterglück, überein, die sie u. a. auf Basis von Ratgeberliteratur entwickelt hat und deren Orientierungsfunktion sie nun infrage stellt. Dass sie sich selbst nicht uneingeschränkt glücklich fühlt, führt bei ihr zu Selbstzweifeln: „Naiin was is bei mir falsch" (ebd.). Zudem äußert sie den Verdacht, unter postnatalen Depressionen zu leiden, denn auch davon hat sie vorgeburtlich gelesen. Die sozialen Erwartungen, die sie der Ratgeberliteratur entnommen hat, erweisen sich demnach genauso diametral verschieden wie ihre eigenen Erfahrungen.

Eine Auflösung der widersprüchlichen Gefühle und Zeitdiskrepanzen, wie beim Fall Christina, gibt es hier nicht: Luisa erzählt zwar, dass sich, seitdem die Tochter zwei Monate alt ist, allmählich Alltagsroutinen entwickelt haben und sie sich als Mutter sicherer fühlt, diese Sicherheit jedoch eine fragile ist. Luisa schildert, wie sie immer noch gegensätzlichen Empfehlungen zu Themen wie Stillen, Impfen, Krippeneingewöhnung mit entsprechenden Zeitordnungen stark belasten und das subjektive Zeitempfinden wie auch die eigene Mutteridentität irritieren.

3.3 Fallvergleich

Obwohl Christina und Luisa diametral verschieden an ihre Mutterschaft herangehen, werden beide Frauen erst einmal enttäuscht.

In beiden Fällen zeigt sich, dass natürliche und subjektbezogene Zeitordnungen bzw. Erwartungen an Zeit – hier als Erwartung an sofort mit der Geburt des Kindes einsetzende spezifische Muttergefühle oder Mutterinstinkte – vorerst nicht zu einem kongruenten Zeiterleben in Einklang gebracht werden können, was zu Irritationen, Überforderung und Selbstzweifeln führt. Während Luisa die Verantwortung für ihre Sorgen, die nicht mit ihren Vorstellungen von Mutterschaft übereinstimmen, direkt in den scheinbar nicht praxistauglichen Darstellungen der Ratgeberliteratur sieht, betonte Christina, pränatal möglichst wenig lesen und sich dann von den eigenen Instinkten leiten lassen zu wollen, die auch ihr nach der Entbindung ihres Sohnes erst einmal nicht zugänglich sind. Dass das Gefühl, Mutter zu sein, nicht völlig selbstverständlich mit der Entbindung des Kindes als natürlicher Zeitpunkt einsetzt – obwohl es solche Fälle auch im Gesamtsample des Dissertationsprojektes gibt –, sondern eher als Entwicklungsprozess über Zeit zu beschreiben ist, zeigen beide Fallanalysen mit differenten Verläufen.

Die erlebte Zeitdiskrepanz bezogen auf Muttergefühle oder Mutterinstinkte thematisieren beide Frauen gegenüber anderen. Insbesondere Luisa spricht darüber mehrfach mit ihrer Hebamme und Freundinnen mit eigenen Kindern als lebensweltliche Expertinnen, die jeweils darauf verweisen: „Du musst eben auch erst Mutter werdn, du bist ja nich sofort Mutter, sondern das Muttergefühl, das entwickelt sich" (Luisa, 2. Interview). Während sich Luisa mit ihren Unsicherheiten und ambivalenten Gefühlen von der Hebamme und den Freundinnen verstanden und unterstützt fühlt, erzählen andere Frauen, die im Kontext des Dissertationsprojektes befragt wurden, jedoch auch, wie sie mit ihren diesbezüglichen Sorgen alleingelassen wurden und sich insbesondere medizinisches Personal keine Zeit genommen hat. Dies kann ein Hemmnis für die Bewältigung des Übergangs in Mutterschaft darstellen, wie auch andere Studien belegen (vgl. u. a. Unger/Rammsayer 2001, S. 179). Grundsätzlich belegen die eigene und andere Studien auch, wie schwer es Frauen im Übergang in die Mutterschaft aufgrund des gesellschaftlichen Ideals der glücklichen und zufriedenen „Do-it-all Mother" (vgl. Tichy 2021, S. 211) fällt, negative oder widersprüchliche Gefühle überhaupt anzuerkennen und zu thematisieren. Die Nicht-Thematisierung unterstützt laut Miller (2005) jedoch wiederum die Aufrechterhaltung des Mythos sofort mit der Geburt des Kindes einsetzender Muttergefühle oder Mutterinstinkte (vgl. ebd., S. 26).

Beide Frauen versuchen, die beschriebenen Diskrepanzen zwischen pränatalen Erwartungen und postnatalen Erfahrungen und die damit verbundenen Selbstvorwürfe dadurch zu lösen, dass sie ihr Deuten und Handeln im Zeitbezug den kindlichen Zeitordnungen in Form intensiver Mutterschaft unterwerfen mit zumindest anfänglich ambivalenten Gefühlen. Auch die Gesamtanalyse zeigt, dass diese Bewältigungsstrategie besonders häufig von Frauen genutzt wird, die anfänglich mit ihren Gefühlen dem Kind gegenüber und der eigenen Rolle als Mutter hadern und – so die These – mit der intensiven Zuwendung dem Kind gegenüber ihre Unsicherheiten und Selbstvorwürfe zu kompensieren versuchen.

Während Christina die Ambivalenzen und Zeitdiskrepanz vor dem Hintergrund eines veränderten Selbstbildes als intensive Mutter auflösen und die verschiedenen Zeitordnungen zu einem subjektiven Zeiterleben in Einklang bringen kann, hadert Luisa auch zum Zeitpunkt des zweiten Interviews mit den von außen gesetzten Erwartungen im Widerspruch zu den eigenen Gefühlen und Erfahrungen. Diese führen entgegen ihrer Erwartungen an unabdingbares Mutterglück weiterhin zu einer schier endlosen Abfolge von wiederkehrenden Alltagsbelastungen. So hält sie auf kognitiver Ebene weiterhin an dem Ideal einer gleichberechtigten und geteilten Elternschaft fest, kann auf emotionaler Ebene eine Betreuung der Tochter durch den Kindsvater jedoch kaum zulassen. Die Bewältigung des Übergangs in die Mutterschaft, auch als Aushandlung und Balancierung verschiedener Rollen und Identitätspartikel, scheint in diesem Fall noch nicht abgeschlossen zu sein.

4. Fazit

Wie bereits vielfach in der Theorie und Empirie herausgearbeitet wurde, verlaufen Übergänge allgemein wie auch Übergänge in Mutterschaft als biografische und durch diverse Kontextbedingungen gerahmte Entwicklungsprozesse über Zeit, wobei Anfangs- und Endzeitpunkte nicht universell zu bestimmen sind (vgl. u. a. Gauda 1990, S. 40). Dass der Konstitution und Gestaltung von Übergängen zeitliche Dimensionen immanent sind, kann demnach als Konsens von

Übergangs- und Biografieforschung angenommen werden. Eine Doing-Time-Perspektive im Sinne Gerdings (2009) ermöglicht es jedoch, Herstellungs- und Aushandlungsprozesse verschiedener Zeitordnungen zu einem subjektiven Zeiterleben und -handeln im Zeitverlauf und insbesondere mögliche Irritationen und Krisen, wenn verschiedene Zeitordnungen nicht synthetisiert werden können, noch einmal stärker in den Blick zu nehmen. Diese Perspektive bietet eine heuristische Rahmung, um das Spannungsverhältnis von Erwartungen und Erleben und darin verwobenen divergente Zeitordnungen im Übergang in die Mutterschaft aufzudecken.

Am Beispiel von Muttergefühlen oder Mutterinstinkten konnte gezeigt werden, dass sich diese vielfach konträr zu subjektiven und gesellschaftlichen Zeiterwartungen häufig erst entwickeln müssen bzw. zeitlich nicht prognostizierbar sind und so auch plötzlich im Verlauf der ersten Zeit als Mutter vorhanden sein können. Dies erschien für viele befragte Frauen als völlig unerwartet, wodurch sich zumindest ein temporärer Krisencharakter entfalten konnte. Denn mit der Erwartung an sofort mit der Geburt des Kindes einsetzende spezifische Gefühle dem Kind und der eigenen Mutterrolle gegenüber, geht auch die Erwartung einher, auf Grundlage dieser Gefühle klares Deutungs- und Handlungswissen verfügbar zu haben. Deutlich wurde, dass Übergänge in Mutterschaft demnach auch mit der Aufgabe verknüpft sind, mögliche Zeitdiskrepanzen auszuhalten, auszuhandeln und zu bewältigen.

Literatur

Badinter, Elisabeth (1991): Die Mutterliebe. Geschichte eines Gefühls vom 17. Jahrhundert bis heute. 4. Auflage. München/Zürich: Piper.

Böhnisch, Lothar/Schröer, Wolfgang (2004): Stichwort: Soziale Benachteiligung und Bewältigung. In: Zeitschrift für Erziehungswissenschaft 7, H. 4, S. 467–478.

Dausien, Bettina/Rothe, Daniela/Schwendowius, Dorothee (Hrsg.) (2016): Bildungswege. Biographien zwischen Teilhabe und Ausgrenzung. Frankfurt a. M.: Campus.

Diabaté, Sabine/Dorbritz, Jürgen/Lück, Detlev/Naderi, Robert/Ruckdeschel, Kerstin/Schiefer, Katrin/Schneider, Norbert F. (2015): Familien Leitbilder. Muss alles perfekt sein? Leitbilder zur Elternschaft in Deutschland. Wiesbaden: Bundesinstitut für Bevölkerungsforschung.

Gauda, Gudrun (1990): Der Übergang zur Elternschaft. Eine qualitative Analyse der Entwicklung der Mutter- und Vateridentität. Frankfurt a. M.: Peter Lang.

Gerding, Masha (2009): Doing Time. Eine ethnomethodologische Analyse der Zeit. Wiesbaden: VS Verlag für Sozialwissenschaften.

Hof, Christiane (2022): Eintritt in die Elternschaft – Auf der Suche nach einem geeigneten Modell zur Untersuchung biographischer Lernprozesse im Übergang. In: Rothe, Daniele/Schwendowius, Dorothee/Thoma, Nadja/Thon, Christine (Hrsg.): Biographische Verknüpfungen. Zwischen biographiewissenschaftlicher Forschung, Theorienbildung und Praxisreflexion. Frankfurt a. M.: Campus, S. 93–108.

Kleikamp, Tina (2017): Akademikerpaare werden Eltern: Rollenfindung, Bewältigungsstrategien, Belastungsfaktoren. Opladen/Berlin/Toronto: Barbara Budrich.

Krumbügel, Janne (2020): Bodies in Transition. Gendered and Medicalized Discourses in Pregnancy Advice Literature. In: Stauber, Barbara/Walther, Andreas/Settersten, Richard A., Jr. (Hrsg.): Doing Transition in the Life Course. Processes and Practices. Cham: Springer Nature Switzerland, S. 203–218.

Matthiesen, Silja (2013): Jugendsexualität im Internetzeitalter. Eine qualitative Studie zu sozialen und sexuellen Beziehungen von Jugendlichen. Köln: Bundeszentrale für gesundheitliche Aufklärung.

Mayring, Philipp (2022): Qualitative Inhaltsanalyse. Grundlagen und Techniken. 13., überarbeitete Auflage. Weinheim/Basel: Beltz.

Miller, Tina (2005): Making Sense of Motherhood. A Narrative Approach. Cambridge: Cambridge University Press.

Mozygemba, Kati (2013): „Vor der Geburt Mutter-werden". Soziokulturelle Aspekte eines körpervermittelten Übergangsprozesses. In: Makowsky, Katja/Schücking, Beate (Hrsg.): Was sagen die Mütter? Qualitative und quantitative Forschung rund um Schwangerschaft, Geburt und Wochenbett. Weinheim/Basel: Beltz Juventa, S. 32–59.

Peukert, Rüdiger (2019): Familienformen im sozialen Wandel. Wiesbaden: Springer.

Rille-Pfeiffer, Christiane (2010): Kinder – jetzt, später oder nie? Generatives Verhalten und Kinderwunsch in Österreich, Schweden und Spanien. Opladen/Farmington Hills: Budrich UniPress.

Schütze, Fritz (1983): Biographieforschung und narratives Interview. In: neue praxis 3, H. 13, S. 283–293.

Schütze, Fritz (2016): Verlaufskurven des Erleidens als Forschungsgegenstand der interpretativen Soziologie. In: Schütze, Fritz/Fiedler, Werner/Krüger, Heinz-Hermann (Hrsg.): Sozialwissenschaftliche Prozessanalyse. Grundlagen der qualitativen Sozialforschung. Opladen/Berlin/Toronto: Barbara Budrich, S. 117–149.

Thiersch, Sven (Hrsg.) (2020): Qualitative Längsschnittforschung. Bestimmungen, Forschungspraxis und Reflexionen. Opladen/Berlin/Toronto: Barbara Budrich.

Tichy, Leila Zoë (2021): Mütterliche Ambivalenz. Im Spannungsfeld gesellschaftlicher Normen und subjektiver Erfahrungen. In: Krüger-Kirn, Helga/Tichy, Leila Zoë (Hrsg.): Elternschaft und Gender Trouble. Geschlechterkritische Perspektiven auf den Wandel der Familie. Opladen/Berlin/Toronto: Barbara Budrich, S. 209–232.

Unger, Ulrike/Rammsayer, Thomas (2001): „Himmelhochjauchzend und zu Tode betrübt". Eine Literaturübersicht zum Post-Partum-Blues und Ergebnisse einer klinischen Studie. In: Bräher, Elmar/Unger, Ulrike (Hrsg.): Schwangerschaft, Geburt und der Übergang zur Elternschaft. Gießen: Psychosozial, S. 153–173.

Walther, Andreas/Stauber, Barbara/Rieger-Ladich, Markus/Wanka, Anna (Hrsg.) (2020): Reflexive Übergangsforschung. Theoretische Grundlagen und methodologische Herausforderungen. Opladen/Berlin/Toronto: Barbara Budrich.

Walther, Andreas/Stauber, Barbara/Settersten, Richard A., Jr. (2022): „Doing Transitions": A New Research Perspective. In: Stauber, Barbara/Walther, Andreas/Settersten, Richard A. Jr. (Hrsg.): Doing Transition in the Life Course. Processes and Practices. Cham: Springer Nature Switzerland, S. 3–18.

Time work von Kindern und Jugendlichen.
Empirische Analysen der Herstellung und Bearbeitung zeitbezogener Anforderungen

Patrick Leinhos, Yağmur Mengilli und Susanne Siebholz

Sozialpädagogische Handlungskonzepte werden oft von linearen Zeitvorstellungen geprägt, sodass Zustände des Noch-Nicht, Schon und Nicht-Mehr vor dem Hintergrund wohlfahrtsstaatlich institutionalisierter Verzeitlichungen als Abweichungen im Sinne des Zufrüh oder Zuspät klassifiziert und bewertet werden (vgl. Stauber/Walther 2024). Auf diese Weise trägt Sozialpädagogik zur Herstellung und (Re-)Produktion spezifischer gesellschaftlicher Zeitvorstellungen und chrononormativer Ansprüche an junge Menschen bei. Der folgende Beitrag wählt demgegenüber einen anderen Zugang und nimmt die Perspektiven junger Menschen in ihren Lebenswelten zum Ausgangspunkt. Es wird nach ihrer Gestaltung und Bearbeitung von Zeit gefragt und die Synchronisierung biografischer, institutioneller und gesellschaftlicher Zeit als *time work* (vgl. Leccardi 2021) von Kindern und Jugendlichen untersucht. Damit werden die Bearbeitung und Strukturierung von Zeit als zentrale Herstellungsleistung in den Blick gerückt. Dieses Verständnis sensibilisiert für Zeit als eine Dimension sozialpädagogischer Theoriebildung, die neue Fragen aufwirft.

Aus einer praxeologisch-wissenssoziologischen Perspektive vollzieht sich die Gestaltung und Bearbeitung von Zeit und Zeitlichkeit in der Relation von chrononormativen Ansprüchen und der handlungspraktischen Ausgestaltung. Gemeint ist damit die Annahme, dass z. B. Vorstellungen von *richtigen* Zeitpunkten für bestimmte Statuspassagen zur Aufrechterhaltung des linearen Normallebenslaufs vorherrschen (vgl. kritisch dazu Walther/Stauber 2013; Siegert/Lindmeier 2022). Zeitstrukturen haben also einen bedeutenden Einfluss auf die Lebensläufe und Lebenswelten junger Menschen. So verwendet z. B. Torres (2022, S. 35) den Begriff der „temporal regimes", um die Bildung und Stabilisierung von Zeitstrukturen zu beschreiben. Hierbei sind sowohl die soziohistorische Dimension zeitbezogener Strukturen als auch die Verbindung zwischen zeitlichen Konzepten und ihren sozialen Bedingungen gemeint. Unter dem Konzept Chrononormativität diskutiert auch Freeman (2010, S. 3), wie hegemoniale Denk-, Wahrnehmungs- und Handlungsschemata sich zu institutionellen und kulturellen Rhythmisierungen verdichten. Gesellschaftliche Zeitstrukturen werden zu naturalisierten Tatsachen, die den Wert und die Bedeutung von Zeit organisieren. Dennoch sind Menschen der sozio-temporalen Ordnung nicht einfach unterworfen. Flaherty (2003) und Leccardi (2021) betonen mit dem Konzept des *time work* den eigenen Umgang mit Zeit. Sie weisen sowohl auf die Möglichkeiten der Gestaltung von zeitbezogenen Handlungsweisen als auch auf den damit verbundenen Aufwand hin.

In diesem Sinne untersuchen wir im Folgenden das Spannungsverhältnis zwischen normativen Ansprüchen und handlungspraktischen Ausgestaltungsweisen im Umgang mit Zeit bei jungen Menschen. Zunächst führen wir in ein Verständnis von Zeitlichkeit ein, das biografische und jugendkulturelle Erfahrungen aus einer praxeologisch-wissenssoziologischen Perspektive als analytischen Zugang zum *time work* begreift. Anschließend rekonstruieren wir das *time work* von Kindern und Jugendlichen anhand empirischer Daten aus drei Forschungsprojekten. Dabei verwenden wir biografische Interviews aus zwei Projekten, erstens zu Kindern in *Heimen*[1] am Übergang von der Grund- in die weiterführende Schule (vgl. Siebholz 2023) und zweitens zu jungen Erwachsenen, die sich aktiv im geschlechter- und sexualitätsbezogenen Engagement einbringen.[2] Das dritte Projekt untersucht ausgehend von Gruppendiskussionen jugendkulturelle Praktiken und Vergemeinschaftungsweisen in Verbindung mit dem Chillen in Peergruppen (vgl. Mengilli 2022). Als Schnittstellen dieser drei Projekte dienen der praxeologisch-wissenssoziologische Zugang und der Fokus auf die Thematisierung von Zeit. Nach der Vorstellung der Rekonstruktionsergebnisse zum *time work* von Kindern und Jugendlichen erfolgt eine Kontrastierung, in der vergleichend drei verschiedene Dimensionen des *time work* herausgearbeitet werden. Abschließend befragen wir diese Dimensionen hinsichtlich der sich darin dokumentierenden Normbearbeitungen und diskutieren die Ergebnisse.

1. Zeit und Zeitlichkeit in praxeologischer Perspektive

Im Alltag wird Zeit in ihrem Verstreichen markiert, als Moment von Planung und Koordination relevant gesetzt und somit hervorgebracht, auch indem zeitliche Aspekte mit Bedeutungen versehen und in Erinnerungen und Geschichten festgehalten werden (vgl. Weigert 1981, S. 196 f.). Soziale Zeit wird in Sequenzen konstruiert und kann in verschiedenen Einheiten kommuniziert sowie mit

---

1 Zu einer kritischen Diskussion des Begriffs *Heimerziehung* vgl. Pluto/Schrapper/Schröer (2021, S. 3 f.). In der hier zugrunde liegenden Studie wurde die Gewährung einer Hilfe nach § 34 SGB VIII als Einschlusskriterium für die erhobenen Fälle gewählt. Dort ist die „Hilfe zur Erziehung in einer Einrichtung über Tag und Nacht (Heimerziehung) oder in einer sonstigen betreuten Wohnform" (ebd.) kodifiziert. Der Begriff *Heim* wird im Folgenden trotz der berechtigten Kritik in zusammenfassender Absicht verwendet, um diesen Bezug des Samplings auf die rechtliche Grundlage zu verdeutlichen. Er wird jedoch zum Zweck der Distanzierung – so wie *Heimerziehung* bei Pluto/Schrapper/Schröer in Anführungszeichen gesetzt wird – kursiv gesetzt.
2 In diesem laufenden Forschungsprojekt von Patrick Leinhos wird der Zusammenhang von Biografie und queerem Engagement bei jungen Erwachsenen untersucht.

unterschiedlichen Attributen oder Konnotationen versehen werden: von messbaren Sekunden bis Stunden über soziale Strukturierungen wie Wochentage, institutionelle Einteilungen wie Schuljahre, phasenbezogene Zuordnungen wie Kindheit, Jugend, Erwerbsarbeit und Ruhestand bis hin zu großen Epochen der Zeitgeschichte. Zeit verweist somit auch auf die unentwirrbare Verflechtung von physischer und sozialer Zeit im Leben eines jeden Menschen (vgl. ebd.).

Biografische Darstellungen und allgemein soziale Interaktionen sind dabei stets Ausdruck eines gesellschaftlich-zeithistorischen Rahmens und der geltenden Vorstellungen von Zeit. Ihre Entfaltung wird durch soziale Zeitmuster strukturiert, wodurch eine „temporale Komplexität, die zur Komplexität der differenzierten Gesellschaft und der sozialen Zeit passt" (Fischer 2018, S. 468), erzeugt wird. Es besteht sowohl ein enger Zusammenhang zwischen den geltenden zeitbezogenen Werten, Normen und Strukturen als auch den jeweiligen (impliziten) Bezugnahmen darauf. Dementsprechend ist das Verständnis und die Konzeptualisierung von Vergangenheit, Gegenwart und Zukunft in verschiedenen Epochen unterschiedlich (vgl. Leccardi 2013). Darstellungen von zeitlich konsistenten Identitätskonstruktionen (vgl. Rosa/Scheuerman 2009; Leccardi 2013, S. 263) im Sinne der Vorstellung, dass Subjekte nicht ohne Geschichte existieren (vgl. Dausien 2020, S. 75) und sich dennoch ihren jeweiligen Umständen anzupassen haben, wurden als Verzeitlichungsnormen der Moderne institutionalisiert. Es wird davon ausgegangen, dass Menschen demnach eine Vergangenheit haben, auf die sie sich beziehen können und müssen, in einer Gegenwart anpassungsfähig und flexibel auf Veränderungen reagieren (müssen) und nach einer Zukunft streben. Damit gehen Ungewissheit, Instabilität und die Notwendigkeit einer kontinuierlichen Optimierung einher (vgl. Bauman 2008, S. 151). Da gesellschaftliche Zeitregime eng mit institutionellen Logiken zur Organisation von Vergesellschaftung und der Vorbereitung auf künftige Statuspassagen verflochten sind, gelten sie als wesentliches, normatives Strukturierungselement des alltäglichen Lebens. Die autonome Kontrolle über die alltägliche Zeit betrifft junge Menschen in besonderem Maße, da sie in unterschiedlichen Institutionen mit ambivalenten und oft widersprüchlichen Anforderungen konfrontiert sind. Die Phasen von Kindheit und Jugend werden einerseits – im Hinblick auf das Erwachsenwerden – so gedeutet, dass sie sowohl verlangsamt als auch zukunftsgerichtet sind. Andererseits sind sie von Sequenzialität im Sinne der linearen Abfolge von Etappen und von Gleichzeitigkeit von unterschiedlichen Lebenssphären in der Gegenwart geprägt. Diese Spannungsverhältnisse kennzeichnen das Aufwachsen und werden von Kindern und Jugendlichen unterschiedlich bewältigt (vgl. für Jugend Stauber/Walther 2024). Der Zusammenhang von Zeitlichkeit und Agency wurde als *time work* (vgl. Flaherty 2003) konzeptualisiert und verweist u. a. auf die Verwobenheit von Handlungsfähigkeit mit vergangenen, aktuellen und künftigen Positionierungen (vgl. Leccardi 2021).

Mit einer praxeologisch-wissenssoziologischen Perspektive ist ein analytischer Zugang zum *time work* durch die Konzipierung der aufeinander bezogenen Orientierungsschemata und Orientierungsrahmen in ihrer notorischen Diskrepanz (vgl. Bohnsack 2017) möglich. Damit kann das Spannungsverhältnis zwischen einerseits sozialer Zeit, zeitbezogenen Normativitäten und kollektiven Vorstellungen von Verzeitlichung (Norm) sowie andererseits den Modi des handlungspraktischen Umgangs mit Zeit und Zeitbezügen (Habitus) untersucht werden. In biografischen Zugängen werden Handlungen im zeitlichen Verlauf (vgl. Voges 1987, S. 125) und die Weise, wie Menschen mit Zeit umgehen und Vergangenheit, Gegenwart und Zukunft in ihren Lebensgeschichten verschränken, zum Gegenstand (vgl. Alheit 1993; Dausien 1996, S. 107 ff.). Eine Biografie ist demnach ein „Zeitobjekt" (Fischer 2018, S. 469; vgl. auch Alheit/Dausien 2009), das Zeit und Zeitbezüge in biografischen Darstellungen erst konstruiert. Gesellschaftliche, soziale und individuelle Zeitstrukturen werden im Erzählen und in Interaktion erzeugt (vgl. Fischer 2018, S. 462), wenn sie in einer gegenwärtigen Perspektive zwischen der Betrachtung von Vergangenem sowie zukunftsgewandten Wunschprojektionen changieren (vgl. Leccardi 2013). Darstellungen des Selbst sind „als (Zwischen-)Ergebnis verzeitlichter Prozesse der Subjektivierung, die zum Zeitpunkt des Interviews immer eine bestimmte Perspektive repräsentieren" (Gregor 2015, S. 147), zu verstehen. In einem Brückenschlag von Erfahrenem und Gegenwart (vgl. Alheit 1988, S. 371), im Wechselspiel von Erfahrung, Erwartungen und Prospektion, aber stets in aktueller Perspektive (vgl. Dausien 2000, S. 101), wird ein (biografisches) Selbst in seiner longitudinalen Form entwickelt (vgl. Fischer 2017, S. 141). In sozialen Situationen wird demnach dieses Selbst in einem kommunikativen Prozess und in Interaktion mit anderen sowie mit gesellschaftlichen, kulturellen, sozialen Norm- und Rollenvorstellungen konstruiert. Der *Modus* der zeitlichen Konstruktion des Selbst, d. h. *wie* es konstruiert wird und es sich konstruiert, *wie* zeitliche Aspekte in Interaktionen relevant werden, wird damit zu einer empirischen Frage, die wir in diesem Beitrag aufgreifen.

Erhebungsmethoden wie biografische Interviews und Gruppendiskussionen nutzen in diesem Sinne soziale Situationen (vgl. Deppermann 2013) und kommunikative Prozesse als empirischen Zugang zur Hervorbringung des Selbst und des Sozialen. Diese Selbst(re)präsentationen und Interaktionsprozesse sind stets auf ein Gegenüber ausgerichtet und angewiesen. Sie basieren auf kollektiv geteilten Wissensbeständen, einschließlich der Erfahrungen von Zeit. Nachfolgend werden aus der Perspektive von Kindern und Jugendlichen auf der Grundlage von zwei biografischen Interviews und einer Gruppendiskussion verschiedene, aber wechselseitig aufeinander bezogene Kontexte der Relevanzsetzung von Zeit betrachtet: Einerseits werden die Modi der zeitlichen Strukturierung in den *biografischen Darstellungen* von Kindern und Jugendlichen herausgestellt, wobei sich in den Biografien auch die interaktive Auseinandersetzung mit Zeitlichkeit in konjunktiven Erfahrungsräumen sedimentiert. Andererseits werden die Thematisierungsweisen von Zeit in *Peer-Interaktionen* von Jugendlichen rekonstruiert, wobei auch Bezugnahmen auf ein biografisches Gewordensein sowie eigensinnige Entwürfe der Gruppenmitglieder bedeutsam werden.

2. Empirische Rekonstruktionen des *time work* von Kindern und Jugendlichen

Ausgehend von drei verschiedenen Forschungsprojekten, die alle die dokumentarische Methode nutzten, werden im Folgenden die Rekonstruktionsergebnisse zum *time work* von Kindern und Jugendlichen dargestellt. In der ersten Studie wurde der Übergang von Kindern in *Heimen* in die weiterführende Schule untersucht (vgl. Siebholz 2023). Hierzu wurden vor und nach dem Schulübergang narrativ-biografische Interviews mit den Kindern geführt. Für diesen Beitrag wurde die Eingangserzählung eines Interviewten ausgewählt, in der sich die Verbindung von Zeitlichkeit und Institutionen in der Lebensgeschichte besonders deutlich zeigt. In der zweiten Studie wurden biografisch-narrative Interviews mit jungen Erwachsenen geführt, die sich queerpolitisch in verschiedenen Kontexten wie Vereinen, Bildungsprojekten, Parteien und Gewerkschaften engagieren. Aus diesem Sample wurde ein Interview ausgewählt, in dem sich unterschiedliche Bedeutungszuschreibungen auf zeitliche Abschnitte des Lebensverlaufs dokumentieren. Die dritte Studie fokussierte die Bedeutung und Erfahrungen des Chillens als jugendkultureller Praxis in Peergruppen (vgl. Mengilli 2022). Die Vergemeinschaftungsweisen der Gruppen setzen Zeitlichkeit insbesondere im Hinblick auf die Planung von gemeinsamer Zeit relevant. Für diesen Beitrag werden Passagen einer Gruppendiskussion herangezogen, die bei der Herstellung der Peergruppe die Bearbeitung von Vergesellschaftung erkennen lässt.[3]

2.1 Formal-schematische Biografisierung entlang von Institutionen im Fall Kai-Martin

Kai-Martin ist zum Zeitpunkt des Interviews zehn Jahre alt und besucht die vierte Grundschulklasse. Seine Lebensgeschichte beginnt er auf den Eingangsstimulus hin mit seiner Geburt:

> *ja (2) °wo soll ich anfangn° ähm ich war mal klein und wurde geborn im sankt elisabeth krankenhaus//mhm//s is in h-stadt (.)*

---

3 Alle Angaben, die Rückschlüsse auf Personen zugelassen hätten, wurden anonymisiert.

Kai-Martin setzt ein, indem er fragt, wo er beginnen solle. Mit dem *Kleinsein* eröffnet Kai-Martin seine Darstellung mit einer allgemeinen Beschreibung seiner selbst in der Vergangenheit. Er distanziert sich von dem so beschriebenen Zustand, der heute nicht mehr zutrifft, über die Zeitform (*„ich war mal"*). Im Fortgang beschreibt er, was sich zu dieser Zeit ereignet hat, nämlich seine Geburt. In einer zweifachen Detaillierung beschreibt Kai-Martin zunächst die Geburt durch ihren Ort, eine namentlich konkretisierte, medizinische Einrichtung, und diese dann durch die Stadt, in der sie sich befindet. Er spezifiziert also für seine eigene Person das Faktum der Geburt über einen institutionellen Rahmen und dessen geografischen Ort.

Kai-Martin[4] setzt wie folgt fort:

> *und dann bin ich in ein kindergarten gekommn (2) die erst n jahre kann mich noch erinnern war ich zu hause [Geräusch] bin ich in ein kindergarten gekommen//mhm//bei de herrlichstraße (3) und dann mit drei bin ich in ein größeren kindergarten gekommn in der breitenfurterstraße//mhm//mit mehr kinder? (2) und [hörbares Ausatmen] da war ich auch s[ch]on (unverst.) (.) und dann war ich da bis siebn (3) und ähm (.) dann bin ich mit siebn in die erste klasse gekomm? (2) ähm in die fischerstraße? die is in a-stadtteil (.)//mhm//und ähm [Tür knallt im Hintergrund] (2) dann ähm (3) war ich auch noch mit sechs in berg. (.) also vier monate is auch so ein heim (2)//mhm//dann bin ich mit siebn (.) mh auch noch mal in ein heim gekomm das heißt (.) ähm un da war ich bis acht das (2) hieß ähm martin kirschner haus//mh//(.) un n hab ich auch die sule gewechselt dann bin ich hierher gekomm (.) und denn (.) bin ich auf den kleinfelderweg gekomm musst ich noch mal die sule wechseln und jetzt bin ich auf der brunnenstraße//mhm//und seit ich acht bin bin ich hier bin ich elf*

Für Kai-Martin lässt sich rekonstruieren, dass er seine Lebensgeschichte im selbstläufigen Durchgang entlang des Sachlich-Faktischen seines Lebensverlaufs darstellt. Die Fakten sind bei ihm die Stationen oder Etappen seines Lebens, dargestellt in Form von Übergängen in Institutionen sowie teilweise der Aufenthaltsdauer dort. Die zahlreichen Übergangserfahrungen sind strukturierendes Moment seiner Lebensgeschichte. Dabei lassen sich zwei Linien erkennen: Er stellt die Wechsel zwischen unterschiedlichen Lebens- und Aufenthaltsorten (familiär: *„zu hause"*, institutionell: drei *„heime"*) zugleich mit bzw. parallel zu den Übergängen zwischen verschiedenen vorschulischen und schulischen Institutionen (zwei Kindergärten, vier Grundschulen) dar.

Diese komplexe institutionelle Zweispurigkeit von (Vor-)Schulkarriere einerseits und Lebensort- bzw. *Heim*karriere andererseits koordiniert er über das Lebensalter. Die Darstellung ist in erster Linie darüber strukturiert, *wohin* (d. h. in

---

4 Kai-Martin spricht das *Sch* häufig als (scharfes) S aus. An wenigen Stellen, wo die Transkription ansonsten missverständlich wäre, wird es als *s[ch]* abgebildet.

welche (vor-)schulischen und *Heim*institutionen) er *wann* (Lebensalter) nacheinander *„gekommen"* ist; zum Teil auch darüber, in bzw. bis zu *welchem Alter* er *wo* (in welcher Institution, *„zu hause"*) war. In der Darstellung dokumentiert sich damit zweierlei. Erstens eine Idee von Chronologie: Kai-Martin verhandelt die institutionellen Etappen seines Lebens in einem zeitlich linear geordneten Nacheinander, das sowohl erzählerisch (*„und dann"*) als auch über die Nennung des jeweiligen Lebensalters hergestellt wird. Eine Ausnahme gibt es in dieser Chronologie, nämlich dass der psychiatrische Aufenthalt in *„berg"* gewissermaßen nachgeschoben wird, als er erzählerisch schon in der ersten Klasse angekommen ist. Diese Ausnahme holt er jedoch über die Einordnung mittels Lebensalter ein. Die zeitlichen Referenzen, die Kai-Martin verwendet, markieren in erster Linie Übergänge, also Zeitpunkte des Übergangs von einer Institution in eine andere. Zweitens dokumentiert sich in der Darstellung auch der Bezug auf Orte: auf Aufenthaltsorte und Institutionen, in die er *„gekommen"* ist. Kai-Martin bezieht in den Abschnitten des Lebensverlaufs sein jeweiliges Lebensalter als Medium der Chronologisierung sowie die institutionellen Orte immer wieder aufeinander.

Dominant bei Kai-Martin ist die Faktizität der erlebten Übergänge und Wechsel. Innerhalb der formal-zeitlichen und der damit in Verbindung gebrachten institutionellen Struktur als Gerüst der Darstellung erzählt er seinen Lebensverlauf v. a. als eine Aufzählung von Institutionenwechseln. Es dokumentiert sich ein handlungsleitendes, implizites Wissen um die Etappenhaftigkeit seines Lebens, wobei die institutionellen Orte und die Übergangszeitpunkte zentrale Strukturgeber sind. Die zugrunde liegende, auch zeitbezogene normative Anforderung, der Kai-Martin mit seiner biografischen Darstellung gerecht wird, besteht in der Nachvollziehbarkeit, wann er in seinem Leben in welcher Einrichtung war. Die Bearbeitung dieser impliziten Norm beinhaltet *time work*. Übergänge werden dabei zu Taktgebern seiner Lebensgeschichte und erzeugen den zeitlichen Verlauf seiner Biografie. Diese strukturierende Funktion von Übergängen in jeweils neue Institutionen ist so stark und vordergründig, dass diese Diskontinuität zum roten Faden der Lebensgeschichte geworden ist.

2.2 Abgrenzung von der Vergangenheit und Streben in die Zukunft im Fall Olli

Olli ist ein gerade 18 Jahre alt gewordener Gymnasiast, der in einer ländlichen Region eine queere Jugendgruppe leitet. Direkt auf den biografischen Eingangsstimulus schließt er so an:

> *gut. ähm ja also meine Lebensgeschichte is jetzt nich so spannend also nich so spannend wie man vielleicht hofft ähm ja mit 18 Jahrn gibt=s noch nich sehr viel zu erzähln also wir dürftn da recht schnell durch sin [atmet] also öh äh ja in der Schule wurd=ich gemobbt das is ja wer nich*

> ähm dann hab ich damals in der Kirche gearbeitet also äh ich hab erst in der [konfessionellen] Kirche äh [atmet] ja Kindergruppen später dann Jugendgruppen betreut irgendwann dann beides irgendwann bin ich dann auch mit zu Freizeiten gefahrn un dann hat ich mich mit meiner hauptamtlichen Leiterin verstritten (.) ähm und bin dann auch so zu Verein 2 gekommn also das is die Organisation wo ich jetzt arbeite [atmet] und äh hab da da leite seitdem auch queere Jugendgruppen und das mach ich jetzt seit letztem Jahr [Monat] ansonsten ja schulisch (.) aso ich bin erst auf ne Sekundarschule gegangn hab dann für mich fest [Geräusche im Hintergrund] hab dann für mich festgestellt dass=ich ähm dass=ich studiern möchte und dass ich irgendwann mal äh mit Kindern auch weiterarbeiten möcht und dann überlegt was könnte man machen [atmet] äh bin dann zu dem Entschluss gekomm Lehramt klingt gut äh und möchte dann irgendwann Lehramt °studiern° (.) ja das war so die Lebensgeschichte von mir in Kurzform (2)

Auf den biografischen Eingangsstimulus reagiert Olli zunächst mit einer Präambel, welche den Gehalt seiner Darstellungen normativ eingrenzt, denn mit 18 Jahren gäbe es nichts Spannendes zu erzählen. Vor diesem Hintergrund ist auch die Markierung in der Coda als „*Lebensgeschichte [...] in Kurzform*" zu interpretieren. Es werden distinktive Bewegungen zu einer Lebensphase, welche mit jüngerem Alter verknüpft wird (zumindest unter 18), deutlich. Dabei wird eine Norm antizipiert, die von Kindern und Jugendlichen möglicherweise etwas erwarte. Diese Norm scheint Olli seiner Einschätzung nach nicht erfüllen zu können. Im Horizont liegen, auch angestoßen von der Interviewsituation, implizit spannendere, gehaltvollere Erfahrungen (oder zumindest als solche erzählbare) in der Zukunft.

Den thematischen Einstieg findet Olli mit der Suche nach etwas Spannendem, das er im Schulbezug und dem dortigen Mobbing findet – hier mit einer Bezugsnorm über eine generalisierte Zugehörigkeit zu anderen, im Sinne der Normalisierung des Mobbings für diese Phase. Seine darauffolgende Engagementgeschichte arbeitet er chronologisch stations- und aktivitätsbezogen ab. Er thematisiert schulische Aspekte und beginnt zeitlich in der Sekundarschulzeit. Mit der Formulierung „*ich bin erst*" eröffnet er weitere Perspektiven, verweist aber auch auf eine strukturelle Notwendigkeit der Chronologie schulischer Bildungsinstitutionen. Vor dem Hintergrund eigener Zukunftsentwürfe thematisiert Olli den Übergang zu einem schulischen Werdegang, der das anvisierte Studium ermöglicht. Engagement- und Schulbiografie verbleiben dabei in einem Nebeneinander. Das Engagement wird im zeitlichen Verlauf von „*damals*" bis „*jetzt*" eingebettet, während das Thema Schule eher knapp und prospektiv in Form von bildungsbezogenen Ambitionen angelegt ist. Schule ist bei Olli Ort der Ermöglichung zukunftsorientierter Perspektiven, aber auch Ort von Differenzerfahrungen. Engagement wird als der Ort der Umsetzung von Aktivitäten und auch von Konflikten thematisiert. Dort, wo Olli Handlungsfähigkeit herstellt, werden Zeitbezüge und eine Zeitlichkeit als eine Geschichte darstellbar.

Übergreifend werden bei Olli starke Bezüge zu altersbezogenen Normen wirkmächtig: Er erfüllt aus eigener Perspektive Normen der Kindheit und Jugend insofern nicht, dass es dabei etwas Spannendes zu erzählen gäbe bzw. bezieht lediglich seine Mobbingerfahrungen ein. Er entfaltet also eher abgrenzende Konnotationen der Retrospektive. Altersmarkierungen und Institutionen der Kindheit und Jugend begrenzen ihn und sind für ihn eher Möglichkeiten für die Umsetzung von Zukunftsentwürfen. Im Engagement hingegen nutzt er Metaphoriken, die einen aktiven Bezug auf ein prospektives Bestreben darstellen. *Arbeiten* und *Leiten* sind dabei Formulierungen, die einen interpretativen Bezug zur beruflichen Zukunft herstellen. Olli ordnet dabei Phasen und Abschnitte zeitlich nicht ein, es gib keine zeitlichen Marker oder Entwicklungsdynamiken, dennoch verbleibt er in den einzelnen Themenbereichen in einer chronologischen Struktur. In den zum Teil negativen Bezügen auf Vergangenes, der Konnotation der Gegenwart als Ermöglichungsmoment des Zukünftigen und den aspirativen Momenten im Zukunftsbezug dokumentieren sich in Ollis Darstellungen eine Abgrenzung von Vergangenem und ein Streben ins Prospektive.

2.3 Die Herstellung und Einberufung der Peergruppe der Gruppe DANCE

Saba, Olivia und Maya, im Folgenden als Gruppe *DANCE* bezeichnet, sind 23 bis 24 Jahre alt. Über das geteilte Interesse am Hip-Hop hat sich die Gruppe im Tanzunterricht kennengelernt und ihre Freundschaft entwickelt. In dem folgenden Ausschnitt dokumentiert sich die Herstellung von Nähe trotz physischer Distanz:

> *Saba: durch diese langjährige (.) Tanzerfahrung oder einfach Lebenserfahrung die wir geteilt haben ähm (..) stehn wir jetzt hier wo wir sind und ähm (..) sind quasi wie so ne kleine Familie also wir selber würden uns auch schon so (..) wie Familie festhalten*
> *Olivia: ja is aber auch so (..) auch wenn wir jetzt nich so die Zeit haben uns zu treffen man weiß immer da (..)*
> *Saba: da sind die Mädels genau und wenn was is is man auch füreinander da und ähm (3) dann [...] nimmt man sich auch dafür die Zeit auch wenn's grade im Alltag es nich vielleicht so einfach aussieht dann (..) hat das irgendwie schon Priorität und äh (..) wir managen das dann schon so dass wir uns dann treffen können*

Basierend auf der geteilten Erfahrung des langjährigen gemeinsamen Aufwachsens und des jugendkulturellen Interesses am Tanz hat sich die bedingungslose Zugehörigkeit zur Gruppe konstituiert. Saba markiert einen Zeithorizont als Grundlage der Freundschaft sowie das Zeiterleben im Sinne der Beziehungsqualität der *kleinen Familie* mit Bezugnahmen auf die gegenwärtige Situation. Olivia thematisiert, dass sie in den individuellen Alltagen wenig Zeit für Treffen hätten, dennoch werde in krisenhaften Situationen die Peergruppe als „*Priorität*" zur Bewältigung einberufen. Die individuelle Zeitplanung wird so modifiziert, dass ein kollektives Zusammenkommen als eine Art Überzeitlichkeit hergestellt werden kann.

Die Treffen werden von der Gruppe als zeitintensiv bezeichnet und mit der Bearbeitung von alltäglichen Themen im Modus einer emotionalen Intimität des Redens verbunden.

> *Saba: dann geht's echt so reih um erzähl du mal was is bei dir und das lustige is (.) ham wir auch letztens festgestellt des is manchmal n bisschen wie so ne Therapiestunde weil einfach (..) wir so unsern Raum schaffen weil (..) ich ich weiß nich ich kann's gar nich (..) da wird auch geheult und geweint äh ganz oft also wenn man dann irgendwie (..) man findet sich endlich wieder zusammen und dann (.) lässt man einfach alles raus also wirklich so was (.) für Gefühle etc. in einem stecken (..) und irgendwie nur wir können des auffangen ich hab des Gefühl dass im Alltag des sonst nich so aufgenommen wird (.) und wenn man dann so zusammen in der Konstellation is dann (.) is einfach jeder mal für jeden da und ähm (.) deswegen nimmt des auch so viel Zeit in Anspruch denk ich ja*
> *Maya: ja und wir ham ja schon früh gemerkt dass wir uns so viel zu erzähln haben (..) immer umso älter wir wurden umso kürzer wurde es immer vom (.) vom Training her (..) und umso mehr wurden die Gespräche und mittlerweile haben die Gespräche auf jeden Fall gewonnen (..)*
> *Saba: mittlerweile machen wir's auch schon so dass wir (.) bewusst sagen ok*
> *Maya: wir treffen uns früher @(.)@*
> *Saba: [...] oder halt wenn wir den Samstag Sonntag haben dass wir sagen Samstag treffen wir uns um zu quatschen Sonntag trainiern wir so [...]*
> *Maya: anders klappt auch gar nich mehr (..) des is aber auch gar nich verkehrt weil (..) in zehn Jahren werden wir vielleicht nur noch miteinander reden und gar nich mehr tanzen [...] wir sind jetzt einfach (.) ein eingespieltes Team und des Team wird auch immer so bleiben ob jetzt mit Tanzen oder ohne (..) des is eigentlich relativ (3)*

Einen exklusiven „*Raum schaffen*" hängt eng mit der extensiven Redepraxis und der Planung von Zeit zusammen. Durch die langjährige Erfahrung hat die Gruppe bereits eine Priorisierung des Redens gegenüber dem Tanzen eingeräumt und organisiert ihre Treffen dementsprechend. Gekennzeichnet ist diese Praxis von einem reflexiven Umgang mit Veränderungen, die die Peergruppe bewusst kommuniziert und an die sie ihr Zusammensein anpasst. Mit Rekurs auf die Vergangenheit wird die Gruppenpraxis des Redens aufrechterhalten, modifiziert und mit Blick in die Zukunft weiter zugespitzt, indem das Tanzen künftig womöglich ausgelagert wird. Eine Exklusivität und Notwendigkeit der Peergruppe werden aufgemacht, da niemand anderes im individuellen Alltag „*des auffangen*" kann. Die Erfahrungen der Alltäglichkeit können nur von der Gruppe bearbeitet werden und sie trägt dazu bei, den eigenen Alltag zu bewältigen.

Das gemeinsame Chillen, nach dem die Gruppe *DANCE* gefragt wurde (vgl. Mengilli 2022), wird von der Peergruppe mit der extensiven Redepraxis verbunden, die als Ausdruck der Bewältigung gesellschaftlicher Anforderungen in Zeiten sozialer Beschleunigung durch und mit Peers gelesen werden kann. Da nicht jede*r über die *gleiche Zeit* verfügt, gilt die Einteilung und Planung von Zeit als *time work*. Der individuelle, an normativen Anforderungen orientierte Alltag der Einzelnen rückt, sobald die Peergruppe gebraucht wird, in den Hintergrund. Die Freundinnen stellen eine autonome Kontrolle über ihre Zeit her, indem sie normative Zeitanforderungen zurückstellen und ihre Peergruppe priorisieren.

3. Vergleichende Betrachtungen des *time work*

In der komparativen Analyse der drei Fälle konnten wir verschiedene Dimensionen des *time work* herausarbeiten, die in unterschiedlicher Akzentuierung zu beobachten sind. Erstens finden sich in den rekonstruierten Fällen Momente der *Herstellung eines zeitlichen Nacheinanders* von Ereignissen und Erfahrungen. Es wird dabei eine Verlaufsförmigkeit und Chronologie von Geschehnissen hervorgebracht. So stellt Kai-Martin die Chronologie der Etappen seines Lebens anhand seiner institutionellen Übergänge in Verbindung mit seinem jeweiligen Lebensalter her. Auf diese Weise ermöglicht er dem Gegenüber ein (erstes) Verstehen seiner wechselreichen Lebensgeschichte. Bei Olli ist ein Nacheinander von Themen zu beobachten, zu denen es jeweils einen chronologischen Verlauf gibt. Außerdem misst er den (Zeit-)Phasen spezifische Bedeutungen bei: Über Konnotationen der einzelnen zeitlichen Abschnitte, also den negativen Bezugnahmen auf Vergangenes, dem Verständnis des Gegenwärtigen als Ermöglichungsmoment des Zukünftigen und aspirativen Bezügen, verbürgt Olli den Verzeitlichungsmodus der Abgrenzung von Vergangenem und des Strebens in die Zukunft. Damit konstruiert er auch ein prospektiv gerichtetes Nacheinander von zeitlichen Abschnitten. Diese Chronologisierungen in der biografischen Selbstthematisierung bei Kai-Martin und Olli lassen sich als Anknüpfen an ein geteiltes Verständnis von Selbst- und Erfahrungspräsentation begreifen. Bei der Gruppe *DANCE* wird die Bezugnahme auf die „*Therapiestunde*", die Saba einführt und elaboriert, von Maya weiter detailliert, wobei sie in einem zeitlichen Verlauf die Verschiebung des Gruppenfokus von dem jugendkulturellen Tanzen zu wohltuenden Gesprächen ausführt. Mit diesem Nacheinander wird die Gruppe und eine Freundschaftschronik im Verlauf hergestellt. Die Freundschaftsdauer wird besonders hervorgehoben, mit der Qualität einer Familie gleichgesetzt und stellt mit diesem Mantra Exklusivität her. Im Vergleich dokumentieren sich also in den untersuchten Darstellungen junger Menschen unterschiedliche Bedeutungen der Chronologisierung von Ereignissen.

Die zweite Dimension des *time work*, die sich in allen drei Fällen zeigt, ist der *Bezug auf Institutionen*. Auch über institutionelle Einbindungen wird eine Verzeitlichung hergestellt. Institutionen des Aufwachsens sind mit Lebensaltern gekoppelt, die in kollektiven Wissensbeständen insofern verankert sind, dass die

Nennung einer Institution eine Vorstellung der Altersstruktur der Akteur*innen und eine zeitliche Einordnung der geschilderten Erfahrungen hervorruft. Beispielhaft entfaltet der Verweis auf *„in der Schule"* nicht nur als räumliches, sondern eben auch als zeitliches Moment seine Wirkung. In den rekonstruierten Fällen erscheinen institutionelle Verzeitlichungen auf verschiedene Weise. Kai-Martin verbindet seine zahlreichen Wechsel von (vor-)schulischen und *Heim*einrichtungen zu einer Biografie, die im Kern durch die Zweispurigkeit der pädagogischen Institutionen konstituiert ist. Auch Olli verwendet solche zeitlichen Einteilungen, wenn er den Zeitraum Schule nochmal einengt und spezifisch von Sekundarschule spricht. Die Gruppe *DANCE* arbeitet sich an den Anforderungen der Lebensphase Jugend ab und bewältigt entfremdete Anforderungen durch außerordentliche Momente mit den Freundinnen. Sie entscheiden selbst, die Freundschaft dem Tanzen vorzuziehen und sich in herausfordernden Situationen – egal, wo sie sich befinden – zu treffen. Die zunehmende Ablösung der Peer-Praxis von dem institutionalisierten Setting des Tanzens lässt sich auch als ein Heraustreten aus der pädagogischen Adressierung und damit den chrononormativen Ansprüchen am Übergang in das junge Erwachsenenalter verstehen.

Eine dritte Dimension ist die *Herstellung von Überzeitlichkeit*. Dabei wird eine zeitliche Verstetigung hergestellt, indem die als relevant erachteten Aspekte der eigenen Erfahrung in Form einer Historie und prospektiven Projektion übergreifend gesichert werden. So erfolgt sowohl eine Vergewisserung in Bezug auf diese Aspekte als auch eine Zuschreibung der Überdauerungsqualität oder -notwendigkeit. Besonders prominent dokumentiert sich dies bei dem Fall *DANCE*, indem die Freundinnen auf eine *„langjährige"* Historie mit gemeinsam geteilten Erfahrungen zurückblicken. In der Gegenwartsperspektive markieren sie die Dauer als besondere Qualität, wenn sie sich trotz einschränkender Anforderungen als *„eingespieltes Team"* bezeichnen und die Peergruppe priorisieren. Mit einer Garantie von *„zehn Jahren"* wird dies auch in Zukunftsaussichten fortgeschrieben und gesichert. Auch bei Olli lassen sich solche überzeitlichen Momente rekonstruieren. Er reagiert auf die Aufforderung zur Darstellung seiner Lebensgeschichte mit einer impliziten Unterteilung in Vergangenheit, Gegenwart und Zukunft. In diese Dreiteilung übersetzt er seine Erfahrungen und bringt sie damit in einen überzeitlichen Zusammenhang, sodass die Norm, eine Lebensgeschichte zu haben, für ihn formal erfüllt ist. Bei Kai-Martin besteht eine überzeitliche Qualität insoweit, dass die Diskontinuität qua permanenter Übergänge zur Kontinuität seiner Lebensgeschichte geworden ist.

Mit der Herstellung eines zeitlichen Nacheinanders, dem Bezug auf Institutionen und der Herstellung von Überzeitlichkeit lassen sich drei Dimensionen des *time work* von Kindern und Jugendlichen aus den empirischen Materialien herausarbeiten. Jenseits dieser analytischen Unterscheidung der Dimensionen zeigt sich aber auch deren Verwobenheit in den Bezügen und Anknüpfungen zu kollektiven Wissensbeständen impliziter Verzeitlichung. Mit der Konstruktion von Verläufen werden sinnhafte Geschichten über sich selbst oder Freundschaft erzählt, die sich an der institutionellen Organisation von Kindheit und Jugend orientieren. Wenn jenseits von Verläufen und Lebensaltern eine Überzeitlichkeit hergestellt wird, werden besondere Qualitäten von z. B. Peerfreundschaften als kollektiv geteilten Erfahrungen hervorgehoben oder eine kohärente Selbstpräsentation hergestellt. Die Hervorbringung einer konsistenten Biografie ist daher als *time work* zu lesen, was zum einen damit verbunden ist, eine Geschichte zu erzählen, und zum anderen von Beziehungshaftigkeit geprägt ist. Die Kinder und Jugendlichen versuchen hierbei, ihren eigenen Stil zu finden, Autonomie zu wahren und mit Zeitnormen umzugehen.

4. *Time work* als Herstellung von gesellschaftlicher Anschlussfähigkeit

Diese explorative und komparative Annäherung an *time work* zeigt, dass zeitbezogene Anforderungen von Kindern und Jugendlichen mit der Entwicklung von Modi des Umgangs mit Zeit und Zeitregimen bearbeitet werden. Diese bringen sie in der eigenen Lebensgeschichte wie auch in Peerkontexten eigensinnig hervor. Sowohl die jugendkulturelle Praxis von jungen Menschen als auch die biografische Auseinandersetzung von Kindern und Jugendlichen mit Übergängen sind eng verwoben mit chrononormativen Annahmen im Hinblick darauf, was im Lebensverlauf zu welcher Zeit relevant ist und was wann zurückgestellt werden kann oder muss. Die (Vor-)Strukturierung von Zeit durch Institutionen und die institutionalisierten Zeitstrukturen lassen zwar vermeintlich wenig Raum für eigene Gestaltungsweisen, dennoch können wir rekonstruieren, wie Kinder und Jugendliche mit ihrem *time work* diese gesellschaftlichen und in institutionalisierten Strukturen eingelagerten Zeitnormen in unterschiedlichen Dimensionen bearbeiten.

Am Beispiel des Chillens wird deutlich, wie sich Peergruppen in einem durchgetakteten Alltag Nischen zur Bewältigung schaffen, um Zeit und Kontrolle für Eigenes zurückzugewinnen. Im Rahmen wohlfahrtsstaatlicher und bildungspolitischer Aktivierung organisieren sie sich um unverrückbare, institutionelle Anforderungen herum. Wenn nötig, übergehen sie diese *überzeitlich*, um im Rahmen ihrer langjährigen Freundschaft Fürsorglichkeit herzustellen (vgl. Mengilli/Lütgens 2024). Auch die einbezogenen biografischen Darstellungen basieren auf impliziten (Selbst-)Positionierungen und Auseinandersetzungen im Horizont zeitbezogener Normvorstellungen. Über die Herstellung von Verläufen und Überzeitlichkeiten sowie über den Bezug auf Institutionen wird ein Selbst konstituiert, das diesen gesellschaftlichen Normen nicht bloß ausgeliefert ist, sondern sie aktiv verarbeitet.

In der jeweiligen Art und Weise der Verzeitlichung dokumentieren sich dabei implizite Bezugnahmen auf Normen der Moderne (vgl. Abschnitt 1): Bei den untersuchten Kindern und Jugendlichen ist eine Auseinandersetzung mit dem Normativ der Darstellung eines Selbst zu erkennen, das mit einer Erfahrungshistorie und einer prospektiven Ausrichtung (vgl. Dausien 2020, S. 75) ausgestattet ist, das Entscheidungen trifft und verantwortet und das zudem in freundschaftliche und/oder familiale Beziehungen sowie gesellschaftliche Strukturen eingebettet ist. Dies lässt sich auch im Horizont eines Normallebenslaufs (vgl. Kohli 1985) verstehen. Die Kinder und Jugendlichen changieren in der Auseinandersetzung mit diesem Normativ zwischen der Konstruktion eines Nacheinanders, der Herstellung einer Überzeitlichkeit und dem Bezug auf Institutionen. Chronologisierung als zeitliches Strukturierungshandelns und Chrononormativität als zeitbezogenes Normierungshandelns sind über soziale und kulturelle Konstruktionen von Zeit in Lebensverläufen eng aufeinander bezogen.

Time work ist damit eine Bewältigungsstrategie gesellschaftlicher Normative, die ermöglicht, sich trotz mannigfaltiger und zum Teil widersprüchlicher Anforderungen und Einflüsse in der Moderne als ein kohärentes, in Beziehung stehendes, eigeninitiatives und handlungsfähiges Selbst herzustellen. Die drei herausgearbeiteten, unterschiedlichen Dimensionen von *time work* stellen somit Register dar, mit denen junge Menschen in der Lage sind, mit den multiplen, teils widersprüchlichen institutionellen und gesellschaftlichen Anforderungen flexibel umzugehen und Anschlussfähigkeit an gesellschaftliche Normen, besonders des Aufwachsens, herzustellen. *Time work* kann daher als eine Bewältigungsleistung gesellschaftlicher Integrationsanforderungen gelesen werden. Nicht zuletzt hat sich gezeigt, dass Fürsorgepraktiken und Peervergemeinschaftung notwendig sind, um *time work* als kontinuierliche Abarbeitung an Normen zu betreiben. Um nicht in der Logik von Institutionen verhaftet zu bleiben und diese Bewältigungsleistungen anzuerkennen, braucht es in der sozialpädagogischen Diskussion eine Einbeziehung der Praktiken des *time work* von Kindern und Jugendlichen. Die Rekonstruktion dessen, wie sie widersprüchliche zeitliche Anforderungen bearbeiten, sollte als ein Beitrag zu einer sozialpädagogischen Perspektive auf Kindheiten und Jugenden berücksichtigt werden (vgl. Betz/Neumann 2013; Ritter/Schmidt 2020).

Literatur

Alheit, Peter (1988): Alltagszeit und Lebenszeit. Über die Anstrengungen, widersprüchliche Zeiterfahrungen „in Ordnung zu bringen". In: Zoll, Rainer (Hrsg.): Zerstörung und Wiederaneignung von Zeit. Frankfurt a. M.: Suhrkamp, S. 371–386.

Alheit, Peter (1993): Transitorische Bildungsprozesse. Das „biographische Paradigma" in der Weiterbildung. In: Mader, Wilhelm (Hrsg.): Weiterbildung und Gesellschaft. Grundlagen wissenschaftlicher und beruflicher Praxis in der Bundesrepublik Deutschland. Bremen: Universität Bremen, S. 343–418.

Alheit, Peter/Dausien, Bettina (2009): „Biographie" in den Sozialwissenschaften. Anmerkungen zu historischen und aktuellen Problemen einer Forschungsperspektive. In: Fetz, Bernhard (Hrsg.): Die Biographie. Zur Grundlegung ihrer Theorie. Berlin: de Gruyter, S. 285–315.

Bauman, Zygmunt (2008): Flüchtige Zeiten. Leben in der Ungewissheit. Hamburg: Hamburger Edition.

Betz, Tanja/Neumann, Sascha (2013): Editorial. Schwerpunkt: Kinder und ihre Kindheit in sozialpädagogischen Institutionen. In: Diskurs Kindheits- und Jugendforschung 8, H. 2, S. 143–148.

Bohnsack, Ralf (2017): Praxeologische Wissenssoziologie. Leverkusen/Opladen: Barbara Budrich.

Dausien, Bettina (1996): Biographie und Geschlecht. Zur biographischen Konstruktion sozialer Wirklichkeit in Frauenlebensgeschichten. Bremen: Donat.

Dausien, Bettina (2000): „Biographie" als rekonstruktiver Zugang zu „Geschlecht". Perspektiven der Biographieforschung. In: Lemmermöhle, Doris/Klika, Dorle/Fischer, Dietlind/Schlüter, Anne (Hrsg.): Lesarten des Geschlechts. Zur De-Konstruktionsdebatte in der erziehungswissenschaftlichen Geschlechterforschung. Leverkusen/Opladen: Leske + Budrich, S. 96–115.

Dausien, Bettina (2020): Biografie. In: Schinkel, Sebastian/Hösel, Fanny/Köhler, Sina-Mareen/König, Alexandra/Schilling, Elisabeth/Schreiber, Julia/Soremski, Regina/Zschach, Maren (Hrsg.): Zeit im Lebensverlauf. Ein Glossar. Bielefeld: transcript, S. 73–79.

Deppermann, Arnulf (2013): Interview als Text vs. Interview als Interaktion. In: Forum qualitative Sozialforschung 14, H. 3, Art. 13.

Fischer, Wolfram (2017): Drunter, drüber oder voll daneben? Zur Lage des Selbst im Handeln, Erleben und in biographischer Kommunikation. In: Spies, Tina/Tuider, Elisabeth (Hrsg.): Biographie und Diskurs. Methodisches Vorgehen und methodologische Verbindungen. Wiesbaden: Springer VS, S. 129–150.

Fischer, Wolfram (2018): Zeit und Biographie. In: Lutz, Helma/Schiebel, Martina/Tuider, Elisabeth (Hrsg.): Handbuch Biographieforschung. Wiesbaden: Springer VS, S. 461–472.

Flaherty, Michael G. (2003): Time Work: Customizing Temporal Experience. In: Social Psychology Quarterly 66, H. 1, S. 17–33.

Freeman, Elizabeth (2010): Time Binds. Queer Temporalities, Queer Histories. Durham: Duke University Press.

Gregor, Anja (2015): Constructing Intersex. Intergeschlechtlichkeit als soziale Kategorie. Bielefeld: transcript.

Kohli, Martin (1985): Die Institutionalisierung des Lebenslaufs. Historische und theoretische Argumente. In: Kölner Zeitschrift für Soziologie und Sozialpsychologie 37, H. 1, S. 1–29.

Leccardi, Carmen (2013): Temporal perspectives in de-standardised youth life courses. In: Schröer, Wolfgang/Stauber, Barbara/Walther, Andreas/Böhnisch, Lothar/Lenz, Karl (Hrsg.): Handbuch Übergänge. Weinheim/Basel: Beltz Juventa, S. 251–269.

Leccardi, Carmen (2021): Redefining the Link between Structure and Agency. The Place of Time. In: Nico, Magda/Caetano, Ana (Hrsg.): Structure and Agency in Young People's Lives. London: Routledge, S. 82–99.

Mengilli, Yağmur (2022): Chillen als jugendkulturelle Praxis. Wiesbaden: Springer VS.

Mengilli, Yağmur/Lütgens, Jessica (2024): „Dann chilln wir und halten uns" – Zur Relevanz des Chillens als jugendliche Vergemeinschaftungs- und Positionierungspraxis. In: Bock, Karin/Franzheld, Tobias/Grunert, Cathleen/Ludwig, Katja/Pfaff, Nicolle/Schierbaum, Anja/Schröer, Wolfgang (Hrsg.): Pädagogische Institutionen des Jugendalters in der Krise. Wiesbaden: Springer VS, S. 363–378.

Pluto, Liane/Schrapper, Christian/Schröer, Wolfgang (2021): Kindheit und Jugend in sozialpädagogischen Institutionen. Das Beispiel der „Heimerziehung". In: Krüger, Heinz-Hermann/Grunert, Cathleen/Ludwig, Katja (Hrsg.): Handbuch Kindheits- und Jugendforschung. Wiesbaden: Springer VS, S. 1–23.

Ritter, Bettina/Schmidt, Friederike (Hrsg.) (2020): Sozialpädagogische Kindheiten und Jugenden. Weinheim/Basel: Beltz Juventa.

Rosa, Hartmut/Scheuerman, William E. (2009): High-speed society. Social acceleration, power, and modernity. Pennsylvania: Pennsylvania State University Press.

Siebholz, Susanne (2023): Kinder in Heimen am Übergang von der Grund- in die Sekundarschule. Eine qualitative Längsschnittanalyse. Wiesbaden: Springer VS.

Siegert, Karolina/Lindmeier, Bettina (2022): Zum Erleben von und dem Umgang mit Zeit: Chrononormative Orientierungen und deren Bearbeitung in adoleszenten Biographien am Übergang Schule-Beruf. In: Diskurs Kindheits- und Jugendforschung 17, H. 3, S. 296–309.

Stauber, Barbara/Walther, Andreas (2024): Jugend und Zeit – Zur spannungsreichen zeitlichen Konstituierung einer Lebensphase. Zeitschrift für Pädagogik, 70. Beiheft, S. 55–72.

Torres, Felipe (2022): Temporal Regimes: Materiality, Politics, Technology. London/New York: Routledge.

Voges, Wolfgang (1987): Zur Zeitdimension in der Biographieforschung. In: Voges, Wolfgang (Hrsg.): Methoden der Biographie- und Lebenslaufforschung. Wiesbaden: VS Verlag für Sozialwissenschaften, S. 125–141.

Walther, Andreas/Stauber, Barbara (2013): Übergänge im Lebenslauf. In: Schröer, Wolfgang/Stauber, Barbara/Walther, Andreas/Böhnisch, Lothar/Lenz, Karl (Hrsg.): Handbuch Übergänge. Weinheim/Basel: Beltz Juventa, S. 23–43.

Weigert, Andrew J. (1981): Sociology of Everyday Life. New York/London: Longman.

Zwischen Selbstbestimmung und Verordnung.

Empirische Zugänge zu Zeitlichkeiten

Jennifer Hübner, Serafina Morrin und Tim Wersig

Die „Freiheit des Handelns" (Humboldt 1851, S. 9) scheint bei Bildungsprozessen unerlässlich, um innere Kräfte zu entfalten und zur Selbstbestimmung zu gelangen. Dass das Kultivieren dieser Freiheit allerdings immer auch mit Zwängen verbunden ist, darauf hat bereits Kant hingewiesen (vgl. Kant 1803, S. 711; A 32). Doch welche Relevanz hat Zeit in diesem Spannungsverhältnis zwischen Freiheit und Zwang, zwischen Selbstbestimmung und Verordnung? In diesem Beitrag verfolgen wir, inwieweit ein Fokus auf Zeitlichkeiten für die empirische Rekonstruktion hilfreich sein kann, um genau dieses Spannungsverhältnis in den Blick zu nehmen. Dem gehen wir anhand drei verschiedener Felder, in denen empirische Zugänge betrachtet werden können, nach: der Absolvierung eines Jugendfreiwilligendienstes, dem Handlungsfeld der Offenen Kinder- und Jugendarbeit sowie eines Theaterprojektes in einer Aufnahmeeinrichtung für Geflüchtete. Eine Sensibilität während der empirischen Analyse für die Relevanz zeitlicher Dimensionen zu entwickeln, bietet – so unsere These – eine Möglichkeit, um das Spannungsverhältnis von Verordnung und Selbstbestimmung empirisch in den Blick zu nehmen und dabei die zeitliche Reflexionsfähigkeit zu stärken.

Um einen Einblick in das vielfältige Verständnis von Zeitlichkeiten zu eröffnen, wird zunächst durch narrative Zugänge über die Gestaltung biografischer Übergänge betrachtet, inwieweit Zeit in biografischen Verläufen relevant wird. Dem folgt ein ethnomethodologischer Blick auf Zeit, der in Verbindung mit dem Fachprinzip Offenheit (in) der Offenen Kinder- und Jugendarbeit (OKJA) diskutiert wird. Als dritter Zugang wird ein bisher wenig beachteter Blick auf zeitliche Widersprüchlichkeiten eröffnet. Ein ästhetischer Fokus verdeutlicht die Relevanz des Imaginären, mit dem eine Gegenzeit möglich werden kann. In der abschließenden Diskussion führen wir die dargestellten Perspektiven zusammen und plädieren für eine methodische Offenheit im Forschungsprozess, um das Spannungsverhältnis zwischen Selbstbestimmung und Verordnung hinsichtlich der vielfältigen Zugänge zu Zeitlichkeiten differenziert explorieren zu können.

1. Biografie und Zeitlichkeit: Narrative Zugänge über die Gestaltung biografischer Übergänge

Auf der Suche nach Gemeinsamkeiten von Biografie und Zeit wird deutlich, dass beide Konstrukte darstellen, welche lebensbezogen individuell inhaltlich gefüllt werden. Biografien können damit zusammenhängend als „kommunikative Strukturierungen [verstanden werden], die soziale und individuelle Zeit nutzen und erzeugen" (Fischer 2018, S. 461). So bestehen nicht nur unterschiedliche Vorstellungen über Relationen von Zeit, sondern auch deren Verortung innerhalb des individuellen biografischen Erlebens und Geschehens. Daher liegt es nahe, die Biografie als der Zeit inhärent als Gegenstand von Forschung zu betrachten. Darüber hinaus steht die Thematisierung narrativer Zugänge über die Gestaltung biografischer Übergänge im Fokus unseres ersten Zugangs.

Die Grundlage dieser Auseinandersetzung bildet eine biografieanalytische (nach Schütze 1983/2016) Studie mit Jugendlichen und jungen Erwachsenen über zentrale Motivlagen zur Absolvierung eines Freiwilligen Sozialen Jahres (vgl. Wersig 2022). Dieser Jugendfreiwilligendienst als „besondere Form freiwilligen bürgerschaftlichen Engagements" (Jakob 2011, S. 28) stellt für junge Menschen eine Möglichkeit der Gestaltung von biografischen Übergängen (z. B. in das Erwachsenalter oder in eine Ausbildung oder ein Studium) dar. Bereits 1993 stellt Gisela Jakob dazu passend heraus, dass als „Voraussetzung für ein Engagement […] eine biographische Passung [gilt]. […] Sinnhaftes ehrenamtliches Handeln wird erst dann möglich, wenn das Engagement mit eigenen biographischen Handlungsentwürfen und Planungen verbunden werden kann" (Jakob 1993, S. 281). Mit diesem Passungsverhältnis von Engagement und Biografie werden ebenso zeitliche Dimensionen aufgerufen, die lebensphasenspezifisch (hier beispielgebend die Lebensphase Jugend, in der ein Jugendfreiwilligendienst in der Regel absolviert wird) verortet und gestaltet werden. Dies zeigt sich auch in biografischen Entwürfen und damit verbundenen zeitlichen (Zukunfts-)Planungen.

Die der vorliegenden Studie zugrunde liegenden Fragestellungen lauten u. a. „Welche Motive verbinden Jugendliche und junge Erwachsene mit einem Freiwilligen Sozialen Jahr und inwieweit sind diese mit dem jeweiligen biografischen Erleben und Geschehen verknüpft?" (Wersig 2022, S. 8) sowie „Wann genau entscheiden sich Jugendliche und junge Erwachsene in ihrer Biografie für das Freiwillige Soziale Jahr?" (ebd.). Damit werden sowohl biografische Zeitpunkte als auch die Gestaltung von Lebensläufen und Biografien von jungen Menschen zu forschungsbezogenen Gegenständen. Der Zeitpunkt für eine Entscheidung zur Teilnahme am Freiwilligen Sozialen Jahr ist demnach auch bedeutend, da teilweise auch biografische Wege in Tätigkeitsfelder der Sozialen Arbeit erkennbar werden können (vgl. Wersig 2022, S. 252 ff.). Als Forschungsmaterial wurden biografisch-narrative Interviews (vgl. Schütze 1983/2016) mit Jugendlichen und jungen Erwachsenen geführt, welche mit der Narrationsanalyse (vgl. ebd.) ausgewertet wurden, wobei es auch darum ging, nach den „zeitlichen [...] Verhältnissen des Lebenslaufs" (Schütze 2016, S. 56) zu fragen.

Eine Untersuchung des Zusammenhangs zwischen Zeit und der Teilnahme an einem Jugendfreiwilligendienst zeigt, dass die Zeit bzw. deren Gestaltungsmöglichkeiten dafür verwendet werden, junge Menschen auf die Möglichkeit der Absolvierung eines Freiwilligendienstes aufmerksam zu machen. Auf Plakaten, Flyern oder Broschüren ist z. B. zu lesen: „Hier lernste was fürs Leben" (Caritas Düren-Jülich o. J.), „Zeit, das Richtige zu tun" (BMFSFJ 2016) sowie „Die Schule ist vorbei, sag ja zum Freiwilligen Sozialen Jahr" (INVIA Caritas Olpe o. J.). Demnach werden in den Aufrufen zeitliche Komponenten erkennbar, indem Verknüpfungen zum Kompetenzzuwachs für den weiteren Lebensverlauf, die konkrete Setzung der Zeit und eine damit zusammenhängende (als von öffentlicher Stelle *richtig* titulierte) Entscheidungsmöglichkeit für die Teilnahme an einem Freiwilligendienst sowie eine zeitliche Verortung dieser Teilnahme (nach der Absolvierung der Schulzeit) aufgezeigt werden. Zeit wird demnach als Werbemittel eingesetzt, indem potenziellen Freiwilligen aufgezeigt wird, dass die Absolvierung eines Freiwilligendienstes die Investition zeitlicher Ressourcen bedeutet, jedoch diese Zeit auch sinnvoll investiert erscheint, allerdings nur dann, wenn das weiter oben beschriebene Passungsverhältnis von den Freiwilligen selbst erkannt und genutzt wird. Innerhalb einer hierbei erkennbaren zeitbezogenen kapitalistischen Verwertungslogik scheinen zweckrationale Entscheidungen im Vordergrund zu stehen und v. a. eine auf die eigene Zukunft gerichtete selbstbezogene Verwertung der investierten Zeit (vgl. Bröckling 2007).

Erfolgt eine empirische Betrachtung der Bedeutung von Zeit sowie den damit einhergehenden Zugriffen auf Zeitlichkeit(en), können diese als biografische Marker herausgestellt werden. Ebenso zeigen sich Beeinflussungsfaktoren, die mit der Zeit in Verbindung stehen, und darüber hinaus ermöglicht der gewählte narrative Zugang die Initiierung von Verstehensprozessen, wie z. B. die Auseinandersetzung mit der Biografieträgerin Frieda zeigt (vgl. Wersig 2022, S. 199 ff.).

Frieda ist zum Zeitpunkt der Interviewerhebung 21 Jahre alt und steht kurz vor der Absolvierung eines Freiwilligen Sozialen Jahres, das sie in einer Tagesstätte für Menschen mit psychischen Erkrankungen leisten möchte. Besonders bei Frieda zeigt sich, dass die Gestaltung des biografischen Übergangs in das Erwachsenenalter nicht nur damit zusammenhängt, einen entsprechenden Lebensentwurf und ggf. einen damit verknüpften Plan an die biografische Zukunft zu adressieren, sondern es ebenso bedeutend erscheint, sich mit Zeit(en) und Zeitpunkten im bisherigen Lebensverlauf auseinanderzusetzen und damit bezogene Erfahrungen aus der Vergangenheit in das aktuelle Lebensgeschehen integrieren zu können. Frieda wächst (seit der Grundschulzeit) primär bei ihrem Vater auf, ihre Mutter hat eine diagnostizierte Schizophrenie, welche stellenweise auch zu einer Abwesenheit der Mutter sowie eine damit einhergehende Relevanzsteigerung der Peergroup im Leben Friedas führt. In der Schule macht Frieda eher durchwachsene Erfahrungen, da sich die familiären Erfahrungen u. a. auch auf ihre schulischen Leistungen niederschlagen. So kommt es auch zu Stigmatisierungserfahrungen als *faule Schülerin*. Zugleich zeigen sich innerhalb der Schulbiografie immer wieder Versuche Friedas, sich fachlich bezogen mit dem Krankheitsbild ihrer Mutter auseinanderzusetzen. Das Freiwillige Soziale Jahr wird nun (im Gegensatz zu den schulischen Erfahrungen) als ein Zeitraum gesehen, an dem ein neues positiv konnotiertes soziales Umfeld entstehen kann. Zugleich kommt es durch Friedas implizites Motiv zu einer bewussten Wahl der Einsatzstelle im Rahmen des Freiwilligendienstes, einer Tagesstätte für Menschen mit psychischen Erkrankungen. Als Zeitpunkt, an dem die Idee, ein Freiwilliges Soziales Jahr zu absolvieren, immer mehr zunimmt, benennt Frieda konkret einen Probearbeitstag in der zukünftigen Einsatzstelle, den sie als ermutigend wahrnimmt und der sie in der Entscheidung für das Freiwillige Soziale Jahr bestätigt. Dabei wird Friedas Versuch erkennbar, durch die einsatzstellenbezogene Auseinandersetzung, das Krankheitsbild ihrer Mutter besser verstehen und auch Vergangenheitserfahrungen, die z. B. mit der Krankheit in Verbindung stehen, besser nachvollziehen zu können. Zeit wird hierbei aus einer vergangenen (Rekonstruktion kindlicher Erinnerungen) und zukünftigen Perspektive (Integration der Erfahrungen in den aktuellen Lebensverlauf) betrachtet (vgl. Wersig 2022, S. 199 ff.).

Sampleübergreifend kommt es weiterführend zu Bezugnahmen auf die Kategorie Zeit, wenn es darum geht, Lebensphasen evaluativ zu betrachten. Die Biografieträger*innen bewerten institutionell geprägte Phasen (z. B. die Zeit in einer Kindertagesstätte oder die Schulzeit) als „ne sehr SCHWERE Zeit" (Wersig 2022, S. 277) oder aber auch „ne sehr schöne Zeit" (ebd.). So kommt es vorwiegend in der Gestaltung biografischer Übergänge durch Jugendliche und junge Erwachsene zu individuellen Bewertungen von Zeit(en). Ebenso zeigen sich hierbei zeitliche Dimensionen, die mit der jeweiligen Lebensphase in Zusammenhang stehen. Das Spannungsverhältnis zwischen Selbstbestimmung und Verordnung wird somit vorwiegend in der individuellen Bewertung von Zeit(en) bei der Gestaltung biografischer Übergänge sichtbar.

Im Anschluss an diesen narrativen Zugang zu Zeitlichkeit soll im Folgenden, am Beispiel der Offenen Kinder- und Jugendarbeit, Zeitlichkeit als räumliche Relation perspektiviert werden.

2. Offenheit und Zeitlichkeit: Doing time in der außerschulischen Kinder- und Jugendbildung

Der zweite Zugriff nimmt eine ethnografisch gerahmte Fallstudie in den Blick, die das Fachprinzip Offenheit in seiner praktischen Herstellung im Feld der

OKJA ethnomethodologisch ergründet (vgl. Garfinkel 1967/2020). Diese basiert auf einem mehrmonatigen Feldaufenthalt in einem Kinder- und Jugendhaus, während dessen eine Vielzahl an Feldnotizen, Zeichnungen, Memos und Beobachtungsprotokollen entstanden ist. Abgeschlossen wurde die Erhebung mit einer Gruppendiskussion, in der die Fachkräfte der Einrichtung die Möglichkeit hatten, vorläufige Studienergebnisse zu diskutieren. Ausgewertet wurde das Material mit einem verschränkten induktiv-rekonstruktiven Ansatz, der sich aus der Grounded-Theory-Methodologie (GTM; vgl. Glaser/Strauss 1967/1998) und tiefensemantischer Textarbeit (vgl. Thomas 2019, S. 129 ff.; Breidenstein et al. 2020, S. 158 ff.) zusammensetzt.

In Anlehnung an die GTM kamen das offene, axiale und selektive Codieren zum Einsatz. Die Bedeutung von Zeit zeichnete sich zwar bereits während des offenen Codierens ab, eine inhaltliche fundierte Bedeutung jedoch gewannen die Zeitperspektiven erst während des axialen Codierungsvorgangs. Innerhalb dieses Schrittes konnte das vorab codierte Material nicht nur eigenständige empirische Kategorien herausbilden, auch innerhalb der Kategorien selbst entstand ein logisches Ordnungssystem. Die Entwicklung der Kategorien ermöglichte es, die Herstellung und Praxis von Offenheit im Alltag der OKJA – ohne sie verengen zu wollen – entlang verschiedener Parameter konzeptioneller zu (be-)greifen. Zeit wurde ab diesem Analyseschritt als zentrales Dispositiv – hier verstanden als „Vorrichtung und Arrangement" bzw. „Anordnung" (Cloos 2009 et al., S. 18) – begriffen, das die Offenheit in einem Kinder- und Jugendhaus (mit-)herstellt und bedingt. Die daran anschließende Analyse von Schlüsselsequenzen ermöglichte es, ganz im Sinne der Ethnomethodologie Zeit als Tun und Herstellung, also Zeitpraxis (*doing time*), weiter auszudeuten.

Die Dimension Zeit tritt in Einrichtungen der OKJA als Verästelung unterschiedlicher Praxen, Perspektiven und Zusammenhänge hervor, die als *praktische Zeitlichkeiten* bezeichnet werden können. Eine dieser Zeitlichkeiten bezieht sich auf die (An-)Ordnung des Alltags von Kinder- und Jugendhäusern, bei dem zwischen der Tages- und Wochengestaltung genauso wie Monats- und Jahresplanung unterschieden sind. Die Analyse zeigt, dass die praktische Tages- oder Wochengestaltung von Kinder- und Jugendhäusern entweder durch tendenziell rhythmisierte oder informelle Zeitarrangements hergestellt und gerahmt wird. Unter Informalität wird hier ein innerhalb der Öffnungszeit arrangierter Einrichtungsalltag verstanden, der ohne eine feste Angebotsstruktur auskommt und auch keine Spezialzeiten z. B. für ältere oder jüngere Besucher*innen vorhält. Im Fokus steht der offene Bereich als „Ermöglichungsraum" und seine „architektonischer oder materieller Anregungen", die „informelle Bildungsprozesse" (Deinet 2014, S. 37) anregen können, aber nicht müssen. Ob der Verzicht auf einen festen Rhythmus und die Möglichkeit zur Spontanität auch seitens der Besucher*innen als offen und adressat*innenorientiert empfunden wird, hängt allerdings von ihren subjektiven Deutungsperspektiven ab. Denn während diese informellen Arrangements von einigen als Möglichkeit zur Selbstorganisation und -bildung empfunden werden, vermittelt es sich für andere als Überforderung, Grenzziehung und Ausschluss (vgl. Hübner 2025).

Ein weiteres Dispositiv praktischer Zeitlichkeit liegt in der Betrachtung der Besucher*innen von Einrichtungen der OKJA. Zu unterscheiden ist dabei zwischen den ehemaligen, aktuellen und zukünftigen Besucher*innen, wobei die ehemaligen und zukünftigen Besucher*innen anders die Stammbesucher*innen der Gegenwart die Handlungspraxis durch ihren faktischen Besuch *nicht mehr* bzw. *noch nicht* beeinflussen. Die Untersuchung hat gezeigt, dass sowohl die Handlungspraxis von Kinder- und Jugendhäusern als auch das Adressierungsmanagement der Fachkräfte Spuren der Vergangenheit (und auch Zukunft) in sich tragen, die auf das Gewordensein der Einrichtungen verweisen (vgl. ebd.).

Dabei wird deutlich, dass Handlungspraxen genauso wie thematische Schwerpunktsetzungen von Kinder- und Jugendhäusern, die sich in der Vergangenheit als besucher*innenzentriert und offen herausstellten, für die jungen Menschen der Gegenwart als das Gegenteil verfügbar machen können. Die Fachkräfte entwickeln eine tiefergehende Kundigkeit und Kompetenz für spezifische Interessen und Praxen junger Menschen, die es ihnen möglich machen, in der undurchsichtigen Offenheit des Alltags Expertise zu gewinnen und den Besucher*innen eine adressat*innenorientierte professionelle Praxis anzubieten (vgl. ebd.).

Was sich jedoch für die einen als offen vermittelt, kann anderen Zugang und Zugänglichkeit erschweren oder sogar verunmöglichen. Das macht deutlich, „dass Praktiken der Ortsgestaltung im Alltag der Jugendarbeitenden im Kontext von Offenheit und Freiwilligkeit auch Spezialisierungs- und damit Schließungsprozesse zur Folge haben können" (Brüschweiler/Hüllemann/Reutlinger 2018, S. 66) und verweist auf die Grenzen von Offenheit. Wie die Gestaltung und Rhythmisierung von Alltag richtet auch diese zeitliche Perspektive ihren Blick auf den hybriden Spannungsbogen von Offenheit, der sich für die verschiedenen Statusgruppen in der OKJA freiwillig und offen genauso wie spezialisiert und exklusiv vermitteln kann (vgl. ebd., S. 71). Offenheit bedeutet in der Handlungspraxis von OKJA daher auch, sie als eine Arbeit am Rahmen und eine Gestaltung von Übergängen (vgl. Cloos et al. 2009, S. 171 ff.) zu begreifen, die stets zeitbedingt bzw. zeitgebunden sind.

Es geht also weder darum, kundige und spezialisierte Expert*in für z. B. eine jugendkulturelle Praxis zu werden noch um eine beliebige Vielfalt, die das Ziel hat, von jedem ein bisschen zu können. Vielmehr geht es darum, Wahrnehmungs- und Reflexionsfähigkeiten zu entwickeln, um sich durch die informelle und komplexe Vielfalt des sozialpädagogischen Geschehens zu schlagen und dem Anspruch an Gleichzeitigkeiten professionell gerecht zu werden (vgl. Hübner 2025). Mit Hörster kann das als ein „kasuistische[s] Abwägen[,] verwoben in die Funktionen krisenhafter Bildung, in spezifischen Räumen als Arbeitsarrangement der Sozialpädagogik" (Hörster 2012, S. 682) bezeichnet werden, bei dem es um „um eine neue Vermittlung von Verlässlichkeit und Offenheit und um Grenzen in der Offenheit" (Thiersch 2018, S. 23) geht. Um sich dieser verwobenen und antidichotomen Perspektive von Offenheit (und auch Geschlossenheit) in ihrer Verschränktheit von Zeit zu widmen, können folgende Fragestellungen als Anregung dienen: Welche zeitlichen Interessen verfolgen junge Menschen und Subjektgemeinschaften in der außerschulischen Kinder- und Jugendbildung? Wie lassen sich die mitunter verschiedenen zeitlichen Interessen unter einem gemeinsamen Dach miteinander vereinbaren? Wer ist für die Durchsetzung der zeitlichen Interessenlagen junger Menschen zuständig? Werden die jungen Menschen beteiligt, wird ihnen die Verhandlung überlassen (vgl. Hübner 2025)?

Nähert man sich diesen Fragen aus einer Perspektive des Wahrnehmens (forschender Habitus in der Praxis), stellt das explorative Erkunden von Interessen und Wünschen der Adressat*innen sowohl in der Praxis als auch in der Forschung eine sinnvolle Alternative zu klassischen verbalen Zugriffen dar. Insbesondere Fragestellungen zur Selbstbestimmung und Verordnung innerhalb von Angeboten der sozialpädagogischen Praxis bieten einen ethnografischen Zugang, kasuistische Möglichkeiten, wenig offensichtliche Differenzen und Differenzlinien innerhalb der sozialen Ordnung zu entdecken und machtkritisch nachzuspüren. Dieser hier entfaltete Zugang, Zeit in ihrem Herstellungsprozess zu beleuchten, soll im Weiteren aufgegriffen werden, um Sichtweisen zu eröffnen, mit der sich Widersprüche zeitlicher Handlungspraxen fokussieren lassen.

3. Ästhetik und Zeitlichkeit: Verweilen im Augenblick

Der dritte vorgestellte empirische Zugang zum Spannungsverhältnis von Selbstbestimmung oder Verordnung greift eine bislang wenig beachtete Perspektive auf Zeitlichkeiten auf: Mit der hier vorgeschlagenen ästhetischen Betrachtungsweise lässt sich – so die im Folgenden vertretene Annahme – Zeitlichkeit auch in ihrer Widersprüchlichkeit begreifen und empirisch rekonstruieren. Inwiefern zeitliche Widersprüche zwischen der realen und imaginären Welt relevant werden, und dass der Blick auf die Materialitäten ein Bewusstsein für die Rhythmik von Bewegungspraktiken eröffnen kann, soll exemplarisch anhand einer Untersuchung entfaltet werden (vgl. Morrin 2023). Dafür wurde ein theaterpädagogisches Projekt in einer Aufnahmeeinrichtung für Geflüchtete videografiert, an dem zehn- bis zwölfjährige Kinder teilgenommen haben. Es wurde untersucht, wie die Beteiligten in dem theaterpädagogischen Setting in der Interaktion soziale Ordnungen im Miteinander gestalten. Zeitlichkeit wird somit aus einer Perspektive von Flucht und Migration betrachtet und mit ästhetischen Prozessen in Verbindung gebracht. Das folgende empirische Beispiel wurde ausgewählt, weil die Dynamik der sozialen Handlungen innerhalb weniger Minuten von einer wahrgenommenen Unruhe und kämpferischen Vereinzelung (schnelle Bewegungsrhythmen) hin zu einer großen Geschlossenheit und Konzentration auf eine gemeinsame Sache wechselt. Obwohl sich die Gruppe erst zum zweiten Mal trifft, trauen sich die Kinder im Spiel sogar zum Teil die Augen zu schließen. Ein solches Vertrauen ist eher ungewöhnlich für „Räume der Diskontinuitäten" (Morrin 2023, S. 47) – also für pädagogische Settings mit sich (noch) nicht bekannten Personen in einer Lebenssituation, in der sie nicht wissen können, ob sie sich am nächsten Tag in dieser Konstellation wiedertreffen werden – die „von großer Instabilität gekennzeichnet sind" (Karakayali/zur Nieden 2018, S. 302).

„In dem Mehrzweckraum einer Aufnahmeeinrichtung stehen einige Kisten und Möbel herum. Neben der Forscherin sind eine Theaterpädagogin und vier Kinder anwesend. In der Wahrnehmung der Forscherin wirkt die bisherige Workshop-Einheit – auch aufgrund der abgestellten Gegenstände – chaotisch und hektisch. Während zwei Kinder mit abrupten Bewegungen miteinander kämpfen, rennen zwei weitere laut und schnell durch den Raum. Nun geht die Pädagogin zügig zu einer Stuhlreihe und hält ohne ein Wort zu sagen einen glitzernden Plastikstab hoch. Die Kinder, die gerade noch mit etwas anderem beschäftigt waren, scheinen ihr ohne Aufforderung zu folgen. ‚Ein Zaubertrick', ruft ein Junge. Sich zunächst unruhig um die Stühle herumbewegend, beginnen zwei Kinder – anfänglich etwas unschlüssig – sich dann zu setzen, wenn die Pädagogin den Stab schwingt: ‚Okay. Wenn ich Euch jetzt mit dem Zauberstab berühre, macht ihr die Augen zu'. Mit schnellen, kurzen und zackigen Bewegungen tippt sie den Kindern mit dem Stab auf die Schulter. Dies wiederholt sie, allerdings jetzt in einem langsameren Rhythmus und indem sie den Kindern dabei in die Augen schaut. Diese haben sich nacheinander auf die Stühle gesetzt und schließen – zumindest für kurze Zeit – ihre Augen. Zwei der Kinder lächeln und lehnen sich dabei langsam und entspannt nach hinten. Ein Junge entgegnet, ebenfalls lächelnd: ‚Das ist kein Zaubertrick'. Die Kinder sitzen entspannt in den Stühlen. Nachdem die Pädagogin alle ein zweites Mal – doch jetzt viel langsamer – mit dem Plastikstab berührt hat, setzt sie sich auf den freien Platz zwischen den Kindern. Es ist zum ersten Mal für diesen Tag auffallend still geworden. In die Bewegungen der Kinder ist eine Ruhe eingekehrt. Jetzt blickt der Junge die Theaterpädagogin ruhig an und sagt erneut: ‚Das war kein Zaubertrick. Du hast zu uns so so so'. Dabei macht er mit seiner Hand ihre vorherigen Bewegungen nach. Sie fragt nach: ‚War das kein Zaubertrick?' und legt den Stab ruhig auf ihren Schoß, alle Blicke richten sich auf sie. ‚Aber jetzt sind wir bereit. Ich hab Euch bereit gezaubert, um unsere Geschichten von gestern nochmal zu spielen'. Aufmerksam rücken die Kinder näher zu ihr heran. Eine neue gemeinsame Aufgabe beginnt. Bei der abschließenden Feedbackrunde des Theaterprojekts antwortet der Junge auf die Frage, was ihm am besten gefallen habe: ‚Die Zaubertricks'".[1]

Bei der Analyse dieser Sequenz (im Anschluss an Bohnsack 2017) sind einige Fragen entstanden: Was hat dazu geführt, dass sich die Bewegungsrhythmen verlangsamt sowie aufeinander abgestimmt haben und dass sich die vereinzelten Kinder zeitgleich an einem Ort zusammenfinden? Welche Rolle spielt die Imagination und inwiefern ist damit das Paradox verbunden, dass der Junge den Zaubertrick mehrfach infrage stellt, obgleich er sich davon in den Bann ziehen lässt? Welche widersprüchlichen zeitlichen und räumlichen Dimensionen eröffnen sich hier? Im ästhetischen Spiel scheint etwas eine Wirkung zu entfalten, was als solches nicht sichtbar wird. Aufgrund des „Als-ob-Charakter[s] einer theatralen Spielhandlung" (Morrin 2023, S. 83) verweben sich in den videografierten Szenen Alltagswirklichkeiten und fiktionales Handlungsgeschehen zu einem neuen Teppich und werden damit empirisch schwer unterscheidbar. Die so entstandenen methodologischen Auseinandersetzungen betreffen auch den Bezug der Teilnehmenden zur Gegenwart bzw. zu einer vergangenen, zukünftigen oder auch fiktiven Zeit und den gemeinsamen Rhythmus ihrer Bewegungen. Ausgehend von der Frage, ob es für die Gruppe nun ein Zaubertrick war oder nicht, sollte eine geeignete Analysemethode für die Eigenart ästhetischer Prozesse gefunden werden. Das Augenmerk richtete sich auf die Paradoxien und die zeitlichen und räumlichen Verwobenheiten solcher Prozesse. Ausgangspunkt für ästhetische Prozesse ist die sinnliche Wahrnehmung. Diese ist von einer grundsätzlichen Offenheit geprägt, die Simultaneität und Momentaneität erlaubt (vgl. Seel 2019, S. 58). Simultaneität meint, dass sich die Wahrnehmung nicht auf ein einziges Merkmal fixiert, sondern eine Gleichzeitigkeit und ein Nebeneinander von Merkmalen ermöglicht (vgl. Morrin 2023, S. 86 f.). Im Hinblick auf das Beispiel bedeutet das, dass mit der Berührung durch den Stab eine „ästhetische Erfahrung" (Brandstätter 2008, S. 98 ff.) möglich werden kann, bei der sich die haptische Wahrnehmung mit weiteren gleichzeitigen (visuellen, auditiven, ...) Sinneswahrnehmungen verwebt, sodass sie dann nicht mehr lediglich als Berührung der Schulter erfahren wird, weil bisherige (Wahrnehmungs-)Strukturen aufgelöst zu sein scheinen. Und die Momentaneität verweist darauf, dass die Wahrnehmung sich auf den gegenwärtigen Augenblick richtet. Es entsteht ein „Verweilen im Augenblick" (ebd., S. 100), womit die ästhetische Wahrnehmung von besonderen Zeiterfahrungen gekennzeichnet ist (ebd.). Momentaneität zeigt sich in dem Beispiel insofern, dass es den Beteiligten durchaus bewusst sein kann, dass sie sich in dem Mehrzweckraum einer Aufnahmeeinrichtung befinden, zugleich können sich – aufgrund der Berührung durch den Stab – Vor-

---

1   Siehe auch Morrin 2022a und Morrin 2022b für ein ausführliches Transkript.

stellungsräume eröffnen und sie sich in eine fiktive Zeit begeben. Oder es kann das Gefühl entstehen, dass die Zeit stehenbleibt oder gar aufgehoben ist. Somit können aufgrund der Simultaneität und Momentaneität bei ästhetischen Erfahrungen Widersprüche zutage treten, für die eine Möglichkeit der empirischen Rekonstruktion gesucht wurde: Dazu werden drei verschiedene Perspektiven vorgeschlagen (ausführlich dazu siehe Morrin 2023 und Morrin 2022a): So kann der Stab einerseits als ein herkömmlicher Plastikstab gedeutet werden (materielle Perspektive: Gegenstände, räumliche Anordnung). Andererseits kann der Stab auch ein Symbol für Zauberei sein (symbolische Perspektive: Auf welche allgemein vermittelten Bedeutungen wird in den Handlungen zurückgegriffen?), mit dem wiederum magische Kräfte verknüpft werden können (imaginäre Perspektive: Was wird artikuliert, von dem alle wissen, dass es dies nicht gibt?).

Die Widersprüchlichkeit dieser Sichtweisen wird deutlich, wenn man sich vor Augen hält, dass mit der Infragestellung des Jungen, ob es ein Zaubertrick ist oder nicht, eine imaginäre Dimension thematisiert wird. Dabei bezieht sich das Imaginäre auf etwas, von dessen „Nicht-Existenz die AkteurInnen ausgehen" (Bohnsack 2017, S. 156). Alle wissen, dass der Stab nur ein Plastikstab ist (materiell) und dass damit niemand verzaubert werden kann. Dennoch zeigt der Fokus auf die symbolische Perspektive, dass die Teilnehmenden – trotz der Kritik des Jungen – den „kollektive[n] Glauben der Akteure an die Macht der symbolischen Aufführung" (Audehm 2014, S. 263) aufrechterhalten. Einerseits stellt der Stab als didaktisches Instrument der Pädagogin eine machtvolle Verordnung dar, mit der die Gruppendynamik – z. B. das Hinsetzen (materielle Perspektive) – gesteuert wird, der auch der kritisierende Junge nicht ohne Weiteres entkommen kann. Doch durch die Faszination an der Magie (imaginäre Perspektive) werden den Kindern andererseits selbstbestimmte imaginäre Zeiten eröffnet, in denen sie ihre eigenen Vorstellungen frei entfalten können. Insbesondere vor dem Hintergrund des Kontextes Flucht und Migration gewinnt eine weitere Paradoxie an Relevanz: Die Materialität der Berührung der Schulter stellt einerseits einen starken Gegenwartsbezug im Hier und Jetzt her (Mehrzweckraum einer Unterkunft für Geflüchtete in Deutschland); denn mit dem Antippen mit dem Stab wird ein „leibliches in-der-Welt-Sein" (Fischer-Lichte 2012, S. 63), ein Ankommen in der Gegenwart ermöglicht, womit diese Berührung insbesondere beim Umgang mit Traumatisierungen von Belang sein kann (materielle Perspektive). Hingegen ermöglicht das Imaginäre des Zaubertricks durch die Berührung und das Augenschließen andererseits eine transzendente Zeiterfahrung, bei der die Kinder für einen Moment nicht vernünftig zu sein brauchen. Das Imaginäre erlaubt ihnen vielmehr eine zeitliche Regression, mit der sie eine naivere Zeit erleben können. Mit der individuellen Ausgestaltung der fiktiven Welt, die im Spiel mit der Alltagswirklichkeit verwoben ist, gestalten die Kinder auf diese Weise selbstbestimmt die Zeitlichkeit aktiv mit. Insbesondere die Praktik der Imagination überträgt ihnen die Freiheit, sich (in eine andere Zeit) fallen zu lassen. Mithilfe der Imagination kann „der Zwischenraum des ‚Darüber Hinaus' zu einem Raum der Intervention im Hier und Jetzt" (Bhabha 2000, S. 10) werden. In diesem besonderen pädagogischen Setting, in dem die Kinder auf der Durchreise sind, Grenzen überwinden, scheint es erforderlich zu werden, im Miteinander eine gemeinsame Zeitstruktur zu finden, was den Kindern hier für einen Moment ermöglicht wurde.

Der ästhetische Blick auf die Simultaneität und Momentaneität, auf die imaginäre Dimension und auf die damit verbundenen Widersprüche wird insbesondere dann relevant, wenn man sich den Kontext von Flucht und Migration und die heterochronen Strukturen dieses Raumes vor Augen hält. Denn eine Aufnahmeeinrichtung lässt sich als „Ort ohne Ort" (Foucault 1992, S. 39) begreifen, dem eine eigene Zeitstruktur zugrunde liegt, weil er außerhalb der normalen Realität besteht und mit der herkömmlichen Zeitstruktur bricht (vgl. ebd., S. 43). Eine ästhetische Perspektive auf Zeit kann hier hilfreich sein – so zeigen es die weiteren machtkritischen Analysen (vgl. Morrin 2023) –, um insbesondere im Kontext von Flucht und Migration, in dem gesellschaftliche Machtverhältnisse relevant werden, Zeit und Zeitlichkeiten in ihrer Widersprüchlichkeit zu betrachten. Der ästhetische Blick auf die Widersprüchlichkeiten ermöglicht es, im Anschluss an Geier und Mecheril (2021, S. 188) imaginierte Zeiten und Räume zu fokussieren, die ansonsten unsichtbar bleiben würden. Was hier nur exemplarisch gezeigt werden konnte, lässt sich damit noch weiterverfolgen. So kann ein Blick auf die zeitlichen und räumlichen Widersprüchlichkeiten, die der Fokus auf das Imaginäre sichtbar werden lässt, eine Möglichkeit darstellen, um diversitätssensibel das „Andere der Ordnung" (Bröckling et al. 2015), das Geschehen jenseits des Normativen, nicht schlicht zu übersehen, sondern im Rahmen von verordneten Zeiten und Räumen auch das Imaginäre der Gesellschaft (vgl. Castoriadis 1990) und die jeweiligen Gestaltungsmöglichkeiten der Selbstbestimmung wahrnehmbar werden zu lassen.

4. Diskussion

Für das Aufspüren von Zeitlichkeiten ist es erforderlich, dass zeitliche Reflexivitäts- und Anwendungskompetenzen in der empirischen Forschung geschärft werden. Allerdings treffen sie bisweilen auf fragmentarische Landkarten. Um dem entgegenzuwirken, wurde in diesem Beitrag anhand dreier empirischer Zugänge die Bedeutung sozialer Herstellung von zeitlicher Taktung im Spannungsverhältnis von Selbstbestimmung und Verordnung markiert. Dabei vertreten wir die These, dass insbesondere um dieses Spannungsverhältnis empirisch in den Blick nehmen zu können, der Fokus auf Zeitlichkeiten gewinnbringend sein kann.

Zunächst haben wir gezeigt, wie durch einen biografisch-narrativen Zugang v. a. die Herausstellung biografisch bedeutsamer Zeiten zur Deutlichmachung von Verordnung und Selbstbestimmung gelingen kann. Das biografische Erleben und Geschehen kann dabei implizit und explizit wirken. Am Beispiel eines gerahmten freiwilligen Engagements (Jugendfreiwilligendienst) wird durch die Rahmung sowohl eine (zeitliche) Ordnung als auch Selbstbestimmung (durch eine eigenverantwortliche Gestaltung des Dienstes) deutlich. Das zweite Beispiel zeichnete nach, dass sich die Möglichkeit einer vermeintlich selbstbestimmten und selbstgeführten Zeit nicht für alle Adressat*innen gleichermaßen als offen verfügbar macht, sondern auch Differenz und Ausschluss erzeugen kann, die beide an der Herstellung von Zugang und Zugehörigkeit zu sozialpädagogischen Bildungsangeboten entscheidend mitwirken. Notwendig ist dazu eine kasuistische Kompetenz des Wahrnehmens und Verstehens, die in einem ethnografischen Zugriff auf Zeit aufgeht. Schließlich veranschaulicht das dritte Beispiel, wie sich das Spannungsverhältnis in den Blick nehmen lässt, wenn sich der Fokus auf die Widersprüche in der Handlungspraxis richtet. Eine methodische Offenheit hat gezeigt, welchen Erkenntnisgewinn die Dimension der Zeitlichkeit mit sich bringen kann, wenn sie hinsichtlich ihrer imaginären Dimension beleuchtet wird.

Innerhalb eines gemeinsamen Resümees wird deutlich, dass Zeitlichkeiten vielfältig empirisch perspektiviert werden können, was zugleich dazu führt, dass unterschiedliche Blickwinkel in den Fokus geraten. So kann es sinnvoll sein, bereits im Vorfeld zu klären, welcher empirische Zugang sich projektbezogen für den Blick auf Zeitlichkeiten zu eignen scheint. Es kann jedoch auch – wie das dritte Beispiel zeigt – aufgrund von aufgetretenen Widersprüchen erst während der Analyse erforderlich werden, einen geeigneten methodischen Ansatz zu finden, um das Spannungsverhältnis hinsichtlich der Relevanz von Zeit in den Blick zu nehmen. Um eine Sensibilität in der empirischen Analyse für die soziale Herstellung von Zeitlichkeiten zu entwickeln und den Forschungsprozess so anzulegen, dass eine kritische Auseinandersetzung mit dem Gegenstand möglich wird, wird eine methodische Offenheit (vgl. Morrin 2023, S. 308 ff.) erforderlich. Eine solche Offenheit scheint sinnvoll, da insbesondere der Zugang zu Zeit(en) eine in empirischen Analysen (bisher) vernachlässigte Perspektive eröffnet. Damit in zukünftigen Forschungen eine größere Sensibilität für Zeit und Zeitlichkeiten entstehen kann, bieten die in diesem Beitrag platzierten Beispiele mögliche Zugänge für eine mehrperspektivische Analyse.

Literatur

Audehm, Kathrin (2014): Rituale. In: Wulf, Christoph/Zirfas, Jörg (Hrsg.): Handbuch Pädagogische Anthropologie. Wiesbaden: Springer VS, S. 259–266.
Bhabha, Homi (2000): Die Verortung der Kultur. Tübingen: Stauffenburg.
Bohnsack, Ralf (2017): Praxeologische Wissenssoziologie. Opladen: Barbara Budrich.

Brandstätter, Ursula (2008): Grundfragen der Ästhetik. Bild – Musik – Sprache – Körper. Köln: Böhlau.
Breidenstein, Georg/Hirschauer, Stefan/Kalthoff, Herbert/Nieswand, Boris (2020): Ethnografie. Die Praxis der Feldforschung. 2. Auflage. Konstanz/München: UVK.
Bröckling, Ulrich (2007): Das unternehmerische Selbst. Soziologie einer Subjektivierungsform. Frankfurt a. M.: Suhrkamp.
Bröckling, Ulrich/Dries, Christian/Leanza, Matthias/Schlechtriemen, Tobias (2015): Das Andere der Ordnung. Theorien des Exzeptionellen. Weilerswist: Velbrück.
Brüschweiler, Bettina/Hüllemann, Ulrike/Reutlinger, Christian (2018): Institutionalisierte Offenheit. Offene Kinder- und Jugendarbeit als pädagogische Ortsgestalterin. In: Diebäcker, Marc/Reutlinger, Christian (Hrsg.): Soziale Arbeit und institutionelle Räume. Sozialraumforschung und Sozialraumarbeit. Wiesbaden: Springer VS, S. 63–77.
Bundesministerium für Familien, Senioren, Frauen und Jugend (BMFSFJ) (2016): Zeit, das Richtige zu tun. Freiwillig engagiert in Deutschland. Bundesfreiwilligendienst, Freiwilliges Soziales Jahr, Freiwilliges Ökologisches Jahr. https://www.bmfsfj.de/bmfsfj/service/publikationen/zeit-das-richtige-zu-tun-96092 (Abfrage: 14.01.2024).
Caritas Düren-Jülich (o. J.): Freiwilligendienste. https://www.caritasverband-dueren.de/arbeitsplatz-caritas/freiwilligendienste/freiwilligendienste (Abfrage: 14.01.2024).
Castoriadis, Cornelius (1990): Gesellschaft als imaginäre Institution. Entwurf einer politischen Philosophie. Frankfurt a. M.: Suhrkamp.
Cloos, Peter/Köngeter, Stefan/Müller, Burkhard/Thole, Werner (2009): Die Pädagogik der Kinder- und Jugendarbeit. Wiesbaden: Springer VS.
Deinet, Ulrich (2014): Offener Bereich. In: Arlt, Florian/Gregorz, Klaus/Heimgartner, Arno (Hrsg.): Raum und offene Jugendarbeit. Münster: LIT, S. 27–38.
Fischer, Wolfram (2018): Zeit und Biographie. In: Lutz, Helma/Schiebel, Martina/Tuider, Elisabeth (Hrsg.): Handbuch Biographieforschung. Wiesbaden: Springer VS, S. 461–472.
Fischer-Lichte, Erika (2012): Performativität. Eine Einführung. Bielefeld: transcript.
Foucault, Michel (1992): Andere Räume. In: Barck, Karlheinz/Gente, Peter/Paris, Heidi (Hrsg.): Aisthesis. Wahrnehmung heute oder Perspektiven einer anderen Ästhetik. Leipzig: Reclam, S. 34–46.
Garfinkel, Harold (1967/2020): Studien zur Ethnomethodologie. Frankfurt a. M./New York: Campus.
Geier, Thomas/Mecheril, Paul (2021): Grenze, Bewegung, Beunruhigung. Skizze einer zugehörigkeitstheoretisch informierten Migrationsforschung. In: Zeitschrift für Migrationsforschung 1, H. 1, S. 171–196.
Glaser, Barney/Strauss, Anselm (1967/1998): Grounded Theory. Strategien qualitativer Forschung. Bern: Huber.
Hörster, Reinhard (2012): Sozialpädagogische Kasuistik. In: Thole, Werner (Hrsg.): Grundriss Soziale Arbeit. Wiesbaden: Springer VS, S. 677–686.
Hübner, Jennifer (2025): Kleine Geschichten der Offenheit – Zur Praxis der Offenheit in einem Kinder- und Jugendhaus: eine ethnografische Erkundung. Weinheim und Basel: Beltz Juventa. (i.A.)
Humboldt, Wilhelm von (1851): Ideen zu einem Versuch, die Gränzen der Wirksamkeit des Staats zu bestimmen. Breslau. https://www.deutschestextarchiv.de/book/view/humboldt_grenzen_1851?p=1 (Abfrage: 31.05.2024).
INVIA Caritas Olpe (o. J.): Freiwilliges Soziales Jahr (FSJ) startet ab August. https://www.invia-caritas-olpe.de/freiwilliges-soziales-jahr-fsj-startet-ab-august (Abfrage: 14.01.2024).
Jakob, Gisela (1993): Zwischen Dienst und Selbstbezug. Eine biographieanalytische Untersuchung ehrenamtlichen Engagements. Opladen: Leske + Budrich.
Jakob, Gisela (2011): Freiwilligendienste im staatlichen Zugriff. In: Slüter, Uwe (Hrsg.): Jugendfreiwilligendienste. Herausforderungen und Positionen. Düsseldorf: Haus Altenberg, S. 19–29.

Kant, Immanuel (1803): Über Pädagogik. Herausgegeben von Friedrich Theodor Rink. Königsberg: Friedrich Nicolovius. https://www.deutschestextarchiv.de/book/show/kant_paedagogik_1803 (Abfrage: 31.05.2024).

Karakayali, Juliane/zur Nieden, Birgit (2018): „Es ist eine Art Schutzraum auch". Institutionelle Segregation und ihre Legitimierung im Kontext von Willkommensklassen. In: Von Dewitz, Nora/Terhart, Henrike/Massumi, Mona (Hrsg.): Neuzuwanderung und Bildung. Eine interdisziplinäre Perspektive auf Übergänge in das deutsche Bildungssystem. Weinheim/Basel: Beltz Juventa, S. 292–307.

Morrin, Serafina (2022a): Play Practices of the Imagination. Reconstruction of a Magic Trick. In: Martens, Matthias/Asbrand, Barbara/Buchborn, Thade/Menthe, Jürgen (Hrsg.): Dokumentarische Unterrichtsforschung in den Fachdidaktiken. Wiesbaden: Springer VS, S. 311–325.

Morrin, Serafina (2022b): Aesthetic Resonance as Peacebuilding in Applied Theatre with Newly Immigrant Children in Germany. In: Educating for Peace through Theatrical Arts: Global Perspectives on Peacebuilding. New York: Routledge, S. 27–40.

Morrin, Serafina (2023): Spielräume der Ordnungen. Empirische Ergebnisse und erziehungswissenschaftliche Reflexionen zu theaterpädagogischen Settings mit ‚neu zugewanderten Kindern'. Opladen: Barbara Budrich.

Schütze, Fritz (1983/2016). Biographieforschung und narratives Interview. In: Fiedler, Werner/Krüger, Heinz-Hermann (Hrsg.): Sozialwissenschaftliche Prozessanalyse. Grundlagen der qualitativen Sozialforschung. Opladen/Berlin/Toronto: Barbara Budrich, S. 55–74.

Seel, Martin (2015): Inszenieren als Erscheinenlassen. Thesen über die Reichweite eines Begriffs. In: Hemken, Kai-Uwe (Hrsg.) (in Zusammenarbeit mit Ute Famulla, Simon Großpietsch und Linda-Josephine Knop): Kritische Szenografie. Die Kunstausstellung im 21. Jahrhundert. Bielefeld: transcript, S. 125–138.

Thiersch, Hans (2018): Verstehen. lebensweltorientiert. In: Wesenberg, Sandra/Bock, Karin/Schröer, Wolfgang (Hrsg.): Verstehen: eine sozialpädagogische Herausforderung. Weinheim/Basel: Beltz Juventa, S. 16–32.

Thomas, Stefan (2019): Ethnografie. Eine Einführung. Wiesbaden: Springer VS.

Wersig, Tim (2022): Motive für ein Freiwilliges Soziales Jahr aus biografischer Perspektive. Reihe Kasseler Edition Soziale Arbeit. Wiesbaden: Springer VS.

Zeitliche Ordnungen außerschulischer Bildungsräume als analytischer Zugang zu ungleichem Wohlergehen von Kindern

Susann Fegter, Lisa Fischer und Stella März

Während sich die empirische Bildungsforschung und Bildungspolitik in Deutschland lange Zeit auf die formale Bildung konzentriert hat, ist eine Verschiebung hin zu einem breiteren Verständnis der Bedeutung des Alltags von Kindern sowie außerschulischer Einrichtungen als Teil jener Bildungsräume zu beobachten, die den Zugang zu Bildung (ungleich) formieren. Dieser Aufmerksamkeitswechsel schafft die Möglichkeit, die Diskurse der empirischen Bildungsforschung mit Diskursen aus der Sozialen Arbeit und der Wohlfahrtstheorie zu verbinden, z. B. zur „Ganztagsbildung" (Bollweg et al. 2020a) und zu „Bildungslandschaften" (Million et al. 2017; Bollweg 2018), die in den letzten 20 Jahren im deutschsprachigen Kontext der Theorie der Sozialen Arbeit erarbeitet wurden. Speziell das Konzept der Ganztagsbildung zielt genau auf das Zusammenspiel „nicht nur schul- und sozialpädagogische Lernorte und -formen, sondern auch weitere subjektive Erfahrungsräume und Möglichkeitshorizonte [z. B. die Nachbarschaft, das Stadtviertel, aber auch die Familie, S. F.] in ihren Überschneidungen als auch Grenzen" (Bollweg et al. 2020b, S. 3) zu analysieren. Mit dem bildungspolitischen Interesse am außerschulischen Bereich verbindet sich das Anliegen, übergreifende Fragen von Bildungsgerechtigkeit und gesellschaftlicher Teilhabe institutionenübergreifend, lebensweltbezogen und differenzsensibilisiert zu untersuchen (vgl. Bundesministerin für Bildung und Forschung 2019). Gleichzeitig stellen sich Fragen, wie außerschulische Bildungsräume mit ihren eigenen Strukturmomenten selbst Orte der Reproduktion von Bildungsbarrieren und gesellschaftlichen Ausschlüssen sind.

Hier setzt das laufende BMBF Verbundprojekt WIKK*I[1] an und untersucht ethnografisch anhand zweier Einrichtungen der Offenen Kinder- und Jugendarbeit (OKJA) die Bedeutung außerschulischer Bildungsorte für (ungleiche)

---

1   Verbundprojekt Wohlergehen von Kindern in sozialräumlichen Kontexten: Intersektionale Perspektiven auf die Erfahrungen von Kindern an nicht-schulischen Lernorten (WIKK*I). Laufzeit: 01/2022–12/2024. Gefördert durch das Bundesministerium für Bildung und Forschung (BMBF). Projektleitung: Susann Fegter (Verbundleitung, TU Berlin), Angela Million (TU Berlin), Nina Oelkers (Universität Vechta). Wissenschaftliche Mitarbeiterinnen: Lisa Fischer (TU Berlin), Stella März (Universität Vechta), Elisa Exeler (Universität Vechta), Katrin Schamun (TU Berlin).

Erfahrungen von Wohlergehen in den Dimensionen Handlungsmächtigkeit, Sicherheit und Anerkennung des Selbst aus Sicht von Kindern (vgl. Fegter/Fattore 2024; Fattore/Mason/Watson 2017). Ziel dieses Beitrags ist es, ausgewählte heuristische Perspektiven vorzustellen, die im Zuge des Forschungsprojektes erarbeitet wurden, als Linsen gewissermaßen, mit denen empirische Beobachtungen stattfinden und Daten explorativ ausgewertet werden (vgl. Kelle/Kluge 2010, S. 28 ff.). Das Projekt verortet sich damit in einer Forschungsstrategie, die Kalthoff, Hirschauer und Lindemann (2008) „theoretische Empirie" nennen und damit die „spiralförmige Hin- und Herbewegung zwischen theoretisch angeleiteter Empirie und empirisch gewonnener Theorie" (Dausien 1996, S. 93) begrifflich fassen. Ausgehend von ersten Feldnotizen und Beobachtungsprotokollen stehen im Folgenden *zeitliche* Überlegungen im Fokus. Zeit wird als eine Analyseperspektive theoretisch ausgelotet, die Merkmale außerschulischer Bildungsräume in den Blick bringen und dazu beitragen kann, ihre Bedeutung als eigenständigen Lern- und Bildungskontext (im Kontext von Bildungslandschaften) zu verstehen, sowie ihre Bedeutung für den Abbau von Bildungsbarrieren oder auch deren Reproduktion. Das Forschungsprojekt arbeitet hierbei wohlergehenstheoretisch und bestimmt Bildungsbarrieren als ungleiche Erfahrungen von Handlungsmächtigkeit, Sicherheit und Anerkennung, die Lern- und Bildungsprozesse ungleich vorstrukturieren (vgl. Fegter/Kost 2023; Fegter/Fattore 2024).

Der Artikel gliedert sich wie folgt: Im Anschluss an theoretische und empirische Diskurse der erziehungswissenschaftlichen Kindheits- und Bildungsforschung werden verschiedene *zeitliche Ordnungen* von Kindheit und von Offener Kinder- und Jugendarbeit herausgearbeitet: Ein besonderer Fokus der Darstellung liegt dabei jeweils auf den Wissensbeständen zu Zusammenhängen mit sozialer Ungleichheit und ungleicher Teilhabe an Bildung. Jeweils am Ende jedes Kapitels werden die heuristischen Fragen abgeleitet, die von dem Erkenntnisinteresse angeleitet werden, zu rekonstruieren, ob und wie zeitliche Ordnungen außerschulischer Bildungsräume von Kindern in Äußerungen und Handlungsvollzügen für Erfahrungen von Wohlbefinden relevant gemacht werden, spezifisch im Hinblick auf Handlungsmächtigkeit, Sicherheit und Wertschätzung. Ziel ist es, die historisch, theoretisch und empirisch informierten Zeit-Perspektiven auf außerschulische Bildungsräume vorzustellen, mit denen im Projekt heuristisch zur Bedeutung außerschulischer Einrichtungen für ungleiches Wohlergehen von Kindern geforscht und Wohlergehen als Zugang zu einer ungleichheitssensiblen Bildungsforschung erprobt wird.

1. Zeitliche Ordnungen von (ungleicher) Kindheit

In Arbeiten zu Kindheit als zeitliche Ordnung (z. B. Rabe-Kleberg/Zeiher 1984; Zeiher/Zeiher 1994; Wehr 2009) werden die zeitliche Vermessung von Kindheit in historischer, zeitgenössischer und empirischer Perspektive nachgezeichnet. Kindheit wird als historisch und gesellschaftlich diskursiv erzeugt und hervorgebracht gefasst und daher als zeitliche ungleichheitsrelevante Ordnung verstanden. Dabei ist es die Positionierung als Kind im Rahmen asymmetrischer Machtverhältnisse im Generationengefüge, die für eine Zeitlichkeitsperspektive von besonderer Bedeutung ist. Indem einzelne Gesellschaftsmitglieder nach Alter kategorisiert werden, reproduzieren sich Ungleichverhältnisse entlang dieser Differenzierung. Die Aufrechterhaltung einer generational gerahmten gesellschaftlichen Ordnung geht einher mit der Vorstellung von Kindheit als Moratorium, als Schon- und Schutzraum (vgl. Honig 2002). Kinder werden damit als noch unfertige, zukünftig gesellschaftsfähige Erwachsene positioniert, während Erwachsene im Gegenzug als fertig entwickelte und mündige Subjekte erscheinen (vgl. Alanen 2009).

Im Gegensatz zu anderen Differenzordnungen wie z. B. Geschlecht oder Race, zeichnet sich ein zentraler Moment generationaler Ordnung durch eine zeitliche Bestimmung und Begrenztheit von Lebensphasen aus; drückt sich also auch als Lebenszeit aus. Als Strukturkategorie im zeitlichen Lebensverlauf ist die generationale Ordnung als Differenzkategorie insofern wirkmächtig, als dass sie Subjekte an ihren untergeordneten Platz verweist und so gesellschaftliche Ordnung reproduziert wird (vgl. Bühler-Niederberger 2011).

In Anlehnung an Norbert Elias (1988) kann Zeit sowohl als Vergesellschaftungsmodus als auch als Mittel der Disziplinierung begriffen werden (vgl. Hungerland 2002). Der Wunsch nach Koordination und Ordnung, der mit der zunehmenden Differenzierung der Gesellschaft einhergeht, führte in diesem Zusammenhang auch zur „Ausbildung immer ausdifferenzierterer Zeitsysteme, die immer stärker vom einzelnen verinnerlicht werden mussten" (ebd., S. 44). In diesem Zusammenhang konnten sich dann auch spezifische Lebenszeiten, wie die der Kindheit, herausbilden. Lebenszeit wird in diesem Verständnis nicht essenzialistisch, sondern sozialkonstruktivistisch gefasst: Die Herausbildung spezifischer Lebensphasen, wie die der Kindheit oder der Erwachsenheit haben den Zweck, Gesellschaft sowohl funktional als auch zeitlich zu ordnen; auf eine Zeit der Entwicklung und des Lernens folgt eine Phase der Erwerbstätigkeit. In Hinblick auf eine so bedingte generationale Ordnung wird dabei besonders deutlich, inwieweit diese Ordnungsbemühungen auch damit einhergehen, Zeit als Mittel der Disziplinierung und Machtausübung nutzbar zu machen. Denn wie und zu welchem Zwecke Kinder Zeit nutzen und nutzbar machen können, wird weitestgehend von Erwachsenen und erwachsenengeleiteten Interessen bestimmt. Dies zeigt sich z. B. in der zeitlichen Strukturierung in und durch Schule, aber auch in Hinblick auf Taktung oder spezifischen Schließ- und Öffnungszeiten auch außerschulischer Einrichtungen. Jüngst hat Wahne (2021) einen systematischen Überblick zum Zusammenhang von Kindheit und Zeit vorgelegt und Aspekte fremdbestimmter Zeit, der Durchtaktung von Kindheit, die Diskussion um Beschleunigung und Entschleunigung sowie eine empirische Rekonstruktion kindlicher Zeitpraktiken in Kita und Grundschule in vergleichender Perspektive fokussiert. Dabei kommen z. B. Aufenthaltszeiten, Nahrungszeiten, Ritualzeiten, Hygienezeiten, Bekleidungszeiten, Aufräumzeiten in den Blick (vgl. ebd.). In der rekonstruktiven Studie wird analytisch zunächst nach den Zeitstrukturen der Einrichtungen gefragt und daran anschließend, „wie die Kinder den Alltag in den Institutionen unter den jeweiligen spezifischen Rahmenbedingungen zeitlich ausgestalten, welche Charakteristika ihr Handeln aufweist und wie sie im Tagesverlauf mit der zeitlichen Fremdbestimmung umgehen" (ebd., S. 17 f.).

Diese skizzierten historischen, theoretischen und empirischen Wissensbestände zum Zusammenhang von Kindheit, Zeit und Ungleichheit nutzen wir im WIKK*I-Projekt im Sinne heuristisch-analytischer Konzepte (vgl. Kelle/Kluge 2010, S. 28 ff.) und rekonstruieren, ob und wie diese zeitlichen Ordnungen von Kindheit in den Äußerungen und Handlungen von Kindern im Kontext der außerschulischen Einrichtung, die sie besuchen, bedeutsam gemacht werden, welche Bedeutung ihnen dabei für Erfahrungen von Wohlergehen zugewiesen wird, wie die zeitlichen Ordnungen an der Herstellung ungleichen Wohlergehens beteiligt sind und welche Hinweise daraus für den Abbau von Bildungsbarrieren und die besondere Bedeutung außerschulischer Einrichtungen gezogen werden können.

2. Zeitliche Ordnungen der Offenen Kinder- und Jugendarbeit

2.1 Lebenszeit und Altersgruppen in der OKJA

Eine weitere zeitliche Ordnung von Kindheit zeigt sich in der OKJA im Hinblick auf die adressierten Altersgruppen. Laut Kinder- und Jugendhilfestatistik haben insbesondere Jugendzentren und Jugendfreizeitheime eine zentrale Stellung im Feld der OKJA (vgl. Pothmann/Deinet 2021, S. 81). Sie bilden quantitativ den Schwerpunkt. Gleichzeitig lässt sich ein Trend zu einer zunehmenden Nutzung der Angebote durch jüngere Besucher*innen feststellen. Insbesondere wenn Kinderbereiche in den Einrichtungen vorhanden sind, werden diese von Kindern ab dem siebten Lebensjahr zunehmend genutzt (vgl. Schmidt 2021, S. 299), sodass sie als Adressat*innengruppe verstärkt in den Fokus Offener Arbeit rücken (vgl. Zipperle et al. 2022, S. 301). Ortsgebundene Einrichtungen der OKJA, die sich ausschließlich an Besucher*innen unter 13 Jahren richten, machen mit vier Prozent bisher nur einen sehr geringen Anteil der Einrichtungen aus (vgl. Peucker/Pluto/van Santen 2021, S. 492). Da das statistische Bundesamt Kinderfreizeiteinrichtungen nicht explizit ausweist, lassen sich nur schwer valide Zahlen über die Anzahl von Einrichtungen, die sich explizit an Kinder unter 13 Jahren richten, aufzeigen. Neben dieser quantitativen Asymmetrie entlang von Alter zeigt sich auch auf der Ebene der rechtlichen Grundlagen der Offenen Arbeit mit Kindern und Jugendlichen eine historisch gewachsene Marginalisierung von Kindern gegenüber Jugendlichen. Rechtliche Grundlage der Offenen Arbeit mit Kindern und Jugendlichen ist § 11 „Jugendarbeit" des Achten Buches Sozialgesetzbuch (SGB VIII). Dort ist formuliert, dass

> „jungen Menschen [...] die zur Förderung ihrer Entwicklung erforderlichen Angebote der Jugendarbeit zur Verfügung zu stellen (sind). Sie sollen an den Interessen junger Menschen anknüpfen und von ihnen mitbestimmt und mitgestaltet werden, sie zur Selbstbestimmung befähigen und zu gesellschaftlicher Mitverantwortung und zu sozialem Engagement anregen und hinführen" (§ 11 Abs. 1 SGB VIII).

Während der Paragraf im Wortlaut mittlerweile nicht mehr nur von Jugendlichen, sondern von jungen Menschen spricht, werden dennoch Kinder im Wortlaut nicht erwähnt und nur die (offene) Jugendarbeit (§ 11 Abs. 2 u. 3 SGB VIII) erwähnt. Die lebenszeitliche Ausrichtung der OKJA an der Jugendphase lässt sich historisch in einem Ordnungsinteresse des Sozialstaats an der Wende des 19. auf das 20. Jhd. begründen. Frühe Ansätze der Jugendpflege zielten in ihrer repressiven Disziplinierungs- und Kontrollfunktion auf die gesellschaftliche Eingliederung der (männlichen) Jugend aus Arbeiterfamilien und hatten damit eine staatliche Funktion für die Sozialintegration (vgl. Böhnisch 2021). Zwar war auch der staatlich-institutionelle Umgang mit proletarischen Kindern disziplinierend organisiert, stand aber nicht im Zeichen der Jugendpflege, sondern der staatlichen Fürsorge (vgl. Bühler-Niederberger 2003; Bühler-Niederberger/ Sünker 2014). Mit Blick auf die historische Entwicklung der Jugendarbeit waren es v. a. die emanzipatorischen und von den Jugendlichen selbst ausgehenden Bemühungen der Jugendzentrumsbewegung in den 1970er-Jahren (vgl. Templin 2015), die dem Verständnis einer Jugendarbeit als Gegenkultur Vorschub leistete. Die damals geführten Kämpfe von Jugendlichen für mehr Mitbestimmung und Freiheit zur Selbstsozialisation tragen maßgeblich dazu bei, dass sich Offenheit, Freiwilligkeit und Selbstbestimmung als Kernaufgaben der Jugendarbeit im SGB VIII etablierten.

In einer geschlechtertheoretischen und -politischen Perspektive problematisierte zunächst die feministische Mädchenarbeit strukturelle Ausschlussmechanismen und Zugangsbarrieren für Mädchen in der an männlichen Jugendlichen ausgerichteten Jugendarbeit und machte hegemoniale Machtverhältnisse für die Abwesenheit von Mädchen verantwortlich (vgl. Kagerbauer 2021, S. 309). In diesem Zuge etablierte sich in den 1980er-Jahren eine parteiliche Mädchenarbeit als Bestandteil der OKJA, die aktuell unter dem Einfluss neuer Theorienentwicklungen intersektionale Perspektiven und dekonstruktive, (queer-)feministische Ansätze integriert.[2]

Mit Blick auf die lebenszeitliche Altersdimension lässt sich argumentieren, dass Kinder unter 13 Jahren heute mit einer ähnlichen Situation in der OKJA konfrontiert sind wie Mädchen in den 1970er-Jahren. Sie werden begrifflich unter der Kategorie der Jugend subsumiert, es gibt nur wenige sie spezifisch adressierende Angebote und Jugendliche bilden den Normalfall der Adressierung. Interessante zeitliche Überlegungen stellt in diesem Zusammenhang Zeiher (2022) an, die mit dem Konzept der selbstbestimmten Eigenzeiten die Bedeutung kindlicher Selbstbestimmung von Zeit betont und darunter sowohl die Selbstbestimmung über den eigenen Zeitgebrauch versteht als auch die Eigenzeitlichkeit von Prozessen sowie eine je individuelle Eigenheit von Zeitgefühl und Zeiterleben. In der gelebten Praxis der offenen Kinder- und Jugendeinrichtungen ist davon auszugehen, dass diesen kindheitstheoretischen Überlegungen wenig Raum gegeben werden kann. Wenn lediglich vier Prozent der Trägerstrukturen der OKJA sich explizit (aber nicht ausschließlich) an Kinder unter 13 Jahren richten (vgl. Peucker/Pluto/van Santen 2021, S. 492), ist vom Regelfall einer gemeinsamen Raum- und Zeitaneignung von Kindern und Jugendlichen in den Einrichtungen auszugehen. Auch für jugendliche Nutzer*innen können damit Herausforderungen verbunden sein, insofern das historische Ziel der Jugendzentrumsbewegung, eigenständige Zeiten und Räume für Jugendliche zu bieten (vgl. Sting/Knecht 2022), mit einer Abgrenzung von Erwachsenen einerseits, aber auch mit einer Abgrenzung von dem, was für die Jugendlichen als kindlich konnotiert erscheint, verknüpft war (vgl. Templin 2015).

Auch diese Wissensbestände zum Zusammenhang von Lebenszeit, Alter, Ungleichheit und Offener Kinder- und Jugendarbeit nutzen wir im WIKK*I-Projekt im Sinne heuristisch-analytischer Konzepte (vgl. Kelle/Kluge 2010) und fragen, wie diese zeitlichen Ordnungen von Kindheit in den Äußerungen und Handlungen von Kindern im Kontext der außerschulischen Einrichtung, die sie besuchen, bedeutsam werden, welche Bedeutung ihnen dabei für Erfahrungen von Wohlergehen zugewiesen wird, wie die zeitlichen Ordnungen an der Herstellung ungleichen Wohlergehens beteiligt sind und somit an der Reproduktion oder auch dem Abbau von Bildungsbarrieren. Konkret ergeben sich Fragen dahingehend, wie Kindern z. B. die *Gleichzeitigkeit* der Raum- und Zeitaneignung von Kindern und Jugendlichen in offenen Einrichtungen der Kinder- und Jugendarbeit erleben, ob und wie sie selbst aktiv an der Herstellung entsprechender Differenzierungen entlang zeitlicher Altersordnungen in den Einrichtungen beteiligt sind, welche Funktion sie in welchen Situationen erlangen und welche Bedeutungen sich im Hinblick auf Erfahrungen von Wohlergehen

---

2 Vgl. z. B. Landesarbeitsgemeinschaft Mädchen*arbeit NRW; LAGM*A NRW Fachstelle für intersektionale Mädchen*arbeit und machtkritische Mädchen*politik in NRW.

in den Dimensionen von Handlungsmächtigkeit, Sicherheit und Wertschätzung rekonstruieren lassen.

2.2 Zeitlichkeit im Prinzip der Offenheit von Kinder- und Jugendarbeit

Neben dem lebenszeitlichen Aspekt des Alters und der ungleichen Gewichtung von Kindern und Jugendlichen lassen sich weitere zeitliche Strukturmomente der OKJA beschreiben. Hierzu gehört das pädagogische Prinzip der Offenheit selbst. Mit dem Prinzip der Offenheit richtet sich die OKJA an Prinzipien von Freiwilligkeit, Partizipation, Lebenswelt- und Sozialraumorientierung aus (vgl. Bundesministerium für Familie, Senioren, Frauen und Jugend 2020, S. 330 ff.). Wann die Kinder und Jugendlichen kommen und gehen, wann welche Angebote stattfinden, welche Rhythmisierung über den Tagesverlauf besteht, welche zeitlichen Regeln in der Einrichtung gelten und wie diese Regeln entschieden werden, ist in der Regel weniger strikt reguliert als z. B. in schulischen Settings und in höherem Maße Gegenstand von Verhandlung, Mitgestaltung und/oder Selbstbestimmung. Je nach konkreter Ausgestaltung und Schwerpunktsetzung stellt sich die gelebte Praxis Offener Kinder- und Jugendeinrichtungen dabei durchaus unterschiedlich dar, wenn z. B. programmbasierte Konzepte verfolgt werden, die eine verbindliche Anmeldung zu Projekten erfordern. Offenheit ist somit ein sozialpädagogisches Gestaltungsprinzip, das permanent aktiv hergestellt wird und dabei eine „stetige [...] Spannung zwischen aktivem Offenhalten und Strukturieren" (Schwanenflügel et al. 2022, S. 314) beinhaltet. Als aktiver Prozess definiert sich Offenheit daher nicht durch die Abwesenheit von Strukturen und Regelungen, sondern stellt ein Prinzip dar, das stärker (als in der Schule) auf die Anerkennung je individueller Lebensbedingungen und Erfahrungswelten sowie die Bedarfe einer heterogenen Nutzer*innenschaft zielt (vgl. Schwanenflügel et al. 2022).

Empirische Studien aus der Kindheitsforschung geben Hinweise auf die Bedeutung zeitlicher Aspekte von Offenheit aus Sicht von Kindern selbst. So zeigen Zipperle et al. (2022) in einer Studie zur OKJA aus Sicht der Adressat*innen, dass die Möglichkeit zur Gestaltung der eigenen Zeit als ein wichtiges Argument von den Kindern benannt wird, offene Einrichtungen langfristig zu besuchen (vgl. Zipperle et al. 2022, S. 305). Die Kinder schätzen die geringe zeitliche Regulierung und die zeitliche Flexibilität der Angebote als Ermöglichung für eine selbsttätige und zugleich gemeinschaftliche Alltagsgestaltung. Des Weiteren wird von den Kindern als wichtig hervorgehoben, dass sich die erwachsenen Sozialpädagog*innen individuell sehr viel Zeit für sie nehmen (vgl. ebd., S. 305 f.). Die Wertschätzung eigener Zeitgestaltung zeigt sich auch in Studien, die nach schulischen Erfahrungen von Kindern während der Covid-19-Pandemie fragen. In einer Studie mit Kindern und Jugendlichen zwischen zehn und siebzehn Jahren in Australien während der Lockdowns ergaben Interviews, dass digitale Technologien neue, aufgabenbasierte Zeitmanagement-Methoden förderten. Diese waren aus Sicht der Kinder und Jugendlichen individuell an das Tempo und die Rhythmen der Befragten angepasst, im Gegensatz zur extern bestimmten Zeitstruktur des regulären Schulalltags. Der Unterricht von zuhause aus ermöglichte mehr Kontrolle über die eigene Zeitgestaltung, was einige als Rückgewinn von Zeit empfanden, während es bei anderen auch zu Angst, Stress und Müdigkeit führte. Die Studie verweist an dieser Stelle auf die Notwendigkeit, die Bedeutung sozialer Faktoren, inklusive der Berücksichtigung familiärer Ressourcen und sozialer Unterschiede für diese Erfahrungen noch intensiver untersuchen zu müssen (vgl. Fattore et al. 2023).

Im Anschluss an die zeitliche Dimension des sozialpädagogischen Prinzips der Offenheit lassen sich wiederum heuristische Fragen formulieren, die danach fragen, ob und wie diese Strukturmomente in Äußerungen und Handlungen von Kindern relevant gemacht werden für (ungleiche) Erfahrungen von Wohlergehen in den Dimensionen von Handlungsmächtigkeit, Sicherheit sowie Anerkennung und Zugehörigkeit. Auf diese Weise kommen die zeitlichen Ordnungen der außerschulischen Einrichtung in den empirischen Blick und welche Bedeutung sie aus Sicht von Kindern für ihr Wohlergehen haben, z. B. die Bedeutung der Regelungen, wann wer kommen und gehen darf, wann welche Angebote stattfinden, welche Rhythmisierung über den Tagesverlauf bestehen, wie bestimmte Nutzungen zeitlich geregelt sind und wie diese ausgehandelt werden. Rekonstruieren lässt sich anhand von Äußerungen und Handlungen zu diesen zeitlichen Strukturmomenten außerschulischer Einrichtungen dann, wie sie an der Herstellung oder dem Abbau ungleichen Wohlergehens und ungleicher Bildungsteilhabe beteiligt sind.

2.3 Gleichzeitigkeit von allgemeinem Bildungsauftrag und Differenzdilemma

Abschließend wird im Folgenden auf die *Gleichzeitigkeit* von allgemeinem Bildungsauftrag und sozialen Ungleichheits- und Differenzordnungen als Merkmal der OKJA eingegangen. Dieses Argument setzt daran an, dass die Wirkungs- und Handlungsziele der Kinder- und Jugendarbeit nach § 11 SGB VIII explizit darauf zielen, für *alle* Kinder und Jugendlichen zugängliche Angebote zur Verfügung stellen, die an den Interessen der Kinder und Jugendlichen anknüpfen. Die außerschulische Kinder- und Jugendarbeit in Deutschland begründet sich damit anders als in manchen anderen Ländern über einen allgemeinen Bildungsauftrag und nicht über spezifische Bedarfe partikularer Gruppen. Differenz- und Ungleichheitsordnungen sind zugleich der Sozialen Arbeit vielfältig eingeschrieben. Mecheril und Plößer (2018) arbeiten dies in drei Dimensionen aus und unterscheiden erstens Differenz als konstituierendes Merkmal sozialpädagogischer Interventionen mit den Folgen der Reproduktion von Normalität und Andersheit, zweitens Differenz und Heterogenität als Folge sich pluralisierender vielfältiger Lebenswelten und drittens Differenz als Effekt von machtvollen Differenzordnungen, die zu Ungleichheiten und Ausschlüssen führen und an deren (Re-)Produktion pädagogische Praxen, Institutionen und Akteur*innen beteiligt sind (vgl. ebd., S. 279 ff.)

Aus dieser Gleichzeitigkeit von universellem Förderauftrag und sozialen Ungleichheits- und Differenzordnungen entstehen spezifische Anforderungen an die professionelle Reflexion und Ausgestaltung im sozialpädagogischen Alltag. Gegenwärtig lassen sich zwei Tendenzen der Bearbeitung dieser Gleichzeitigkeit auf der Ebene professionellen Handelns (im Feld der Sozialpädagogik) erkennen und theoretisch als einerseits subjekt- und andererseits organisationsorientiert einordnen. So werden unter einer Bewältigungsperspektive ungleiche Bedingungen des Aufwachsens von Kindern sowie daraus resultierende ungleiche Bildungschancen und Zukunftsperspektiven diskutiert. Die sozialpädagogische Perspektive der Bewältigung bezieht sich dabei nicht nur auf psychosoziale Entwicklungsaufgaben, sondern auch auf gesellschaftliche Prozesse der Marginalisierung (vgl. Böhnisch 2017, S. 84 ff.). Sozialpädagogisches Handeln zielt im Rahmen dieses konzeptuellen Ansatzes, der Kindheit als sozial strukturierte Bewältigungslage fasst, auf das je individuelle Kind im Kontext seiner Umwelt, seines Erlebens und seiner je spezifischen Bedürfnisse. Die methodische Offenheit in der Sozialpädagogik erfordert in dieser Perspektive eine besondere Sensibilität jeder einzelnen Fachkraft hinsichtlich einer Gleichzeitigkeit diverser Ungleichheits- und Differenzverhältnisse, die für die unterschiedlichen jungen Menschen in ihren Alltagen auf verschränkte Weise relevant werden (vgl. Schwanenflügel et al. 2022, S. 313).

Während ein auf diese Weise gestalteter flexibler Aushandlungsraum einerseits die Möglichkeit einer subjektzentrierten, differenz- und kontextsensiblen Ausrichtung sozialpädagogischer Arbeit bietet, birgt dies zugleich aber die Gefahr einer Gleichbehandlung von Adressat*innen unter den sozialen Bedingungen von Ungleichheit und somit einer potenziellen Reproduktion von Ungleichheit und Differenz im Kontext Offener Arbeit (vgl. Merl/Mohseni/Mai 2018, S. 7 f.). Ansätze hingegen, die aus der Tradition der feministischen Mädchenarbeit für die Wichtigkeit eigenständiger Räume argumentieren, begegnen der Gleichzeitigkeit (von universellem Förderauftrag und sozialer Ungleichheiten) durch eine Strategie des Ausgleichens auf organisationaler Ebene. Eigenständige Mädchen*arbeit, rassismuskritische oder intersektionale Jugendarbeit sprechen sich z. B. für zielgruppenspezifische Einrichtungen aus, um Erfahrungen von Empowerment und Selbstbestimmung diskriminierungserfahrener Adressat*innen erst zu ermöglichen (vgl. Wallner 2013). In diesem Rahmen setzt sich die Konstruktion von spezifischen Adressat*innengruppen konzeptuell von Problem- und Defizitorientierungen ab und begründet die selektive Ausrichtung mit der

Notwendigkeit, auf strukturelle Benachteiligung organisational zu reagieren. Wird Diskriminierung als Prozess der Verortung gesellschaftlicher Subjekte entlang historisch etablierter und asymmetrisch angeordneter Differenzkategorien verstanden (vgl. Merl/Mohseni/Mai 2018, S. 5f.) und werden entlang dieser Differenzlinien homogenere Nutzer*innengruppen in sozialpädagogischer Praxis gebildet, entsteht insofern einerseits die Möglichkeit einer stärker selbstbestimmten Verschiebung und Umdeutung von Differenz durch die Adressat*innen selbst (vgl. ebd., S. 6f.). Andererseits aber werden hierdurch bestimmte Differenzordnungen stets auch wiederholt und (mit-)konstituiert. Differenzierende und Ungleichheit produzierende Praktiken innerhalb der vermeintlich homogenen Räume können potenziell übersehen werden. Gerade intersektionale Analysen eignen sich daher, die *Gleichzeitigkeit* der Weise, wie sich Klasse, Geschlecht, Rasse und Körper (vgl. Winker/Degele 2009) sowie Generation (vgl. Hunner-Kreisel/März 2018) in Herrschafts- und Machtpraktiken des sozialpädagogischen Handlungsfeldes verschränken, auch empirisch in den Blick zu nehmen.

Mit einer solchen Perspektive auf Differenz- und Ungleichheitsordnungen als *sozialpädagogisches Innen* (vgl. Merl/Mohseni/Mai 2018, S. 7) lassen sich in der OKJA sog. Mikropraktiken im pädagogischen Alltag in den Blick nehmen. Empirische Fragen richten sich dann z. B. darauf, wie diese Gleichzeitigkeiten in den außerschulischen Einrichtungen praktisch bearbeitet werden. Professionalisierungsanalytisch richtet sich das empirische Interesse dabei sowohl auf die Ebene der Subjektorientierung als Frage des aktiven Offenhaltens von Räumen und methodischer Flexibilität als auch auf die organisationale Ebene der Gestaltung zielgruppenhomogenerer Räume im Kontext von Diskriminierungserfahrungen. Im Rahmen des WIKK*I-Projekts nutzen wir auch diese Wissensbestände analytisch-heuristisch, um danach zu fragen, ob und wie dieses Strukturmoment der Gleichzeitigkeit in Äußerungen und Handlungen von Kindern relevant gemacht wird für (ungleiche) Erfahrungen von Wohlergehen in den Einrichtungen, aber auch über diese hinaus. Wie Kinder die in soziale Ungleichheitsordnungen eingebetteten Spannungsfelder sozialpädagogischer Praxis erleben, inwiefern sie sich darin als handlungsfähig erleben, sich sicher fühlen und eine Wertschätzung der eigenen Person erfahren, sind empirische Fragen, die uns im Projekt als Voraussetzungen gelingender Lern- und Bildungsprozesse interessieren.

3. Fazit

Ziel dieses Beitrags war es, *zeitliche Ordnungen* außerschulischer Bildungsräume als analytischen Zugang zu ungleichem Wohlergehen von Kindern zu beschreiben, der Hinweise darauf ermöglicht, wie ungleiche Erfahrungen von Handlungsmächtigkeit, Sicherheit sowie Anerkennung durch spezifische Strukturmomente außerschulischer Einrichtungen verstärkt oder reduziert werden. Hierzu wurden im Anschluss an historische, theoretische und empirische Diskurse der erziehungswissenschaftlichen Kindheits- und Bildungsforschung verschiedene zeitliche Ordnungen von Kindheit sowie von Offener Kinder- und Jugendarbeit herausgearbeitet, darunter lebenszeitliche Strukturierungen, zeitliche Aspekte des Prinzips der Offenheit sowie Strukturprinzipien der Gleichzeitigkeit von allgemeinem Bildungsauftrag unter Bedingungen von Differenz. Im Sinne einer theoretisch informierten Empirie wurden daraus jeweils am Ende der Teilkapitel analytisch-heuristische Fragen abgeleitet, mit denen Äußerungen und Handlungsvollzüge von Kindern rekonstruktiv befragt werden können. Die Fragen richten sich dann jeweils darauf, wie die zeitlichen Ordnungen in den Handlungsvollzügen und Äußerungen von Kindern relevant werden, wie sie für (ungleiche) Erfahrungen von Wohlergehen in den Dimensionen von Handlungsmächtigkeit, Sicherheit und Anerkennung bedeutsam gemacht werden und wie zeitliche Ordnungen somit daran beteiligt sind, (ungleiche) Bildungsräume für Kinder zu formieren. Hierbei zeigte sich als eine besondere Stärke der zeitanalytischen Dimension, dass sie die Verschränkungen von historischen und institutionellen Bedingungen außerschulischer Kinder- und Jugendarbeit in den Blick rücken lässt, ebenso die historischen Einsätze der offenen Kinder- und Jugendarbeit für mehr Gerechtigkeit, aber auch ihre Verwicklung in ungleiche Bildungsbeteiligung; und schließlich wie diese historischen Ordnungen bis heute Erfahrungen ungleichen Wohlergehens von Kindern strukturieren, die auf der Ebene von Handlungsvollzügen und Äußerungen von Kindern rekonstruiert werden können.

Literatur

Alanen, Leena (2009): Generational order. In: Qvortrup, Jens/Corsaro, William A./Honig, Michael-Sebastian (Hrsg.): The Palgrave handbook of childhood studies. Basingstoke: Palgrave Macmillan, S. 159–174.
Böhnisch, Lothar (2017): Sozialpädagogik der Lebensalter. Eine Einführung. 7., überarbeitete und erweiterte Auflage. Weinheim/Basel: Beltz Juventa.
Böhnisch, Lothar (2021): Die sozialintegrative Funktion der Offenen Kinder- und Jugendarbeit. In: Deinet, Ulrich/Sturzenhecker, Benedikt/Schwanenflügel, Larissa von/Schwerthelm, Moritz (Hrsg.): Handbuch Offene Kinder- und Jugendarbeit. 5., vollständig neugestaltete Auflage. Wiesbaden/Heidelberg: Springer VS, S. 667–674.
Bollweg, Petra (2018): Bildungslandschaft. In: Böllert, Karin (Hrsg.): Kompendium Kinder- und Jugendhilfe. Wiesbaden: Springer VS, S. 1161–1180.
Bollweg, Petra/Buchna, Jennifer/Coelen, Thomas/Otto, Hans-Uwe (Hrsg.) (2020a): Handbuch Ganztagsbildung. 2. Auflage. Wiesbaden: Springer VS.
Bollweg, Petra/Buchna, Jennifer/Coelen, Thomas/Otto, Hans-Uwe (2020b): Ganztagsbildung als Konzept und Referenzrahmen: Einleitung in die zweite, aktualisierte und erweiterte Auflage. In: Bollweg, Petra/Buchna, Jennifer/Coelen, Thomas/Otto, Hans-Uwe (Hrsg.): Handbuch Ganztagsbildung. 2. Auflage. Wiesbaden: Springer VS, S. 3–9.

Bühler-Niederberger, Doris (2003): Natürliche Räume oder Architektur der Kindheit. Die „Verortung" der Kinder zwischen generationalem Ordnen und Individualisierung. In: neue praxis 33, H. 2, S. 171–187.

Bühler-Niederberger, Doris (2011): Lebensphase Kindheit. Theoretische Ansätze, Akteure und Handlungsräume. Weinheim / Basel: Beltz Juventa.

Bühler-Niederberger, Doris / Sünker, Heinz (2014): Die proletarische Kindheit. In: Baader, Meike Sophia / Eßer, Florian / Schröer, Wolfgang (Hrsg.): Kindheiten in der Moderne. Eine Geschichte der Sorge. Frankfurt a. M.: Campus, S. 72–96.

Bundesministerin für Bildung und Forschung (2019): Forschungsschwerpunkt Abbau von Bildungsbarrieren. https://www.empirische-bildungsforschung-bmbf.de/de/Abbau-von-Bildungsbarrieren-1750.html (Abfrage: 08.03.2024).

Bundesministerium für Familie, Senioren, Frauen und Jugend (Hrsg.) (2020): 16. Kinder und Jugendbericht. Förderung demokratischer Bildung im Kindes- und Jugendalter. Bonn: BMFSFJ.

Dausien, Bettina (1996): Biographie und Geschlecht. Zur biographischen Konstruktion sozialer Wirklichkeit in Frauenlebensgeschichten. Bremen: Donat.

Elias, Norbert (1988): Über die Zeit. Frankfurt a. M.: Suhrkamp.

Fattore, Tobia / Mason, Jan / Watson, Elizabeth (2017): Children's Understandings of Well-being. Towards a Child Standpoint. Dordrecht: Springer.

Fegter, Susann / Fattore, Tobia (2024): Child Well-being als Zugang zu Lebenswelten, Lebenslagen und Bildungsräumen. In: Schierbaum, Anja / Diederichs, Miriam / Schierbaum, Kristina (Hrsg.): Kind(er) und Kindheit(en) im Blick der Forschung. Wiesbaden: VS Verlag für Sozialwissenschaften, S. 123–150.

Fegter, Susann / Kost, Miriam (2023): Visibility and Well-Being in School Environments: Children's Reflections on the „New Normal" of Teaching and Learning during the Covid-19 Pandemic. In: International journal on child maltreatment: research, policy and practice 6, H. 3, S. 415–429.

Honig, Michael-Sebastian (2002): Geschichte der Kindheit. In: Krüger, Heinz-Hermann / Grunert, Cathleen (Hrsg.): Handbuch Kindheits- und Jugendforschung. Opladen: Leske + Budrich, S. 309–332.

Hungerland, Beatrice (2002): Wie viel Zeit für's Kind? Zur gesellschaftlichen Produktion generationaler Ordnung durch elterliche Zeitinvestition. d-nb.info/972416137/34 (Abfrage: 08.03.2024).

Hunner-Kreisel, Christine / März, Stella (2018): Qualitativ orientierte Wohlergehensforschung und intersektionale Ungleichheitsanalyse: Generation und adultistische Herrschaftsverhältnisse im Fokus. In: Betz, Tanja / Bollig, Sabine / Joos, Magdalena / Neumann, Sascha (Hrsg.): Gute Kindheit: Wohlbefinden, Kindeswohl und Ungleichheit. Weinheim / Basel: Beltz Juventa, S. 214–233.

Kagerbauer, Linda (2021): Mädchen*. In: Deinet, Ulrich / Sturzenhecker, Benedikt / Schwanenflügel, Larissa von / Schwerthelm, Moritz (Hrsg.): Handbuch Offene Kinder- und Jugendarbeit. 5., vollständig neugestaltete Auflage. Wiesbaden / Heidelberg: Springer VS, S. 307–318.

Kalthoff, Herbert / Hirschauer, Stefan / Lindemann, Gesa (Hrsg.) (2008): Theoretische Empirie. Zur Relevanz qualitativer Forschung. Frankfurt a. M.: Suhrkamp.

Kelle, Udo / Kluge, Susann (2010): Vom Einzelfall zum Typus. Fallvergleich und Fallkontrastierung in der qualitativen Sozialforschung. Wiesbaden: VS Verlag für Sozialwissenschaften.

LAGM*A NRW (Hrsg.) (2021): Rassismuskritische Mädchen*arbeit. Reflexionshandbuch und Arbeitstool. Wuppertal.

Mecheril, Paul / Plößer, Melanie (2018): Diversity und Soziale Arbeit. In: Otto, Hans-Uwe / Thiersch, Hans / Treptow, Rainer / Ziegler, Holger (Hrsg.): Handbuch Soziale Arbeit. Grundlagen der Sozialarbeit und Sozialpädagogik. 6. Auflage. München: Ernst Reinhardt, S. 283–292.

Merl, Thorsten / Mohseni, Maryam / Mai, Hanna (2018): Pädagogik in Differenz- und Ungleichheitsverhältnissen. Eine Einführung. In: Mai, Hanna / Merl, Thorsten / Mohseni, Maryam (Hrsg.): Pädagogik in Differenz- und Ungleichheitsverhältnissen. Aktuelle erziehungswissenschaftliche Perspektiven zur pädagogischen Praxis. Wiesbaden: Springer VS, S. 1–17.

Million, Angela/Coelen, Thomas/Heinrich, Anna Juliane/Loth, Christine/Somborski, Ivanka (2017): Gebaute Bildungslandschaften. Verflechtungen zwischen Pädagogik und Stadtplanung. Berlin: Jovis.

Peucker, Christian/Pluto, Liane/van Santen, Eric (2021): Empirisches Wissen zu Typen und Merkmalen von Einrichtungen der Offenen Kinder- und Jugendarbeit. In: Deinet, Ulrich/Sturzenhecker, Benedikt/Schwanenflügel, Larissa von/Schwerthelm, Moritz (Hrsg.): Handbuch Offene Kinder- und Jugendarbeit. 5., vollständig neugestaltete Auflage. Wiesbaden/Heidelberg: Springer VS, S. 479–493.

Pothmann, Jens/Deinet, Ulrich (2021): Offene Kinder- und Jugendarbeit im Wandel. In: Deinet, Ulrich/Sturzenhecker, Benedikt/Schwanenflügel, Larissa von/Schwerthelm, Moritz (Hrsg.): Handbuch Offene Kinder- und Jugendarbeit. 5., vollständig neugestaltete Auflage. Wiesbaden/Heidelberg: Springer VS, S. 79–93.

Rabe-Kleberg, Ursula/Zeiher, Helga (1984): Kindheit und Zeit. Über das Eindringen moderner Zeitorganisation in die Lebensbedingungen von Kindern. In: Zeitschrift für Sozialisationsforschung und Erziehungssoziologie 4, H. 1, S. 29–43.

Schmidt, Holger (2021): Empirisches Wissen zu den Besucher*innen. In: Deinet, Ulrich/Sturzenhecker, Benedikt/Schwanenflügel, Larissa von/Schwerthelm, Moritz (Hrsg.): Handbuch Offene Kinder- und Jugendarbeit. 5., vollständig neugestaltete Auflage. Wiesbaden/Heidelberg: Springer VS, S. 295–306.

Schwanenflügel, Larissa von/Heinrich, Celine/König, Marcel/Blackert, Mareike/Witte, Verena (2022): Die sechs A und das O der Offenen Kinder- und Jugendarbeit. In: deutsche jugend 70, H. 7–8, S. 308–315.

Sting, Stephan/Knecht, Alban (2022): Jugendzeit als Bildungszeit. In: Arlt, Florian/Heimgartner, Arno (Hrsg.): Zeit und Offene Kinder- und Jugendarbeit. Wien: LIT, S. 57–76.

Templin, David (2015): Freizeit ohne Kontrollen: die Jugendzentrumsbewegung in der Bundesrepublik der 1970er Jahre. Göttingen: Wallstein.

Wahne, Tilmann (2021): Kindliche Zeitpraktiken in KiTa und Grundschule. Opladen/Berlin/Toronto: Budrich Academic Press.

Wallner, Claudia (2013): „Wie Gender in die Soziale Arbeit kam" Ein Beitrag zur Bedeutung feministischer Mädchenarbeit für die Geschlechterperspektive und zum Verständnis moderner Genderansätze. In: Sabla, Kim-Patrick/Plößer, Melanie (Hrsg.): Gendertheorien und Theorien Sozialer Arbeit. Bezüge, Lücken und Herausforderungen. Opladen/Berlin/Toronto: Barbara Budrich, S. 61–78.

Wehr, Laura (2009): Alltagszeiten der Kinder. Die Zeitpraxis von Kindern im Kontext generationaler Ordnungen. Weinheim/München: Juventa.

Winker, Gabriele/Degele, Nina (2009): Intersektionalität: Zur Analyse sozialer Ungleichheiten. Bielefeld: transcript.

Zeiher, Helga (2022): Eigene Zeit für Kinder. In: Arlt, Florian/Heimgartner, Arno (Hrsg.): Zeit und Offene Kinder- und Jugendarbeit. Wien: LIT, S. 77–84.

Zeiher, Helga/Zeiher, Hartmut J. (1994): Orte und Zeiten der Kinder. Soziales Leben im Alltag von Großstadtkindern. Weinheim/München: Juventa.

Zipperle, Mirjana/Meyer, Thomas/Werling, Melanie/Rahn, Sebastian/Engbers, Dorothee (2022): Kinder in der Offenen Kinder- und Jugendarbeit – Nutzungsweisen und Perspektiven aus Sicht der Adressatinnen und Adressaten. In: deutsche jugend 70, H. 7–8, S. 301–307.

Keine Zeit verlieren?

Institutionalisierte Zeit und Bildungsteilhabe in der frühen und mittleren Kindheit

Pia Rother und Ina Kaul

Institutionalisierungsprozesse von Kindheit werden aktuell als „politische Neudefinition der öffentlichen Zuständigkeit für das Aufwachsen von Kindern" (Kessl/Richter 2021, S. 14) diskutiert und zugleich als Chance für eine verbesserte Bildungsteilhabe angesehen (vgl. Rother 2023a; Kerle 2023). Das aufgerufene Paradigma einer bildungsorientierten Kindheit (vgl. z. B. Simon 2023) vereint dabei Aspekte umfassender Förderung und der Begleitung der individuellen Entwicklung von Kindern auch zum Ausgleich von Bildungsdisparitäten (vgl. Kaul et al. 2023; Blossfeld/Roßbach 2012). Zugleich schwingen untergeordnet Argumentationen einer Ökonomisierung mit (vgl. Kaul/Zehbe 2024 i. E.; Kerle 2023). Nichtsdestotrotz kann hier von Potenzialen institutionalisierter Zeit gesprochen werden. Diese meint zunächst in Bildungsinstitutionen verbrachte Zeit und unterliegt zugleich bestimmten Ordnungen, wie z. B. einer Chronologisierung im Rahmen der Zeitsozialisation in Kindertageseinrichtungen (Kita) und Grundschule (vgl. Wahne 2021). Diese ist an „Lern- und Entwicklungsanforderungen [von Kindern], die sie in festgelegten Zeitspannen Schritt für Schritt zu bewältigen haben" (ebd., S. 97), gekoppelt. Bildung als zentraler Begriff dieser zeitlich segregierten, im Rahmen von Institutionen verbrachten Zeit erscheint darin als Verheißung. Institutionen wie Kita (§§ 22 ff. SGB VIII) und (Ganztags-)Schule[1] werden als Bildungs- und Lebensraum verstanden und sukzessiv mit Bedeutung und Zukunftsorientierung aufgeladen (vgl. Kaul et al. 2023; Roosingh 2023). Dabei treten die Ausrichtung auf Bildungsteilhabe oder einem *gelingenden Leben* stärker in den Vordergrund. Im Kontext institutionalisierter Kindheiten wird im Beitrag das Konstrukt der Kindergarten- und Schulkindheit als je ein Phänomen dieser Vielfältigkeit diskutiert. Im Zentrum stehen demnach

---

1 Für Ganztagsangebote von Schulen können die offene, teilgebundene und gebundene Organisationsform unterschieden werden, die im Zeitumfang und der Verbindlichkeit bei der Einbindung der Schüler*innenschaft in die Angebote divergieren (vgl. KMK – Kultusministerkonferenz 2023). Offene Ganztagsangebote können z. B. individuell, d. h. unabhängig vom Klassenverband, besucht werden. Sozialpädagog*innen sind in der Ganztagsschule v. a. im Rahmen der Ganztagsangebote (AGs, Betreuung, Hausaufgaben etc.) als Ganztagskoordination oder auch unabhängig vom Ganztag im Rahmen von Schulsozialarbeit oder in Kontexten der Kindeswohlgefährdung tätig.

Bildungsorganisationen und die Gestaltung von Kindheiten sowie eine damit zugleich durch Erwachsene gerahmte Zeit. Das sich hierüber konstruierende Bild von Kindheiten „legt den Fokus auf Vorstellungen, die Erwachsene über Kinder und Kindheiten entwerfen und betont darüber das Moment der Kommunikation" (Roosingh 2023, S. 12). Zugleich ist das Feld der kindheitspädagogischen Bildung, Betreuung und Erziehung von vielfältigen gesellschaftlichen Diskurssträngen, politischen und strukturellen Rahmenbedingungen tangiert, wie personellem Zuwachs, gestiegener Ausbaudynamik und institutionenübergreifende Ausweitung des Rechtsanspruches (vgl. Autor:innengruppe Bildungsberichterstattung 2022) oder auch der Umsetzung von Inklusion. Es lassen sich hier Diskurse der Verschulung von Kita und der Sozialpädagogisierung von Schule identifizieren. Dazu skizzieren wir theoretische Perspektiven auf Kindheiten als kommunikative Konstruktionen und auf institutionalisierte Zeit, gehen auf Grundlage von Gesetzestexten auf das Handlungsfeld Kita ein, diskutieren Schule sowie mittlere Kindheit im Kontext einer Sozialpädagogisierung und schließen mit einem Fazit.

1. Entwürfe von Kindheiten als kommunikative Konstruktionen und institutionalisierte Zeiten

Über Kindheiten nachzudenken, heißt auch, spezifische Entwürfe einer Lebensphase in den Blick zu nehmen, die zugleich von historischen, sozialen, kulturellen oder auch politischen Vorstellungen und Aspirationen durchzogen ist (vgl. Kaul/Schmidt/Thole 2018). Im Sprechen und Schreiben über Kinder und Kindheiten schwingen diese Zusammenhänge implizit mit. Es erscheint daher aufschlussreich, sich die Kontexte genauer anzuschauen, in denen nicht nur Kindheiten stattfinden, sondern diese auch gestaltet werden. An dieser Stelle kann mit Roosingh (2023, S. 11 f.) argumentiert werden, dass mit dem Topos Kindheit „sozial organisierte Bedeutungszuschreibungen angesprochen [sind] [...], welche in der Regel von Erwachsenen vorgenommen werden" und in der sowohl Deutungen wie auch Legitimationen ebendieser Erwachsenen liegen, „um das Leben von Kindern zu gestalten". Kindheit ist demnach mehr als eine individualisierte Lebensphase, sondern ein Phänomen sozialer Konstruktionen (vgl. Roosingh 2023, S. 11 ff.), die sich über kommunikative Praktiken herstellen und abbilden (vgl. Müller 2005).

> „Die Rolle und Funktion von Kindheit als wichtiges Strukturprinzip der sozialen Ordnung kann dementsprechend nur angemessen verstanden werden, wenn die Kommunikationszusammenhänge der jeweiligen gesellschaftlichen Funktionssysteme im Hinblick auf ihre Thematisierung, Einbindung und Beanspruchung von Kindern und Kindheit analysiert werden" (Müller 2005, S. 156).

Unter institutionalisierter Zeit in der Kindheit kann die von Kindern in den Institutionen verbrachte Zeit verstanden werden (vgl. Honig 2017). Damit ist aus temporaler Perspektive erstens gemeint, dass Kinder in Institutionen wie Kitas oder Schulen Zeit verbringen (vgl. ebd.) und für eine bestimmte Zeit an diesen Ort räumlich gebunden sind. In Bildungsorganisationen werden Kinder als Adressat*innen positioniert (vgl. ebd.). Institutionalisierte Kindheit meint dann, dass „bestimmte Altersgruppen der Bevölkerung [den] Organisationen für Kinder zugewiesen werden" (ebd., S. 37). Allerdings können Kinder keine Mitglieder dieser Organisationen sein (wie eine organisationstheoretische Perspektive es z. B. rahmen würde), sondern Kinder wären vielmehr Schüler*innen, Adressat*innen etc. Diese zeitdiagnostische Perspektive kann einerseits als Ausschluss aus dem Alltagsgeschehen (vgl. Honig 2011; Betz/Viernickel 2016, S. 12) und andererseits als Risiko einer „(zu) frühen außerfamiliären Betreuung von Kindern" (Betz/Viernickel 2016, S. 12) mit Verweis auf vulnerable Kinder, die Bedeutung der Mutter für die Bindungs- und Bildungsfähigkeit sowie ein familiäres Aufwachsen im Alleinverdienermodell, bei dem die Care-Arbeit größtenteils Frauen zukam, systematisiert werden (vgl. ebd.). Außerdem kann zweitens die Perspektive auch auf die Ordnungen im Muster moderner Kindheit als *„pädagogisches* Konstrukt" (Honig 2017, S. 37, Herv. i. O.) selbst gelegt werden. Das Muster moderner Kindheit ist also selbst eine Institution, die sich historisch entwickelt hat und damit die Ebene der Lebensphase Kindheit perspektiviert. Implizit wird damit diese Lebensphase zum Zukunftsversprechen schlechthin für bessere Möglichkeiten (vgl. Honig 2017), wie z. B. einer verbesserten gesellschaftlichen Teilhabe. In Honigs Offenlegung als *Möglichkeit* liegt zugleich ein Optimierungsmoment, denn hier zeigt sich eine „Ambivalenz zwischen zielgerichteter Einwirkung und der Anerkennung von Autonomie" (Honig 2016, S. 170) von Individuen. Dieses zweite Verständnis von institutionalisierter Zeit in der Kindheit ist eng an eine Veränderung des Aufwachsens geknüpft: Durch gestiegene Teilnahmekapazitäten in Bildungsinstitutionen, die strukturell betreute Kindheiten erst ermöglichen und somit – mit unterschiedlichen politischen Programmatiken hinterlegt sind, wie den Abbau von Benachteiligungen, Armut etc. – eine Bildungsbeteiligung *von Anfang an* ermöglicht (vgl. auch Betz/Viernickel 2016, S. 13; Rauschenbach 2011). Mit Blick auf institutionalisierte Zeit wäre hier noch ein dritter Aspekt auf der Ebene der Organisationen zu unterscheiden: der Wandel der Bildungsorganisationen selbst. Hier ist der Prozess einer Institutionalisierung im Sinne einer Etablierung über einen bestimmten Zeitverlauf gemeint. Darunter ist z. B. eine neue Ausrichtung von Schule an einem eher weit orientierten Bildungsbegriff bzw. Teilhabe zu verstehen oder auch veränderte Zeitregime (vgl. Forneck 2010, S. 98 f.) bzw. neue chronografische Ordnungen, die professionelles pädagogisches Handeln strukturieren und legitimieren.

Die Rede von institutionalisierter Zeit bzw. Kindheit ist demnach auch daran geknüpft, diverse gesellschaftliche Probleme zu lösen und zugleich hierüber bisherige Handlungs- und Wissensordnungen (neu) zu verhandeln (vgl. Kessl/Richter 2021, S. 15). Zum Beispiel markiert die Erosion einer Familienkindheit, die Ausdehnung der Bildungskindheit und die Vergesellschaftung von Kindheit (vgl. Mierendorff/Olk 2003, S. 453) diesen Wandel. Bildung als zentraler Begriff in Kita und Schule erscheint dabei als Verheißung und wird als „Allheilmittel" (Großkopf 2014) funktionalisiert.

2. Frühe Kindheit in Kindertageseinrichtungen

Ausgangspunkte

Kindertageseinrichtungen[2] bzw. Kitas werden als selbstverständlicher Teil des Bildungssystems adressiert und als Orte institutionalisierter Kindheiten verstanden und gestaltet (vgl. Kaul 2020). Zugleich sind an die Leistungen frühkindlicher Institutionen konkrete Erwartungen geknüpft. Sandra Koch (2022, S. 22) spricht von einer Zäsur: Auch wenn kindheitspädagogische Settings außerhalb der Schule immer schon mit dem Doppelmotiv von Bildungsförderung und Armutsbekämpfung (vgl. Reyer 2006; Honig 2015) konzipiert wurden, erscheint doch eine bildungspolitische Wende im Feld erkennbar, die mit dem PISA-Turn ihren Ausgangspunkt nahm und sich über die Implementierung von sog. länderspezifischen Bildungsplänen fortschreibt. Das Interesse an der Idee einer Bildungsinvestition in den frühen Jahren ist dabei sowohl öffentlich, politisch wie auch wirtschaftlich groß (vgl. Kaul et al. 2023, S. 21). Die Ergebnisse der internationalen Schulvergleichsstudien hatten und haben erhebliche Auswirkungen auf das Feld der Kitas und damit auf die Zeit der frühen Kindheit (vgl. Roßbach/Sechtig/Schmidt 2012), was sich z. B. an Gesetzestexten und den eingeführten Bildungsplänen ablesen lässt. Letzteren ist gemein, dass sie für Institutionen, in denen Kinder bis zum Schuleintritt ihre Zeit verbringen, verfasst wurden, den Begriff *Bildung* aufgreifen und in eine individuelle wie gesamtgesellschaftlich-historische Rahmung eingebettet werden, die deutlich macht, es gelte, *keine Zeit zu verlieren*. Hierbei geht es demnach vorrangig um eine effiziente Nutzung der knappen Ressource Zeit, auch im Sinne einer Optimierung institutionalisierter Zeit (vgl. Bröckling 2020) und weniger um die Herstellungsprozesse im Rahmen eines *doing time*. In diesen Argumentationsstrang passen die strukturelle

---

2 Zu ihnen gehören im Kern Kinderkrippen, Kindergärten und Horte, die zuweilen die pädagogische Arbeit unter einem Dach und an einem Ort firmieren. Unter Kita wird die institutionalisierte Erziehung, Bildung und Betreuung anhand des Förderauftrages im SGB VIII §22 Abs. 3 gefasst. Die folgenden Ausführungen (Kapitel 2) nehmen vordergründig das Feld des Kindergartens sowie der Kinderkrippe in den Blick.

Annäherung zwischen Kita und Schule sowie die immer wieder aufscheinenden Überlegungen, eine Kindergartenpflicht einzuführen (vgl. Hüsken/Walter/Wolf 2010) oder auch Forderungen nach einem Kindergarten-PISA-Test (Koch 2022, S. 144 ff.). Bildung wird hierbei in eine „evidenzbasierte Praxis" (Biesta 2011, S. 77) transformiert. Damit ist zugleich die Vorstellung verbunden, Bildung von Kindern als Humankapital einer Gesellschaft zu verstehen (vgl. Schäfer/Thompson 2011; Robeyns 2009).

Die seit nunmehr zwei Jahrzehnten virulente *Bildungseuphorie* für das Feld der Kitas begleitet zudem sich diversifizierende Lebens- und Familienformen (wie Erwerbstätigkeit beider Eltern, Migrationserfahrungen, Auflösung traditioneller Familienentwürfe und Milieustrukturen) sowie die Idee, das individuelle Leben im Rahmen des meritokratischen Versprechens und dem Ideal der Chancengleichheit gestalten zu können (vgl. Kaul et al. 2023, S. 20). Insgesamt konfrontieren diese Wandlungsprozesse die Einrichtungen und die hier tätigen Fachkräfte mit vielfältigen Herausforderungen der Gestaltung von (heterogenen/ungleichen) Kindheiten. Es stellt sich für Kitas nicht nur die Frage nach adäquaten Betreuungs- und Erziehungsmöglichkeiten zur Familienunterstützung, sondern insbesondere auch die Frage nach einer *guten Bildungsmöglichkeit* der Kinder *von Anfang an*. Perspektiven des *Nicht-Versäumen-Wollens* lassen sich hier durchaus ablesen. Diese Perspektivierungen des Nutzens institutionalisierter Zeit werden nachfolgend empirisch anhand einer Dokumentenanalyse (vgl. Meyer 2018) von Gesetzestexten (vgl. Kaul et al. 2023) genauer betrachtet und exemplarisch nachgezeichnet, wie institutionalisierte Zeit verstanden wird.

Gesetzestexte als Rahmungen von Kindheiten

Juristisch geregelt und gerahmt ist die Zeit von Kindern in der Institution Kita insgesamt im SGB VIII sowie in den länderspezifischen Ausführungsgesetzen, welche dem SGB VIII nachrangig gestellt sind. Als juristisches Regelsystem verweisen beide Gesetzesformen auf derzeit gültige gesellschaftliche Normen (vgl. Klinkhammer 2014, S. 93 f.), die durchaus immer wieder auf parlamentarischer Ebene anzupassen sind. Insgesamt lässt sich vermuten, dass in dem begrenzten Platz der Gesetzestexte, der zugrunde liegenden juristischen Verdichtung und Fokussierung die Ausgestaltung institutionalisierter Zeit sprachlich begrenzt gefasst wird. Zwei Befunde sind an dieser Stelle voranzustellen: Erstens wird in den Gesetzestexten immer noch von *Betreuungszeit* gesprochen, obwohl in den fachlichen Diskursarenen eine Präferenz für den Bildungsbegriff deutlich wird. Hier schließt zweitens an, dass sich in den Gesetzestexten keine deutliche Differenzierung des Bildungsbegriffs in Abgrenzung oder Bezugnahme zu den weiteren Begriffen – Betreuung und Erziehung – der pädagogischen Trias findet (vgl. Kaul et al. 2023).

Eine Dokumentenanalyse der Ausführungsgesetze[3] zeigt, dass Bildung und Erziehung sowie Bildung und Förderung als begriffliches Konglomerat und zuweilen synonym positioniert werden (vgl. Kaul et al. 2023, S. 58 ff.). Die Gesetzestexte formulieren den Auftrag von Kitas zumeist wenig differenziert aus. Das SGB VIII als Grundlage aller länderspezifischen Ausführungsgesetze spiegelt sich weitestgehend im Wortlaut wider, wird jedoch bei den meisten Ausführungsgesetzen ergänzt (Ausnahmen bilden so z. B. die Ausführungsgesetze von Bremen, Hamburg, Hessen oder Schleswig-Holstein) und durch den Versuch von Konkretisierungen erweitert. Wohlwissend, dass Gesetzestexte sprachliche Verdichtungen juristischer Regelungen einerseits sind und andererseits die vorgenommenen Verdichtungen immer Gefahr von Auslassungen beinhalten, wird folgend auf Gemeinsamkeiten und Unterschiede der hier verorteten und geregelten Ausgestaltung früher Kindheit in Gesetzestexten Bezug genommen.

Grundlegend greifen, so zeigt es die Dokumentenanalyse, alle Ausführungsgesetze den Auftrag der familienergänzenden Unterstützung von Bildung, Erziehung und Betreuung in Kindertagesbetreuung einschließlich der Kindertagespflege auf. Zudem verweisen die meisten Gesetze auf den je landesspezifischen Bildungsplan (z. B. Baden-Württemberg, Thüringen).

> „Unter Berücksichtigung von Prinzipien, Bildungsbereichen und Aufgabendimensionen, wie sie im ‚Gemeinsamen Rahmen für die frühe Bildung in Kitas' der Jugend- und Kultusministerkonferenz niedergelegt wurden, sollen diese [die Bildungspläne] der pädagogischen Arbeit in Kitas Transparenz verleihen" (Viernickel/Weltzien 2023, S. 1).

Ihre unterschiedlichen Nuancierungen zeigen „in Bezug auf die theoretischen Positionen zum Verständnis frühkindlicher Bildung" durchaus die eingewobenen „Erwartungen an eine verbesserte Praxis früher Bildung und Förderung und hinsichtlich positiver Effekte für kindliche Entwicklung" (Viernickel/Weltzien 2023, S. 1). So verweisen die Ausführungsgesetze dann auch fast einheitlich darauf, dass institutionalisierte Bildung, Erziehung und Förderung alters- und entwicklungsangemessen zu gestalten sei. Der Ausgangspunkt für Bildung (in Kitas und Kindertagespflege) ist das einzelne Kind als Individuum (mit individueller Ausgangslage, in individuellen Lebenszusammenhängen etc.). Damit wird sowohl eine Persönlichkeitsbildung und die Entwicklung zur Eigenverantwortlichkeit anvisiert. Hierunter können auch Formulierungen zur Gesundheitsbildung sowie der Befähigung zu einer gesunden Lebensführung und Lebensbewältigung (u. a. Brandenburg, Mecklenburg-Vorpommern, Niedersachsen, Saarland,

---

3 Im Sinne des Föderalismus konkretisieren die Ausführungsgesetze der Bundesländer den je spezifischen Förderauftrag des SGB VIII § 22 und rahmen damit die Aufgabe der Arbeit in den Kitas.

Thüringen) subsumiert werden. Neben dieser individuellen Ausrichtung wird auch die Perspektive auf die Gemeinschaft formuliert. Die Gesetze benennen aufbauend auf der Entwicklung und Förderung der individuellen Persönlichkeit das Ziel des Ausbaus sozialer Kompetenzen und der Gemeinschaftsfähigkeit – also Teil einer Gruppe zu sein – als zentral. Demokratiebildung, Teilhabe und Chancengleichheit werden in den Gesetzestexten dabei ebenso angesprochen. Es finden sich also Formulierungen wie „Gemeinschaftsfähigkeit [...] stärken" (§ 3 Abs. 2 Kindertagesstättengesetz – KitaG, Brandenburg); „das Kind auf das Leben in einer demokratischen Gesellschaft vorzubereiten" (§ 1 Abs. 3 Kindertagesförderungsgesetz – KitaFöG, Berlin). Eine ganzheitliche Förderung und die „Begegnung und Auseinandersetzung mit anderen Menschen" (§ 15 Abs. 3 Kinderbildungsgesetz – KiBiz, Nordrhein-Westfalen) schließt dies ein. Ziel ist, „jedem Kind die Gleichberechtigung der Geschlechter zu vermitteln" (§ 2 Abs. 1 Niedersächsisches Gesetz über Kindertagesstätten und Kindertagespflege – NKiTaG), die in wenigen Gesetzen zudem explizit als „Jungen und Mädchen" ausgewiesen werden (u. a. Hessen, Sachsen, Brandenburg). Bildung habe demnach insgesamt das Ziel der Vermittlung von Normen und Werten sowie der Achtung der eigenen kulturellen Identität (z. B. § 2 Abs. 2 Hamburger Kinderbetreuungsgesetz – KibeG) und der Anerkennung von Vielfalt insgesamt (z. B. Niedersachsen, Hamburg, Mecklenburg-Vorpommern).

Deutlich wird in den Gesetzen, dass von einem allgemein positiven Welt- und Gesellschaftsbild ausgegangen wird, in welches Kinder durch eine institutionalisierte Bildung, Betreuung und Erziehung integriert werden sollen. Thematisch wird in der juristischen Rahmung von Bildung keine Aufforderung zur Veränderung gesellschaftlicher Verhältnisse und Zusammenhänge oder gar ein reflexives Bildungsverständnis ausgewiesen (vgl. Kaul et al. 2023). Lediglich Bremen spricht von einer „Erhöhung individueller und sozialer Kompetenzen" (§ 3 Abs. 1 Bremisches Tageseinrichtungs- und Kindertagespflegegesetz – BremKTG), was semantisch über das hinausweist, was Kinder mitbringen und an die Humboldt'sche Veredelung erinnert (vgl. Humboldt 1793/1980, S. 235). Hervorzuheben ist hier insbesondere das Ausführungsgesetz Niedersachsens (§ 2 Abs. 2 Nr. 5 NKiTaG) das explizit die Anregung eines kritischen Denkens, welches sich auf „die Auseinandersetzung mit Gemeinsamkeiten von Menschen und [die] Vielfalt der Gesellschaft" bezieht sowie jedem Kind ermöglicht werden soll. Als Ziel wird die Erweiterung der eigenen Möglichkeiten benannt. Insgesamt wird aber die Erkenntnis vermisst,

> „dass sich Bildung als Projekt und Prozess darauf konzentriert, den Adressat:innen ein reflexives Durchdenken und Kritisieren gesellschaftlicher, historisch geprägter Wirklichkeiten und des eigenen biografischen Gewordenseins ermöglicht und eben nicht eine Beherrschung oder ein Einfügen in die Welt" (Kaul et al. 2023, S. 62).

Interessant scheint die Perspektivierung hin zu einer sog. „optimalen Entwicklung" (§ 3 Abs. 1 BremKTG), die jedoch durchaus fragen lässt, was unter *optimal* zu verstehen ist. Diesbezüglich soll eine so ausgerichtete Entwicklung zudem laut der Gesetzgebung in Mecklenburg-Vorpommern (§ 3 Abs. 6 Kindertagesförderungsgesetz – KiföG M-V) nach verbindlich festgelegten Verfahren erfolgen, die eine standardisierte Entwicklung suggerieren, welche kontinuierlich zu beobachten sei.

> „Bei erheblichen Abweichungen von der altersgerechten, sozialen, kognitiven, emotionalen oder körperlichen Entwicklung des Kindes, soll eine gezielte individuelle Förderung auf der Grundlage eines jährlich fortzuschreibenden Entwicklungsplans erfolgen" (§ 3 Abs. 6 KiföG M-V).

Auch die Bildungspläne, auf die manche Gesetzestexte verweisen, nehmen das Instrumentarium der Beobachtung und Dokumentation zumeist auf. Dies begleitet das Gelingen institutionalisierter Bildung, Betreuung und Erziehung und soll in das Gespräch mit Eltern und Erziehungsberechtigen einfließen, um im Sinne einer gemeinsamen Verantwortung Kindheiten in einer quasi vorgedachten Bahn zu begleiten. Kooperationen sind zudem nicht nur mit Eltern, sondern auch mit anderen Institutionen angelegt. Insbesondere die Grundschule wird hier aufgeführt, die durch eine „regelmäßige Gestaltung von Bildungsangeboten in Kindertageseinrichtungen [...] dem Übergang in die Schule Rechnung zu tragen" (§ 2 Abs. 3 Gesetz über Kindertagesbetreuung – SächsGVBl, Sachsen) habe und Kinder durch eine „geeignete Vorbereitung des Übergangs" (§ 5 Abs. 2, Kinderförderungsgesetz – KiFöG, Sachsen-Anhalt) begleiten solle. Gerade hierbei wird Bildung mit Blick auf Schule gedacht und die Kita als Vorläuferinstitution positioniert, der auch die Aufgabe zufällt, Schulfähigkeit zu erzielen.

3. Institutionalisierte Zeit und *Sozialpädagogisierung* von Schule in der mittleren Kindheit

In der mittleren Kindheit wird beim Übergang in die Grundschule die Lebensphase zum zeitlich und räumlich neu strukturierten Bildungs- und Lebensraum. Im Alltag von Kindern markiert diese Neustrukturierung des Tages in der Schule ein Spannungsfeld zwischen Eigenständigkeit und Lerngeschwindigkeitsnormen, das von Kindern individuell-emotional und sozial bewältigt werden muss (vgl. Böhnisch 1992, S. 131). Auch in der mittleren Kindheit – d. h. im Grundschulalter – wird die Effizienzidee, keine (Bildungs-)Zeit zu verlieren und hierüber unterschiedliche Startchancen anzugleichen, fortgesetzt und prägt die Zeitsozialisation von Kindern (vgl. Wahne 2021, S. 97). Zudem wird Institutionalisierung von Kindheit als eine „strukturelle Ermöglichung und zugleich als Garant gesellschaftlicher Ziele" (Betz/Viernickel 2016, S. 13 mit Bezug auf Rauschenbach 2011) erörtert. Am Beispiel des Wandels zu ganztagsschulischen Organisationsformen und dem Rechtsanspruch auf Ganztagsbetreuung[4] im Primarbereich lassen sich dazu Ziele und politische Motive im Kontext schulischer Veränderungen verdeutlichen.

Diese bildungspolitisch geschaffene Möglichkeit der institutionalisierten Zeit wird daran deutlich, dass in § 24 Abs. 4 SGB VIII ab dem Schuleintritt bis zum Beginn der 5. Klasse ein Anspruch auf Förderung in einer Tageseinrichtung besteht. Dieser Anspruch gilt ab dem Schuljahr 2026/27 werktags für acht Zeitstunden täglich und beinhaltet auch Ferienzeiten. Zu dieser Neuausrichtung lassen sich diverse politische Motive auflisten (vgl. Rother/Coelen/Dollinger 2023, S. 989): familienpolitische Motive (Betreuungszeiten erweitern, Vereinbarkeit von Familie und Beruf), kinder- und jugendpolitische sowie -pädagogische Motive (Kompetenzsteigerung, Erweiterung des Bildungsbegriffs), bildungs- und sozialpolitische Motive (Ungleichheiten abbauen, Teilhabe erweitern) und wirtschaftspolitische Motive (maximierte Förderung von Begabung). Diese Motive sind miteinander verwoben und mit diversen programmatischen Zielen hinterlegt. Institutionalisierungsprozesse in der Kindheit stellen also zunächst potenziell, jedoch komplex in der Realisierung, eine Chance für eine verbesserte Bildungsteilhabe (vgl. kritisch dazu: Rother 2023a) bereits ab dem Besuch einer Kita dar. Dies ordnet Großkopf kritisch auch als bildungs- und schulvorbereitenden Charakter ein (vgl. Großkopf 2014, S. 29). Auch in Bezug auf den Schulbesuch und die verschiedenen Bildungsprozesse wird Schule als zentraler Ort der Sozialisation in eine (künftige) gesellschaftliche Teilhabe und die Übernahme von Erwachsenenrollen angesehen (vgl. Parsons 1968). Dies verweist auf die Doppelfunktion von Schule, die zum einen die individuelle Entfaltung des Kindes und zugleich die egalisierende Reproduktion der Gesellschaft (vgl. Heinzel 2019) beinhaltet. Bei *gelingenden* Bildungsverläufen kann hier von einer strukturellen Sicherung gesellschaftlicher Integration ausgegangen werden. Allerdings sind gesellschaftliche Teilhabechancen eng an die (privilegierte) soziale Herkunft gekoppelt (vgl. z. B. Grundmann et al. 2003; Steiner 2016). Großkopf (2014, S. 30) konstatiert z. B., dass sich trotz „flächendeckender vorschulischer Erziehung" in der DDR ebenso Muster sozialer Ungleichheiten zeigten. Gesellschaftliche Ungleichheitsstrukturen lassen sich demnach nicht durch eine frühe institutionalisierte Kindheit verändern (vgl. Großkopf 2014, S. 30 f.; Blossfeld/Shavit 1993) und äußern sich auch in einer Skepsis gegenüber Sozialinvestitionen in der frühen Kindheit (vgl. Betz 2010). Dazu werden aktuelle Veränderungen von Schule betrachtet.

---

4 Ab 2026 gilt in Deutschland nach dem Gesetz zur ganztägigen Förderung von Kindern im Grundschulalter (Ganztagsförderungsgesetz – GaFöG) der Rechtsanspruch auf Ganztagsbetreuung.

Sozialpädagogisierung von Schule

Mit einer Ermöglichung von Bildungsteilhabe bzw. dem Abbau von Benachteiligungen wird der Ausbau der Ganztagsangebote legitimiert (vgl. BMFSFJ 2023), auch wenn der Abbau von Benachteiligungen durch die Ganztagsteilnahme im Fachdiskurs eher kritisch gesehen wird (vgl. z. B. Steiner 2016; Bettmer 2007; Buchna et al. 2017). Bezüglich der Akzentuierung der Inhalte kann dies auch als eine Sozialpädagogisierung im Sinne einer flächendeckenden Bereitstellung und höheren Gewichtung sozialpädagogischer Angebote für Kinder (und Familien) in der Ausgestaltung von Kindheiten angesehen werden (vgl. Joos 2006, S. 109). Für eine institutionalisierte Zeit von Kindern bedeutet dies zugleich ein Spannungsfeld aus einem „strukturellem Betreuungsdefizit" (begrenzte Platzkapazitäten) und „De-Familialisierung" (Joos 2006) einerseits und fortbestehender Bildungsungleichheiten durch das System Schule andererseits. Daher kann gefragt werden, inwiefern eine Sozialpädagogisierung von Schule als Ermöglichung von Bildungsteilhabe fungieren könnte, da institutionalisierte – also pädagogisch betreute – Zeit gerade für Benachteiligte für die Bearbeitung des Problems fehlender Bildungsteilhabe aufgerufen wird. Aber im sozialpädagogischen Handlungsfeld Schule werden diverse Problemlagen aufgegriffen, wie z. B. im Kinderschutz, der Schulsozialarbeit, im Ganztag usw. Durch eine Adressierung bestimmter Gruppen von Kindern, z. B. mit Migrationshintergrund, erfolgt eine Verschiebung vom (Struktur-)Problem hin zu Individuen oder Gruppen, die ggf. Unterstützung benötigen und in bestimmter Weise adressiert werden (vgl. Bitzan/Bolay 2013, S. 35). Kritisch daran ist, dass Kinder jeweils nur in Ausschnitten adressiert werden (vgl. Wagner 2018, S. 349) und ihr Aufwachsen sozial strukturiert ist und sich historisch entwickelt hat (vgl. Kelle 2005). Damit bleiben bestehende soziale Ordnungen und Machtverhältnisse verborgen, denn wer bestimmt, welches Problem Kinder in Schule haben (inkl. der Lösung des Problems), welche Konstruktionen sind normativ aufgeladen und eventuell ausschließend und welcher Eigensinn kommt schließlich Kindern zu?

Diese organisationalen Ziele und Funktionen von Schule beeinflussen – auch in ihrem andauernden Wandel – das Aufwachsen von Kindern und Jugendlichen, und das nicht nur durch ihre pädagogischen Intentionen, denn ab dem Moment des Schuleintritts tritt stärker eine Zukunftsorientierung in den Vordergrund. Deshalb bezeichnet Parsons (1968) entsprechend die Schulklasse auch als „Sozialisationsinstanz [...], durch die einzelne Persönlichkeiten ausgebildet werden, um der Erfüllung von Erwachsenenrollen motivationsmäßig und technisch gewachsen zu sein" (ebd., S. 162). Diese Zukunftsgerichtetheit auf Kinder als *Werdende* (vgl. Qvortrup 2004) wirft aber zugleich Fragen zum aktuellen *Sein* auf.

Zusammenfassend lassen sich zur Sozialpädagogisierung bzw. einer Entgrenzung von Schule und der Institutionalisierung von Kindheiten diese Prozesse hinsichtlich einer *zeitlichen*, *konzeptionell-institutionellen* und *individualisierenden*

Dimension verdichten (vgl. Rother 2023b, S. 25 f.). Diese Veränderungen hinsichtlich dieser drei Dimensionen verweisen letztlich auf eine „Weiterentwicklung der Schule als Lebensraum" (Fölling-Albers 2000, S. 128). Bereits 2008 stellte Zinnecker (S. 532) die Schule als wichtigen Freizeitraum im Leben von Kindern heraus, der historisch betrachtet auch mit dem Verlust von Freiräumen im Wohnumfeld einherging. Strandell (2013) spitzt dies dahingehend kritisch zu, dass durch die zunehmende Institutionalisierung von Kindheiten das Aufwachsen von Kindern beschützt, kontrolliert, organisiert und damit auch normiert wird und Kinder sich dazu kritisch positionieren (vgl. z. B. Walther/Nentwig-Gesemann 2021).

4. Fazit

Wir haben Bildung in Kindertageseinrichtungen bzw. in der frühen Kindheit und in Grundschule bzw. der mittleren Kindheit dahingehend betrachtet, inwiefern Bildungsteilhabe hier konzeptionell verankert ist und gefragt, inwiefern keine Zeit zu verlieren sei. Insgesamt zeigt sich ein Bild institutionalisierter Bildung, Betreuung und Erziehung, das einen spezifisch aufgeladenen Rahmen für die Ausgestaltung von Kindheiten mit einem deutlichen Bildungsimpetus verwebt und so im Sinne einer *Investition in* und *Aspiration von Zukunft* denkt. Die eingelagerten Konstruktionen institutionalisierter Kindheiten sind entsprechend durchaus aufgeladen mit der Idee, keine Zeit zu verlieren.

> „Erzieherinnen/Tageseinrichtungen sowie Eltern/Familien stehen vor der Aufgabe/ Herausforderung, die Kinder mit vereinten – zumindest koordinierten – Kräften in ihrer Entwicklung zu beflügeln [...] und in ihren Lern- bzw. Bildungsprozessen zu unterstützen, anzuregen und zu fördern" (Liegle 2013, S. 127).

Keine Zeit verlieren stellt zugleich eine im doppelten Sinn zeitkritische Perspektivierung dar – zum einen auf die je individuelle *optimale* Zeit in Institutionen und zum anderen auf die Veränderungen der Bildungsinstitutionen selbst. So lässt sich kritisch weiterfragen, inwiefern von einer Scholarisierung von Kitas und Sozialpädagogisierung des Handlungsfeldes Schule ausgegangen werden kann. Kindheit wird darin als Konstrukt einer sozialen Ordnungsbildung (vgl. Bühler-Niederberger 2020), in welcher Kindern und Erwachsenen je spezifische Aufgaben und Verantwortlichkeiten zugesprochen werden, gerahmt. Entsprechend kann die Betrachtung der institutionalisierten Zeit von Kindern in Kita und Grundschule darüber Aufschluss geben, wie Kindheiten gesellschaftlich konstruiert sind. Dies dient dazu, um zu verstehen, „wo bestimmte Entwürfe von Kindheit als selbstverständliche, unhinterfragbare und ‚natürliche' Gewissheiten ausgegeben werden und welche Interessen dahinter stehen" (Müller 2005, S. 157 f.). Das Beleuchten der eingewobenen Konstruktionen von Kindheiten kann zugleich aufzeigen, welche „spezifischen sozialen, kulturellen und ökonomischen Bedingungen" (Honig 1999, S. 85) mit institutionalisierter Kindheit verbunden werden und welche Chancen und Zwänge (vgl. Honig 1999, S. 85) eingewoben sind. Kindheit ist in diesem Sinne auch „ein Produkt von Modernisierungsprozessen und ein Strukturelement moderner Gesellschaften" (Honig 1999, S. 85), welches auf eine generationale Ordnung und Abgrenzung von und Unterscheidung zwischen Kindern und Erwachsenen verweist (vgl. Müller 2005) und eingebettet ist in die aktuellen gesellschaftlichen Programmatiken, wie eben am hohen Stellenwert von Bildung in Kita und Schule deutlich wird.

Literatur

Autor:innengruppe Bildungsberichterstattung (2022): Bildung in Deutschland 2022. Ein indikatorengestützter Bericht mit einer Analyse zum Bildungspersonal. Bielefeld: wbv.

Bettmer, Franz (2007): Soziale Ungleichheit und Exklusion. In: Bettmer, Franz/Maykus, Stephan/Prüß, Franz/Richter, André (Hrsg.): Ganztagsschule als Forschungsfeld. Wiesbaden: VS Verlag für Sozialwissenschaften, S. 187–211.

Betz, Tanja (2010): Kindertageseinrichtung, Grundschule, Elternhaus: Erwartungen, Haltungen und Praktiken und ihr Einfluss auf schulische Erfolge von Kindern aus prekären sozialen Gruppen. In: Bühler-Niederberger, Doris/Mierendorff, Johanna/Lange, Andreas (Hrsg.): Kindheit zwischen fürsorglichem Zugriff und gesellschaftlicher Teilhabe. Wiesbaden: VS Verlag für Sozialwissenschaften, S. 117–144.

Betz, Tanja/Viernickel, Susanne (2016): Einleitung: Institutionalisierung früher Kindheit und Organisationsentwicklung. In: Nentwig-Gesemann, Iris/Fröhlich-Gildhoff, Klaus/Betz, Tanja/Viernickel, Susanne (Hrsg.): Forschung in der Frühpädagogik. Freiburg im Breisgau: FEL Verlag Forschung – Entwicklung – Lehre, S. 11–27.

Biesta, Gert (2011): Welches Wissen ist am meisten wert? Zur Veränderung des öffentlichen Status von Wissenschaft und Wissen im Feld der Erziehung. In: Schäfer, Alfred/Thompson, Christiane (Hrsg.): Wissen. Paderborn/München/Wien/Zürich: Schöningh, S. 77–97.

Bitzan, Maria/Bolay, Eberhard (2013): Konturen eines kritischen Adressatenbegriffs. In: Graßhoff, Gunther (Hrsg.): Adressaten, Nutzer, Agency. Wiesbaden: Springer Fachmedien, S. 35–52.

Blossfeld, Hans-Peter/Shavit, Yossi (1993): Persisting Barriers. Changes in Educational Opportunities in Thirteen Countries. In: Shavit, Yossi/Blossfeld, Hans-Peter (Hrsg.): Persistent Inequality: Changing Educational Attainment In Thirteen Countries. Boulder: Westview Press, S. 1–23.

Blossfeld, Hans-Peter/Roßbach, Hans-Günther (2012): Neue Herausforderungen für die Kindertagesstätten: Professionalisierung des Personals in der Frühpädagogik. In: Zeitschrift für Familienforschung 24, H. 2, S. 199–225.

Bundesministerium für Familie, Senioren, Frauen und Jugend (BMFSFJ) (2023): Bericht der Bundesregierung zum Ausbaustand der ganztägigen Bildungs- und Betreuungsangebote für Grundschulkinder nach § 24a SGB VIII. GaFöG-Bericht. Berlin.

Böhnisch, Lothar (1992): Sozialpädagogik des Kindes- und Jugendalters. Eine Einführung. Weinheim/München: Juventa.

Bröckling, Ulrich (2020): Optimierung, Preparedness, Priorisierung: Soziologische Bemerkungen zu drei Schlüsselbegriffen der Gegenwart. In: Soziopolis: Gesellschaft beobachten, S. 1–13. https://www.ssoar.info/ssoar/bitstream/handle/document/81264/sopolis-optimierung-preparedness-priorisierung.pdf?sequence=-1&isAllowed=y&lnkname=sopolis-optimierung-preparedness-priorisierung.pdf (Abfrage: 10.09.2024).

Buchna, Jennifer / Coelen, Thomas / Dollinger, Bernd / Rother, Pia (2017): Abbau von Bildungsbenachteiligung als Mythos? Orientierungen pädagogischer Akteure in (Ganztags-)Grundschulen. In: Zeitschrift für Pädagogik 62, H. 4, S. 416–436.

Bühler-Niederberger, Doris (2020): Lebensphase Kindheit. Theoretische Ansätze, Akteure und Handlungsräume. 2., überarbeitete Auflage. Weinheim / Basel: Beltz Juventa.

Fölling-Albers, Maria (2000): Entscholarisierung von Schule und Scholarisierung von Freizeit? Überlegungen zu Formen der Entgrenzung von Schule und Kindheit. In: Zeitschrift für Sozialisationsforschung und Erziehungssoziologie 20, H. 2, S. 118–131.

Forneck, Hermann (2010): Zur Gouvernementalität schulischer Zeitregimes. In: Schönbächler, Marie-Theres / Becker, Rolf / Hollenstein, Armin / Osterwalder, Fritz (Hrsg.): Die Zeit der Pädagogik. Zeitperspektiven im erziehungswissenschaftlichen Diskurs. Bern / Stuttgart / Wien: Haupt, S. 87–102.

Großkopf, Steffen (2014): Soziale Ungleichheit – der Kindergarten als Allheilmittel? Die neue „Vorschulerziehung in der bürgerlichen Gesellschaft". In: neue praxis 44, H. 1, S. 23–44.

Grundmann, Matthias / Groh-Samberg, Olaf / Bittlingmayer, Uwe H. / Bauer, Ullrich (2003): Milieuspezifische Bildungsstrategien in Familie und Gleichaltrigengruppe. In: Zeitschrift für Erziehungswissenschaft 6, H. 1, S. 25–45.

Heinzel, Friederike (2019): Zur Doppelfunktion der Grundschule, dem Kind und der Gesellschaft verpflichtet zu sein – die generationenvermittelnde Grundschule als Konzept. In: Zeitschrift für Grundschulforschung 12, H. 2, S. 275–287.

Honig, Michael-Sebastian (1999): Entwurf einer Theorie der Kindheit. Frankfurt a. M.: Suhrkamp.

Honig, Michael-Sebastian (2011): Auf dem Weg zu einer Theorie betreuter Kindheit. In: Wittmann, Svendy / Rauschenbach, Thomas / Leu, Hans Rudolf (Hrsg.): Kinder in Deutschland. Eine Bilanz empirischer Studien. Weinheim / Basel: Beltz Juventa, S. 181–197.

Honig, Michael-Sebastian (2015): Vorüberlegungen zu einer Theorie institutioneller Kleinkindererziehung. In: Cloos, Peter / Koch, Katja / Mähler, Claudia (Hrsg.): Entwicklung und Förderung in der frühen Kindheit. Interdisziplinäre Perspektiven. Weinheim / Basel: Beltz Juventa, S. 43–57.

Honig, Michael-Sebastian (2016): Kindheiten. In: Scherr, Albert (Hrsg.): Soziologische Basics. Eine Einführung für pädagogische und soziale Berufe. 3., erweiterte und aktualisierte Auflage. Wiesbaden: Springer VS, S. 169–174.

Honig, Michael-Sebastian (2017): Institutionalisierte Kindheit. Kindeswohl als kindheitstheoretisches Konstrukt. In: Heimbach-Steins, Marianne / Riedl, Anna Maria (Hrsg.): Kindeswohl zwischen Anspruch und Wirklichkeit. Theorie und Praxis im Gespräch. Paderborn: Schöningh, S. 35–45.

Humboldt, Wilhelm von (1793/1980): Theorie der Bildung des Menschen. Bruchstück. In: Flitner, Andreas / Giel, Klaus (Hrsg.): Wilhelm von Humboldt. Werke in Fünf Bänden 1. Schriften zur Anthropologie und Geschichte. 2., durchgesehene Auflage. Darmstadt: Wissenschaftliche Buchgesellschaft, S. 234–240.

Hüsken, Katrin / Walter, Michael / Wolf, Karin (2010): Wahlfreiheit bei der Kinderbetreuung oder Kindergartenpflicht für alle? Ergebnisse aus dem Forschungsprojekt „Kinderbetreuung in der Familie". In: Bühler-Niederberger, Doris / Mierendorff, Johanna / Lange, Andreas (Hrsg.): Kindheit zwischen fürsorglichem Zugriff und gesellschaftlicher Teilhabe. Wiesbaden: VS Verlag für Sozialwissenschaften, S. 183–201.

Joos, Magdalena (2006): Strukturelle Betreuungsverhältnisse von deutschen, türkischen und russlanddeutschen Kindern. In: Alt, Christian (Hrsg.): Kinderleben – Integration durch Sprache? Band 4: Bedingungen des Aufwachsens von türkischen, russlanddeutschen und deutschen Kindern. Wiesbaden: VS Verlag für Sozialwissenschaften, S. 291–289.

Kaul, Ina (2020): Kindheit zwischen Zumutung und Eigensinn. Kindheitsvorstellungen von Pädagoginnen. In: Ritter, Bettina / Schmidt, Friederike (Hrsg.): Sozialpädagogische Kindheiten und Jugenden. Weinheim / Basel: Beltz Juventa, S. 210–224.

Kaul, Ina / Cloos, Peter / Simon, Stephanie / Thole, Werner (2023): Fachwissenschaftliche Expertise, Stärken und Schwächen der Trias „Erziehung, Bildung und Betreuung". In: Pestalozzi-Fröbel-Verband (Hrsg.): Rethinking frühkindliche „Erziehung, Bildung und Betreuung". Fachwissenschaftliche und rechtliche Vermessungen zum Bildungsanspruch in der Kindertagesbetreuung: eine Expertise im Auftrag des Pestalozzi-Fröbel-Verbands e. V. Weinheim / Basel: Beltz Juventa, S. 17–96.

Kaul, Ina / Schmidt, Desirée / Thole, Werner (2018): Blick auf Kinder und Kindheiten. Unsicherheiten, Herausforderungen und Zumutungen. In: Kaul, Ina / Schmidt, Desirée / Thole, Werner (Hrsg.): Kinder und Kindheiten. Studien zur Empirie der Kindheit: Unsicherheiten, Herausforderungen und Zumutungen. Wiesbaden / Heidelberg: Springer VS, S. 1–11.

Kaul, Ina / Zehbe, Katja (2024 i. E.): Der institutionalisierte Alltag als Bildungsraum im Kontext von Inklusion. In: Jergus, Kerstin / Koch, Sandra / Schildknecht, Lukas / Lochner, Barbara / Hübenthal, Maksim (Hrsg.): Möglichkeiten und Herausforderungen einer (selbst-)kritischen Frühpädagogik. Bielefeld: transcript.

Kelle, Helga (2005): Kinder in der Schule. Zum Zusammenhang von Schulpädagogik und Kindheitsforschung. In: Breidenstein, Georg / Prengel, Annedore (Hrsg.): Schulforschung und Kindheitsforschung – ein Gegensatz? Wiesbaden: VS Verlag für Sozialwissenschaften, S. 139–160.

Kerle, Anja (2023): Armut im Blick? Eine Ethnographie zu Familienzentren nach dem Early-Excellenz-Ansatz. Weinheim / Basel: Beltz Juventa.

Kessl, Fabian / Richter, Martina (2021): Zur Institutionalisierung der Kinder- und Jugendhilfe: Annäherung an die Perspektiven einer (De-)Institutionalisierungsforschung. In: Zeitschrift für Soziologie der Erziehung und Sozialisation 41, H. 1, S. 10–22.

Klinkhammer, Nicole (2014): Kindheit im Diskurs. Kontinuität und Wandel in der deutschen Bildungs- und Betreuungspolitik. Marburg: Tectum.

Koch, Sandra (2022): Der Kindergarten als Bildungs-Ort. Subjekt- und machtanalytische Einsätze zur Pädagogik der frühen Kindheit. Weinheim / Basel: Beltz Juventa.

Kultusministerkonferenz (KMK) (2023): Allgemeinbildende Schulen in Ganztagsform in den Ländern in der Bundesrepublik Deutschland – Statistik 2017 bis 2021. Berlin.

Liegle, Ludwig (2013): Frühpädagogik. Erziehung und Bildung kleiner Kinder – Ein dialogischer Ansatz. Stuttgart: Kohlhammer.

Meyer, Sarah (2018): Soziale Differenz in Bildungsplänen für die Kindertagesbetreuung. Eine diskursiv gerahmte Dokumentenanalyse. Wiesbaden: Springer VS.

Mierendorff, Johanna / Olk, Thomas (2003): Kinderwohlfahrtspolitik in Deutschland. In: Kränzl-Nagl, Renate / Mierendorff, Johanna / Olk, Thomas (Hrsg.): Kindheit im Wohlfahrtsstaat. Gesellschaftliche und politische Herausforderungen. Frankfurt a. M.: Campus, S. 419–464.

Müller, Grischa (2005): Die Macht des Bildes – das Kind im politischen Plakat. In: Bühler-Niederberger, Doris (Hrsg.): Macht der Unschuld. Das Kind als Chiffre. Wiesbaden: VS Verlag für Sozialwissenschaften, S. 149–183.

Parsons, Talcott (1968): Die Schulklasse als soziales System: Einige ihrer Funktionen in der amerikanischen Gesellschaft. In: Parsons, Talcott (Hrsg.): Sozialstruktur und Persönlichkeit. Eschborn: Klotz, S. 161–193.

Qvortrup, Jens (2004): The Waiting Child. In: Childhood 11, H. 3, S. 267–273.

Rauschenbach, Thomas (2011): Betreute Kindheit. Zur Entgrenzung öffentlicher Erziehung. In: Wittmann, Svendy / Rauschenbach, Thomas / Leu, Hans Rudolf (Hrsg.): Kinder in Deutschland. Eine Bilanz empirischer Studien. Weinheim / Basel: Beltz Juventa.

Reyer, Jürgen (2006): Einführung in die Geschichte des Kindergartens und der Grundschule. Bad Heilbrunn: Klinkhardt.

Robeyns, Ingrid (2009): Drei Konzepte von Bildung. Humankapital, Menschenrecht und Handlungsbefähigung. In: Berliner Debatte 20, H. 3, S. 55–66.

Roosingh, Desirée (2023): Bilder und Vorstellungen von Kindern und Kindheiten im medialen Diskurs. Die öffentliche Debatte um Social Freezing. Wiesbaden: Springer Fachmedien.

Roßbach, Hans-Günther/Sechtig, Jutta/Schmidt, Thilo (2012): Pädagogik der Frühen Kindheit und Kindertageseinrichtungen. In: Thole, Werner (Hrsg.): Grundriss Soziale Arbeit. Ein einführendes Handbuch. 4. Auflage. Wiesbaden: VS Verlag für Sozialwissenschaften, S. 461–467.

Rother, Pia (2023a): Bildungsteilhabe und die Kooperation zwischen Kinder- und Jugendarbeit und Schule. In: Diskurs Kindheits- und Jugendforschung 18, H. 1, S. 95–110.

Rother, Pia (2023b): Schule im Leben von Kindern und Jugendlichen. Zur Entgrenzung von Schule und zunehmend institutionalisierter Zeit. In: Kliche, Helena/Täubig, Vicki (Hrsg.): Schulen der Heimerziehung zwischen Exklusion und Inklusion. Weinheim/Basel: Beltz Juventa, S. 22–35.

Rother, Pia/Coelen, Thomas/Dollinger, Bernd (2023): Geschichte, Gegenwart und Perspektiven der Ganztagsschule. In: Bauer, Ullrich/Bittlingmayer, Uwe H./Scherr, Albert (Hrsg.): Handbuch Bildungs- und Erziehungssoziologie. Wiesbaden: Springer VS, S. 985–1002.

Schäfer, Alfred/Thompson, Christiane (2011): Wissen – eine Einleitung. In: Schäfer, Alfred/Thompson, Christiane (Hrsg.): Wissen. Paderborn/München/Wien/Zürich: Schöningh, S. 7–33.

Simon, Stephanie (2023): Armut, Bildung und Soziale Ungleichheiten. Deutungen und Bedeutungen im Feld der Pädagogik der Kindheit. Wiesbaden: Springer Fachmedien.

Steiner, Christine (2016): Von der konservativen zur sozial gerechten Schule? Zur Kompensation sozialer Ungleichheit durch die Ganztagsschule. In: Engagement: Zeitschrift für Erziehung und Schule 34, H. 2, S. 82–90.

Strandell, Harriet (2013): After-school Care as Investment in Human Capital – From Policy to Practices. In: Children & Society 27, H. 4, S. 270–281.

Viernickel, Susanne/Weltzien, Dörte (2023): Bildungspläne und -programme für den Elementarbereich. In: Frühe Bildung 12, H. 1, S. 1–3.

Wagner, Leonie (2018): Vom Klienten zur Nutzer_in. In: Böllert, Karin (Hrsg.): Kompendium Kinder- und Jugendhilfe. Wiesbaden: Vieweg, S. 337–363.

Wahne, Tilmann (2021): Kindliche Zeitpraktiken in KiTa und Grundschule: Eine qualitative Fallstudie. Leverkusen/Opladen: Barbara Budrich.

Walther, Bastian/Nentwig-Gesemann, Iris (2021): Ganztag aus der Perspektive von Kindern im Grundschulalter. In: Graßhoff, Gunther/Sauerwein, Markus (Hrsg.): Rechtsanspruch auf Ganztag. Zwischen Betreuungsnotwendigkeit und fachlichen Ansprüchen. Weinheim/Basel: Beltz Juventa, S. 234–255.

Zinnecker, Jürgen (2008): Schul- und Freizeitkultur der Schüler. In: Helsper, Werner/Böhme, Jeanette (Hrsg.): Handbuch der Schulforschung. 2., durchgesehene und erweiterte Auflage. Wiesbaden: VS Verlag für Sozialwissenschaften, S. 531–554.

Zeit für eine kritische Auseinandersetzung mit der Positionierung von Kindern im generationalen Machtverhältnis zur Förderung sozialer Gerechtigkeit

Nadine Fiebig, Jana Senger und Dorothee Schäfer

Zeitkonstruktionen wie die Einteilung des Lebensverlaufs von Menschen in Lebensphasen strukturieren Gesellschaften und die konkreten Lebensrealitäten von Individuen. Eine tiefgreifende Zeitkonstruktion ist jene, die im Lebensverlauf die Differenz zwischen *Kindheit* und *Erwachsensein* auf den Annahmen gesellschaftlicher und wissenschaftlicher Wissensformen[1] markiert. Mit Bezug auf diese Annahmen werden intergenerationale Machtverhältnisse zwischen Kindern[2] und Erwachsenen konstituiert, sodass die Lebenswelten junger Menschen von sozialen Ungleichheitsstrukturen geprägt sind. Deutlich zeigt sich dies in der Ungleichbehandlung sowie politischen Entmündigung von Kindern, indem sie aufgrund ihres Alters von politischen und gesellschaftlichen Entscheidungsprozessen ausgeschlossen werden (vgl. Corney et al. 2022, S. 678; Fiebig 2024). Trotz demokratischer Verhältnisse leben Kinder in einer Welt, „die von Erwachsenen mit Regeln von Erwachsenen geführt wird" (Liebel 2019, S. 11) und ihnen erschwert, ihre Interessen zu vertreten und durchzusetzen. Sichtbar wird dies darin, dass „die wirtschaftliche und politische Macht in wenigen Händen" (Liebel 2015, S. 79) erwachsener Menschen gebündelt wird, sodass Liebel von einer „Welt der Erwachsenen" (Liebel 2015, S. 79) spricht. Dies verweist auf

---

1 Epistemisches Wissen bildet „das Fundament der intergenerationalen Ordnung als Macht- und Gewaltverhältnis" (Schulze/Fiebig 2023, S. 128) und entfaltet vor dem Hintergrund dieser „superioren Wissensform und Deutungshoheit über die Lebenswelten von Kindern, über deren Normalitätsabweichungen von Standarderwartungen" (ebd., S. 124) ihre Wirkmächtigkeit für deren Lebensverlauf.
2 In sozialwissenschaftlichen Kontexten wird zwischen Kindern, Jugendlichen und jungen Erwachsenen unterschieden (vgl. Liebel/Meade 2023). In diesem Beitrag sprechen wir zumeist von *Kindern* im Sinne der UN-Kinderrechtskonvention, nach der Kinder Personen bis zur Vollendung des 18. Lebensjahres sind (vgl. Art. 1 UN-KRK). Dabei markieren wir, dass der Begriff *Kind* eine gesellschaftliche Konstruktion und Kategorisierung darstellt. Auch wenn die „Verwendung je nach Kontext diskriminierend wirken kann" (Liebel/Meade 2023, S. 11), verweist der Begriff auf ein zu veränderndes asymmetrisches Machtverhältnis zwischen jüngeren Menschen und Erwachsenen.

adultistische[3] Vorstellungen und Handlungspraxen gegenüber Kindern in der erwachsenendominierten politischen Sphäre (vgl. Conner/Ober/Brown 2016, S. 13).

Wenn wir uns kritisch mit der Positionierung von Kindern beschäftigen, ist diese in Relation zur Kategorie und Konstruktion des Erwachsenseins sowie der damit verknüpften privilegierten Positionierung von Erwachsenen zu sehen (vgl. Alanen 2005; Wall 2014). Entsprechend gilt es, die in ihrer Selbstverständlichkeit verdeckte privilegierte Positionierung von Erwachsenen in den Fokus zu rücken und gemeinsam mit Kindern auszuleuchten. Es ist somit an der Zeit, dass die Profession und Disziplin Soziale Arbeit[4] für die gesellschaftliche Gleichwertigkeit von Kindern und der damit verbundenen notwendigen Veränderung sozialer und politischer Institutionen, die das Kind-Erwachsenen-Verhältnis strukturieren, eintritt. Erwachsene und junge Menschen sollten demnach zusammenarbeiten, „to keep adultism, both in its external and internal forms, in check" (Conner/Ober/Brown 2016, S. 36), mit dem Ziel, Strukturen zu schaffen, „that view youth and adults as equals and hereby empower and enable youth to take action on the policies and practices that affect their lives" (ebd.).

Mit Blick auf die Agenda 2030 der Vereinten Nationen – insbesondere Ziel 10 *Weniger Ungleichheiten* – und dem Auftrag Sozialer Arbeit, diese zu verringern, ist es an der Zeit, den sozialen Wandel hin zu sozialer Gerechtigkeit zu fördern und einen adultismuskritischen Standpunkt in Profession und Disziplin einzunehmen (vgl. Senger/Fiebig i. E. 2024). Von Relevanz ist daher, „mächtiges Wissen über selbstverständliche Machtverhältnisse aktiv zu verlernen" (Schulze/Fiebig 2023, S. 140) und somit, was hinsichtlich der Lebenszeit als allgemeingültig verstanden und in sozialpädagogischen Interaktionen reproduziert wird. So diskutiert der Beitrag aus einer adultismuskritischen Perspektive die erforderliche Auseinandersetzung mit der gesellschaftlichen Marginalisierung von Kindern, um „die hegemonialen Kontexte, in denen wir agieren und die wir reproduzieren" (Das/Or 2022, S. 62), im Sinne einer nachhaltigen Entwicklung zu einer sozial gerechteren Gesellschaft zu problematisieren.

---

3   Als Adultismus wird ein Glaubenssystem verstanden, welches auf soziokulturellen Normen beruht, „that continually and ubiquitously affirms and reinforces the superior position of the adult relative to the young person, even in the face of contrary evidence" (Corney et al. 2022, S. 680). Die behauptete Überlegenheit basiert jedoch nicht auf den tatsächlichen Fähigkeiten der Erwachsenen (vgl. ebd.). Von Adultismus kann gesprochen werden, „wenn in einer Gesellschaft Erwachsene aufgrund ihres Alters über größere Macht als jüngere Menschen verfügen und diese zum eigenen Vorteil missbrauchen. Adultismus bildet insofern den strukturellen Hintergrund für die altersspezifische Diskriminierung von Kindern" (Liebel 2020, S. 22).

4   Wie Thole (2012) betont, kann kein „grundsätzlicher Unterschied zwischen Sozialpädagogik und Sozialarbeit" (ebd., S. 20) beobachtet werden. Vielmehr existiere keine „inhaltlich und strukturell ausweisbare Differenz zwischen den Handlungspraxen und wissenschaftlichen Zugängen" (ebd.), sodass wir den Begriff Soziale Arbeit, der „für die Einheit von Sozialpädagogik und Sozialarbeit" (ebd.) steht, verwenden.

1. Soziale Ungerechtigkeit und ihre normative (Re-)Produktion entlang der Differenzkonstruktion junges Alter

Die gesellschaftliche Ordnung ist durch soziale Differenzkonstruktionen, die Machtverhältnisse konstituieren und Individuen hierarchisch positionieren, geprägt. In diesem Zusammenhang legen wir die Norm des Groß-/Älterseins und die Ausblendung der damit verknüpften selbstverständlichen und ausgeblendeten Ausschließungs- und Diskriminierungspraxen gegenüber Kindern in unserer Gesellschaft offen, mit dem Ziel, Reflexionen über bestehende Wissensordnungen über Kinder und Kindheit(en) und ihrer normativen (Re-)Produktion anzustoßen und für die Veränderung des subordinierten gesellschaftlichen Status von Kindern – für eine sozial gerechtere Gesellschaft – einzutreten.

1.1 Die Norm des Groß-/Älterseins als internalisierte Strukturdimension einer adultzentristischen Gesellschaft

Mit der Differenzmarkierung Alter werden Gesellschaftsmitglieder in Lebensphasen – wie Kinder, Jugendliche und (ältere) Erwachsene – eingeteilt. Mit dem, auf dem „Arrangement der Altersgruppen" (Bühler-Niederberger 2005, S. 9) beruhenden Konzept der generationalen Ordnung werden Prinzipien sozialer Ordnung grundlegend strukturiert (vgl. ebd.). Eng damit verbunden sind gesellschaftliche Erwartungen, (Norm-)Vorstellungen und „anthropologische […] sowie gesellschaftliche […] Zuschreibungen" (Schulz 2018, S. 4; vgl. Bühler-Niederberger 2005). Davon ausgehend, dass Altersdifferenzierungen das soziale Handeln bestimmen, zeigt sich, dass Menschen aufgrund ihres Lebensalters „bestimmte Rechte und Pflichten zugeteilt werden, dass ihnen Bedürfnisse und Fähigkeiten, die diese Verteilung begründen und rechtfertigen, zugeschrieben werden und dass damit die […] Gruppen auch anders bewertet werden" (Bühler-Niederberger 2005, S. 12). Aufgrund der gesellschaftlichen Situiertheit und der dominierenden Norm des Groß-/Älterseins verfügen Erwachsene im Gegensatz zu Kindern über Privilegien und damit über bessere Zugänge „zu gesellschaftlich relevanten Ressourcen" (Bostancı/Hornung 2022, o. S.). Indem die Gruppe der Erwachsenen verstärkt auf die „ungleiche Etablierung von Normvorstellungen ein[wirkt]" (ebd.), wird zugleich festgelegt, welche Individuen gemeinschaftszugehörig sind oder ausgeschlossen werden. Bezogen auf die Gruppe der Kinder, werden ihre Lebensrealitäten verdeckt, da sie von Erwachsenen nicht wahrgenommen und anerkannt werden (vgl. ebd.). So verwundert es nicht, dass das höhere Alter für Kinder an Relevanz gewinnt und als bedeutungsvoller eingeschätzt wird. Korczak (1967/2014) macht diese Bedeutsamkeit deutlich, indem er aus der Perspektive junger Menschen hervorhebt: „Ich bin nichts – aber was sind die Erwachsenen! Nun bin ich schon ein bisschen älter und immer noch nichts. […] Wenn ich nur erst erwachsen wäre ..." (Korczak 1967/2014, S. 45). In Bezug auf Kinder wirken das junge Lebensalter und die zumeist geringere (Körper-)Größe gleichermaßen als Normierungsinstanzen und bestimmen als Strukturdimensionen die gesellschaftliche soziale Ordnung.

Die Lebenswelten von Kindern sind demzufolge von einer defizitären Betrachtung und Adressierung als Abweichler*innen von der als selbstverständlich gesetzten Norm des Groß-/Älterseins, geprägt, wodurch sie diese erwachsenenzentrierten Sichtweisen in Verbindung mit Erfahrungen von Macht- und Respektlosigkeit[5] in Interaktionen mit Erwachsenen verinnerlichen und reproduzieren (vgl. Bettencourt 2020, S. 158; Liebel 2020, S. 39). Damit werden zugleich subordinierte bzw. privilegierte Positionierungen bereits im Kindesalter als legitim internalisiert. Bacon und O'Riordan kommen in einer Studie zu dem Ergebnis, dass Kinder ab zwei Jahren normative westliche Diskurse über Kindheit, einschließlich derjenigen Vorstellungen von Kindern als subordiniert, verinnerlicht haben (vgl. Bacon/O'Riordan 2023, S. 1136). Zugleich wird die Akzeptanz der alltäglichen und gesellschaftlich legitimierten Machtausübungen gegenüber Kindern von Bell (1995) mit der beidseitigen Verinnerlichung begründet: „However, for the most part, the adult world considers this treatment of young people as acceptable because we were treated in much the same way, and internalized the idea that ‚that's the way you treat kids'" (ebd., o. S.; vgl. van den Broek 1988, S. 49).

1.2 Defizitäre Kindheitsbilder als Grundlage und Legitimation für Ausschließungs- und Diskriminierungspraxen gegenüber Kindern

Mit der Konstruktion als von der Norm des Erwachsenseins abweichend (vgl. Bettencourt 2020, S. 158) und der Manifestierung des intergenerationalen Differenzverhältnisses „von ‚Ich und der_die Andere'" (Riegel 2016, S. 17) entstehen normative Vorstellungen über Kinder und Kindheit(en) und damit dominierende Wissensbestände in Gesellschaft wie Sozialer Arbeit (vgl. Schulze/Fiebig 2023, S. 123). Die daraus resultierenden Kindheitsbilder und damit verknüpften Zuschreibungen entlang der Differenzkonstruktion junges Alter werden „aufgrund der hierarchischen gesellschaftlichen Struktur, Ungleichheits- und

---

5 Mit Blick auf Interaktionen zwischen Kindern und Erwachsenen ist die gesellschaftliche Auseinandersetzung damit, „wie der Starke jenen Menschen mit Respekt begegnen kann, die dazu verurteilt sind, schwach zu bleiben" (Sennett 2004, S. 317f.) vor dem Hintergrund der beschriebenen Machtverhältnisse relevant. Deshalb ist von zentraler Bedeutung, dass Respekt immer das Moment von Gegenseitigkeit immanent ist (vgl. ebd., S. 73; 251). Die Herstellung gesellschaftlicher Verhältnisse, die es „Kindern [...] wie Erwachsenen ermöglichen, in gegenseitigem Respekt miteinander umzugehen" (Liebel 2020, S. 59) sind dringend notwendig, sodass die Würde von Kindern gewahrt wird und „sie ungeachtet ihres sozialen Status in allen ihren Lebensdimensionen respektiert und ernst genommen werden" (ebd., S. 83f.).

Diskriminierungsverhältnisse legitimiert" (Senger/Fiebig i. E. 2024) und „davon abgeleitete Problembeschreibungen zum Kollektivobjekt ‚Kind' kontinuierlich im intergenerationalen Denken und Handeln (re)produziert" (Schulze/Fiebig 2023, S. 123). Damit verbunden sind unterschiedliche Zugänge „zu (Macht-)Ressourcen, Sprecher*innenpositionen, Anspruchsrechten und Teilhabemöglichkeiten" (ebd., S. 127), die auf „jahrtausendalte[n] gesellschaftliche[n] Mechanismen [beruhen], die Erwachsene gegenüber Kindern auf persönlicher, institutioneller und struktureller Ebene bevorteilen" (Liebel/Meade 2023, S. 14) und die subordinierte Positionierung junger Menschen durch ihre omnipräsente und systematische Abwertung zementieren. Die Norm des Groß-/Älterseins ist damit eng an die subordinierte Positionierung von Kindern im generationalen System geknüpft.

Unter dem Blickwinkel der gesellschaftlich verankerten Norm des Groß-/Älterseins und der beidseitigen Internalisierung intergenerationaler Machtasymmetrien, realisieren sich so ungleiche Verhältnisse, die die Lebenswelten von Kindern zu ihrem Nachteil strukturieren und ihre Handlungsmächtigkeit sowie ihren Subjektstatus einschränken (vgl. Senger/Fiebig i. E. 2024; Schulze/Fiebig 2023, S. 121). Die Wirkmächtigkeit des asymmetrischen Machtverhältnisses zwischen Kindern und Erwachsenen zeigt sich insbesondere darin, dass Kinder in ihren Lebenswelten nur in geringem Maße einen Bezug zu ihren Rechten und Achtungsansprüchen erleben (vgl. Schulze 2020, S. 28). Vielmehr werden vor dem Hintergrund gesellschaftlicher Macht- und Ungleichheitsordnungen, basierend auf der adultzentristisch strukturierten Gegenwartsgesellschaft die Rechte von Kindern auf diskriminierungsfreies Aufwachsen (vgl. Art. 2 UN-KRK) sowie auf Beteiligung (vgl. Art. 12 UN-KRK) verletzt, indem sie z. B. über keine ausreichenden Möglichkeiten verfügen „sich an Entscheidungen, die sie selbst betreffen, zu beteiligen" (Bundesjugendkuratorium 2009, S. 5), da es an verlässlichen situations- und personenunabhängigen Beteiligungsstrukturen mangelt (vgl. ebd.).

Im Zusammenhang mit den dem Ausschluss zugrunde liegenden Normierungen von Kindern und Kindheit(en) steht das Sprechen über Kinder und die fehlende Wissensproduktion mit ihnen (vgl. Schulze/Fiebig 2023). Dass Kinder abgewertet werden und einen minoritären Status in der Gesellschaft haben, hängt maßgeblich mit der Vorstellung von Kindern als defizitäre Wesen, die geringere Kompetenzen haben und mittels Erziehung oder Verhaltensmaßregeln zivilisiert werden müssen (vgl. Liebel 2020, S. 15; 18), zusammen, denn: „Wie über Menschen […] gesprochen wird, wie sie bezeichnet werden, sagt viel darüber aus, welchen Wert und welchen Platz sie in der Gesellschaft haben. Sprache ist also gleichzeitig ein machtvolles Instrument, um Wirklichkeit herauszustellen" (Pates et al. 2010, S. 17). Die erzeugte (hierarchische) Wirklichkeit zeigt sich u. a. im Sprechen über und mit Kinder(n), die durch negative Konnotationen des Begriffs *Kind* und abwertenden Zuschreibungen geprägt ist (vgl. van den Broek 1988, S. 46) und sich im Ausschluss aus der Wissensproduktion dokumentieren. Deshalb weisen wir nachdrücklich darauf hin, dass es an der Zeit ist, Kinder als gleichwertige Partner*innen in der Wissensproduktion anzuerkennen, um defizitäre Annahmen über Kinder zu verändern und Ausschließungs- und Diskriminierungspraktiken entgegenzutreten.

1.3 Die (Re-)Produktion der Norm des Groß-/Älterseins: Ausschließungsprozesse von Kindern in institutionellen und politischen Kontexten

Trotz der Forderung, Beteiligungsstrukturen für Kinder bereits „in jungen Jahren in allen Lebensbereichen und Handlungsfeldern" (Lücking-Michel 2009, S. 3) zu verankern, ist festzustellen, dass die Beteiligung von Kindern in Institutionen wie Kindertageseinrichtungen aufgrund adultistischer Gesellschaftsstrukturen und „intersecting forms of oppression, [...] not the norm" (Bertrand/Brooks/Domínguez 2020, S. 1) ist. Vielmehr dient das Alter in diesem „Mikrokosmos der Gesellschaft" (Doll et al. 2020, S. 3) als Abgrenzungslinie und schafft einen institutionellen hierarchisch strukturierten generationalen Ordnungsraum, in dem Kinder ihre Beteiligungsrechte viel zu selten bzw. häufig nur eingeschränkt wahrnehmen (können) (vgl. Conner/Ober/Brown 2016; Kasüschke 2016, S. 181). Kinder erleben demnach bereits in ihren ersten Lebensjahren, dass sie „in ihrem Entscheidungs-, Freiheits- und Handlungsspielraum und somit in ihrer Selbstwirksamkeit" (Senger/Fiebig i. E. 2024; vgl. Liebel 2020, S. 38) eingeschränkt werden, da über ihre Beteiligung Erwachsene verfügen und – vor dem Hintergrund der als selbstverständlich geltenden Norm des Groß-/Älterseins – zunehmend verinnerlichen, „dass Erwachsene in jeglichen Bereichen über mehr Wissen und Macht verfügen und somit das Recht haben, über sie zu bestimmen" (Richter 2013, S. 8). Daraus ergibt sich die Frage, wie Kinder unter der generationalen Ungleichheitsstruktur, „die eine so unhinterfragte und alltägliche Normalität darstellt, dass sie weder auffällt noch als problematisch angesehen wird" (Senger/Fiebig i. E. 2024; vgl. Liebel/Meade 2023, S. 14), „zu der Überzeugung [...] gelangen [können], dass auch sie Rechte haben, und eine gerechtere Machtverteilung" (Hansen/Knauer/Sturzenhecker 2015, S. 32) einfordern können. Ist doch gerade das

> „Wissen darüber, ein Recht zu haben [...], die Bedingung für ein Grundgefühl, berechtigt zu sein und Einfluss nehmen zu können, und damit die Voraussetzung, sich überhaupt als anerkennungswürdiges selbstbestimmungsfähiges soziales Selbst in der Gesellschaft denken und – daran anschließend – sich handelnd erleben zu können" (Schulze/Fiebig 2023, S. 140).

Dies wird jedoch durch den strukturellen Ausschluss von Kindern von denjenigen Lebensbereichen, die von gesellschaftlicher und politischer Bedeutung sind, maßgeblich erschwert.

Indem Jans davon spricht, dass viele Unterstützer*innen der Kinderrechtsbewegung „strive for a full membership of children in society" (Jans 2004, S. 27) wird deutlich, dass Kinder weder vor 20 Jahren noch heute als vollwertige Mitglieder der Gesellschaft angesehen werden und damit ihr Status als gesellschaftliche und politische Subjekte marginalisiert und ignoriert wird. Kinder erleben heute, mehr als 30 Jahre nach der Ratifizierung der UN-Kinderrechtskonvention, dass sie von politischen und gesellschaftlichen Entscheidungsprozessen[6] ausgeschlossen werden und Mitsprachemöglichkeiten hinsichtlich sozialer und politischer Fragen fehlen[7] (vgl. Wyness/Harrison/Buchanan 2004, S. 94). Auch wenn eine Vielzahl an Initiativen entwickelt und umgesetzt wurde, die auf die Einbeziehung von Kindern in politische und gesellschaftliche Entscheidungsprozesse zielt, gibt es „powerful political and social forces that position children as dependent subalterns and thus exclude them from political participation" (ebd., S. 81). Dabei beschränken soziokulturelle Normvorstellungen über Kinder und Kindheit(en) „the extent to which young people participate in public and civic matters and are recognized as influential social agents" (ebd., S. 82). Die Internalisierung von Adultismus erfolgt bei Kindern, indem „they continue to interact with and encounter a world that acts upon them to reinforce adultist ideas" (Conner/Ober/Brown 2016, S. 13) und ihre Beteiligung bei der Entwicklung von Maßnahmen für eine nachhaltige Entwicklung deutlich erschwert. Dies ist als kritisch zu betrachten, denn: „many children and young people are passionate about the issue, and they are all vital to efforts to protect the environment now and in the future. This means they need support to act and lead action to achieve positive change" (Renton/Butcher 2010, S. 160). Ein beispielhafter Blick auf die Praxis der Stadtplanung verdeutlicht, „that consultations between local authorities and communities is an adult space" (O'Sullivan/O'Connell/Byrne 2020, S. 79). Die subordinierte und marginalisierte Positionierung von Kindern in politischen Entscheidungsprozessen ist gar als Ursache anzusehen, dass Kinder erst in

---

6 In der Allgemeinen Bemerkung Nr. 12, das Recht des Kindes auf Gehör wird das Recht von Kindern auf Beteiligung ausbuchstabiert – auch mit Blick auf politische und gesellschaftliche Entscheidungsprozesse. Der Ausschuss für die Rechte des Kindes fordert „die Beteiligung der Kinder an allen Angelegenheiten, die sie berühren, sei es an der Basis, in der Kommune oder auf der nationalen und internationalen Ebene, zu fördern" (Vereinte Nationen 2009, S. 28).

7 Kindern werden vielmehr die Fähigkeiten abgesprochen, globale und politische Zusammenhänge zu verstehen und sich zu diesen äußern zu können: Im Kontext der *Fridays for Future*-Demonstrationen äußerte der FDP-Politiker Christian Lindner im Jahr 2019: „‚Von Kindern und Jugendlichen kann man nicht erwarten, dass sie bereits alle globalen Zusammenhänge, das technisch Sinnvolle und das ökonomisch Machbare sehen'. Das sei vielmehr ‚eine Sache für Profis'" (Wunderlich 2019, o. S.).

jüngerer Zeit in den Fokus von Programmen zur Stadterneuerung gerückt sind (vgl. ebd.), obwohl argumentiert wird, „that children's participation leads to better decisions for them, provides insights for policy making" (ebd.). Vor diesem Hintergrund problematisieren wir, dass die Interessen von Kindern nicht ernst genommen und ihnen die Möglichkeit, als gleichwertige Dialogpartner*innen in gesellschaftlichen und politischen Entscheidungsprozessen anerkannt zu werden, verwehrt wird (vgl. Wyness/Harrison/Buchanan 2004, S. 95). Es ist also an der Zeit, den politischen Status von Kindern zu fördern und nicht weiterhin soziokulturelle Normen westlicher Kindheit(en) zu reproduzieren, „that obscure any notion of children as competent social actors – properly in and of the social world – and thus able to participate in the world of politics" (ebd.).

1.4 Wissen über das *Dazwischen* – Der Übergang von Care Leaver*innen als exemplarisches Handlungsfeld

Traditionelles (Alltags-)Wissen und wissenschaftliches Wissen über Kinder (vgl. Schulze/Fiebig 2023; Schulze/Richter Nunes/Schäfer 2020) ist nach wie vor stark erwachsenenzentriert, woraus sich defizitäre Bilder von Kindern als Aufwachsende, zu Erziehende und als Lernende der Erwachsenenkultur formieren. So ist es an der Zeit für eine gemeinsame Wissensproduktion von Kindern und Erwachsenen, sodass neues Wissen darüber, wie junge Menschen bzw. wie Erwachsene *sind* und welche Fähigkeiten sie haben, vielschichtiger werden, denn ein Verständnis von Kompetenz als erwachsene Eigenschaft „is not only troublesome to children, who seemingly cannot be competent at anything, but it is also troublesome to adults who are seemingly competent at everything" (Uprichard 2008, S. 305). Dies ist insbesondere mit Blick auf defizitäre Zuschreibungen und dem Ausschluss von Kindern an politischen und gesellschaftlichen Entscheidungsprozessen relevant, orientieren sich Entscheidungs- und Mitbestimmungsinstrumente immer noch maßgeblich an dem Konzept der Volljährigkeit als Grenzmarkierung zwischen Kindheit und Erwachsensein.

„[W]er spricht und somit gehört wird" (Das/Or 2022, S. 55), wird durch Zeitkonstruktionen, die Gesellschaften und Lebensgeschichten strukturieren, bestimmt und dokumentiert sich in der Ausblendung dessen, dass bislang kaum gemeinsame Wissensproduktion von Kindern und Erwachsenen darüber vorliegt (vgl. Richter Nunes/Schäfer 2021), dass Zeitkonstruktionen marginalisieren und Ungleichheitsverhältnisse manifestieren, oder auch darüber „[h]ow children will define the category or even *if* they see themselves as children" (Bacon/O'Riordan 2023, S. 1137, Herv. i. O.). Auszuleuchten ist daher die Wissensproduktion über Forschung, da „Konstruktionen von Kindern als ‚(noch) nicht kompetent'" (Grendel/Schulze 2021, S. 147) ihrer Einbindung entgegenstehen und Kinder und ihre

Perspektiven in diesem Kontext „ausgeschlossen und [sie] damit diskriminiert werden, *weil* sie Kinder sind" (Grendel/Schulze 2021, S. 146, Herv. i. O.).

Exemplarisch wird nun der Blick auf ein konkretes Handlungsfeld Sozialer Arbeit – auf das Aufwachsen von Kindern in öffentlicher Verantwortung außerhalb des (norm-)familialen Kontextes – gerichtet, denn nicht nur der Beginn der Internalisierung von Adultismus im frühen Alter, sondern auch die Übergangsphase ins Erwachsensein ist von adultzentristischen Annahmen geprägt. Bei der Betrachtung des Übergangs des Aufwachsens außerhalb des familialen Kontextes ins Erwachsensein wird deutlich, dass jenes durch den konstruierten Marker der Volljährigkeit noch stärker gekennzeichnet ist als das Aufwachsen im familialen Kontext. So ist die Grenze zwischen Kindheit und Erwachsensein mit der Volljährigkeit nicht nur eine gesellschaftliche Markierung für den Übergang von der einen in die andere Lebensphase, sondern zugleich ein rechtlicher Ankerpunkt hinsichtlich des Lebensortes und für diejenigen, die in Pflegefamilien oder Wohngruppen leben, mit weitreichenden Veränderungen, welche ihr weiteres Leben maßgeblich bestimmen, verbunden. Ihre Lebenssituationen im Übergang sowie ihre weiteren Lebensverläufe wurden lange Zeit kaum *ausreichend* empirisch thematisiert. Hinsichtlich der Untersuchung der Begleitung junger Menschen im Übergang gibt es v. a. qualitative Forschungsarbeiten, kaum die Lebensverläufe von Care Leaver*innen[8] langfristig betrachtende Forschungen (vgl. Ehlke 2021, S. 290 ff.; Groinig/Schäfer 2023, S. 173 ff.). Die Entwicklungen mit der Implementierung des Gesetzes zur Stärkung von Kindern und Jugendlichen (Kinder- und Jugendstärkungsgesetz – KJSG) 2021 versprechen Verbesserungsmöglichkeiten für junge Volljährige aus Pflegefamilien, Wohngruppen und sonstigen betreuten Wohnformen, z. B. die Coming-Back-Option oder die Abschaffung der Kostenheranziehung (vgl. Möller/Thomas 2023, S. 4). Allerdings gibt es bisher „erst wenige konkrete Beispiele für die Ausgestaltung einer verlässlichen Nachbetreuung" (ebd., S. 5), wie im § 41a SGB VIII neu geregelt und kaum empirische Grundlagen für die Untersuchung der Lebenssituationen von Care Leaver*innen im langzeitlichen Lebensverlauf (vgl. Ehlke 2021, S. 291 ff.). Daher ist die politische Entmündigung von Care Leaver*innen, die sie aufgrund ihres Alters *und* ihres Aufwachsens in Obhut erleben, in den Fokus zu rücken, um ihrem Ausschluss von politischen und gesellschaftlichen Entscheidungsprozessen, entgegenzuwirken. Dafür gilt es, die Wissensproduktion über gesellschaftlich hervorgebrachte Zeitkonstruktionen voranzutreiben. Es ist festzuhalten, dass Care Leaver*innen von der gesellschaftlich konstruierten Grenze und der Unterscheidung zwischen Kindheit und Erwachsensein maßgeblich betroffen sind, es an Wissen über jenen Übergang und damit verbundenen langzeitlichen Auswir-

---

8 Care Leaver*innen verstehen sich als „Menschen, die unter Inspruchnahme von Hilfen zur Erziehung in Form von Vollzeitpflege oder sogenannter Heimerziehung aufwachsen" (Groinig/Schäfer 2023, S. 173) und jene schließlich verlassen.

kungen mangelt, das direkt von Care Leaver*innen (mit-)produziert wird (vgl. Brüchmann/Schäfer 2023).

Um der Wissensproduktion um jenes Aufwachsen nachzukommen, ist eine gemeinsame Wissensbildung mit Kindern, die in Obhut aufwachsen, im Kontext einer adultismuskritischen Sozialen Arbeit zu erörtern, zu erforschen, zu analysieren und den Transfer jenes Wissens in Politik und Gesellschaft zu gestalten (vgl. Bacon/O'Riordan 2023, S. 1137). Ziel dessen ist, für die Marginalisierung und Unterdrückung junger Menschen in Gesellschaft politisch wie adultismuskritisch zu sensibilisieren. So können Forschungen, wie die Langzeitstudie *Care Leaver Statistics: Soziale Teilhabe im Lebensverlauf junger Erwachsener*[9] oder wissenschaftliche Praxisbegleitungsprojekte, wie die *Fachstelle Leaving Care*,[10] dazu dienen, Erkenntnisse aus Sicht junger Menschen und der beteiligten Fachkräfte für das Kinder- und Jugendhilfesystem, staatliche Unterstützungssysteme und politische Akteur*innen zu generieren und die Lebensbedingungen und -lagen der „jungen Erwachsenen sichtbar zu machen und zu verstehen" (Brüchmann/Schäfer 2023, S. 98).

Dabei muss die Wissensproduktion rund um Kindheit(en) im pflegefamilialen und institutionellen Kontext die Unterschiedlichkeit der Lebensverläufe und -welten der Kinder berücksichtigen. Die Sichtbarmachung dieser Lebensverläufe ermöglicht, gesellschaftliche, rechtliche und soziale Lebensbedingungen dieser marginalisierten Personengruppe in die Überlegungen zu Zeitkonstruktionen, die im Lebensverlauf die Differenz zwischen Kindheit und Erwachsensein auf den Grundannahmen gesellschaftlicher und wissenschaftlicher Wissensformen markieren, zu beleuchten und Diskriminierungspraxen entgegenzuwirken. Resümierend ist die intersektionale Betrachtung adultistischer Diskriminierungspraxen unter Einbezug der Marginalisierung von Kindern durch ihr Aufwachsen außerhalb der Familie – aber auch anderer Intersektionen, z. B. hinsichtlich der Diskriminierungsformen Rassismus, Ableismus oder Klassismus – von zentraler Bedeutung (vgl. Riegel 2016).

---

9   Die CLS-Studie untersucht Lebensverläufe junger Menschen, die in Wohngruppen und Pflegefamilien gelebt haben, um Daten zum *Leaving Care* und zur Teilhabe sowie erlebter Ausgrenzungsprozesse entlang der Differenzlinie Kindheit und Erwachsensein, zwischen Leben in den Hilfen zur Erziehung und der Zeit danach, zu erheben. Das quantitative und langzeitlich angelegte Forschungsdesign wurde unter partieller Mitwirkung (angehender) Care Leaver*innen entwickelt (vgl. Groinig/Schäfer 2023; Brüchmann/Schäfer 2023).
10 Die Fachstelle Leaving Care reagiert auf den Bedarf, Infrastrukturen für die Unterstützung von Care Leaver*innen aufzubauen, um die Kommunen dabei zu begleiten, auf die beschriebenen Neurungen des KJSG zu reagieren (vgl. Möller/Thomas 2023, S. 14). Mittlerweile unterstützt das Praxisbegleitungsprogramm *Beratungsforum „Jugend stärken": Brücken in die Eigenständigkeit* Kommunen aus wissenschaftlicher Perspektive dabei, Angebote für Care Leaver*innen zu initiieren.

2. Zeit*en für Veränderung der sozialen Positionierung junger Menschen und der gemeinsamen Wissensproduktion zur Förderung sozialer Gerechtigkeit: ein Fazit

Unsere Ausführungen zeigen die Verschränkung defizitärer Kindheitsbilder mit der verinnerlichten Norm des Groß-/Älterseins und dem gesellschaftlichen Ausschluss von Kindern und ihrer Ausgrenzung aus der Wissensproduktion auf. Wir kritisieren, dass junge Menschen trotz ihrer festgeschriebenen Beteiligungsrechte noch immer „mit Blick auf ihre gesellschaftliche Positionierung über keine gesellschaftliche Macht" (van den Broek 1988, S. 46) verfügen und sich, „obwohl sie inzwischen ein wenig mitreden und mitdenken dürfen" (ebd., S. 47), durch die festgeschriebene, internalisierte und damit strukturalisierte gesellschaftliche Norm des Groß-/Älterseins „an ihrer Position [...] nicht viel verändert" (ebd.) hat.

Festzuhalten ist demnach, dass Kinder aufgrund ihres untergeordneten sozialen Status kaum die Möglichkeit haben, ihre Interessen zu artikulieren, da dies Handlungsautonomie – insbesondere auch in politischen und gesellschaftlichen Entscheidungsprozessen – sowie die Anerkennung als politische Subjekte voraussetzt. Dies zeigt sich auch in Bezug auf die gesellschaftlichen Debatten über das Wahlrecht für Kinder, in denen historisch tief verwurzelte defizitäre und erwachsenenzentrierte Vorstellungen über Kinder als Begründung der Nicht-Gewährung des Wahlrechts angeführt werden (vgl. Wall 2014, S. 118). Das heißt, dass die Norm des Groß-/Älterseins, die sich „in das Denken und die Gefühle, in das Unbewußte wie in die Verhaltensvorschriften" (Rommelspacher 1995/1998, S. 24) eingeschrieben und strukturell stabilisiert hat, mit der asymmetrischen Verteilung kultureller, aber auch politischer Einflussmöglichkeiten zu Ungunsten von Kindern verknüpft ist.

Soziale (Differenz-)Konstruktionen sind immer auch veränderbar und so ist es an der Zeit, den Ausschluss von Kindern in das Blickfeld von Gesellschaft, Politik und Sozialer Arbeit zu rücken, um eine Veränderung der sozialen Positionierung von Kindern anzustoßen. Wir verweisen zudem auf die Notwendigkeit, dass sich Soziale Arbeit ihrer demokratiepolitischen Verantwortung bewusst wird und sich dafür einsetzt, „die partizipatorischen Bedingungen von Kinderleben zu verbessern, die [die] generationale Strukturierung der Erwachsenen-Kind-Beziehung einschließen" (Sünker/Moran-Ellis 2015, S. 349; vgl. Schulze/Fiebig 2023, S. 139). Demnach sind Kinder „als ‚Agents of social Change' anzuerkennen und ihre Beteiligung an politischen Entscheidungsprozessen" (Senger/Fiebig i. E. 2024) und am gesellschaftlichen Leben sicherzustellen, um so die „Beschränkungen, die durch die kapitalistische Formbestimmtheit von Gesellschaft, [...] gegeben sind" (Sünker/Moran-Ellis 2015, S. 348) zu überwinden. Der Fokus ist dabei auf institutionelle wie auch gesellschaftliche Strukturen, die ausschließende Prozesse unterstützen (vgl. Das/Or 2022, S. 57) zu richten, im Einklang mit Ziel 10 *Weniger Un-*

gleichheiten der Vereinten Nationen und dem Auftrag Sozialer Arbeit, den sozialen Wandel hin zu mehr Gerechtigkeit zu fördern.

Mit Blick auf das Recht von Kindern, nicht diskriminiert zu werden und dem Auftrag Sozialer Arbeit, den sozialen Wandel durch die Aufdeckung und Veränderung diskriminierender Strukturen zu fördern, ist es unerlässlich, Verblendungszusammenhänge hinsichtlich der Unterdrückung von Kindern – auch unter intersektionalen Perspektiven unter Zusammenwirken mit anderen Diskriminierungspraxen –, offenzulegen und zu hinterfragen (vgl. Spatscheck 2022, S. 47; Wall 2014, S. 118). Wir argumentieren von einem adultismuskritischen Standort aus, dass es – im Sinne einer nachhaltigen Entwicklung zu mehr sozialer Gerechtigkeit – an der Zeit ist, unsere begrenzten und defizitären Vorstellungen über Kinder und Kindheit(en) nachhaltig und drastisch zu verändern bzw. zu erweitern und die Grundlagen unserer Wissensproduktion infrage zu stellen (vgl. McMellon/Tisdall 2020). Als zentralen Aspekt sozialer Gerechtigkeit plädieren wir daher für eine Dekolonisierung hierarchischer erwachsenenzentrierter Wissensproduktion (vgl. Schulze/Fiebig 2023) und Mitsprache – im Sinne eines Hinterfragens, Infragestellens und Veränderns von „unsichtbaren und sichtbaren Praktiken und Strukturen" (Das/Or 2022, S. 53), die intergenerationale Ungleichheiten aufrechterhalten. Dafür sind „Formen der Wissensproduktion, die ausgrenzend und unterdrückend sind, [zu] dekonstruieren, [...] ab[zu]bauen [und neu zu konzeptionieren] und durch die Schaffung von gerechten Strukturen Zugang und Beteiligung [zu] ermöglichen" (ebd., S. 62), sodass „die Stimmen marginalisierter ‚Anderer'" (ebd., S. 61) in gesellschaftlichen Diskursen gehört werden und andererseits den Ungerechtigkeitsstrukturen im Hinblick auf den Ausschluss von Kindern an gesellschaftlichen Entscheidungen und denjenigen, die ihr Leben betreffen, entgegenzutreten. Notwendig ist dafür eine bewusste „Reflexion, Dekonstruktion und Rekonstruktion" (ebd., S. 53) von Wissen, um die bisweilen „fortbestehende Zentrierung von privilegierten Stimmen in der Sozialen Arbeit [und Gesellschaft] – und die Marginalisierung nicht-dominanter Stimmen" (ebd., S. 56) zu verändern, sodass Kinder sich als „being part of the solution" (Special Representative of the Secretary-General on Violence Against Children 2021, S. 18) und damit als „Agents of social Change" (vgl. hierzu auch Senger/Fiebig i. E. 2024) erleben können.

Literatur

Alanen, Leena (2005): Kindheit als generationales Konzept. In: Hengst, Heinz/Zeiher, Helga (Hrsg.): Kindheit soziologisch. Wiesbaden: VS Verlag für Sozialwissenschaften, S. 65–82.

Bacon, Kate/O'Riordan, Zoe (2023): Who do you think you are? Children's definitions of being a „child". In: Children & Society 37, H. 4, S. 1136–1155.

Bell, John (1995): Understanding Adultism. A Key to Developing Positive Youth-Adult Relationships. https://www.nuatc.org/articles/pdf/understanding_adultism.pdf (Abfrage: 03.01.2024).

Bertrand, Melanie/Brooks, Maneka D./Domínguez, Ashley D. (2020): Challenging Adultism: Centering Youth as Educational Decision Makers. In: Urban Education 58, H. 10, S. 1–28.

Bettencourt, Genia M. (2020): Embracing problems, processes, and contact zones: Using youth participatory action research to challenge adultism. In: Action Research 18, H. 2, S. 153–170.

Bostancı, Seyran/Hornung, Hjördis (2022): Dominanzkultur als Herausforderung für die pädagogische Arbeit, Ungleichwertigkeit verstehen, um Gleichwertigkeit zu leben: Dominanzkultur als Herausforderung für die pädagogische Arbeit. https://www.rise-jugendkultur.de/artikel/dominanzkultur-als-herausforderung-fuer-die-paedagogische-arbeit (Abfrage: 09.01.2024).

Brüchmann, Katharina/Schäfer, Dorothee (2023): Teilhabe von Care LeaverInnen – Darüber brauchen wir mehr Wissen! Eine Langzeitstudie zur Teilhabe im Lebensverlauf junger Menschen aus der stationären Kinder- und Jugendhilfe sowie Pflegefamilien. In: unsere jugend 75, H. 3, S. 98–105.

Bühler-Niederberger, Doris (2005): Kindheit und die Ordnung der Verhältnisse. Von der gesellschaftlichen Macht der Unschuld und dem kreativen Individuum. Weinheim/München: Juventa.

Bundesjugendkuratorium (2009): „Partizipation von Kindern und Jugendlichen – Zwischen Anspruch und Wirklichkeit. Stellungnahme des Bundesjugendkuratoriums". https://www.bundesjugendkuratorium.de/data/pdf/press/bjk_2009_2_stellungnahme_partizipation.pdf (Abfrage: 17.01.2024).

Conner, Jerusha O./Ober, C. Nathan/Brown, Amanda S. (2016): The Politics of Paternalism: Adult and Youth Perspectives on Youth Voice in Public Policy. In: Teachers College Record 118, H. 8, S. 1–48.

Corney, Tim/Cooper, Trudi/Shier, Harry/Williamson, Howard (2022): Youth participation: Adultism, human rights and professional youth work. In: Children & Society 36, H. 4, S. 677–690.

Das, Chaitali/Or, Yari (2022): Wer spricht für wen, um die Erde zu retten? Repräsentation und ökologische Gerechtigkeit in der Sozialen Arbeit. In: Pfaff, Tino/Schramkowski, Barbara/Lutz, Ronald (Hrsg.): Klimakrise, sozialökologischer Kollaps und Klimagerechtigkeit. Spannungsfelder für Soziale Arbeit. Weinheim/Basel: Beltz Juventa, S. 52–68.

Doll, Inga/Herrmann, Karsten/Kruse, Michaela/Lamm, Bettina/Sauerhering, Meike (2020): Demokratiebildung und Partizipation in der KiTa Nr. 11. Osnabrück: nifbe Niedersächsisches Institut für Frühkindliche Bildung und Entwicklung.

Ehlke, Carolin (2021): Leaving Care international – Was kann die Kinder- und Jugendhilfe von anderen Ländern lernen? In: unsere jugend 73, H. 7–8, S. 290–301.

Fiebig, Nadine (2024): Generationale und geschlechtliche Differenzmarkierungen als prekäre Lebenslage junger Menschen. In: Middendorf, Tim/Parchow, Alexander (Hrsg.): Junge Menschen in prekären Lebenslagen – Theorien und Praxisfelder der Sozialen Arbeit. Weinheim/Basel: Beltz Juventa, S. 43–53.

Grendel, Tanja/Schulze, Heidrun (2021): Kinderrechte als ethischer Referenzrahmen von Forschung: Anspruch und Herausforderungen einer adultismuskritischen Habitussensibilität in der Sozialen Arbeit. In: Franz, Julia/Unterkofler, Ursula (Hrsg.): Forschungsethik in der Sozialen Arbeit. Prinzipien und Erfahrungen. Leverkusen/Opladen/Berlin/Toronto: Barbara Budrich, S. 143–156.

Groinig, Maria/Schäfer, Dorothee (2023): Care Leaver Statistics – Das Begleitprogramm der CLS-Langzeitstudie. Panelpflege als Brücke zu Peer-Communities in der Statuspassage „Leaving Care". In: Sozial Extra 47, H. 3, S. 173–177.
Hansen, Rüdiger/Knauer, Raingard/Sturzenhecker, Benedikt (2015): Partizipation in Kindertageseinrichtungen. So gelingt Demokratiebildung mit Kindern! Weimar/Berlin: das netz.
Jans, Marc (2004): Children as Citizens. In: Childhood 11, H. 1, S. 27–44.
Kasüschke, Dagmar (2016): Die Kindertageseinrichtung als Raum pädagogisch inszenierter Kindheit. In: Braches-Chyrek, Rita/Röhner, Charlotte (Hrsg.): Kindheit und Raum. Leverkusen/Opladen/Berlin/Toronto: Barbara Budrich, S. 180–198.
Korczak, Janusz (1967/2014): Wie man ein Kind lieben soll. 16. Auflage. Göttingen: Vandenhoeck & Ruprecht. Polnische Erstausgabe: 1919.
Liebel, Manfred (2015): Kinderinteressen. Zwischen Paternalismus und Partizipation. Weinheim/Basel: Beltz Juventa.
Liebel, Manfred (2019): Die Kinder und ihr beredtes Schweigen. Zu Partizipation und Selbstvertretung. In: Zeitschrift für internationale Bildungsforschung und Entwicklungspädagogik 42, H. 3, S. 11–15.
Liebel, Manfred (2020): Unerhört. Kinder und Macht. Weinheim/Basel: Beltz Juventa.
Liebel, Manfred/Meade, Philip (2023): Adultismus. Die Macht der Erwachsenen über die Kinder: Eine kritische Einführung. Berlin: Bertz + Fischer.
Lücking-Michel, Claudia (2009): Vorwort. Partizipation von Kindern und Jugendlichen – Zwischen Anspruch und Wirklichkeit. Stellungnahme des Bundesjugendkuratoriums. https://www.bundesjugendkuratorium.de/data/pdf/press/bjk_2009_2_stellungnahme_partizipation.pdf (Abfrage: 17.01.2024).
McMellon, Christina/Tisdall, E. Kay M. (2020): Children and Young People's Participation Rights: Looking Backwards and Moving Forwards. In: The International Journal of Children's Rights 28, H. 1, S. 157–182.
Möller, Tabea/Thomas, Severine (2023): Leaving Care und Nachbetreuung: Neue Aufgaben für die Kinder- und Jugendhilfe. Rechtliche Regelungen und Praxisempfehlungen für die Umsetzung des § 41a SGB VIII. Hildesheim: Universitätsverlag Hildesheim.
O'Sullivan, Siobhan/O'Connell, Cathal/Byrne, Lorcan (2020): „Listen to What We Have to Say": Children and Young People's Perspectives on Urban Regeneration. In: Social Inclusion 8, H. 3, S. 77–87.
Pates, Rebecca/Schmidt, Daniel/Karawanskij, Susanne/Liebscher, Doris/Fritzsche, Heike (2010): Antidiskriminierungspädagogik. Konzepte und Methoden für die Bildungsarbeit mit Jugendlichen. Wiesbaden: VS Verlag für Sozialwissenschaften.
Renton, Zoë/Butcher, Joanne (2010): Securing a Sustainable Future for Children and Young People. In: Children & Society 24, H. 2, S. 160–166.
Richter Nunes, Rita/Schäfer, Dorothee (2021): Adultismus in Forschung reflektieren. Denkanstöße für ethische Grundsätze in der neuen Kindheitsforschung. https://www.sozmethode.hypotheses.org/1090 (Abfrage: 19.06.2024).
Richter, Sandra (2013): Adultismus: die erste erlebte Diskriminierungsform? Theoretische Grundlagen und Praxisrelevanz. https://www.kita-fachtexte.de/fileadmin/Redaktion/Publikationen/KiTaFT_richter_2013.pdf (Abfrage: 30.10.2023).
Riegel, Christine (2016): Bildung – Intersektionalität – Othering. Pädagogisches Handeln in widersprüchlichen Verhältnissen. Bielefeld: transcript.
Rommelspacher, Birgit (1995/1998): Dominanzkultur. Texte zu Fremdheit und Macht. Berlin: Orlanda Frauenverlag.
Schulz, Marc (2018): Lebensphasen: Kindheit, Jugend, Alter. In: Graßhoff, Gunther/Renker, Anna/Schröer, Wolfgang (Hrsg.): Soziale Arbeit. Eine elementare Einführung. Wiesbaden/Heidelberg: Springer VS, S. 3–18.

Schulze, Heidrun (2020): Familiale Gewalt: intragenerationale und intergenerationale Gewalt. In: Schulze, Heidrun / Witek, Kathrin (Hrsg.): Perspektiven von Kindern auf Gewalt in ihren Lebenswelten. Kassel: Kassel University Press, S. 15–42.

Schulze, Heidrun / Fiebig, Nadine (2023): Denkstandort Adultismus: Ein Plädoyer für die Verunsicherung epistemischen Wissens und generationaler Machtverhältnisse. In: Forschungsgruppe Professionalität Sozialer Arbeit an der Hochschule RheinMain (Hrsg.): Zur Neujustierung von Professionalität Sozialer Arbeit zwischen Adressat*innen, Institutionen und Gesellschaft. Wiesbaden: Springer VS, S. 121–147.

Schulze, Heidrun / Richter Nunes, Rita / Schäfer, Dorothee (2020): Plädoyer für eine adultismuskritische Standpunktsensibilität Sozialer Arbeit mittels kinderrechtsbasierter Forschung. In: Cloos, Peter / Lochner, Barbara / Schoneville, Holger (Hrsg.): Soziale Arbeit als Projekt. Konturierung von Disziplin und Profession. Wiesbaden: Springer VS, S. 209–222.

Senger, Jana / Fiebig, Nadine (i. E. 2024): Adultismus- und sexismuskritische Praxis als nachhaltige Förderung sozialer Gerechtigkeit und Professionsentwicklung. In: Rieger, Jens / Sen, Katrin / Staats, Martin / Stocker, Stephanie / Wassermann, Dirk / Zimmermann, Okka / Burschel, Maria (Hrsg.): Handbuch. Soziale Arbeit, Nachhaltigkeit und Transformation. Weinheim / Basel: Beltz Juventa.

Sennett, Richard (2004): Respekt im Zeitalter der Ungleichheit. Berlin: Berliner Taschenbuch-Verlag.

Spatscheck, Christian (2022): Soziale Arbeit im Kontext sozialökologischer Krisenlagen. Konzeptionelle Grundlegungen und fachliche Positionierungen. In: Pfaff, Tino / Schramkowski, Barbara / Lutz, Ronald (Hrsg.): Klimakrise, sozialökologischer Kollaps und Klimagerechtigkeit. Spannungsfelder für Soziale Arbeit. Weinheim / Basel: Beltz Juventa, S. 37–51.

Special Representative of the Secretary-General on Violence Against Children (2021): Children as agents of positive change. A mapping of children's initiatives across regions, towards an inclusive and healthy world free from violence. New York: United Nations.

Sünker, Heinz / Moran-Ellis, Jo (2015): Kinderrechte. In: Melzer, Wolfgang / Hermann, Dieter / Sandfuchs, Uwe / Schäfer, Mechthild / Schubarth, Wilfried / Daschner, Peter (Hrsg.): Handbuch Aggression, Gewalt und Kriminalität bei Kindern und Jugendlichen. Bad Heilbrunn: Klinkhardt, S. 347–352.

Thole, Werner (2012): Die Soziale Arbeit – Praxis, Theorie, Forschung und Ausbildung. Versuch einer Standortbestimmung. In: Thole, Werner (Hrsg.): Grundriss Soziale Arbeit. Ein einführendes Handbuch. 4. Auflage. Wiesbaden: VS Verlag für Sozialwissenschaften, S. 19–70.

Uprichard, Emma (2008): Children as „Being and Becomings": Children, Childhood and Temporality. In: Children & Society 22, H. 4, S. 303–313.

van den Broek, Lida (1988): Am Ende der Weißheit. Vorurteile überwinden. Berlin: Orlanda Frauenverlag.

Vereinte Nationen (2009): Allgemeine Bemerkung Nr. 12. Das Recht des Kindes auf Gehör. CRC/C/GC/12. https://www.institut-fuer-menschenrechte.de/publikationen/detail/allgemeine-bemerkung-nr-12-2009 (Abfrage: 25.06.2024).

Wall, John (2014): Why Children and Youth Should Have the Right to Vote. An Argument for Proxy-Claim Suffrage. In: Children, Youth and Environments 24, H. 1, S. 108–123.

Wunderlich, Curd (2019): „Dieses gewollte Missverstehen wieder …". https://www.welt.de/politik/deutschland/article190090013/Christian-Lindner-Sache-fuer-Profis-Spruch-sorgt-fuer-Kritik.html (Abfrage: 12.06.2024).

Wyness, Michael / Harrison, Lisa / Buchanan, Ian (2004): Childhood, Politics and Ambiguity. In: Sociology 38, H. 1, S. 81–99.

„*When* the hell is going on?"
Ontopolitiken der Zeit in sozialpädagogischen Konstellationen

Nina Flack, Florian Eßer, Judith von der Heyde, Sylvia Jäde, Jan Nicolas und Maximilian Schäfer

Auf der Grundlage eines praxeologischen Zeitverständnisses (vgl. Schatzki 1996) werden im Beitrag Befunde aus vier aktuellen Forschungsprojekten diskutiert, in denen *doing time* als machtvolle Prozesse der Setzung von Zeit(en) in den Blick genommen werden. Anhand des empirischen Materials wird der Zusammenhang von Ontopolitiken und *doing time* beleuchtet, woraus sich Fragen zu Legitimationsansprüchen gegenüber der Sozialpädagogik ableiten lassen: Welche sozialpädagogischen Zuständigkeiten für Menschen aus Kontexten der Heimerziehung werden in zeitlicher Hinsicht relevant gemacht? Welche Rolle spielt *doing time* in der sozialpädagogischen Praxis mit Kinder- und Jugendkulturen? Wie wird die Zuständigkeit Sozialer Arbeit mit der Instanz der Polizei zeitlich sequenzialisiert? Welche Normvorstellungen sind handlungsleitend für das *doing time* in den stationären Erziehungshilfen? Im Beitrag wird den damit verbundenen (lokalen) Aushandlungen empirisch nachgegangen, indem die Geertzsche Frage „[W]hat the hell is going on here?" (Geertz im Interview mit Olson 1991, S. 248) im Sinne des *temporal turn* umformuliert wird.

Zeit ist praxistheoretisch keine objektive Rahmenbedingung, aber auch nicht nur subjektives Empfinden, sondern sie ist Resultat und Bestandteil der Praxis. Praxis wirkt verzeitlichend und bringt ihre eigene temporale Struktur hervor (vgl. Orlikowski/Yates 2002; Koch et al. 2016; Reckwitz 2016). Auf der Ebene von „Zeitpraktiken" (Reckwitz 2016, S. 123), als eine der drei Ebenen[1] von Koch et al. (2016), betrachten wir Praktiken, die darauf spezialisiert sind, Zeit(en) zu organisieren. Im Zentrum stehen hierbei Konstruktionen von Zeit(en) als (mikro-)politische Akte, in denen sowohl implizit als auch explizit Seinsweisen (vgl. Law/Mol 2008)

---

1 Koch et al. (2016) stellen „drei Ebenen der Zeitlichkeit des Sozialen" (ebd., S. 173) heraus. Erstens die (1) Zeitlichkeit der sozialen Praxis, denn Praxis ist generell immer zeitlich strukturiert als eine Sequenz von Ereignissen, die eine Vergangenheit und eine Zukunft haben, welche sich im Jetzt, also in der Gegenwart, differenzieren. Die zweite Ebene (2) beschreibt die Zeitlichkeit der einzelnen sozialen Praktik, dabei geht es um die spezifische Zeitlichkeit, die einzelne Praktiken hervorbringen, und drittens (3), die sog. „Zeitpraktiken" (Reckwitz 2016, S. 123) im Sinne temporaler Praktiken.

verhandelt werden. Zusätzlich ziehen wir für unsere Betrachtung das Konzept der Ontopolitiken hinzu, um machtvolle Prozesse in sozialpädagogischen Handlungsfeldern aufzudecken und zu reflektieren.

Der in diesem Beitrag zugrunde liegende Begriff der Ontopolitiken ist von Mol (vgl. 1999; 2013) entlehnt und setzt am sog. *turn to ontology* der Science and Technology Studies an. Die Frage nach der Ontopolitik beschäftigt sich damit, wie die Essenz der Dinge, die üblicherweise als stabil angesehen und vorausgesetzt wird, erst im Zusammenspiel unterschiedlicher Akteur*innen entsteht. An die Stelle von Stabilität und Essenzialität tritt somit Dynamik und Relationalität. Politisch ist daran, so Mol, dass alternative Seinsmöglichkeiten denk- und lebbar werden – und diese wiederum als besser oder schlechter einer Bewertung zugänglich und darin inhärent politisch sind (vgl. Mol 2013). Mol entwickelt ihr Konzept u. a. am Beispiel unterschiedlicher Diättechniken, die jeweils spezifische Wirklichkeiten über Nahrung mit sich führen und diese in den Körper einschreiben: So impliziert etwa die geläufige Diätpraktik des Zählens von Kalorien eine Vorstellung von Essen als Treibstoff und des Körpers als Maschine, die den Treibstoff verbraucht (vgl. Eßer 2017). Auch in der Sozialpädagogik lassen sich solche Ontopolitiken identifizieren, wie bereits vielfach rekonstruiert wurde, wie etwa aus Foucault'scher Perspektive im Hinblick auf spezifische Subjektivierungsweisen (vgl. Kessl 2005). Zum Beispiel stellen sog. Zöglingsakten machtvolle Narrative darüber dar, auf welche Weise Adressat*innen zu *Heimkindern* gemacht wurden (vgl. Zaft 2011).

Während sowohl Fragen der (körpergebundenen) Subjektivierung (vgl. z. B. Eßer 2017; Mol 2013) als auch der Konstitution von Raum (vgl. Vallance et al. 2017) bereits als Ontopolitiken interpretiert wurden, spielt Zeit in der Diskussion hierum bislang lediglich eine nachgeordnete Rolle. Dem entgegen wollen wir zeigen, dass Ontopolitiken Zeit(en) implizieren und gleichsam hervorbringen. Durch die relationale Betrachtung wird deutlich, dass Ontopolitiken in (zeitlichen) Zusammenhängen zu betrachten sind und diese gleichzeitig auch mitbedingen. Zeit(en) der Ontopolitiken sind folglich eben nicht permanent und konstant, sondern veränderbar. Herleiten werden wir dies anhand von vier aktuellen, qualitativen Forschungsprojekten, die zunächst möglicherweise sehr unterschiedlich wirken und in denen Zeit(en) auf verschiedenen Ebenen virulent werden. So reichen die Handlungsfelder von der sozialpädagogischen Praxis mit Kinder- und Jugendkulturen über Vergangenheit und Gegenwart der Heimerziehung bis hin zu Ordnungspartnerschaften zwischen Polizei und Sozialer Arbeit. Trotz dieser großen Heterogenität einigt sie eine sinnrekonstruktive Methodologie sowie der Einsatz von Verfahren der Feldforschung, z. B. das der teilnehmenden Beobachtung. In allen Projekten konnte somit „die Bedeutung von Handlungen zwischen den handelnden Personen für diese Personen" (Scholz 2012, S. 117) beobachtet und z. B. analysiert werden, wie in diesen Feldern „*Arbeit, die mehr oder weniger im Rahmen von formalen Regelungen* vollzogen" (Bachmann 2009, S. 256, Herv. i. Orig.) wurde und wird und wie dabei Zeit(en) mit handlungspraktischer Relevanz ausgestattet wurde(n). In den Projekten werden verschiedene Ebenen von Zeit(en)[2] betrachtet: Biografie, Raum, Ordnung und Institution. Trotz der unterschiedlichen Ebenen können alle Zeiten als komplexe Herstellungsleistungen im Sinne eines *doing time* mit den in der Situation wirkmächtigen Ontopolitiken zusammengebracht und in ihren Bedingtheiten in Relation zueinander gesetzt werden. Konkret thematisieren wir zunächst auf der Grundlage des *ARCH*-Projektes[3] verschiedene Zugriffsmöglichkeiten von heimerfahrenen Akteur*innen auf archivierte Kindheit und Jugend in Heimerziehung als Ontopolitiken der Zeit. Anschließend wird *doing time* in der offenen Kinder- und Jugendarbeit im *SMOOTH*-Projekt[4] am Beispiel von inter- und intragenerationalen Aushandlungsprozessen im Rahmen des Baus und der zeitlichen Nutzung eines Skateparks aufgezeigt sowie die Relevanz von Schildern als Ontopolitiken der Zeit. Im Projekt *Doing Police Stops* bilden Kontrollpraktiken von Polizeibeamt*innen die Grundlage für eine Erörterung ihrer Bedingtheiten durch Alarmzeichen als Ontopolitiken der Zeit. Anhand des Projektes *Fachberatung in familienanalogen Wohnformen* wird veranschaulicht, wie das *doing time* in diesem Handlungsfeld hergestellt und durch Normvorstellungen als Ontopolitiken der Zeit strukturiert wird. Abschließend bündeln wir die erarbeiteten Befunde, indem wir Ontopolitiken und ihre Zeit(en) sowie sich daraus ergebende Fragen für die Sozialpädagogik diskutieren.

1. Archivierung als Ontopolitiken der Zeit

Zunächst wird eine distinkte Facette von Ontopolitiken der Zeit auf der Grundlage von Befunden des *ARCH*-Projektes beleuchtet, das sich in zwei Untersuchungsphasen mit unterschiedlichen Archiven und Archivierungen im Kontext der Heimerziehung beschäftigte und beschäftigt. In und aus zwei Phasen bestehend wurde erstens u. a. der Archivbestand über Heimerziehung am Beispiel Freistatt (1920 bis 1980) im Hauptarchiv Bethel untersucht. Dabei wurde u. a. gefragt, wodurch sich dieses institutionelle Archiv auszeichnet und welche Erinnerungen

---

[2] An dieser Stelle möchten wir Senka Karić für die konstruktive Diskussion und das gemeinsame Nachdenken über die verschiedenen Ebenen der Zeit(en) danken.

[3] Bei diesem Projekt mit dem Titel *Archiving Residential Children's Homes in Scotland and Germany* (ARCH) handelt es sich um ein Kooperationsprojekt, das seit 2021 an der University of Stirling in Schottland und der Universität Osnabrück angesiedelt ist. Der schottische Part des Projektes wird durch das Arts and Humanities Research Council (AHRC), der deutsche Teil durch die Deutsche Forschungsgemeinschaft (DFG-Förderkennzeichen 448421360) finanziert.

[4] Das Projekt *Occupying Public Urban Space with Stunt Scooters* ist ein Teilprojekt des EU-Projektes SMOOTH (*Educational Common Spaces. Passing through enclosures and reversing inequalities*) und wurde von der Europäischen Union im Rahmen des Forschungs- und Innovationsprogramms Horizont 2020 unter der Grant Agreement Nr. 101004491 finanziert.

an Zeit in Heimerziehung dadurch für Betroffene ermöglicht und verunmöglicht werden. Zweitens wurde in einer gegenwartsorientierten Phase mit Mitgliedern einer Wohngruppe auf der Grundlage partizipativer Workshops ein alternatives Archiv in Form eines digitalen Gemeinschaftsarchivs über den Wohngruppenalltag entwickelt. Die Wohngruppenmitglieder selbst erarbeiteten, was sie als archivierungswürdig erachteten, um sich später einmal mithilfe der gesammelten Materialien an ihre Zeit in der Wohngruppe zu erinnern. Übergeordnet wird hierdurch deutlich, dass unterschiedliche Archive und Archivierungen für Betroffene sehr verschiedene Möglichkeiten des späteren Zugangs zu vergangener Zeit in Heimerziehung und eines materialgestützten Erinnerns an das eigene Selbst präfigurieren.

So zeigen die bisherigen Ergebnisse der ersten Untersuchungsphase zunächst, dass sich das institutionelle Archiv grundsätzlich durch einen relativ vielfältigen Materialbestand über die Heimerziehung auszeichnet (u. a. Fallakten, diverse Arbeits- und Strafberichte sowie Heimleiter- und Schülerprotokolle[5]). Gleichwohl kommen junge Menschen in diesem umfangreichen Archiv selbst kaum zu Wort (vgl. Schäfer/Eßer 2023). Zudem zeichnet sich der Archivbestand durch einen weitgehenden Verzicht auf dichte Beschreibungen oder fotografische Dokumentationen des konkreten Alltags und alltäglicher Erlebnisse junger Menschen aus. Wenngleich z. B. Fallakten im Prinzip das mehrjährige Heimleben eines jungen Menschen zum Gegenstand haben, wird hierin jedoch kaum dokumentiert, welchen konkreten Alltag junge Menschen in dieser Zeit eigentlich erleben. Stattdessen überliefern diese neben mannigfaltiger Verwaltungskorrespondenz primär normative Charakterzuschreibungen und Verhaltensbewertungen, die oftmals sehr abwertend verfasst sind. Ein weiteres Ergebnis ist die Zugänglichkeit und Sichtung dieser potenziellen Exogramme (vgl. Welzer 2008) als „externale Gedächtnisinhalte" (ebd., S. 16) für Betroffene. Diesbezüglich zeigte sich, dass Betroffene ausschließlich eine Fallakte über sich betrachteten, aber sonstiges Archivgut von ihnen noch nie gesichtet wurde, auch weil die meisten Archivalien, wie etwa Heimleiterprotokolle, Strafberichte und Schülerprotokolle, aus Datenschutzgründen für Betroffene nicht einsehbar sind. Somit zeigt sich eine Archivierung als Ontopolitik der Zeit, die Betroffenen auf der Suche nach Erinnerungsstützen kaum einen Zugang zu vergangenen Selbst- oder Peeräußerungen, konkreten Situationen oder gemeinsamen Aktivitäten ermöglicht. Stattdessen präfiguriert diese Ontopolitik, sich v. a. an institutionelle Logiken

---

5   In der historisch orientierten Projektphase zeigte sich, dass im analysierten Zeitraum ausschließlich als Jungen oder junge Männer geltende Personen in Freistätter *Jungenheimen* untergebracht und dort zum Teil auch beschult wurden, wobei alle Heime ausschließlich von Männern geleitet wurden. Da diese jahrzehntelange Geschlechtshomogenität durch eine geschlechtersensible Schreibweise verunklart würde, wird darauf in diesem Abschnitt bewusst verzichtet, da männlich gelesene junge Menschen von männlich gelesenen Erwachsenen betreut wurden.

und eine Zeit zu erinnern, in der Perspektiven und Erlebnisse junger Menschen nicht als archivierungswürdig erachtet wurden, was Betroffene zumeist als sehr enttäuschend und verletzend beschreiben (vgl. Guerinni/Leitner/Ralser 2020; Hoyle et al. 2020).

Für die zweite Untersuchungsphase der gegenwartsorientierten und des partizipativ entwickelten Gemeinschaftsarchivs lassen sich dagegen starke Kontraste ermitteln, sowohl im Format (visuelle Medien statt Dokumente) als auch im Inhalt. Die Wohngruppenmitglieder favorisieren eine sehr detailreiche bild- und videogestützte Aufzeichnung des Alltags, die u. a. individuelle und kollektive Aktivitäten sowie konkrete Ereignisse und Erlebnisse dokumentiert. Zudem enthält dieses Archiv infolge ihrer Archivierungsentscheidungen neben Aussagen von Fachkräften (in der Form von Videos) auch zahlreiche Schilderungen von jungen Menschen. Dabei nutzen die jungen Menschen den eröffneten Sprachraum insbesondere für dichte Beschreibungen darüber, was sie im Wohngruppenalltag tun, welche Regeln gelten, welche Hobbys sie haben und über welche Besitztümer sie verfügen, sodass auch viele zeitgenössische Stimmen junger Menschen zum Wohngruppenalltag archivarisch überliefert werden. Insofern repräsentiert diese Untersuchungsphase nicht nur den Versuch einer alternativen Aufzeichnungs- und Archivierungspraxis, sondern vielmehr dokumentiert sie auch die Fähigkeit von Wohngruppenmitgliedern, in der Gegenwart gemeinsam einen zukünftigen Zugang zu vergangener Zeit vorbereiten zu können, der mittels digitaler Exogramme v. a. lebensweltnahe Erinnerungen an den Wohngruppenalltag, Aktivitäten, Ereignisse und eigene Äußerungen mobilisieren könnte.

Abschließend sollen beide Archive und Archivierungen als Ontopolitiken der Zeit pointiert werden. Das institutionelle Archiv repräsentiert eine institutionalisierte Ontopolitik, die heimerfahrenen Menschen in Bezug auf das vergangene „Selbst in der Zeit" (Brockmeier 1999, S. 23) eine spezifische Seinsweise eröffnet. Als Betroffener kann und muss man sich durch dieses Archiv als Zögling begegnen und an ein vergangenes Institutionenselbst (vgl. Zaft 2011) erinnern, welches machtvoll durch die Institution bestimmt und als deviant markiert wurde. Das digitale Gemeinschaftsarchiv repräsentiert dagegen eine alternative, lebensweltnähere Ontopolitik. Als heimerfahrener Mensch kann man sich durch dieses Archivgut als Mensch begegnen, der in einem Heim lebte und dort z. B. Hobbys hatte und konkreten Aktivitäten mit anderen nachging. Das Archiv und die Archivierung bestimmen somit über das gegenwärtige Bewusstsein des eigenen, vergangenen Seins und sind an der Herstellung von Zeit beteiligt, als *doing time* der (erinnerbaren) Heimerziehung. Durch verschiedene Archive und Archivierungen sind somit bestimmte Seinsweisen angelegt, die unterschiedliche Erinnerungen präfigurieren und damit Vergangenheit, Gegenwart und Zukunft aufeinander beziehen.

2. Schilder als Ontopolitiken der Zeit

Nachstehend wird auf Ergebnisse aus einer Fallstudie der Osnabrücker *SMOOTH*-Teilstudie fokussiert. Im Zentrum des Projektes stand die Frage, wie sich Kinder und Jugendliche städtische Räume mit der Praxis des Stunt Scooter[6] Ridings aneignen und welche Lernprozesse dabei angestoßen werden. Der beforschte Skatepark wurde nicht zuletzt durch die Covid-19-Pandemie zum beliebten Ort, an dem sich junge Menschen Zeit ver- und den eigenen Sport betreiben. Dabei kam es zu weitreichenden Konflikten zwischen den *neuen* Scooterfahrer*innen und *etablierten* Nutzer*innen, zu denen v. a. Skater*innen gehören (vgl. Eßer/von der Heyde/Jäde 2023). Deshalb erfolgte seitens der kommunalen Verwaltung und der betreibenden Firma zunächst der Ausschluss der Scooterfahrer*innen vom Skateplatz, der u. a. mit nicht mehr einzuhaltenden Infektionsschutzmaßnahmen begründet wurde. Später wurde die Nutzung des Parks durch die Scooterfahrer*innen wöchentlich an zwei Nachmittagen wieder gestattet. Die vorgegebene Zeitregelung der kommunalen Verwaltung war als Teil der Konfliktlösungsstrategie gedacht, was jedoch nicht zur Entspannung der Lage beitrug, sodass parallel der Bau einer neuen Scooteranlage vorangetrieben wurde. Dieser partizipativ angelegte Planungs- und Bauprozess wurde im Rahmen des Projektes teilnehmend beobachtet. Im Folgenden werden Aussagen eines am Planungsprozess beteiligten Scooterfahrers diskutiert, die aus einer Fallstudie des Projektes stammen. In diesem Gespräch kritisiert Ilja Ausschlusspraktiken der Skater*innen gegenüber den Scooterfahrer*innen, da sie den Skater*innen zufolge auf dem Platz „nix zu suchen" haben. Zeit kommt in der jugendkulturellen Freizeitpraxis des Scooterfahrens eine vielschichtige Rolle zu. So sind es v. a. generationale Ordnungen, die mithilfe eines *doing age* dabei helfen, Legitimationen des Zonierens (vgl. Dirks et al. 2016) hervorzubringen (vgl. Eßer/von der Heyde/Jäde 2023). Der Verweis auf die Dauer der Szeneangehörigkeit wird ebenso dazu genutzt, Anwesenheit in der Szene oder auf bestimmten Plätzen zu legitimieren, wie er Ausschlüsse produziert.

Schilder, die die Nutzungszeiten für Scooterfahrer*innen regeln sollen, waren ursprünglich als Konfliktlösungsstrategie angedacht. Diese Zeiteinteilung empfinden die Scooterfahrer*innen als starke Restriktion und fühlen sich „diskriminiert"– wie Ilja sagt. Zeitliche Aspekte verbinden sich hierbei mit freizeitlichen Praktiken, sodass sich die Scooterfahrer*innen zu diesen verhalten müssen. Sie werden damit konfrontiert, dass sie bestehende Regeln brechen und müssen sich mit den Zeitregelungen auseinandersetzen, weil sie nun von außen zeitlich marginalisiert werden. Grund hierfür ist die Tatsache, dass der Platz an Scootertagen

---

6   Hierbei handelt es sich um Sportgeräte, die Tretrollern ähneln. Sie sind z. B. für Tricks und Stunts auf Rampen geeignet. Aufgrund der *handlebar* sind sie zudem leichter zu bedienen als z. B. Skateboards und werden deshalb häufig auch von jüngeren Kindern genutzt.

auch von anderen Gruppen genutzt werden kann, wodurch der Platz ein Ort für Skater*innen bleibt und das zu *jeder* Zeit. Zeit für die (kinder- und jugend-)kulturelle Praxis wird damit zu einem besonderen Gut. Und mehr noch: Zeit in Form von spezifischen Nachmittagen wird, laut Ilja, ungerecht verteilt und erhält auch dadurch Marginalisierungsmacht. Für Skater*innen bietet dies wiederum eine besondere Legitimation für Ausschlusspraktiken, indem sie die Scooterfahrer*innen mit Verweis auf die Schilder des Platzes verweisen (können). Auf Rückfrage, wie man anders mit den Konflikten umgehen könnte, bietet Ilja zwei mögliche Lösungen an:

(1) Der Szene muss aufgrund ihrer gewachsenen Größe eine bestimmte Hoheit auf dem Skateplatz zugestanden werden („irgendwie ham wir doch geschafft […] dass die Szene größer wird", Ilja). (2) Er spricht den Schildern ihre Wirkmacht ab („die Schilder […] machen eh keinen Sinn", ebd.), weil sich die Scooterfahrer*innen nicht daran halten und die Praxis des Scooterfahrens zeitlich different geordnet wird: Für die kommunale Verwaltung sind die Scooterfahrer*innen nur an bestimmten Nachmittagen in der Woche Scooterfahrer*innen, für die Scooterfahrer*innen selbst sind sie es immer. Wenngleich die Beschilderung explizit als störend benannt wird, ist es v. a. die (zeitliche) Zonierung der eigenen Freizeitpraxis, die Ilja problematisiert. Ihm zufolge findet die Scooterpraxis in seiner freien Zeit statt und die politisch vorgesehenen Zeiten des Scooterfahrens stimmen nicht mit seinen Zeiten überein. Zeit wird also verschiedentlich bedeutsam: Zum einen wird sie von den Scooterfahrer*innen genutzt, um ihre eigene Zugehörigkeit zur Szene zu belegen und zum anderen dient sie der Kontrolle und Ordnung der Praktiken auf dem Skateplatz.

Die Schilder werden aufgrund ihrer Zeit strukturierenden und ordnenden Praxis machtvoll. Sie reglementieren Zugänge und schaffen dadurch gleichzeitig Ausschlüsse. Dabei wird nicht nur das Schild selbst zum Akteur, der die Situation gestaltet, sondern es affiziert temporale Praktiken, die ordnenden Charakter haben. Für Praktiken des Zonierens, mit denen kinder- und jugendkulturelle Praktiken an einen bestimmten Ort gebunden werden (vgl. Dirks et al. 2016), spielen Schilder eine besondere Rolle. Sie werden zu wirkmächtigen Ontopolitiken und sind am *doing time* von kinder- und jugendkulturellen Praktiken beteiligt. Schließlich weisen sie jungen Menschen genauso Zeit auf Plätzen zu, wie die Scooterpraxis und politische Entscheidungen. Zeit ist nicht nur eine von außen eingrenzende Rahmung und auch nicht nur subjektivistisch eine bestimmte Erfahrung , sondern sie strukturiert selbst, gibt vor, ordnet *und* ist Produkt der Praxis auf dem Platz (vgl. Koch et al. 2016).

Sie ist somit ein Ergebnis von verketteten gegenwärtigen Praktiken (vgl. Hillebrandt 2023), die eine Dauer, einen Anfang und ein Ende haben, auf Vergangenheit und Zukunft verweisen. Gleichzeitig geben Schilder und Zeit den Akteur*innen auf dem Platz neue Handlungs- und Verweisungsmöglichkeiten. Die Skater*innen haben eine weitere (machtvolle) Begründung Scooterfahrer*innen auszuschließen. Auch weil die Scooterfahrer*innen selbst wissen, dass Schilder eigentlich dazu dienen, das Geschehen im hier abgesteckten Ort zu ordnen. Dadurch bekommt Zeit einen zuweisenden Charakter, denn sie scheint zu bestimmen, was an diesem Ort geschieht und damit was dieser Ort ist: ein Skateplatz und kein Scooterplatz.

3. (Alarm-)Zeichen[7] als Ontopolitiken der Zeit

Im Folgenden stehen die Ergebnisse aus der laufenden Dissertationsstudie *Doing Police-Stops* im Zentrum, in welcher die alltägliche Arbeit von Polizeibeamt*innen im Streifendienst teilnehmend beobachtet wurde, die sich v. a. auf die Ordnungspartnerschaft mit der Sozialen Arbeit rund um einen Drogenkonsumraum konzentriert. Im Fokus stehen hierbei die alltäglichen Praktiken, die im sozialen Raum aus polizeilicher Perspektive *Ordnung* herstellen sollen. Aus diesen ergeben sich polizeiliche Legitimationsansprüche, auch bezüglich der Sozialen Arbeit, die entweder akzeptiert oder zurückgewiesen werden können. Die täglichen Herausforderungen der Polizeibeamt*innen, effizient zu arbeiten, den Betrieb am Laufen zu halten (vgl. Scheffer 2020), werden als ein unauffälliges, aber im Alltag sehr wirkmächtiges Normativ sichtbar, das von hegemonialen Differenzkategorien, wie etwa *race*, *class* und *gender*, geprägt ist. So zeigt sich der routinierte Arbeitsalltag der Polizeibeamt*innen als das Immer-wieder-Aufrufen von Stereotypisierungen als Alarmzeichen (vgl. Goffman 1982). Dadurch werden die sog. *üblichen Verdächtigen* in ihrer polizeilichen Bearbeitbarkeit und somit die Legitimation der Kontrolle(n) alltäglich immer wieder selbst hervorgebracht und stabilisiert. Wie Fährmann et al. (2023) zeigen, sind Polizeikontrollen, die oft Identitätsüberprüfungen, Datenbankabgleiche und eventuell Durchsuchungen umfassen, ein Bereich kontinuierlicher Diskussion, v. a. im Hinblick auf diskriminierende Auswahlpraktiken, die Phänomene wie „Racial Profiling" (Belina 2016) und „Social Profiling" (Behr 2018) hervorbringen. Die Beamt*innen besitzen in ihrer Arbeit eine erhebliche Entscheidungsfreiheit bei der Auswahl von Personen für Kontrollen, unterstützt durch einen rechtlichen Rahmen, der ihnen weitreichende Freiräume gewährt (vgl. Fährmann et al. 2023).

In der Dissertationsstudie zeigt sich, dass Polizeibeamt*innen in ihrer alltäglichen Arbeit auf der Straße v. a. auf soziale (Alarm-)Zeichen reagieren, um aus ihrer Perspektive potenzielle Bedrohungen zu identifizieren und diese in den

---

7 Das Konzept der Alarmzeichen von Goffman wird hier um eine ethnomethodologische Perspektive im Sinne Garfinkels erweitert (vgl. Garfinkel 2020, S. 1 ff.). Hierbei werden soziale (Alarm-)Zeichen als Accounts verstanden, die Aktivitäten durch die Mitglieder alltägliche, organisierte Situationen produzieren und verwalten. Diese sind dabei identisch mit den Verfahren der Mitglieder, diese Situationen erklärbar (accountable) zu machen.

Kontrollen als Gründe für ebendiese hervorbringen. Goffman (1971) beschreibt Alarmzeichen dabei als wahrnehmbare Zeichen, die im sozialen Miteinander zu erhöhter Wachsamkeit führen und auf mögliche Gefahren der Umwelt hinweisen sollen, was für Sicherheit und soziale Ordnung entscheidend ist. Solche Zeichen umfassen für die Polizeibeamt*innen in ihrer alltäglichen Arbeit, z. B. Lautstärke, aggressive Körpersprache, Verstöße gegen persönliche Grenzen oder ungewöhnliche Kleidung. So betont schon Goffman die Bedeutung des sozialen Kontextes und der jeweiligen Situation für die Interpretation dieser Zeichen, die unterschiedlich wahrgenommen werden können (vgl. ebd.). Polizeibeamt*innen müssen somit ihre Reaktionen auf diese Zeichen flexibel im Rahmen ihrer institutionellen Interaktionen hervorbringen. In diesem Zusammenhang spielt Zeit eine entscheidende Rolle. Die (Alarm-)Zeichen und das routinemäßige Wissen darüber, wie mit ihnen umzugehen ist, werden von den Beamt*innen sowohl vor- als auch nachbereitet. Im Fokus der polizeilichen Praktiken ist das formative Objekt, hier in Form von Alarmzeichen für Polizeikontrollen (vgl. Goffman 1982), welches sich als ein verbindendes Element zwischen verschiedenen Zeiten begreifen lässt. Es dient als teleologischer Bezugspunkt der Praktiken der Teilnehmer*innen, die gemeinsam an diesem arbeiten. Dabei beeinflusst das formative Objekt nicht nur die Arbeit der Teilnehmer*innen, sondern es entfaltet auch eine formierende Wirkung auf die Arbeit und den zeitlichen Ablauf der Arbeitsepisoden (vgl. Löffler 2019). So sind nur zu bestimmten Zeiten, an bestimmten Stellen im Arbeitsprozess spezifische Arbeiten am formativen Objekt möglich und einige (Alarm-)Zeichen werden z. B. tagsüber anders bearbeitet als abends oder nachts. Das Tragen dunkler Kleidung kann am Tag von den Polizeibeamt*innen vollkommen ignoriert werden, doch bei Dunkelheit wird es zu einem deutlichen Indikator für eine bevorstehende Straftat und bedarf aus polizeilicher Perspektive einer Kontrolle. Gleichzeitig zeigt die Studie, dass sich diese Zeichen im Laufe der Zeit verändern: Während bunt und grell gefärbte Haare, wie bei Punkern, früher ein deutliches (Alarm-)Zeichen waren, ist dies heute nicht mehr der Fall. Auch hier bedarf es zusätzlicher Zeichen, um eine polizeilich akzeptierte Kontrolle durchführen zu können. Dabei werden diese (Alarm-)Zeichen zuerst als Common-Sense-Eigenschaften und ex post als juristische Normen in die polizeiliche Praxis integriert. Als scheinbar juristisch legitimierte Normen finden sie dann z. B. in Berichten oder über gemeinsam geteilte Erzählungen der Polizeibeamt*innen ihren Weg zurück in Grundlage(n) der (Alarm-)Zeichen.

Wie gezeigt wurde, können Polizeibeamt*innen in der Praxis die genauen rechtlichen Grundlagen ihrer Maßnahmen zumeist nicht benennen und beziehen sich stattdessen auf allgemeine (Alarm-)Zeichen. Diese Vorgehensweise unterstützt die Wirklichkeitskonstruktion in der Polizeiarbeit und reduziert die Notwendigkeit umfassenden rechtlichen Wissens (vgl. Fährmann et al. 2023). (Alarm-)Zeichen sind in diesem Zusammenhang mächtige normative Instrumente, geprägt von hegemonialen Differenzkategorien, wie *race*, *class* und *gender*, die

Polizeibeamt*innen zur Reproduktion von Stereotypisierungen nutzen können. Sie bereiten die Polizeikontrollen vor, stabilisieren und legitimieren diese und sind tief in hegemoniale Diskurse verwurzelt. Diese Ontopolitiken sind somit ebenfalls am *doing time* der Kontrollen beteiligt, die mit herstellen, wann eine Person aufgrund dieser Ontopolitiken aus polizeilicher Perspektive zu kontrollieren ist.

4. Normvorstellungen als Ontopolitiken der Zeit

Im Folgenden werden Ontopolitiken und ihr Einfluss auf die Hilfeplanung und das *doing time* in den stationären Erziehungshilfen diskutiert. Im Rahmen einer Dissertationsstudie wurden Fachberater*innen teilnehmend beobachtet, die für sog. familienanaloge Wohnformen zuständig sind. Vereinfachend zusammengefasst kennzeichnet diese u. a., dass mindestens eine pädagogische Fachkraft gemeinsam mit jungen Menschen in einem Haushalt lebt (vgl. Schäfer 2021) und von Fachberater*innen unterstützt wird. Erste Ergebnisse zeigen, dass die Fachberater*innen nicht nur mit einer Vielzahl an unterschiedlichen Akteur*innen in den stationären Erziehungshilfen interagieren, sondern auch aktiv an der Erziehungshilfe beteiligt sind (vgl. Flack 2023).

Im Folgenden soll anhand eines Beispiels gezeigt werden, wie unterschiedliche Akteur*innen Zeit im Alltag der familienanalogen Wohnformen durch ein Hilfeplangespräch (HPG) gemeinsam herstellen. In dem HPG besprechen die Bezugspädagogin Petra und die für sie zuständige Fachberaterin den geplanten Eintritt von dem dreijährigen Patrick in den Kindergarten. Ebenfalls anwesend sind die fallzuständige Person aus dem Allgemeinen Sozialen Dienst (ASD) sowie die Vormundschaft, die Kindeseltern jedoch nicht. Es werden u. a. die Ziele aus dem letzten HPG besprochen: Patrick soll „windel- und schnullerfrei" werden. Petra berichtet, dass Patrick keine Windel mehr benötigt. Bezogen auf den Schnuller plädiert sie allerdings dafür, zuerst die Eingewöhnung in den Kindergarten abzuwarten. Es solle *nicht alles auf einmal* gemacht werden. Hier wird also die kindliche Entwicklung als Orientierung gesetzt, für die es akzeptierte Zeitpunkte gibt, wann ein Entwicklungsschritt erreicht werden soll. Zum Eintritt in den Kindergarten soll ein Kind keinen Schnuller und keine Windel mehr benötigen. Die an der Wissenschaft orientierte Norm der Entwicklungskindheit (vgl. Eßer 2014) ist hierbei leitend und bei einem Zurückbleiben hinter dem zu erwartenden Entwicklungsschritt wird ein aktives Gegenarbeiten (seitens der Erwachsenen) notwendig. Die Zeit von Patricks Entwicklung ist somit eine gemeinsame Herstellungsleistung, an der v. a. die Fachkräfte aus dem HPG beteiligt sind und ihre Vorstellungen von Zeit(en) kindlicher Entwicklungsschritte. Bollig und Ott (2008) zeigen im Zusammenhang von Vorsorgeuntersuchungen, dass differente „Konstruktionen von Normalität (medizinische, entwicklungspsychologische, pädagogische, familiäre, u. a.)" (ebd., S. 208) aufeinandertreffen und somit die medizinische Vorstellung von Normalität einer kindlichen Entwicklung nicht die einzig relevante ist. Sie sprechen deshalb in einem praxeologischen Verständnis vom „praktischen Management von Normalität" (ebd., S. 207), was auch in diesem Beispiel deutlich wird. Die Gegenstände Schnuller und Windel sind dabei wirkmächtig, denn sie sollen für die Fachkräfte, aber auch für Außenstehende zeigen, ob die kindliche Entwicklung in der vorgegebenen Zeit der Normvorstellung liegt oder nicht.

Nicht nur die kindliche Entwicklung mit ihren Normvorstellungen ist für das *doing time* in familienanalogen Wohnformen relevant, sondern auch Normvorstellungen davon, wie ein kindliches Aufwachsen generell aussehen sollte. In dem HPG von Patrick rät die Fachberaterin von Umgängen zwischen den Eltern und dem Kind ab. Sie begründet ihr Plädoyer damit, dass Patrick zum aktuellen Zeitpunkt keine *Kapazitäten* für einen Umgang habe. Die anderen stimmen ihr zu. Die Umgänge werden als zusätzliche Termine problematisiert, die nicht nur im Alltag zeitlich eingeplant werden müssen, sondern auch vor dem Hintergrund kindlicher *Kapazitäten* diskutiert werden. Die Fachkräfte kommen zu dem Ergebnis, dass die Umgänge auf eine andere Zeit verlegt werden sollen. Sie diskutieren die kindlichen Kapazitäten mit der dahinterliegenden Normvorstellung, dass durch die Fremdbetreuung der Kontakt zu den Eltern dezidert geplant werden muss und nicht durch einen gemeinsamen Alltag implizit einhergeht und von einem *normalen* Aufwachsen bei den Eltern(-Teilen) abweicht. In einem anderen Gespräch berichtet die Fachberaterin der Ethnografin von einem Kind, das aufgrund von vielfältigen Erkrankungen oft medizinisch untersucht werden muss. Die Fachberaterin fasst ihre Arbeit wie folgt zusammen: „Es ist sehr herausfordernd das Kind so normal wie möglich durchs Leben zu bringen". Nicht nur die Termine an sich, sondern auch die Vorbereitungen nehmen im Alltag einen großen Raum ein. Hier wird eine Normvorstellung als Orientierung für ihre eigene Arbeit dezidiert angesprochen und die Vorstellungen davon, wie ein kindliches Leben aussehen sollte – *normal*. Trotz der direkten Aussprache scheint es nicht weiter notwendig, dies zu konkretisieren. Es scheint verständlich zu sein, dass häufige medizinische Untersuchungen eine Abweichung darstellen und eine Organisation von vielen Terminen im Alltag ebenfalls der Vorstellung von einem *normalen* kindlichen Leben widersprechen. Dies wird von ihr betont, weil die stationäre Betreuung eines jungen Menschen bereits eine Abweichung der Normvorstellung von einem kindlichen Leben darstellt (vgl. Reimer 2017). Die Termine, Umgänge mit Eltern(-Teilen) sowie medizinische Untersuchungen sind somit weitere Referenzpunkte, die immer wieder im Kontext eines *normalen* kindlichen Lebens als Abweichung markiert werden. Diese Normvorstellungen sind Ontopolitiken, die die Herstellung von Zeit als *doing time* in familienanalogen Wohnformen beeinflussen, da sie mit einem institutionalisierten Alltag zusammengebracht werden müssen. Sie bedingen nicht nur eine Taktung der Zeit im konkreten Sinne – wann ist an welchem Tag wofür Zeit –, sondern auch im Kontext der Normvorstellung, wie ein kindliches Leben auszusehen habe und was zu welcher Zeit angemessen oder zu viel sei.

5. Diskussion der Ontopolitiken und ihre Zeit(en)

Auf Grundlage der Forschungsprojekte wurden machtvolle Prozesse in verschiedenen Handlungsfeldern diskutiert, in denen Zeit(en) im Verständnis eines *doing time* ontopolitisch (mit-)hervorgebracht werden. Im Rekurs auf das Konzept der Ontopolitiken wurde in diesem Beitrag nach der Essenz der Dinge gefragt, die relational nicht nur in Bezug auf andere Dinge und Orte, sondern auch auf Zeitlichkeit ist. Ontopolitiken sind in allen diskutierten Handlungsfeldern am *doing time* beteiligt. Sie sind wirkmächtig, insofern sie auf einer Ebene die Biografie mitprägen, indem Möglichkeiten der Archivierung von Erinnerungen an eine persönliche Zeit im Heim beeinflusst werden (1). Auf der Ebene des Raumes können Zeiten öffentlicher Platzzuordnungen und -aneignungen spezifischer Kinder- und Jugendkulturen sowohl beschränkt als auch ermöglicht werden (2). Durch polizeiliche Kontrollen werden auf der Ebene der Ordnung juristische Normen zeitlich strukturiert und hergestellt, sodass (Alarm-)Zeichen je nach Zeit(en) unterschiedlich hervorgebracht sowie gedeutet werden und somit eine (zeitlich) wirksame polizeiliche Praxis bedingen (3). Als letzte Ebene wurde Zeit in Zusammenhang mit Institutionen betrachtet, wenn Normvorstellungen vom Aufwachsen eines Kindes mit einem terminlich institutionalisierten Alltag in Konflikt geraten, der alltägliche und (geplante) zukünftige Zeiten in den Erziehungshilfen bedingen kann (4).

Dieser Beitrag hat die Zeitlichkeit von Ontopolitiken in unterschiedlichen sozialpädagogischen Kontexten in den Blick genommen. Die zu Beginn des Beitrags gestellten Fragen und die daraus abzuleitenden (Nicht-)Zuständigkeiten von Fachkräften in der Sozialpädagogik können durch den Fokus auf Ontopolitiken dahingehend diskutiert werden, dass Sozialpädagogik an der Herstellung der Wirklichkeit ihrer Adressat*innen mitbeteiligt ist: Im Kontext der Heimerziehung bestimmt das, was über Adressat*innen archiviert wird, wie sich diese zukünftig an ihr eigenes, vergangenes Selbst erinnern können. Am Beispiel der mobilen Kinder- und Jugendarbeit konnte gezeigt werden, wie der Alltag von Kindern und Jugendlichen durch zeitliche Segmentierung reguliert wird. Für die sozialpädagogische Zusammenarbeit mit der Polizei wiederum können die (zeitlich) bedingten juristischen Normen und die daraus resultierenden Kontrollen reflektiert werden. Am Beispiel der Kindheitskonstitution in stationären Erziehungshilfen kann erörtert werden, welche entwicklungsbedingten Normvorstellungen handlungsleitend für die zeitliche Herstellungspraxis im institutionellen Alltag sind.

Wie resümierend gezeigt wurde, scheint die Reflexion von Ontopolitiken im sozialpädagogischen Diskurs dahingehend instruktiv, als die hierzu in Relation stehenden professionellen Praktiken wiederum Einfluss auf das Aufwachsen und Leben (junger) Menschen nehmen. Abschließend steht deshalb ein Plädoyer dafür, Ontopolitiken zu reflektieren und dadurch ihrer scheinbaren Selbstverständlichkeiten zu entheben – wie die Fragen nach der Archivierung von Erinnerungen im Alltag heimerfahrener Menschen, nach Zugängen zu Räumen (kinder- und jugend-)kultureller Praktiken, nach dem Einfluss von (Alarm-)Zeichen im Kontext polizeilicher Kontrollen sowie nach der Planung von Erziehungshilfen vor dem Hintergrund von Normvorstellungen. Aus einer sozialpädagogischen Professions- und Organisationsperspektive ist mit einer solchen Reflexivierung von Zeit(en) nicht nur die Übernahme von Verantwortung für Kinder und Jugendliche im Sinne einer advokatorischen Ethik gemeint (vgl. Brumlik 2017), die im Hier und Jetzt danach fragt, ob Kinder und Jugendliche der pädagogischen Intervention als zukünftige Erwachsene zustimmen würden. Sondern es geht auch lebenslaufbezogen darum, welche Erinnerungen im Nachhinein zur Verfügung gestellt werden oder welche Vorstellungen Menschen von ihrem Aufwachsen gehabt hätten. Darüber hinaus sind aber auch etwa Verwirklichungsmöglichkeiten kinder- und jugendkultureller Freizeitaktivitäten in ihren Dynamiken zu adaptieren und anzupassen sowie die Bedingtheit und Wandelbarkeit von (Alarm-)Zeichen für die eigene Praxis entlang zeitlicher Kontexte kritisch zu reflektieren.

Literatur

Bachmann, Götz (2009): Teilnehmende Beobachtung. In: Kühl, Stefan/Strodtholz, Petra/Taffertshofer, Andreas (Hrsg.): Handbuch Methoden der Organisationsforschung. Quantitative und Qualitative Methoden. Wiesbaden: VS Verlag für Sozialwissenschaften, S. 248–271.
Behr, Rafael (2018): Rassismus und Diskriminierung im Polizeidienst. Die Karriere zweier „Reizworte". In: SIAK-Journal – Zeitschrift für Polizeiwissenschaft und polizeiliche Praxis, H. 2, S. 57–66.
Belina, Bernd (2016): Der Alltag der Anderen: Racial Profiling in Deutschland. In: Dollinger, Bernd/Schmidt-Semisch, Henning (Hrsg.): Sicherer Alltag?: Politiken und Mechanismen der Sicherheitskonstruktion im Alltag. Wiesbaden: Springer VS, S. 125–146.
Bollig, Sabine/Ott, Marion (2008): Entwicklung auf dem Prüfstand: zum praktischen Management von Normalität in Kindervorsorgeuntersuchungen. In: Kelle, Helga/Tervooren, Anja (Hrsg.): Ganz normale Kinder. Heterogenität und Standardisierung kindlicher Entwicklung. Weinheim/München: Juventa, S. 207–224.
Brockmeier, Jens (1999): Erinnerung, Identität und autobiographischer Prozeß. In: Journal für Psychologie 7, H. 1, S. 22–42.
Brumlik, Micha (2017): Advokatorische Ethik. Zur Legitimation pädagogischer Eingriffe. Neuausgabe mit Vorwort zur 3. Auflage. Hamburg: CEP Europäische Verlagsanstalt.
Dirks, Sebastian/Fritsche, Caroline/Lippelt, Maike/Reutlinger, Christian (2016): Zur pädagogischen Herstellung städtischer Räume zwischen Ort und Klient*in. In: Zeitschrift für Pädagogik 62, H. 1, S. 20–33.

Eßer, Florian (2014): Die verwissenschaftlichte Kindheit. In: Baader, Meike Sophia/Eßer, Florian/ Schröer, Wolfgang (Hrsg.): Kindheiten in der Moderne. Eine Geschichte der Sorge. Frankfurt a. M.: Campus, S. 124–153.

Eßer, Florian (2017): Enacting the overweight body. Children's agency beyond the nature-culture divide. In: Childhood 24, H. 3, S. 286–299.

Eßer, Florian/von der Heyde, Judith/Jäde, Sylvia (2023): Skateplätze und Stunt Scooter: Generationale Politiken im öffentlichen urbanen Raum. In: Diskurs Kindheits- und Jugendforschung 18, H. 2, S. 233–245.

Fährmann, Jan/Thurn, Roman/Aden, Hartmut/Bosch, Alexander (2023): „Wie jeder normale Mensch auch". Die Genese des Verdachts in rechtlichen Grauzonen im Kontext proaktiver polizeilicher Personenkontrollen. In: Zeitschrift für Rechtssoziologie 43, H. 2, S. 333–362.

Flack, Nina (2023): Fachberatung in familienanalogen Wohnformen als „eierlegende Wollmilchsau"? Annäherung an ein Grenzobjekt. In: Soziale Passagen 15, H. 2, S. 479–495.

Garfinkel, Harold (2020): Studien zur Ethnomethodologie. Frankfurt a. M.: Campus.

Goffman, Erving (1971): Verhalten in sozialen Situationen. Strukturen und Regeln der Interaktion im öffentlichen Raum. Gütersloh: Bertelsmann.

Goffman, Erving (1982): Das Individuum im öffentlichen Austausch. Mikrostudien zur öffentlichen Ordnung. Frankfurt a. M.: Suhrkamp.

Guerinni, Flavia/Leitner, Ulrich/Ralser, Michaela (2020): „Unterstützte Erinnerung" als Form der Wissensorganisation. Zur Rolle der Fürsorgeakte in der biografischen Erinnerungsarbeit ehemaliger Heimkinder. In: Soziale Probleme 30, H. 2, S. 187–203.

Hillebrandt, Frank (2023): Ereignistheorie für eine Soziologie der Praxis: Das Love and Peace Festival auf Fehmarn und die Formation der Popmusik. Wiesbaden: Springer VS.

Hoyle, Victoria/Shepherd, Elizabeth/Lomas, Elizabeth/Flinn, Andrew (2020): Recordkeeping and the life-long memory and identity needs of care-experienced children and young people. In: Child & Family Social Work 25, H. 3, S. 935–945.

Kessl, Fabian (2005): Der Gebrauch der eigenen Kräfte: eine Gouvernementalität Sozialer Arbeit. Weinheim/München: Juventa.

Koch, Jochen/Krämer, Hannes/Reckwitz, Andreas/Wenzel, Matthias (2016): Zum Umgang mit Zukunft in Organisationen – eine praxistheoretische Perspektive. In: Managementforschung 26, H. 1, S. 161–184.

Law, John/Mol, Annemarie (2008): Globalisation in practice: On the politics of boiling pigswill. In: Geoforum 39, H. 1, S. 133–143.

Löffler, Marlen S. (2019): Mit „Strichern" niederschwellig arbeiten: Zur Herstellung einer unzugänglichen Problemgruppe. In: Negnal, Dörte (Hrsg.): Die Problematisierung sozialer Gruppen in Staat und Gesellschaft. Wiesbaden: Springer VS, S. 105–126.

Mol, Annemarie (1999): Ontological Politics. A word and some questions. In: Law, John/Hassard, John (Hrsg.): Actor network theory and after. Oxford: Blackwell, S. 74–89.

Mol, Annemarie (2013): Mind your plate! The ontonorms of Dutch dieting. In: Social Studies of Science 43, H. 3, S. 379–396.

Olson, Gary A. (1991): The Social Scientist as Author. Clifford Geertz on Ethnography and Social Construction. In: Journal of Advanced Composition 11, H. 2, S. 245–268.

Orlikowski, Wanda J./Yates, JoAnne (2002): It's about time: temporal structuring in organizations. In: Organization Science 13, H. 6, S. 684–700.

Reckwitz, Andreas (2016): Zukunftspraktiken. Die Zeitlichkeit des Sozialen und die Krise der modernen Rationalisierung der Zukunft. In: Reckwitz, Andreas (Hrsg.): Kreativität und soziale Praxis. Studien zur Sozial- und Gesellschaftstheorie. Bielefeld: transcript, S 115–135.

Reimer, Daniela (2017): Normalitätskonstruktionen in Biografien ehemaliger Pflegekinder. Weinheim/Basel: Beltz Juventa.

Schäfer, Maximilian (2021): Ethnografie familienanaloger Formen der Hilfen zur Erziehung. Über Orte der Fremdunterbringung und des Zusammenwohnens. Wiesbaden: Springer VS.

Schäfer, Maximilian/Eßer, Florian (2023): Erinnerbare Kindheit und Jugend in Heimerziehung – Befunde zur kustodialen Archivierung des Heimalltags am Beispiel Freistatt. In: neue praxis 53, H. 2, S. 121–138.

Schatzki, Theodore R. (1996): Social Practices: A Wittgensteinian Approach to Human Activity and the Social. Cambridge: Cambridge University Press.

Scheffer, Thomas (2020): Kritische Ethnomethodologie. In: Zeitschrift für Soziologie 49, H. 2–3, S. 111–128.

Scholz, Gerold (2012): Teilnehmende Beobachtung. In: Heinzel, Friederike (Hrsg.): Methoden der Kindheitsforschung. Ein Überblick über Forschungszugänge zur kindlichen Perspektive. Weinheim/Basel: Beltz Juventa, S. 11–133.

Vallance, Suzanne/Dupuis, Ann/Thorns, David/Edwards, Sarah (2017): Temporary use and the onto-politics of ‚public' space. In: Cities 70, S. 83–90.

Welzer, Harald (2008): Die Medialität des menschlichen Gedächtnisses. In: BIOS 21, H. 1, S. 15–27.

Zaft, Matthias (2011): Der erzählte Zögling. Narrative in den Akten der deutschen Fürsorgeerziehung. Bielefeld: transcript.

Umgangsweisen Geflüchteter mit temporalen Anforderungen im Kontext Sozialer Arbeit

Erich Esau

Das Leben von Geflüchteten wird in vielfacher Weise von juristischen Rahmenbedingungen oder behördlichen Entscheidungen zeitlich strukturiert: Es werden befristete Aufenthaltsstatus erteilt, Fristen zur Arbeitserlaubnis müssen beachtet werden, Geflüchtete warten auf den Entscheid des Asylantrags, auf die Familienzusammenführung oder die Erlaubnis, in eine eigene Wohnung ziehen zu dürfen. Insbesondere dieses Warten gilt als zentrales Phänomen innerhalb der internationalen Forschung zu Flucht und Zeitlichkeit (vgl. Jacobsen/Karlsen/Khosravi 2021; Drangsland 2021). Einigkeit besteht in der Relevanz, die dem Warten für die Lebenswirklichkeit geflüchteter Menschen zugeschrieben wird. Allerdings wird das Phänomen des Wartens unterschiedlich theoretisiert. So kann Warten aus Sicht von Geflüchteten als verschwendete Zeit konzeptualisiert werden (vgl. Haas 2017), jedoch kann die rechtlich prekäre Lage von Geflüchteten und die damit verbundene zeitliche Ungewissheit auch zu einer „enforced orientation to the present" (Genova 2002, S. 427) führen. Deutlich wird in beiden Interpretationen, dass Geflüchtete durch die äußeren Lebensbedingungen einem Zwang zum Warten ausgesetzt sind, der die selbstbestimmte Gestaltung der eigenen Zeit verunmöglicht oder zumindest deutlich erschwert. In meinem Beitrag frage ich danach, wie Geflüchtete innerhalb dieser gesellschaftlichen Umstände über ihre Zeit sprechen und welche Rolle sie der Sozialen Arbeit im Zusammenhang von fremd- und selbstbestimmter Zeitgestaltung zuschreiben. Hierfür eignet sich der in der kritischen Migrationsforschung etablierte Ansatz des Migrationsregimes, der es ermöglicht, die Soziale Arbeit als Akteurin innerhalb der Regierung von Geflüchteten zu verorten und ihre (potenziellen) Funktionen darin zu analysieren. Dafür fasse ich zunächst kurz den Diskurs um die (mögliche) Instrumentalisierung der Sozialen Arbeit durch restriktive Migrationspolitiken zusammen und erläutere daraufhin die Perspektive des Migrationsregimes insbesondere hinsichtlich ihrer zeitlichen Implikationen. Das darin deutlich werdende Zusammenspiel von temporaler Regierung und Eigensinnigkeit von Geflüchteten führe ich anschließend anhand empirischer Beispiele aus. Dabei zeige ich auf, dass die Soziale Arbeit in Bezug auf die temporale Regulierung von Geflüchteten sowohl eine Normierungs- als auch eine Ermöglichungsfunktion einnehmen kann und Geflüchtete als Adressat*innen sowohl zeitliche Anforderungen internalisieren als auch widerständige und pragmatische Umgangsweisen mit ihnen finden können.

1. Soziale Arbeit und Migrationspolitik

Im wissenschaftlichen Diskurs besteht ein überwiegender Konsens darüber, dass die Soziale Arbeit mit Geflüchteten vielfachen Spannungsfeldern ausgesetzt ist. So umfasse die sozialpädagogische Geflüchtetenhilfe z. B. umfangreiche Aufgaben, die jedoch mit einer nicht ausreichenden Personal- und Sachausstattung bewältigt werden müsse, was u. a. zu einer Deprofessionalisierung durch Einstellung von anderen Berufsgruppen führe (vgl. Spindler 2020, S. 52 f.). Es werden Machtasymmetrien zwischen Sozialarbeiter*innen und Geflüchteten und das Dilemma von Hilfe und Kontrolle als besonders relevant für die Geflüchtetenhilfe problematisiert (vgl. Lehmann 2017). Dies äußere sich in politischen oder organisationalen Vereinnahmungen, z. B. wenn Sozialarbeiter*innen in Geflüchtetenunterkünften von Arbeitgeber*innen dazu aufgefordert werden, anlasslose Zimmerkontrollen durchzuführen (vgl. Muy 2016, S. 159) oder von behördlicher Seite Amtshilfe bei Abschiebungen zu leisten (vgl. Spindler 2020, S. 53), was auf Grundlage eines „professionellen Ethos und fachlichen Selbstverständnis[ses]" (Initiative Hochschullehrender zu Sozialer Arbeit in Gemeinschaftsunterkünften 2016, S. 5) als mandatswidrige Erwartung an Sozialarbeitende problematisiert wird. Die hier deutlich werdende Einschränkung professionellen Handelns wird zusätzlich durch förderpolitische Maßnahmen verschärft: So zeigen Kattein et al. anhand der Differenzierung von Geflüchteten *mit* und *ohne* guter Bleibeperspektive, wie Förderprogramme bereits vorstrukturieren, welche Geflüchteten auf welche Weise durch Sozialarbeitende Unterstützung erhalten sollen (vgl. Kattein et al. 2023, S. 159 f.). Damit ist die Soziale Arbeit selbst beteiligt an der sozialen Ausschließung und „organisierten Desintegration" (Täubig 2009) von Geflüchteten, insbesondere wenn sie ihre Adressat*innen nach einer asylrechtlichen und -politischen Logik bestimmen und damit einen Teil der Geflüchteten exkludieren (vgl. Täubig 2021, S. 1035 ff.). Problematiken wie diese erklärt Scherr mit der strukturellen politischen Inanspruchnahme der Sozialen Arbeit, die „ein bedeutsamer Bestandteil der staatlich-politischen Regulierung von Fluchtmigration und dabei als organisierte und professionelle Praxis damit beauftragt [ist], Inklusion und Exklusion von Flüchtlingen auf der Grundlage des geltenden Rechts zu ermöglichen" (Scherr 2018, S. 52).

Wie auf eine solche Instrumentalisierung zu reagieren ist, wird unterschiedlich beantwortet. Hier finden sich pragmatische Hinweise, die Spannungsfelder nicht zu überhöhen und stattdessen bestehende Handlungsspielräume auszuschöpfen (vgl. Spindler 2020, S. 60 ff.). Grönheim plädiert für einen ressourcenorientierten Blick: So könnten gesellschaftlich marginalisierte Geflüchtete durch eine empowernde sozialpädagogische Unterstützung neue Handlungsmacht erlangen, wodurch die eigene Lebensqualität verbessert und im besten Falle auch sozialer Wandel ermöglicht werde (vgl. Grönheim 2017, S. 49 ff.). Auch Kattein et al. können empirisch aufzeigen, wie mithilfe von Aufklärung über eigene Rechte und Beschwerdemöglichkeiten Geflüchtete dazu befähigt werden, sich selbst gegen menschenrechtswidrige Behandlung zu wehren (vgl. Kattein et al. 2023, S. 161 f.). Yıldız fordert eine reflektierte, postkoloniale, rassismuskritische Positionierung von Sozialarbeiter*innen, was durch strukturelle Veränderungen wie der Etablierung kritischer migrationswissenschaftlicher Grundlagen in der Ausbildung gefördert werden könnte (vgl. Yıldız 2018, S. 68 f.). In ähnlicher Weise spricht sich Prasad für eine professionelle, menschenrechtsorientierte Soziale Arbeit mit Geflüchteten aus, die auch zivilen Ungehorsam miteinschließt (vgl. Prasad 2018). Damit geht sie sowohl über eine einfache Zurückweisung der politischen Inanspruchnahme als auch über ein pragmatisches Ausschöpfen von Handlungsspielräumen hinaus und fordert stattdessen eigenständige politische Aktivitäten vonseiten der Sozialen Arbeit. Die hier skizzierte Verstrickung Sozialer Arbeit in migrationspolitische Logiken und mögliche Handlungsspielräume werden im Folgenden auf die Perspektive des Migrationsregime-Ansatzes bezogen.

2. Temporale Regierung und Eigensinnigkeit von Geflüchteten

Vor allem in der kritischen Migrationsforschung gewinnt die Perspektive von Grenz- und Migrationsregimen seit den 1990er-Jahren und verstärkt in den 2000er-Jahren an Aufmerksamkeit (vgl. Transit Migration Forschungsgruppe 2007). Mit dem Ansatz des Migrationsregimes ist der Versuch verbunden, „die Elemente, Verlaufsmuster und Wirkungen von Aushandlungsprozessen unter der Annahme, dass soziale Strukturen prinzipiell fluide sind, in einer sehr umfassenden Perspektive thematisierbar und analysierbar zu machen" (Pott/Rass/Wolff 2018, S. 5). Migrationsregime werden als fluide Ordnungen betrachtet, die durch verschiedene Akteur*innen und Wissensordnungen strukturiert und in alltäglichen Praktiken (re-)produziert werden, ohne dabei jedoch einer zentralen systemischen Logik folgen zu müssen (vgl. Panagiotidis/Tsianos 2007, S. 58). Eine solche Analyseperspektive ermöglicht es, Techniken der Regierung und eigensinniges Handeln von Subjekten zusammenzudenken. Regierung meint hierbei nach Foucault nicht nur staatliche Machtausübung, sondern „die Gesamtheit der Institutionen und Praktiken, mittels derer man die Menschen lenkt, von der Verwaltung bis zur Erziehung" (Foucault 2005, S. 116), was sie schließlich zu einer Form der Menschenführung macht. Mit dem Foucault'schen Konzept der Gouvernementalität wird dieser Gedanke erweitert, indem „Formen politischer Regierung auf Techniken des ‚Sichselbst-Regierens'" (Lemke 2014, S. 261) bezogen werden. Diese Selbstführung wird durch Regierungspraktiken (mit-)hervorgebracht, geht jedoch nicht komplett in ihnen auf. Dem Subjekt liegt das Potenzial zur Widerständigkeit und Kritik inne, die sich als „Kunst nicht dermaßen regiert zu werden" (Foucault 1992, S. 12) darstellt.

Einem solchen Verständnis folgend argumentiert Moulier Boutang mit dem Konzept der Autonomie der Migration dafür, dass das Migrationsgeschehen nicht in erster Linie durch dessen politische Regulierung gesteuert wird und daher auf diese Weise auch wissenschaftlich nicht hinreichend erklärt werden kann. Migration entstehe oft unabhängig oder in bewusstem Widerstand der Migrant*innen zur staatlichen Migrationspolitik und setze wiederum Regierungen unter Druck, ihre Politiken zu ändern (vgl. Moulier Boutang 2007). Dieser starke Fokus auf die autonome Handlungsfähigkeit von Migrant*innen wird jedoch aufgrund seiner Tendenz zur „Romantisierung widerständiger Subjekte" (Benz/Schwenken 2005, S. 372) und Verharmlosung restriktiver gesellschaftlicher Strukturen kritisiert. Aus feministischer Perspektive sei der Begriff der Autonomie abzulehnen, weil er dem Ideal einer normativen Maskulinität folge und bestehende soziale Abhängigkeitsverhältnisse verleugne. Benz und Schwenken plädieren für den Begriff der „Eigensinnigkeit der Migration", der dem Autonomie-Ideal nicht das Wort redet, wohl aber die Subjekte in ihrem Eigensinn ernst nimmt (vgl. Benz/Schwenken 2005, S. 374f.). Damit wird ein Subjekt konzipiert, wie es auch in relationalen Agency-Ansätzen diskutiert wird: Handlungsfähigkeit ist nicht als Eigenschaft von autonomen Individuen zu verstehen, sondern wird in strukturellen Machtverhältnissen (re-)produziert und eingeschränkt (vgl. Raithelhuber 2012). Agency stellt damit eine „in sich widersprüchliche Verschränkung von sozialen Bedingungen und Beschränkungen einerseits und [...] der sozial zugleich ermöglichten eigensinnigen und kreativen Handlungsfähigkeit von Individuen und sozialen Gruppen andererseits" (Scherr 2013, S. 241) dar.

In Bezug auf die in diesem Beitrag fokussierten temporalen Dimensionen im Migrationsregime muss festgehalten werden, dass es sich bei der Zeit um eine soziale Konstruktion handelt. Elias verweist darauf, wenn er die Charakterisierung von Zeit als ein physikalisches Objekt zurückweist, das bestimmt und gemessen werden könne (vgl. Elias 1974/2004, S. 61). Vielmehr stelle Zeit eine Tätigkeit dar, die in dem „komplexe[n] In-Beziehung-Setzen zwischen verschiedenartigen Geschehensabläufen" (ebd., S. 64) bestehe. Zeit wird demnach weniger erfahren, sondern durch soziale Akteur*innen aktiv hervorgebracht. Im Sinne der dargestellten Migrationsregime- und Gouvernementalitätsperspektiven ist an dieser Stelle zu fragen, auf welche Weise und zu welchem Zweck Zeit und Zeitlichkeit im Kontext von Flucht verhandelt wird.

In seiner Studie über das lokale Migrationsregime Leipzigs im sog. langen Sommer der Migration fokussiert Schäfer diese Aspekte und arbeitet zwei zentrale temporale Modalitäten heraus: Auf der einen Seite erkennt er ein migrationspolitisches bzw. -bürokratisches Zeitregime, das durch eine verzögerte Zeit geprägt ist (vgl. Schäfer 2022, S. 129). Geflüchtete müssen sich hierbei bürokratischen Verfahrensabläufen unterordnen, Fristen einhalten und v. a. viel warten. Ihre eigenen Wünsche und Bedürfnisse spielen in dieser migrationsbürokratischen Zeit eine untergeordnete Rolle. Durch *diese temporale Regierung von Flucht und Geflüchteten, so die Argumentation, soll die Fluchtmigration* in geordnete Bahnen gelenkt, kalkulierbar und regierbar gemacht werden, um den staatlichen Kontrollanspruch zu sichern. Damit werde das Warten-Lassen von Geflüchteten zu einer Machtfrage (vgl. Schäfer 2019, S. 114 ff.). Panagiotidis und Tsianos interpretieren dieses Warten-Lassen von Geflüchteten in Lagern an den europäischen Außengrenzen als eine Regierungsweise von Migration durch Entschleunigung: „Das Regieren über Migrationsbewegungen bedeutet, ihre Dynamik in Zeitzonen abgestufter Mobilität zu lenken, so dass aus unregierbaren Strömen regierbare Mobilitätssubjekte gemacht werden" (Panagiotidis/Tsianos 2007, S. 82).

Der temporalen Regierung stellt Schäfer die temporale Autonomie der Migration gegenüber, die ich hier im Anschluss an Benz und Schwenken *temporale Eigensinnigkeit von Flucht und Geflüchteten* nennen möchte. Hierunter fällt ein strategischer Umgang mit gesetzten Fristen, die eigenständige Gestaltung der Zeit und „Techniken der Verzögerung zum Mittel der Rückeroberung von im Asylverfahren verlorener Handlungsautonomie" (Schäfer 2022, S. 140). Damit wird deutlich, dass die Zeitlichkeit von Migration nicht in der staatlichen oder behördlichen Regulierung allein aufgeht, sondern ebenfalls durch die Subjekte der Migration selbst gestaltet wird.

Dieser Aspekt der Konstruktion von Zeit durch Geflüchtete wird auch in weiteren Studien hervorgehoben. Der Fokus liegt dabei häufig auf der Gestaltung des Wartens und des Umgangs mit eingeschränkter Verfügung über die eigene Lebenszeit. Auf der einen Seite kann Warten für Geflüchtete als Vergeudung von Lebenszeit beschrieben werden, weil ihnen ein aus ihrer Sicht „richtiges" Leben in der Gegenwart erschwert wird (vgl. Täubig 2009, S. 230 f.). Auf der anderen Seite finden die Geflüchteten einen (mehr oder weniger) aktiven Umgang mit dem Warten: Sie arrangieren das „Nichts-Zutun-Haben" (ebd., S. 206) und füllen die als verloren wahrgenommene Zeit mit „tagtäglichen Ablenkungsbeschäftigungen" (ebd., 234), was das Warten zu einer „passive activity" (Crapanzano 1985) macht. Damit bleibt die Rolle der Agency von Geflüchteten im Warten ambivalent, da ihre Handlungsfähigkeit sowohl eingeschränkt wird als auch zum Vorschein kommt (vgl. Hage 2009).

3. Die Zeit nutzen: Soziale Arbeit zwischen Abwesenheit, Normierung und Ermöglichung

Im Folgenden soll anhand von drei Fallbeispielen veranschaulicht werden, wie die temporale Regierung und Eigensinnigkeit von Geflüchteten in deren Erzählungen verhandelt werden und welche Rolle sie der Sozialen Arbeit dabei zuschreiben. Die zugrunde liegenden empirischen Daten entstammen einem noch laufenden Promotionsprojekt zu Empowerment-Projekten für Geflüchtete.[1] In problemzentrierten Interviews wurden die Studienteilnehmer*innen in erster Linie zu den von ihnen besuchten Projekten befragt, darüber hinaus wurden aber auch weitere Berührungspunkte zur Sozialen Arbeit und ihre allgemeinen Lebensbedingungen in Deutschland thematisiert. Insbesondere für die Einordnung der Ergebnisse hinsichtlich potenzieller Regulierungen durch die Soziale Arbeit soll hervorgehoben werden, dass die interviewten Geflüchteten bereits mehrere Jahre in Deutschland leben und über einen subsidiären Schutzstatus verfügen, was ihnen zumindest zeitweise einen sicheren Aufenthalt ermöglicht. Die erste vorgestellte Interviewpartnerin berichtet von einem Projekt, das insbesondere geflüchtete Frauen durch Multiplikator*innen-Schulung empowern möchte, während die beiden folgenden Interviewpartner ein Projekt zum Empowerment von Geflüchteten mit Behinderungen aufsuchen.

3.1 Nutzung von Zeit als Internalisierung temporaler Anforderungen

Jumana[2] besucht ein sozialpädagogisches Projekt, in dem Geflüchtete als Multiplikator*innen ausgebildet werden, um erlerntes Wissen über sexuelle Vielfalt an Menschen „innerhalb ihrer Communitys" weiterzugeben, wie es in der Projektkonzeption heißt. Spannenderweise spielt diese Thematik in Jumanas Erzählung kaum eine Rolle. Wenn sie über ihre bisherige Zeit in Deutschland spricht, nimmt dies eher die Form eines Lebenslaufs an, der ihre erbrachten Leistungen in den Bereichen des Deutschlernens und der Berufsvorbereitung erläutert. Dabei rahmt sie z. B. die Geburten ihrer Kinder und die daran anschließenden Betreuungszeiten als ungeplante Pausen in dem Prozess des Sprachelernens. Letzterem räumt sie eine hohe Priorität ein, wie folgendes Zitat verdeutlicht: „Dass ich die Zeit bisschen nutze, äh weil äh ich hab gehört, ich/ich kriege keine Chance, wenn ich kein B zwei habe mit meine Sprache und so". Im Kontext des Interviews wird

---

1 Das Projekt wird im Rahmen des DFG-Graduiertenkollegs „Folgen sozialer Hilfen" an der Universität Siegen durchgeführt. Anhand von Dokumentenanalysen und Interviews mit Teilnehmenden werden sozialpädagogische Empowerment-Projekte für Geflüchtete in Anlehnung an die Grounded-Theory-Methodologie untersucht (vgl. Strauss/Corbin 1996).
2 Alle Namen wurden pseudonymisiert.

deutlich, dass sich diese Chance auf den Arbeitsmarkt bezieht. Für sie ist also klar, dass wenn sie einer Berufstätigkeit nachgehen möchte, sie keine Zeit ungenutzt verstreichen lassen darf. Sie muss jede verfügbare Zeit nutzen, um den Anforderungen des Arbeitsmarktes zu genügen, was in diesem Fall das Erreichen des Sprachniveaus B2 bedeutet. Das sozialpädagogische Projekt nimmt sie für ebendiesen Zweck in Anspruch. Die eigentlichen Bildungsziele des Projekts erwähnt sie im Interview kaum. Vielmehr wird deutlich, dass sie in dem Projekt die Möglichkeit erkennt, ihre Sprachkenntnisse zu erweitern und damit ihre Berufschancen zu erhöhen. Auf diese Weise macht sie das Projekt für sich nutzbar.

Mit der Perspektive des Migrationsregimes lässt sich die Nutzung der eigenen Zeit für das Erlernen der Sprache und die Vorbereitung für den Arbeitsmarkt als eine gesellschaftlich vermittelte Anforderung verstehen. Entsprechend dem „Integrationsimperativ" (Karakayalı/Tsianos 2007, S. 8) sollen Geflüchtete sich der Dominanzgesellschaft anpassen und (potenziell) dem deutschen Arbeitsmarkt zur Verfügung stehen. Darin enthalten ist die gesellschaftliche Anforderung an Geflüchtete, die eigene Zeit zweckrational für die Optimierung der eigenen Verwertbarkeit für den Arbeitsmarkt zu nutzen. Dass Jumana in ihrer Erzählung die Anforderungen des Spracherwerbs und der Berufsvorbereitung in affirmativer Weise als Möglichkeiten der Verbesserung der eigenen Zukunftschancen rahmt, spricht für eine Internalisierung ebendieser Anforderungen. Auch über die migrationsbezogenen Ansprüche hinaus, kann der Fokus auf die Nutzung von Zeit als Verinnerlichung eines utilitaristischen Denkens im flexiblen Kapitalismus verstanden werden, in dem „jede Form der Zeitverschwendung [...] durch den zu erwartenden Nutzen" (Heuwinkel 2021, S. 252) legitimiert werden müsse.

Das temporale Migrationsregime bleibt in diesem Fall etwas vage. Auf der einen Seite drückt die Nutzbarmachung des Projekts für die eigenen Bedarfe auch jenseits der programmatischen Projektziele die eigensinnige Verfügung Jumanas über ihre Zeit aus. Auf der anderen Seite zeigt sich in der Fokussierung auf die Notwendigkeit der sinnvollen Zeitnutzung, um z. B. einen Job zu bekommen, eine gesellschaftliche Anforderung: Geflüchtete müssen die Zeit für den Spracherwerb und die berufliche Weiterbildung nutzen, um in Deutschland ein – wie auch immer geartetes – erfolgreiches Leben führen zu können. Inwiefern dieser normative Anspruch auch durch das Projekt vermittelt wird, kann anhand des empirischen Materials nicht rekonstruiert werden. Eindeutig ist allerdings, dass das Projekt zum Mittel Jumanas wird, um den Zweck des Deutschlernens zu erfüllen, wodurch es mindestens in passiver Weise eine Funktion im temporalen Migrationsregime einnimmt.

Jumanas Umgang mit den Anforderungen ist ebenfalls ambivalent: In der Selbstverständlichkeit, mit der sie darüber spricht, ihre Zeit sinnvoll nutzen zu müssen, und in der Art und Weise, wie sie die Zeiten des Deutschlernens gegenüber den Zeiten der Kinderbetreuung priorisiert, zeigt sich die Internalisierung der temporalen Anforderungen. Gleichzeitig kann ihre pragmatische

Nutzbarmachung des Projekts als strategischer Umgang mit den temporalen Anforderungen interpretiert werden.

3.2 Pragmatische Zeitnutzung als Antwort auf das Warten-Müssen

Als nächstes Fallbeispiel soll Adil herangezogen werden, der über seine ersten Jahre in Deutschland im Modus des Wartens berichtet. Für ihn besonders relevant war zu der Zeit die Suche nach einem speziellen Deutschkurs, der für ihn als blinde Person geeignet ist. Hierfür habe er viele Anträge gestellt, sei jedoch immer wieder abgewiesen oder von Behörden vertröstet worden. Auch in Beratungsstellen für Geflüchtete habe er keine Hilfe erhalten. Als Grund führt er fehlende Expertise innerhalb der Geflüchtetenhilfe in Bezug auf die Behindertenhilfe auf, was ihn als Geflüchteten mit Behinderung immer wieder vor das Problem stellt, keine passgenauen Hilfen zu erhalten. Die Zeit, die er mit der erfolglosen Beantragung des Deutschkurses und dem damit verbundenen Warten verbracht hat, bezeichnet er als „immer langweilig" und als Jahre, in denen er „Zeit verloren" habe. Der Begriff der verlorenen Zeit drückt ein ungenutztes Potenzial aus: Er hätte die Jahre für das Deutschlernen nutzen können. Darin lassen sich die Wünsche nach einer selbstbestimmten Verfügung über die eigene Zeit und nach einer entsprechenden sinnvollen Nutzung ebendieser erkennen. Ähnlich wie Jumana fokussiert auch er das Nutzen der Zeit als notwendiges und erstrebenswertes Ziel. Wenn ich an dieser Stelle den potenziellen Besuch des Deutschkurses als sinnvolle Zeitnutzung rahme, beziehe ich mich auf die subjektive Bedeutungszuschreibung Adils, der im Interview seinen Wunsch zum Erlernen der deutschen Sprache mehrfach hervorhebt. Ebenso kann das Angebot des Deutschkurses jedoch aus einer dekolonialen Perspektive als Aufforderung an Geflüchtete, die deutsche Sprache lernen zu müssen, verstanden werden und mit dem Ziel verbunden sein, „Adressat*innen der Kurse zu zivilisieren, zu assimilieren und ‚arbeitsmarktfähig' zu machen" (Heinemann 2023). Damit stellt sich das für Adil positiv besetzte Nutzen der Zeit gleichzeitig als gesellschaftliche Anforderung an ihn dar.

Das Verlorene und Ungenutzte der Zeit spitzt sich für Adil noch darin zu, dass ihm der Deutschkurs gerade dann angeboten wird, als seine Familie nach Deutschland kommt:

„Und natürlich mit Familie und fünf Kinder habe ich. Mit fünf Kinder, das ist nicht leichter. Ich habe gesagt, am Anfang habe ich gar nichts […] habe ich viele Zeit gehabt. Und ähm konnte ich einfacher, aber jetzt nach fünf Jahren, jetzt fünf Kinder […] Und das jetzt kann ich nicht hier machen. Muss ich zu Hause bleiben, ist besser".

Dem Modus des passiven Wartens wird nun der Modus der aktiven Übernahme von Care-Arbeiten entgegengesetzt. Die Versorgung der Familie lässt es zeitlich nicht zu, den Deutschkurs zu besuchen. Dies scheint wiederum für die von Adil nicht weiter spezifizierte Behörde nicht nachvollziehbar. Vielmehr berichtet Adil: „Haben gesagt: ‚Nein, du musst etwas machen'. Okay (lacht). Das komisch, unlogisch, ehrlich unlogisch (lacht). Am Anfang haben gesagt, muss ich warten, warten. Und jetzt muss ich etwas machen. Unlogisch ist das". Den Übergang des unfreiwilligen Wartens zur Anweisung, „etwas machen zu müssen" bei gleichzeitiger Anforderung, sich um die fünf Kinder zu kümmern, charakterisiert Adil hier als komisch und unlogisch. Die Komik drückt sich auch in dem zweifachen Lachen aus und kann als Versuch gelesen werden, die Problematik etwas zu entschärfen. Der Rekurs auf die fehlende Logik stellt nun ein rationales Argument dar: Es entbehrt jeder Logik, Adil zunächst fünf Jahre lang warten zu lassen und ihn ausgerechnet zu dem Zeitpunkt, an dem er Care-Verantwortung für die Familie übernehmen sollte, für einen Deutschkurs zu verpflichten. An dieser Stelle gelingt es Adil, die Logik bzw. Unlogik des „migrationsbürokratische[n] Zeitregime[s]" (Schäfer 2022, S. 151) zu entlarven, welches gerade nicht an den Bedürfnissen der Adressat*innen ausgerichtet ist, sondern den Abläufen, Regelungen und Ressourcen der Bürokratie folgt.

Die fünf Jahre des Wartens stellt Adil jedoch nicht nur als verlorene Zeit dar. Die fehlende Hilfe und das Warten-Müssen evoziert bei ihm Eigenaktivitäten: „Wenn andere Leute haben keine Zeit für mich. Muss ich etwas machen, deswegen habe ich diese Ziel und immer ähm alle zwei Jahre am Anfang, zwei Jahre immer zu Hause gelernt. Zwei, drei Stunden immer zu Hause gelernt". Zwar kritisiert er die äußeren Bedingungen, die ihm eine sinnvolle Zeitnutzung erschweren. Jedoch führt dieser Umstand nicht in eine fatalistische Passivität, sondern erweckt die Motivation, sich selbst die Sprache beizubringen.

In Bezug auf die temporale Regierung bzw. Eigensinnigkeit von Geflüchteten lässt sich Folgendes festhalten: Die fehlende Bereitstellung von notwendigen Hilfen für ein gelingendes Ankommen in Deutschland führt zu der subjektiven Erfahrung, dass Zeit verloren gehe, Zeit also nicht sinnvoll genutzt werden kann. Dass „sinnvoll" hierbei perspektivenabhängig ist, liegt auf der Hand: Was Adil als sinnvoll erachtet, muss sich nicht mit der behördlichen Beurteilung decken. Das Verunmöglichen der sinnvollen Zeitnutzung durch die fehlende Bereitstellung eines Deutschkurses wird in erster Linie der Bürokratie angelastet, indirekt aber auch der Sozialen Arbeit, die ihm bei der Inanspruchnahme seiner Rechte nicht helfen kann. Zumindest aus Sicht von Adil ist die temporale Regierung hier nicht auf eine intentional restriktive Zurichtung von Geflüchteten zurückzuführen, sondern auf ein „Zuviel" von Bürokratie und ein „Zuwenig" von kompetenter Geflüchtetenhilfe. Gleichzeitig zur Einschränkung der sinnvollen Zeitnutzung zeigt sich die pragmatische Eigensinnigkeit Adils, der sich eigene Möglichkeiten des Deutschlernens erschließt, damit die Zeit aus seiner Sicht nicht komplett verloren ist.

3.3 Soziale Arbeit als Zeitverschwendung und temporale Erziehungsinstanz

Berat sucht ein sozialpädagogisches Projekt auf, das sich an Geflüchtete mit Behinderungen richtet, deren Lebensbedingungen durch Wissensvermittlung und durch den Aufbau von Selbstvertretungsstrukturen verbessert werden sollen. Berat kommt zu dem Projekt mit dem Anliegen, Hilfe bei Behördenangelegenheiten und bei der Suche eines neuen Jobs, der besser mit seiner chronischen Krankheit vereinbar ist, zu erhalten. Rückblickend erzählt er wie folgt von seinen Erfahrungen mit dem Projekt: „Äh ja äh sie [die Projektmitarbeiterin] hatte mir erzählt ähm, wir helfen dir und so und machen viele Projekte und so. Hat zu viel gesagt, aber ohne Sache hat er geschafft, ohne Sache (.) Ja ungefähr ein Jahr war ich da, aber (.) ja ich hab ohne Schritte positiv, ohne/ohne Schritte".

Obwohl Berat seine Bedarfe klar äußern kann und die Sozialarbeiterin ihm Hilfe im Projekt verspricht, vergeht ein ganzes Jahr, ohne dass sich positive Veränderungen für ihn ergeben. Das Projekt stellt sich für ihn als Zeitverschwendung dar. Zusätzlich zu der fehlenden Hilfeleistung berichtet er im Verlauf des Interviews von spezifischen Anforderungen, die an ihn gestellt werden, obwohl er als Hilfesuchender in das Projekt gekommen ist. Er müsse, wenn er an dem Projekt teilnehme, auch regelmäßig zu den Gruppentreffen erscheinen. Da aber erstens in seinem Job eine hohe Flexibilität von ihm erwartet werde und er zweitens häufig längere Krankenhausaufenthalte zu verzeichnen habe, konnte er dem mehrfach nicht gerecht werden. Dies wurde von einer Sozialarbeiterin als mangelnde Zuverlässigkeit getadelt und ihm wurde unmissverständlich klargemacht, dass er nur bei regelmäßiger Anwesenheit weiterhin an dem Projekt teilnehmen könne. Ein solches Insistieren auf der zeitlichen Priorisierung des Projekts gegenüber anderen Lebensbereichen vonseiten der Sozialarbeiterin kann als aktive Einnahme einer erzieherischen Funktion innerhalb der temporalen Regierung von Flucht und Geflüchteten interpretiert werden. Die Projektmitarbeiterin sieht es hier als ihre pädagogische Aufgabe, den Teilnehmer*innen beizubringen, wie sie ihre Zeit sinnvoll zu gestalten haben. Soziale Arbeit nimmt in diesem Fall die Rolle ein, den Adressat*innen temporale Anforderungen zu vermitteln.

Berat erscheint das Projekt wie oben gezeigt hingegen als Zeitverschwendung, weil es nicht seine eigenen Hilfebedarfe abdeckt. Die Kombination aus mangelnder Unterstützung und dem pädagogischen Paternalismus bezüglich der zeitlichen Prioritätensetzung führte Berat schließlich zur Beendigung der Teilnahme am Projekt. Der Abbruch kann zunächst mit einer zu großen Diskrepanz zwischen der Erwartung Berats an das Projekt (individuelle Unterstützung) und dem Angebot des Projekts (Aufbau kollektiver Repräsentationsstrukturen) erklärt werden. Darüber hinaus enthält er jedoch auch einen Moment der Widerständigkeit gegen die temporale Regierung. Berat lässt sich nicht vorschreiben, wie er seine

Zeit zu nutzen habe und gewinnt durch den Abbruch ein Stück weit Autonomie über seine Zeit zurück.

4. Schlussfolgerungen

Die exemplarische Analyse konnte ein zentrales Spannungsfeld aufzeigen: Die interviewten Geflüchteten verspüren den Wunsch und/oder die Anforderung, ihre Zeit auf der einen Seite sinnvoll nutzen zu *wollen* bzw. zu *müssen*, auf der anderen Seite sind sie aber immer wieder mit Hindernissen konfrontiert, die es ihnen erschweren, ihre Zeit tatsächlich sinnvoll nutzen zu *können*. Dass sie die Zeit hierbei in utilitaristischer Weise als zu nutzende Ressource konstruieren und sich damit affirmativ zur Nutzung der Zeit für das Erlernen der deutschen Sprache und die Vorbereitung auf den Arbeitsmarkt verhalten, spricht für eine Internalisierung gesellschaftlicher temporaler Anforderungen. Dieser Beitrag fokussierte in diesem Zusammenhang die Rolle der Sozialen Arbeit im temporalen Migrationsregime. Die empirischen Beispiele konnten zeigen, dass Angebote der Sozialen Arbeit einen Raum darstellen, in dem die temporale Regierung von Geflüchteten und die temporale Eigensinnigkeit der Geflüchteten aufeinandertreffen und mit- oder gegeneinander ausgehandelt werden.

Dabei wird auf der einen Seite deutlich, dass die Soziale Arbeit die gesellschaftliche Anforderung der sinnvollen Zeitnutzung an die Adressat*innen vermitteln kann und damit eine Normierungsfunktion einnimmt. Dies kann implizit wie in Jumanas Fall oder explizit in Form einer pädagogischen Intervention zur zeitlichen Prioritätensetzung wie in Berats Fall erfolgen. Gleichzeitig können Angebote Sozialer Arbeit von den Adressat*innen als Ressource für die sinnvolle Zeitnutzung wahrgenommen werden. So beschreibt Jumana das besuchte Projekt als Möglichkeit, ihre Deutschkompetenzen zu verbessern. Auch Adil erkennt in Angeboten Sozialer Arbeit eine potenzielle Ressource für die sinnvolle Zeitnutzung, die er aufgrund von fehlenden professionellen bzw. passgenauen Hilfen jedoch nicht in Anspruch nehmen konnte. Somit erscheint es plausibel davon auszugehen, dass die Verstrickung Sozialer Arbeit in die temporale Regierung von Geflüchteten gleichzeitig in ihrer Normierungsfunktion als auch in ihrer Ermöglichungsfunktion zur (sinnvollen) Zeitnutzung besteht.

Auf der anderen Seite finden die Adressat*innen unterschiedliche Umgangsweisen mit der temporalen Regierung. Diese umfassen erstens eine Widerständigkeit wie im Falle Berats, der sich gegen die Forderung der Sozialarbeiterin stellt, dem Projekt eine zeitliche Priorisierung einzuräumen, aber auch bei Adil, der die Unlogik der behördlichen Anordnungen offen kritisiert. Zweitens fällt ein pragmatischer Umgang mit dem temporalen Migrationsregime auf: Jumana z. B. problematisiert in ihrer Erzählung die gesellschaftliche Anforderung der sinnvollen Zeitnutzung nicht. Vielmehr stellt sie diese als gegeben dar und sucht pragmatisch nach Wegen, dieser nachzukommen, wofür sie schließlich das sozialpädagogische Projekt nutzt. Auch Adil findet neben der oben genannten kritischen Widerständigkeit einen pragmatischen Umgang, indem er nicht auf den Deutschkurs wartet, sondern sich die Sprache autodidaktisch beibringt.

Sowohl in dem widerständigen als auch in dem pragmatischen Umgang mit temporalen Regierungsweisen drückt sich eine spezifische Eigensinnigkeit der Geflüchteten aus. Trotz aller Normierung, Regulierung oder Vorenthaltung von Hilfemaßnahmen finden die Interviewteilnehmer*innen Handlungsmöglichkeiten zur Gestaltung ihrer Zeit. Und doch bleibt bei aller Eigensinnig- und Widerständigkeit das Grunddilemma bestehen, die Zeit sinnvoll nutzen zu wollen und zu müssen, es aber nur eingeschränkt tun zu können. Inwiefern die Soziale Arbeit an diesem Dilemma etwas ändern kann oder welches Engagement dafür nötig wäre, kann aus dem empirischen Material heraus nicht beantwortet und an dieser Stelle nicht diskutiert werden. Was für die Soziale Arbeit mit Geflüchteten jedoch unverzichtbar scheint, ist eine Reflexion über die eigenen Verstrickungen in das temporale Migrationsregime und über die daran schließende Frage, inwiefern die Soziale Arbeit gesellschaftliche Anforderungen an Geflüchtete hinsichtlich ihrer Zeitnutzung reproduziert oder infrage stellt.

Literatur

Benz, Martina/Schwenken, Helen (2005): Jenseits von Autonomie und Kontrolle: Migration als eigensinnige Praxis. In: PROKLA. Zeitschrift für kritische Sozialwissenschaft 35, H. 140, S. 363–377.

Crapanzano, Vincent (1985): Waiting. The Whites of South Africa. New York: Random House.

Drangsland, Kari Anne Klovholt (2021): Working to „Waiting Well". Exploring the temporalities of irregular migration in Germany. Bergen: Universität Bergen.

Elias, Norbert (1974/2004): Gesammelte Schriften. Band 9. Über die Zeit. Berlin: Suhrkamp.

Foucault, Michel (1992): Was ist Kritik? Berlin: Merve.

Foucault, Michel (2005): Schriften in vier Bänden. Band 4. Frankfurt a. M.: Suhrkamp.

Genova, Nicholas de (2002): Migrant „Illegality" and Deportability in Everyday Life. In: Annual Review of Anthropology 31, H. 1, S. 419–447.

Grönheim, Hannah von (2017): Vom Diskurs zur Praxis. Aktuelle Herausforderungen für die Soziale Arbeit als Menschenrechtsprofession. In: Kunz, Thomas/Ottersbach, Markus (Hrsg.): Flucht und Asyl als Herausforderung und Chance der Sozialen Arbeit. Weinheim/Basel: Beltz Juventa, S. 43–53.

Haas, Bridget Marie (2017): Citizens-in-Waiting, Deportees-in-Waiting: Power, Temporality, and Suffering in the U.S. Asylum System. In: Ethos 45, H. 1, S. 75–97.

Hage, Ghassan (2009): Introduction. In: Hage, Ghassan (Hrsg.): Waiting. Melbourne: Melbourne University Publishing, S. 1–12.

Heinemann, Alisha M. B. (2023): Decolonize Erwachsenenbildung?! Eine hegemoniekritische und dekolonial informierte Betrachtung des Feldes. In: Akbaba, Yalız/Heinemann, Alisha M. B. (Hrsg.): Erziehungswissenschaften dekolonisieren. Theoretische Debatten und praxisorientierte Impulse. Weinheim/Basel: Beltz Juventa, S. 358–374.

Heuwinkel, Ludwig (2021): Die Ökonomisierung der Zeit. Warum wir die Ausweitung des nutzenorientierten Umgangs mit Zeit verhindern müssen. München: oekom.

Initiative Hochschullehrender zu Sozialer Arbeit in Gemeinschaftsunterkünften (2016): Positionspapier: Soziale Arbeit mit Geflüchteten in Gemeinschaftsunterkünften. Professionelle Standards und sozialpolitische Basis. https://www.fluechtlingssozialarbeit.de (Abfrage: 25.07.2024).

Jacobsen, Christine M./Karlsen, Marry-Anne/Khosravi, Shahram (Hrsg.) (2021): Waiting and the temporalities of irregular migration. London/New York: Routledge.

Karakayalı, Serhat/Tsianos, Vassilis (2007): Movements that matter. Eine Einleitung. In: Transit Migration Forschungsgruppe (Hrsg.): Turbulente Ränder. Neue Perspektiven auf Migration an den Grenzen Europas. 2. Auflage. Bielefeld: transcript, S. 7–17.

Kattein, Alexandra/Muy, Sebastian/Täubig, Vicki/Vey, Judith (2023): Soziale Arbeit in Sammelunterkünften für Geflüchtete: Dauerkrise für Profession und Professionalität. In: Kommission Sozialpädagogik (Hrsg.): Sozialpädagogische Professionalisierung in der Krise? Weinheim/Basel: Beltz Juventa, S. 155–167.

Lehmann, Tobias (2017): Machtlos mächtig – Wie asymmetrisch ist die Flüchtlingssozialarbeit? In: Kunz, Thomas/Ottersbach, Markus (Hrsg.): Flucht und Asyl als Herausforderung und Chance der Sozialen Arbeit. Weinheim/Basel: Beltz Juventa, S. 54–63.

Lemke, Thomas (2014): Gouvernementalität. In: Kammler, Clemens/Parr, Rolf/Schneider, Ulrich Johannes (Hrsg.): Foucault Handbuch. Leben – Werk – Wirkung. Stuttgart: J. B. Metzler, S. 260–263.

Moulier Boutang, Yann (2007): Europa, Autonomie der Migration, Biopolitik. In: Pieper, Marianne (Hrsg.): Empire und die biopolitische Wende. Die internationale Diskussion im Anschluss an Hardt und Negri. Frankfurt a. M.: Campus, S. 169–178.

Muy, Sebastian (2016): Interessenkonflikte Sozialer Arbeit in Sammelunterkünften gewerblicher Träger. Ergebnisse einer Fallstudie. In: neue praxis, Sonderheft 13, S. 157–166.

Panagiotidis, Efthimia/Tsianos, Vassilis (2007): Denaturalizing „Camps": Überwachen und Entschleunigen in der Schengener Ägäis-Zone. In: Transit Migration Forschungsgruppe (Hrsg.): Turbulente Ränder. Neue Perspektiven auf Migration an den Grenzen Europas. 2. Auflage. Bielefeld: transcript, S. 57–85.

Pott, Andreas/Rass, Christoph/Wolff, Frank (2018): Was ist ein Migrationsregime? What Is a Migration Regime? Wiesbaden: Springer.

Prasad, Nivedita (Hrsg.) (2018): Soziale Arbeit mit Geflüchteten. Rassismuskritisch, professionell, menschenrechtsorientiert. Opladen/Toronto: Barbara Budrich.

Raithelhuber, Eberhard (2012): Ein relationales Verständnis von Agency. Sozialtheoretische Überlegungen und Konsequenzen für empirische Analysen. In: Bethmann, Stephanie/Helfferich, Cornelia/Hoffmann, Heiko/Niermann, Debora (Hrsg.): Agency. Qualitative Rekonstruktionen und gesellschaftstheoretische Bezüge von Handlungsmächtigkeit. Weinheim/Basel: Beltz Juventa, S. 122–153.

Schäfer, Philipp (2019): Umkämpfte Zeitlichkeiten. Temporale Bedingungen und Effekte des Regierens von Flucht und Geflüchteten vor Ort. In: Johler, Reinhard/Lange, Jan (Hrsg.): Konfliktfeld Fluchtmigration. Historische und ethnographische Perspektiven. Bielefeld: transcript, S. 105–119.

Schäfer, Philipp (2022): Etablierte Provisorien. Leipzig und der lange Sommer der Migration. Frankfurt a. M./New York: Campus.

Scherr, Albert (2013): Agency – ein Theorie- und Forschungsprogramm für die Soziale Arbeit? In: Graßhoff, Gunther (Hrsg.): Adressaten, Nutzer, Agency. Akteursbezogene Forschungsperspektiven in der Sozialen Arbeit. Wiesbaden: Springer VS, S. 229–242.

Scherr, Albert (2018): Flüchtlinge, nationaler Wohlfahrtsstaat und die Aufgaben Sozialer Arbeit. In: Bröse, Johanna/Faas, Stefan/Stauber, Barbara (Hrsg.): Flucht. Herausforderung für Soziale Arbeit. Wiesbaden: Springer, S. 37–60.

Spindler, Susanne (2020): Spannungsfelder und mandatsgerechte Arbeit im Kontext Flucht. Soziale Arbeit zwischen politischen Eingriffen und der Nutzung von Spielräumen. In: Binner, Kristina/

Scherschel, Karin (Hrsg.): Fluchtmigration und Gesellschaft. Von Nutzenkalkülen, Solidarität und Exklusion. Weinheim/Basel: Beltz Juventa, S. 50–67.

Strauss, Anselm/Corbin, Juliet (1996): Grounded Theory: Grundlagen Qualitativer Sozialforschung. Weinheim: Beltz.

Täubig, Vicki (2009): Totale Institution Asyl. Empirische Befunde zu alltäglichen Lebensführungen in der organisierten Desintegration. Weinheim/München: Juventa.

Täubig, Vicki (2021): Flüchtlingssozialarbeit und soziale Ausschließung. In: Anhorn, Roland/Stehr, Johannes (Hrsg.): Handbuch soziale Ausschließung und Soziale Arbeit. Wiesbaden: Springer VS, S. 1025–1042.

Transit Migration Forschungsgruppe (Hrsg.) (2007): Turbulente Ränder. Neue Perspektiven auf Migration an den Grenzen Europas. 2. Auflage. Bielefeld: transcript.

Yıldız, Safiye (2018): Soziale Arbeit im „gewöhnlichen Nationalismus" unter nationalstaatlichen Prämissen. In: Bröse, Johanna/Faas, Stefan/Stauber, Barbara (Hrsg.): Flucht. Herausforderung für Soziale Arbeit. Wiesbaden: Springer, S. 61–71.

Zeit*en für Professionalisierung.
Ein Plädoyer für ein qualitatives Zeitverständnis für Professionalisierung in der Sozialen Arbeit

Hannah Goede, Christian Hey-Nguyen,
Davina Höblich und Franziska Leissenberger

In einer von Diversität und Differenz geprägten Gesellschaft kommt den Fachkräften der Sozialen Arbeit die Aufgabe zu, ein differenzsensibles und diskriminierungskritisches Agieren in beruflichen Kontexten zu entwickeln. Professionelles Handeln allgemein und unter differenzsensiblen und diskriminierungskritischen Vorzeichen ist dabei vor dem Hintergrund der jeweiligen Generationslagerung und der individuellen biografischen Erfahrungen bzw. habitueller Prägungen anzusehen. Hierfür eignet sich sowohl ein Verständnis von Professionalität und Professionalisierung als auch ein fortlaufender transformativer (Bildungs-)Prozess der Verinnerlichung und Reflexion habitualisierter Welt-Selbst-Verhältnisse.

Der folgende Beitrag wirft die Frage auf, welches Zeitverständnis eine so verstandene Professionalisierung und Professionalität befördern kann. Einführend werden im ersten Kapitel verschiedene Schlaglichter auf das Verhältnis von Zeit und Professionalisierung geworfen. Anschließend wird im zweiten Kapitel Professionalisierung als lebenslanger, transformativer Bildungsprozess beschrieben und anhand von zwei empirischen Beispielen eine zeitanalytische Perspektive auf Professionalisierung, insbesondere hinsichtlich des Umgangs mit Differenz, eingenommen. Im abschließenden Plädoyer wird die Notwendigkeit eines spezifischen (qualitativen) Zeitverständnisses für die Soziale Arbeit im Sinne gegen-hegemonialer, widerständiger Zeitigung verdeutlicht.

1. Zeitverständnisse und Professionalisierung in der Sozialen Arbeit

Zeit wurde in der Vergangenheit aus verschiedenen disziplinären, philosophischen und auch unterschiedlichen phänomenologischen Perspektiven (vgl. Husserl 2006; Thonhauser 2022) zum Gegenstand oder Bezugspunkt theoretischer Auseinandersetzungen. Was viele dieser Perspektiven gemeinsam haben, ist, dass sie oft Zeit nicht nur als unaufhaltsam voranschreitend verstehen, womit sich der Mensch arrangieren muss. Sie fokussieren und durchdenken auch, in welchem Verhältnis Mensch und Zeit stehen und wie Konzepte von Zeit in Macht- und Herrschaftsverhältnisse eingebunden sind (vgl. Rosa 2005; Vorlaufer 2009; Bryson 2014). Einige Schlaglichter aus diesen Auseinandersetzungen sollen hinsichtlich gedanklicher Anknüpfungsmöglichkeiten zu Professionalisierung in den Blick genommen werden.

In Anlehnung an Edmund Husserls (1928/2000) Überlegungen zur Phänomenologie des inneren Zeitbewusstseins baut sich Handeln „originär in Zeitprozessen gliedweise oder phasenweise konstituierend" (ebd., S. 31) auf. Alfred Schütz (1932/2016), anknüpfend an Überlegungen der transzendentalen Phänomenologie von Edmund Husserl sowie zur Dauer in der Philosophie von Henri Bergson, differenziert zwischen Handeln und Handlung. Während Handeln als „eine ‚auf Zukünftiges gerichtete' spontane Aktivität" (ebd., S. 75) definiert wird, komme der Handlung ein sog. Entwurfscharakter (Vorerinnerung) zu. Der mit den Handlungen verbundene Sinn beziehe sich dabei nicht allein auf die Bewusstseinserlebnisse, in denen der Mensch während des Vollziehens des Handelns lebt (Gegenwart), sondern auch auf künftige und vergangene Erlebnisse (vgl. ebd., S. 50). Sinn stellt in diesem Verständnis eine besondere Zuwendung des Ichs zum eigenen Erlebnis dar. Während also das Handeln in der Gegenwart verhaftet bleibt, verweist die Handlung in ihrem Entwurfscharakter nicht nur auf Vergangenheit und Zukünftiges, sondern auch auf die reflexive Zuwendung zu einem wohlumgrenzten Erlebnis (vgl. ebd., S. 62 ff.). Dabei sind die in den Vorerinnerungen enthaltenen „räumlichen, zeitlichen und sozialen Grundstrukturen der Erfahrung" (Schütz/Luckmann 2017, S. 155) gewissermaßen selbstverständlich gegeben, also nur bedingt als Grundelemente thematisierbar bzw. sprachlich objektiviert (vgl. ebd., S. 160). Die Zeitlichkeit von Handeln ist folglich eingebettet in die Lebenswelt und deren (soziale) Zeitstrukturen. Diese begrenzen auch die Möglichkeit, neue Situationen (auch beruflichen Handelns) zu definieren und zu bewältigen (vgl. ebd., S. 149 f.).

Vor dem Hintergrund eines Verständnisses von Zeit als unaufhaltsam vorwärtsschreitend, helfen auf einer gesellschaftlichen Ebene allgemeinverbindliche Zeitangaben wie Uhrzeiten, Daten, Stunden- oder Minutenangaben dabei, den Alltag zu strukturieren und Planungssicherheit zu erzeugen. Valerie Bryson (2014) sieht jedoch mit dem Aufkommen der Industrialisierung eine erstarkende und v. a. übermäßige gesellschaftliche Orientierung an „clock time" (ebd., S. 122). Bryson versteht gegenwärtige westliche Gesellschaften als an zwei zentralen Organisationsprinzipien orientiert: „the profit oriented rationality of the market economy and the privileged ‚normality' of typically male life-styles and attributes" (ebd., S. 119). Die gegenwärtige Zeitkultur fasst sie unter dem Begriff „men's time" (ebd., S. 113). Dieses dominante, patriarchale Zeitregime folgt einem quantifizierenden, linear und messbar konzipierten Verständnis von Zeit, die gespart und ausgegeben werden kann, aber nicht verschwendet werden darf (vgl. Rosa

2005; Vorlaufer 2009). Dieses Zeitverständnis prägt auch (Aus-)Bildungs- und Professionalisierungskontexte (Stichwort Bologna-Prozess, ECTS-Punkte etc.).

Zeit steht auf vielfältige Weise in einem Zusammenhang mit Macht- und Herrschaftsverhältnissen. Neben Wissensordnungen hervorbringenden Konjunkturen zeitlich-spezifischer diskursiver Konstruktionen von Macht- und Herrschaftsverhältnissen (vgl. Kessl 2018, S. 118) sind auch historisch-spezifische Artikulationen und (Dis-)Kontinuitäten von Herrschaftsverhältnissen (vgl. Bojadžijev 2015, S. 278) zu berücksichtigen sowie diskursive Praktiken der Relativierung und Verharmlosung auf Basis historischer Vergleiche (vgl. Hark 2018, S. 40; Mecheril/Melter 2011, S. 3 f.), aber auch z. B. Phänomene wie Geschichtsrevisionismus.

Zeit- und gesellschaftsdiagnostische Überlegungen (vgl. z. B. Rosa 2005; explizit mit Bezug auf die Soziale Arbeit Compagna/Hammerschmidt/Stecklina 2022) können Auskunft über machtvolle Diskurse und durch sie hervorgebrachte Episteme im Sinne gültiger Wissensordnungen geben. (Historisch gewordene) Diskurse sind nicht nur untrennbar mit Macht verbunden (vgl. Landwehr 2008, S. 73), sondern bestimmen, „was innerhalb einer bestimmten Zeit und eines bestimmten Raumes überhaupt gesehen werden kann abhängig von der jeweils gültigen Organisation des Wissens" (Mesquita 2008, S. 132). Hegemoniale (historische) Ordnungen sind Teil der Lebenswelt und somit auch Teil der Grundstrukturen der Erfahrung von Fachkräften der Sozialen Arbeit und deren Professionalisierungsprozesse. Hinsichtlich einer Orientierung an einem differenzsensiblen und diskriminierungskritischen Professionalitätsverständnis zeigt sich dabei die Herausforderung, Professionalisierungsprozesse so zu gestalten, dass sie die Reflexion hegemonialer Ordnungen in ihrer Bedeutung für (berufliche) Handlungsentwürfe und Professionalitätsverständnisse befördern und neue Handlungsmöglichkeiten eröffnen.

Hieraus, aber auch aus dem Umstand, dass Fachkräfte auf Basis ihrer eigenen Generationslagerung und Biografie in den gesamtgesellschaftlichen Umgang mit Differenz- und Herrschaftsverhältnissen im Verlauf der Zeit hinein sozialisiert sind (vgl. Höblich/Baer 2022), ergibt sich, dass Zeit auch bezüglich eines differenzsensiblen und diskriminierungskritischen Umgangs mit Diversität und Differenz (und den zugehörigen Diskursen) eine wesentliche Rolle zukommt. Biografisch erworbene, grundlegende Denk- und Handlungsmuster im Sinne von Welt-Selbst-Verhältnissen müssen demzufolge auch bezogen auf ihre zeitliche und zeitlich-diskursive Verortung hin befragt werden. Darüber hinaus gilt es aber ebenso, die Bedeutung von Zeitkultur für die Professionalisierungskontexte selbst mit in den Blick zu nehmen.

2. Transformative Bildung im Kontext von Diversity und Differenz als Möglichkeit der Professionalisierung

Ansätze reflexiver Professionalisierung (vgl. Dewe 2009; Dollinger 2008) begreifen diese als Prozesse der Habitualisierung und Routinisierung und verdeutlichen damit, dass professionelle Handlungskompetenzen nicht einmal erworben, sondern fortlaufend weiterentwickelt werden. Aufgrund der strukturellen Ungewissheit professioneller Handlungssituationen zielt Professionalisierung also auf die Verinnerlichung von Kompetenzen und die damit einhergehende Reflexion, Transformation oder Stabilisierung biografisch erworbener grundlegender Denk- und Handlungsmuster als Welt-Selbst-Verhältnisse ab und lässt sich u. a. mit Hans-Christoph Koller (2012) als lebenslanges Projekt transformativer Bildung begreifen (vgl. auch El-Mafaalani 2012, S. 152; Becker-Lenz et al. 2013). Ziel von Professionalisierung ist, ähnlich dem erläuterten Bildungsverständnis, ein Bruch mit hegemonialen (historischen und aktuell gültigen) Ordnungen (vgl. Castro Varela / Heinemann 2016; Butler 2009; Foucault 1992).

In den nachfolgenden Kapiteln werden Erkenntnisse vorgestellt, die im Rahmen zweier Forschungsprojekte zu Professionalität und Professionalisierung im Kontext von Differenz- und Machverhältnissen unter Einnahme einer zeitanalytischen Perspektive gewonnen werden konnten. Zentral ist dabei die Frage, welche Rolle der Faktor Zeit in Bezug auf Professionalität und Professionalisierung im genannten Kontext einnimmt.

2.1 Transformative Professionalisierungsprozesse im Kontext von Machtverhältnissen und dem Aspekt der Zeit

Hochschulen als Setting des ersten hier vorgestellten Forschungsprojekts können im Kontext von Professionalisierung als „intermediäre[r] Raum zwischen Wissenschaft und Praxis" (Becker-Lenz et al. 2012, S. 12) angesehen werden, in dem professionelle Handlungskompetenzen erworben werden sollen.

Neben einer Eingebundenheit von Hochschulen in Macht- und Herrschaftsverhältnisse (vgl. Messerschmidt 2016; Darowska 2019) wie auch Wissens- und Wahrheitsregime (vgl. Castro Varela 2006, S. 97) prägen auch Zeitregime den Ort Hochschule und die sich professionalisierenden Subjekte. Dies macht Hans-Günther Heiland (2020) mit einem Verweis auf die zunehmende zeitliche Limitierung des Studiums, etwa durch Einführung der Regelstudienzeit und eine dahingehende Abhängigkeit von Hochschulen mit Blick auf ihre Finanzierung, auf die Entstehung von Zeitdruck aufgrund der Anforderung, verschiedene Lebensbereiche (mit dem Studium) zu vereinen, sowie die generelle gesellschaftliche Anforderung eines effizienten Zeitgebrauchs deutlich (vgl. ebd., S. 283 f.).

Um im Sinne transformativer Bildung zur Professionalisierung der Studierenden beizutragen, erscheinen Krisen, Irritationen und die Bewusstwerdung eigener biografisch-habitueller Vorerfahrungen sowie normalisierter Differenzverhältnisse (vgl. Becker-Lenz/Müller 2009; Wittek et al. 2020; Rosenberg 2014) habituelle Bildungsprozesse zumindest geringfügig (vgl. Heinemann 2020; Ferrin/Klages 2020) befördern zu können. Den Anspruch kritischer Sozialer Arbeit (vgl. Wendt 2022) aufgreifend und daraus eine differenz- und diskriminierungskritische Professionalisierung als wichtiges Ausbildungsziel formulierend, stellt sich unter den erläuterten Rahmenbedingungen die Frage, welche Rolle Zeit hierbei spielt.

Als mögliche Antworten werden Ergebnisse aus einem Forschungsprojekt zu professionellen Handlungsorientierungen, einem praxeologischen Verständnis von Bohnsack (2013) folgend, als reflexive, dem Individuum nicht zugängliche, aber dennoch handlungsleitende Dispositionen und Wissensbestände Studierender im Kontext Differenz und Diversität als Schlaglichter vorgestellt. Die Ausschnitte stammen aus Gruppendiskussionen (2021/2022) mit drei bis vier Studierenden im Bachelor Soziale Arbeit:

> B: [...] *aber auf jeden Fall fand ich das eine Semester schon relativ schwierig weil die [Studierende aus dem nicht-deutschsprachigen Ausland, H. G.] haben glaube ich gar nicht so richtig verstanden um was es jetzt geht; und man hat sich aber auch nicht näher jetzt mit die ihnen (.) direkt beschäftigt weil ähm, man musste ja für alle Zeit haben und. °ja° (2)*
>
> D: *Und das ist aber voll schade, weil wir haben doch diese Organisation da oder weiß ich nicht die Gruppe von (.) äh Leuten an der Uni (.) ähm (.) die sich da einsetzen für dass man (.) den Leuten hilft die ein bisschen Probleme mit vielleicht der Sprache haben, oder mit auch ähm (.) mit denen (.) bei Hausarbeiten zu schreiben oder so, [...] (Gruppendiskussion 1, Z. 94–101)*

Weder B noch die anderen Kommiliton*innen noch die Lehrperson, wie B weiter ausführt, gehen in der beschriebenen Situation, in der nicht-deutschsprachige Studierende im Seminar Unterstützung bräuchten, in Kontakt mit diesen. Vielmehr wird durch D auf eine externe Lösung des „Problems" verwiesen. In dieser Passage zeigt sich eine mit einem Mangel an Zeit begründete Distanzierung und Delegierung der Verantwortung in einer durch ungleiche Voraussetzungen geprägten Situation sowie eine zeitstrukturelle Ausrichtung der Hochschule an den Bedürfnissen Studierender, die Deutsch auf Erstsprachniveau beherrschen. Dass eine Distanzierung und ausbleibende Handlung mit der Wahrnehmung und Annahme einer als ohnmächtig imaginierten institutionalisierten Rolle als Studierende, die E in zeitlicher Hinsicht als „nicht erwachsen" charakterisiert, zusammenhängen könnte, verdeutlicht folgendes Zitat:

> E: *„Und das war total daneben halt, ja. Das fand- also, ja. Man traut sich ja dann auch von außen irgendwie nicht. Also eigentlich hätte einer von uns mal sagen müssen ‚So stop mal'. Aber*

das geht halt irgendwie nicht. Aber das traut man sich ja dann auch nicht. Aber das ist so eine Situation wo ich mir dachte, jo. Wir sind erwachsen [...]" (Gruppendiskussion 3, Z. 66–69)

E empört sich über eine in ihren Augen unangemessene Kritik einer Lehrperson an einem Referat Studierender. Die Empörung begründet E damit, dass die Studierenden wie Kinder, im Bildungskontext also wie Schüler*innen, behandelt würden. Das Bild des*der Schüler*in scheint für sie mit einer klaren hierarchischen Unterordnung und Auslieferung gegenüber der Lehrkraft verbunden. Gleichzeitig scheint E die Rolle der Schüler*in anzunehmen: Eine Handlung oder Intervention als aufscheinendes, erwachsenen Menschen zugeschriebenes Ideal scheint für sie unerreichbar. Hier zeigt sich Zeit in Form einer verinnerlichten generationalen Machtbeziehung zwischen Erwachsenen und Kindern (Adultismus), die in diesem Fall mit der Unmöglichkeit kritischer Intervention einhergeht.

In den Gruppendiskussionen wurden Zeitregime, wie Heiland (2020) sie beschrieben hat, in Zusammenhang mit Differenz- und Machtverhältnissen und einer dahingehenden Professionalisierung v. a. darin deutlich, dass die Studierenden einer zweckrationalen Zeitnutzung unterworfen und in ihren Handlungsentwürfen daran orientiert sind. Dies wird durch eine von den Studierenden beschriebene durch die Covid-19-Pandemie gesteigerte Anonymisierung und Individualisierung verstärkt, wodurch auch der Wettbewerb unter den Studierenden befördert wird. Solidarisches Handeln als ein möglicher widerständiger Umgang mit Differenzverhältnissen und struktureller Zeitnot wird erschwert.

Diese Befunde entsprechen in etwa Gille Deleuze' Beschreibung einer Kontrollgesellschaft, in der die Werte „Flexibilität, Motivation, Zielvereinbarung oder Selbststeuerung" (Deleuze 1993, S. 257, zit. n. Pongratz 2017, S. 35) dazu führen, dass eine „unhintergehbare Rivalität [entsteht], die die Individuen zueinander in Gegensatz bringt, jedes von ihnen durchläuft und in sich selbst spaltet" (ebd.). Diese Entwicklungen verhindern, dass solidarische zwischenmenschliche Beziehungen aufgenommen werden und Begegnungen stattfinden. Diese sind allerdings wie Wiedlack (2020) und auch Govrin (2022) verdeutlichen, als Voraussetzung für Kritik und die Veränderung von Machverhältnissen anzusehen. Das betrifft auch die Etablierung einer Konfliktkultur (vgl. Bitzan/Herrmann 2018) sowie das Erlernen der Fähigkeiten, selbstbestimmt und kritisch zu denken (vgl. hooks 1994; Foucault 1990).

Da diese Fähigkeiten allerdings als wichtige Kompetenzen im Sinne einer diskriminierungskritischen Professionalität und damit als eine Möglichkeit transformativer Bildung gesehen werden, sollte dem Aspekt der (auch zeitlichen) Ermöglichung der Aufnahme von Beziehungen und der Anregung der Studierenden, als (kritische) Sprecher*innen am Studium teilzuhaben, in der Professionalisierung mehr Aufmerksamkeit zukommen.

2.2 Professionalität – A matter of time?

Professionalität wird nach Bernd Dewe und Hans-Uwe Otto (2018) als Ergebnis eines lebenslangen Prozesses der Professionalisierung ausgehend von der eigenen Primärsozialisation, über die Bildungserfahrungen und den Kompetenzaufbau im Studium und schließlich nach dem Eintritt in die Berufspraxis erworbene Berufserfahrung konzipiert. Im Sinne der feministisch-kritischen Standpunkttheorie (vgl. hooks 1984; Haraway 1988; Harding 1994; Hartsock 1998) ist dabei die Reflexion des eigenen persönlichen gesellschaftlichen Standortes innerhalb bestehender Herrschafts- und Unterdrückungsverhältnisse ebenso wie die Auseinandersetzung mit eigenen, im Laufe der eigenen Biografie internalisierten, diskursiven Herstellungspraxen von Differenz, Subjekt und Identitäten gefordert.

Queere Fachkräfte verfügen in Bezug auf Diskriminierungen aufgrund sexueller und/oder geschlechtlicher Orientierung im Sinne der Standpunkttheorie über ein situiertes Wissen (vgl. in Bezug auf nicht-weiße Pädagog*innen: Mai 2020) hinsichtlich der eigenen lebensgeschichtlichen Erfahrungen auf ihrer gesellschaftlich zugeschriebenen Position. Vor diesem Hintergrund werden in der Studie *Queer Professionals – Professionalität zwischen ‚queerer Expert*in' und ‚Andere*r'* in der Sozialen Arbeit (QueerProf)[1] die Chancen und Grenzen einer positionierten Professionalität auch als Bruch mit historischen Verhältnissen betrachtet. Bundesweit wurden 16 queere Fachkräfte aus unterschiedlichen Arbeitsfeldern der Kinder- und Jugendhilfe in biografischen Interviews befragt (vgl. zum Design und Vorgehen der Studie: Höblich/Baer 2022, S. 28 ff.).

Das Erkenntnisinteresse der Studie lag auf der Frage, inwieweit die aufgrund der eigenen gesellschaftlichen Positionierung gemachten biografischen Erfahrungen und ihre kritisch an wissenschaftliches Wissen rückgebundene Reflexion einen Beitrag zu einer queeren, heteronormativitätskritischen Professionalität im Sinne eines kritischen Hinterfragens heteronormativer Werthaltungen leisten (vgl. Hartmann 2014, S. 27; Schütte-Bäumner 2010; Baer/Höblich 2021). Unter anderem wurden vor dem Hintergrund der feministischen Standpunkttheorie die Herausforderungen von queeren Professionellen als von gesellschaftlichen Ungleichheitskategorien *Betroffene* rekonstruiert.

Die Chancen, ob und wie sich queere Fachkräfte in Bezug auf sexuelle und geschlechtliche Vielfalt fachlich als queere Professionelle sichtbar einbringen, sind nicht zuletzt davon abhängig, ob und wenn ja, wem gegenüber sie am Arbeitsplatz als queere Personen sichtbar sind.

---

1 Die durch den Hessischen Aktionsplan für Akzeptanz und Vielfalt (APAV) des Hessischen Ministeriums für Soziales und Integration geförderte Studie wurde von Davina Höblich und Steffen Baer im Zeitraum Juni 2020 – Mai 2022 durchgeführt. Die Abschlusspublikation ist abrufbar unter DOI: 10.54906/221.

Das Projekt bestätigt Befunde aus dem vorangegangenen Projekt *Sexuelle Orientierung in der Kinder- und Jugendhilfe* (SeKiJu) (Höblich/Kellermann 2017; Höblich/Kellermann 2019), nach denen Fachkräfte meist nur gegenüber den Kolleg*innen als nicht-heterosexuell und/oder nicht-cis-geschlechtlich sichtbar sind.

Die Sichtbarkeit queerer Fachkräfte hängt von unterschiedlichen Faktoren und Rahmenbedingungen der Organisation und des Trägers ab, wie z. B. differenzsensible organisations(-kulturelle) Politiken, Sichtbarkeit queerer Kolleg*innen oder Vorgesetzter, Teamklima, Adressat*innen, Kolleg*innen etc. (Höblich/Baer 2022, S. 36; S. 62 ff.). Mittels zweier Befunde aus dem Projekt QueerProf zum Umgang mit dem eigenen Outing am Arbeitsplatz können Zeit*en des Sichtbarseins und des Sichtbarwerdens sowie deren Bedeutung für mögliche transformative Bildungsprozesse hin zu einer queeren Professionalität verdeutlicht werden:

1. *Generationslagerung* als konjunktiver Erfahrungsraum, gesellschaftliche Einbettung der eigenen Biografie und als erlebtes Leben im Sinne Rosenthals (2015)[2] und
2. *Zeitpunkt in der eigenen Berufsbiografie* und damit die Dauer der in der Berufspraxis erworbenen Berufserfahrung als sich weiter fortschreibender lebenslang angelegter Prozess der Professionalisierung im Sinne Dewes und Ottos (Dewe/Otto 2012, S. 197 f.).

Die *Generationslagerung* wird von den Befragten überdeutlich als konjunktiver Erfahrungsraum potenzieller Diskriminierung in früheren Jahrzehnten und einer zunehmend liberaleren Atmosphäre andererseits wahrgenommen: Die Befragten unterscheiden zwischen den 1990er- und den 2000er-Jahren mit einem zu Beginn repressiven Klima der Pathologisierung und Kriminalisierung sowie der späteren gesellschaftlichen Liberalisierung:

„*das war (.) 98 rum circa, ja ähm da war (.) das nicht (.) also, da war das schon alles noch mal ein bisschen anders auch ja. ähm also ich weiß es gab vor mir dann in der in dem in der Heimeinrichtung auch einen (.) nen schwulen Kollegen,//mhm//ähm der ist dann irgendwann gegangen, ja. und ähm das wurde dem auch so nahegelegt.//okay//ich habe mich auf der Arbeit (.) überhaupt nicht geoutet, (.) ähm äh äh zumindest nicht an der Arbeitsstelle*" (13_XQ_SKJH_, Pos. 31–35).

---

2 Rosenthal differenziert zwischen dem erlebten Leben als Rekonstruktion der Fallgeschichte als „Genese der erlebten Lebensgeschichte" als historisch und gesellschaftlich eingebettete Ereignisse sowie deren chronologische Aufschichtung einerseits und dem erzählten Leben als „Analyse der biographischen Selbstpräsentation" und „Genese der Darstellung in der Gegenwart" (Rosenthal 2015, S. 202 ff.).

Eine weitere Unterscheidung wurde zwischen den 2010er- und 2020er-Jahren mit einer weitgehenden rechtlichen Gleichstellung, einem Rückgang der offenen Diskriminierung bei gleichzeitigem Fortbestehen subtiler Formen der Ablehnung und Benachteiligung getroffen.

Die Schilderungen eines erlebten Bruchs der eigenen queeren Lebensweise mit den damaligen gesellschaftlichen und institutionalisierten Geschlechter- und Begehrensregimen („damals war das schon alles noch mal ein bisschen anders", 13_XQ_SKJH_, Pos. 31) können darauf verweisen, dass gesellschaftlicher Wandel subjektive (De-)Synchronisation im Sinne von Fuchs (2002) erzeugen kann. Die Befragten haben den subjektiven Eindruck, auf der Stelle zu treten, auf eine gesellschaftliche und institutionelle Liberalisierung sexueller und geschlechtlicher Vielfalt warten zu müssen und somit die Weltzeit in Bereichen des Lebens als zu träge zu erleben.

Zudem hängt die Sichtbarkeit queerer Fachkräfte am Arbeitsplatz von ihrem dortigen Outing ab. In ihrem Umgang mit dem Outing am Arbeitsplatz zeigt sich, dass viele Fachkräfte dafür einen Zeitpunkt in der eigenen Berufsbiografie wählen, an dem sie bereits ein gewisses berufliches Standing haben. Ein Outing zu Beginn der eigenen Berufskarriere, wenn sie über wenig berufliche Erfahrung verfügen und daher auf dem Arbeitsmarkt weniger als *gestandene* Fachkräfte mit entsprechend geringeren Chancen auf Stellen angesehen werden könnten, wird eher vermieden:

„Jobtechnisch, okay also mein erster Job war so ein ähm Outdoorerlebnisding ähm und da war ich so ganz unsicher" (11_BO_ASD, Pos. 100–101).

Der Zeitpunkt des Coming-outs ist dementsprechend von verschiedenen Faktoren, wie u. a. der Generationenlagerung, dem zu einem jeweiligen historischen Zeitpunkt herrschenden Klima sowie einem eigenen transformatorischen Bildungsprozess, abhängig. Dieser führt zu einem veränderten Umgang im weiteren Verlauf der Berufsbiografie und ersetzt anfängliche Strategien des *straight actings*[3] oder der Vermeidung durch Strategien der Gleichstellung (vgl. Baer/Fischer 2021, S. 128 ff.):

„aber ich bin da nicht so offensiv damit umgegangen.//mhm//das habe ich im Jugendamt anders gemacht, weil ich gedacht habe: nein, das will ich gar nicht. also, ich möchte, dass das. das gehört zu meinem Leben (.) und das ist mein Leben//mhm//und ich lebe es so. und ich möchte auch, dass das (.) ähm von vornherein klar ist" (01_QQ_ASD, Pos. 564–567).

---

3 Straight acting bezeichnet eine Handlungsstrategie der Aufrechterhaltung vermeintlich heterosexuellen und/oder cis-geschlechtlichen Verhaltens mit dem Ziel der Vermeidung oder Reduktion von Diskriminierung aufgrund der geschlechtlichen und/oder sexuellen Lebensweise (vgl. Baer/Fischer 2021, S. 138).

Aus einer zeitanalytischen Perspektive wird deutlich, dass Generationslagerung und (berufs-)biografische Situiertheit die transformativen Bildungsprozesse mitbedingen, wie sie zuvor beschrieben wurden. Die Möglichkeit der Herausbildung von Professionalität benötigt Zeit*en für das Sichtbarsein und Sichtbarwerden, als konjunktive Erfahrungsräume, aber auch als (berufs-)biografische Prozesse.

3. Zeit*en für Professionalisierung: ein Plädoyer und vorläufiges Fazit

Vor dem Hintergrund eines Verständnisses von Zeit als konstruiertes, historisch wandelbares Phänomen, welches auch verantwortlich für das Erleben des Selbst im Weltgeschehen ist (vgl. Husserl 2006), sind Professionalität und Professionalisierung in der Sozialen Arbeit als durch Zeitregime bestimmt anzusehen. In der Erörterung der Frage nach der Zeitlichkeit wie auch dem Zeitverständnis von beruflichem Handeln und Professionalität sowie von Professionalisierung in der Sozialen Arbeit stehen aktuelle Zeitdiagnosen der Beschleunigung und einer Ökonomisierung von Zeit als „Synchronisation aller Mitglieder und Abläufe innerhalb der Industriegesellschaft" (Elias 1984, S. 116 ff., zit. n. Fuchs 2002, S. 5), durch die die zweckrationale Nutzung von Zeit zur unhintergehbaren, handlungsleitenden Norm wird (vgl. Vorlaufer 2009, S. 36), gegenüber feministischen, kritisch-emanzipatorischen Zeitkonzeptionen.

Das von Bryson (2014) v. a. auf Care-Arbeit hin ausgearbeitete Verständnis von „women's time" (ebd., S. 113) eröffnet verschiedene Möglichkeiten, das gegenwärtige Zeitregime herauszufordern. Mit Blick auf Professionalisierung im Sinne transformatorischer Bildung erscheint v. a. die Unterscheidung eines qualitativen Zeitverständnisses von einem quantitativen vielversprechend. Hierbei folgt eine Handlung nicht einem dafür eingeräumten Zeitraum von z. B. 90 Minuten, sondern der benötigte Zeitraum (z. B. bis jemand etwas durchdacht und reflektiert hat) ergibt sich sekundär aus dem Erreichen des Ziels. Zeit lässt sich in diesem Sinne zudem als „relational, often cyclical, plural, [...] and oriented towards contextualized needs" (Bryson 2014, S. 120) verstehen.

Vorlaufer (2009) bringt Zeitverknappung und Beschleunigung im Sinne einer ethischen Reflexion in direkten Zusammenhang mit Theorie und Praxis und hält fest, dass Theorie und Praxis unter dem Einfluss der Beschleunigung „roh, gewaltsam, zuschlagend" (ebd., S. 38) werden. Potenzial sieht er in einem „Zaudern [, welches er als] Hemmung des Betriebs, der Unterbrechung der Betriebsamkeit" (ebd., S. 32) versteht, das als das „Zögernde, Langsame, Bedächtige das eigentlich Nötige ist [...] bis in eine der Sozialarbeit adäquate[n] Handlungstheorie hinein" (ebd., S. 38). Ausgerichtet auf Begegnung zwischen Menschen konstatiert er, dass es eine Art der Gegenwart braucht, „die sich nicht mit Zeitmessgerätschaften messen lässt, ja die in ihrer spezifischen Qualität nur erfahren werden kann, wenn wir Zeit loslassen" (ebd., S. 39).

Im Zusammenhang zwischen der Professionalisierung von Fachkräften, Berufsbiografien und Zeit können Fachkräfte somit immer auch als „Kinder ihrer Zeit" im Sinne eines Zeitgeistes verstanden werden. (Angehende) Professionelle sind historisch konkret sozialisierte und im Sinne der Standpunkttheorie positionierte Gesellschaftsmitglieder, die ein (historisch) situiertes Wissen einbringen. Im dargestellten Projekt Queer Professionals wird diese Interdependenz historischer gesellschaftlicher Diskurse sowie der rechtlichen wie medizinischen Situation sexueller und geschlechtlicher Minderheiten einerseits und deren Einfluss auf die lebensgeschichtliche Professionalisierung und professionelle Handlungsentwürfe queerer Fachkräfte andererseits deutlich.

In der Erforschung differenz- und diskriminierungskritischer Professionalisierungsprozesse Studierender der Sozialen Arbeit konnte gezeigt werden, dass aktuelle Zeitregime, etwa der „Kontrollgesellschaft" (Deleuze 1993, zit. n. Dörpinghaus/Uphoff 2012, S. 67) dem Ziel von Bildung einer dem Selbst und den Verhältnissen gegenüber kritischen Zuwendung entgegensteht. Bildung ist in dieser Lesart zeitlich gesehen weder linear noch gehorcht sie den Regeln der „clock time", sondern geschieht „in Figuren der Unterbrechung und Umkehrung [...], durch die wir uns – zumindest temporär – vorherrschenden Subjektivierungsweisen entziehen" (Pongratz 2017, S. 43).

Mit Blick auf aktuelle Zeitregime und mit einem Verständnis von professionellem Handeln als Phänomen der beruflichen Alltagswelt kann somit konstatiert werden, dass als transformative Bildung gefasste Professionalisierung und Professionalität andere Zeit*en benötigen, als quantifizierende Zeitverständnisse unter dem Regime der Beschleunigung dies vorsehen. Dies gilt über den Qualifizierungskontext Studium hinaus auch für die berufliche Praxis von Fachkräften in der Sozialen Arbeit. Es braucht Zeit*en und Räume für Beziehung und Verständigung, Irritation und Reflexion.

Literatur

Baer, Steffen/Fischer, Marc (2021): Soziale Arbeit mit nicht-heterosexuellen Jugendlichen und jungen Erwachsenen. Weinheim/Basel: Beltz Juventa.

Baer, Steffen/Höblich, Davina (2021): Umgang mit sexueller und geschlechtlicher Vielfalt. Herausforderungen affirmativer Praxen. In: Sozial Extra, 45, H. 2, S. 95–98.

Becker-Lenz, Roland/Busse, Stefan/Ehlert, Gudrun/Müller-Hermann, Silke (2012): Einleitung: Wissen, Kompetenz, Habitus und Identität als Elemente von Professionalität im Studium Sozialer Arbeit. In: Becker-Lenz, Roland/Busse, Stefan/Ehlert, Gudrun/Müller-Hermann Silke (Hrsg.): Professionalität Sozialer Arbeit und Hochschule. Wissen, Kompetenz, Habitus und Identität im Studium Sozialer Arbeit. Wiesbaden: Springer VS, S. 9–32.

Becker-Lenz, Roland/Busse, Stefan/Ehlert, Gudrun/Müller-Hermann, Silke (Hrsg.) (2013): Professionalität in der Sozialen Arbeit. Standpunkte, Kontroversen, Perspektiven. 3., durchgesehene Auflage. Wiesbaden: Springer VS.

Becker-Lenz, Roland/Müller, Silke (2009): Der professionelle Habitus in der Sozialen Arbeit. Grundlagen eines Professionsideals. Bern/Berlin/Frankfurt a. M./Wien: Lang.

Bitzan, Maria/Herrmann, Franz (2018): Konfliktorientierung und Konfliktbearbeitung in der Sozialen Arbeit. In: Stehr, Johannes/Anhorn, Roland/Rathgeb, Kerstin (Hrsg.): Konflikt als Verhältnis – Konflikt als Verhalten – Konflikt als Widerstand. Widersprüche der Gestaltung Sozialer Arbeit zwischen Alltag und Institution. Wiesbaden: Springer, S. 43–54.

Bohnsack, Ralf (2013): Dokumentarische Methode und die Logik der Praxis. In: Lenger, Alexander/Schneickert, Christian/Schumacher, Florian (Hrsg.): Pierre Bourdieus Konzeption des Habitus. Grundlagen, Zugänge, Forschungsperspektiven. Wiesbaden: Springer VS, S. 175–200.

Bojadžijev, Manuela (2015): Rassismus ohne Rassen, fiktive Ethnizitäten und das genealogische Schema. Überlegungen zu Étienne Balibars theoretischem Vokabular für eine kritische Migrations- und Rassismusforschung. In: Reuter, Julia/Mecheril, Paul (Hrsg.): Schlüsselwerke der Migrationsforschung Pionierstudien und Referenztheorien, S. 275–288.

Bryson, Valerie (2014): Time to Love. Jónasdóttir, Anna G./Ferguson, Ann (Hrsg.): Love: A Question for Feminism in the Tyenty-First Century. Milton: Routledge, S. 113–126.

Butler, Judith (2009): Was ist Kritik? Ein Essay über Foucaults Tugend. In: Jaeggi, Rahel/Wesche, Tilo (Hrsg.): Was ist Kritik? Frankfurt a. M.: Suhrkamp, S. 221–246.

Castro Varela, María do Mar (2006): Postkoloniale feministische Theorie und soziale Gerechtigkeit. In: Degener, Ursula/Rosenzweig, Beate (Hrsg.): Die Neuverhandlung sozialer Gerechtigkeit. Feministische Analysen und Perspektiven. Wiesbaden: VS Verlag für Sozialwissenschaften/GWV, S. 97–114.

Castro Varela, Maria do Mar/Heinemann, Alisha (2016): Ambivalente Erbschaften. Verlernen erlernen! In: Zwischenräume, H. 10. https://www.trafo-k.at/_media/download/Zwischenraeume_10_Castro-Heinemann.pdf (Abfrage: 15.05.2024).

Compagna, Diego/Hammerschmidt, Peter/Stecklina, Gerd (Hrsg.) (2022): In welcher Welt leben wir? Zeitdiagnosen und Soziale Arbeit. Weinheim/Basel: Beltz Juventa.

Darowska, Lucyna (Hrsg.) (2019): Diversity an der Universität. Diskriminierungskritische und intersektionale Perspektiven auf Chancengleichheit an der Hochschule. Bielefeld: transcript.

Dewe, Bernd (2009): Reflexive Professionalität. In: Riegler, Anna/Hojnik, Sylvia/Posch, Klaus (Hrsg.): Soziale Arbeit zwischen Profession und Wissenschaft. Vermittlungsmöglichkeiten in der Fachhochschulausbildung. Wiesbaden: VS Verlag für Sozialwissenschaften, S. 47–63.

Dewe, Bernd/Otto, Hans-Uwe (2012): Reflexive Sozialpädagogik. Grundstrukturen eines neuen Typs dienstleistungsorientierten Professionshandelns. In: Thole, Werner (Hrsg.): Grundriss Soziale Arbeit. Ein einführendes Handbuch. 4. Auflage. Wiesbaden: VS Verlag für Sozialwissenschaften, S. 197–217.

Dewe, Bernd/Otto, Hans-Uwe (2018): Professionalität. In: Otto, Hans-Uwe/Thiersch, Hans/Treptow, Rainer/Ziegler, Holger (Hrsg.): Handbuch Soziale Arbeit. Grundlagen der Sozialarbeit und Sozialpädagogik. 6., überarbeitete Auflage. München: Ernst Reinhardt, S. 1203–1213.

Dollinger, Bernd (2008): Reflexive Sozialpädagogik. Struktur und Wandel sozialpädagogischen Wissens. Wiesbaden: VS Verlag für Sozialwissenschaften.

Dörpinghaus, Andreas/Uphoff, Ina Katharina (2012): Zeit und Bildung. Über die Selbstaffektion der Erfahrung. In: Schmidt-Lauff, Sabine (Hrsg.): Zeit und Bildung. Annäherungen an eine zeittheoretische Grundlegung. Münster/New York/München/Berlin: Waxmann, S. 61–70.

El-Mafaalani, Aladin (2012): BildungsaufsteigerInnen aus benachteiligten Milieus. Habitustransformation und soziale Mobilität bei Einheimischen und Türkeistämmigen. Wiesbaden: VS Verlag für Sozialwissenschaften.

Ferrin, Nino/Klages, Benjamin (2020): Zur Kultivierung utopischer Bewegungen. In: van Ackeren, Isabell/Bremer, Helmut/Kessl, Fabian/Koller, Hans Christoph/Pfaff, Nicolle/Rotter, Caroline/

Klein, Dominique / Salaschek, Ulrich (Hrsg.): Bewegungen. Leverkusen / Opladen: Barbara Budrich, S. 491–504.

Foucault, Michel (1990): Was ist Aufklärung? In: Erdmann, Eva / Forst, Rainer / Honneth, Axel (Hrsg.): Ethos der Moderne. Foucaults Kritik der Aufklärung. Frankfurt a. M.: Campus, S. 35–54.

Foucault, Michel (1992): Was ist Kritik? Berlin: Merve.

Fuchs, Thomas (2002): Melancholie als Desynchronisierung. Ein Beitrag zur Psychopathologie der intersubjektiven Zeit. In: Mundt, Christian / Fuchs, Thomas (Hrsg.): Affekt und affektive Störungen. Phänomenologische Konzepte und empirische Befunde im Dialog. Paderborn: Schöningh.

Govrin, Jule (2022): Politische Körper. Von Sorge und Solidarität. Berlin: Matthes & Seitz Berlin.

Haraway, Donna Jeanne (1988): Situated Knowledges. The Science Question in Feminism and the Privilege of Partial Perspective. In: Feminist Studies 14, H. 3, S. 575–599.

Harding, Sandra G. (1994): Das Geschlecht des Wissens. Frauen denken die Wissenschaft neu. Frankfurt a. M. / New York: Campus.

Hark, Sabine (2018): Erfolgreich gescheitert? Feministische Ambivalenzen der Gegenwart. In: Forum Erwachsenenbildung 51, H. 1, S. 36–40.

Hartmann, Jutta (2014): Queere Professionalität als Haltung des Infragestellens und Dynamisierens. Zur Dekonstruktion geschlechtlicher und sexueller Identität in der Sozialen Arbeit. In: Sozialmagazin 39, H. 3–4, S. 22–29.

Hartsock, Nancy C. M. (1998): The Feminist Standpoint Revisited, and Other Essays. Milton: Routledge.

Heiland, Hans-Günther (2020): Studium. In: Hösel, Fanny / Köhler, Sina-Mareen / König, Alexandra / Schilling, Elisabeth / Schinkel, Sebastian / Schreiber, Julia / Soremski, Regina / Zschach, Maren (Hrsg.): Zeit im Lebensverlauf. Ein Glossar. Bielefeld: transcript, S. 281–286.

Heinemann, Alisha M. B. (2020): Learning from below – Wissen in Bewegung. In: van Ackeren, Isabell / Bremer, Helmut / Kessl, Fabian / Koller, Hans Christoph / Pfaff, Nicolle / Rotter, Caroline / Klein, Dominique / Salaschek, Ulrich (Hrsg.): Bewegungen. Leverkusen / Opladen: Barbara Budrich, S. 207–222.

Höblich, Davina / Baer, Steffen (2022): Queer Professionals: Professionelle zwischen „queeren Expert:innen" und „Anderen" in der Sozialen Arbeit (QueerProf). Eine Studie zu queeren Fachkräften in der Kinder- und Jugendhilfe. FoRM-Forschungsberichte. Band 2. Wiesbaden.

Höblich, Davina / Kellermann, Anna (2017): Sexuelle Orientierung (k)ein Thema in der Kinderund Jugendhilfe (SeKiJu). Sexuelle Orientierung als professionelle Herausforderung für Fachkräfte in der Kinder- und Jugendhilfe. In: Soziale Passagen 9, H. 2, 441–446.

Höblich, Davina / Kellermann, Anna (2019): Teilhabechancen lesbischer, schwuler und bisexueller Jugendlicher in der stationären Kinder- und Jugendhilfe – Sexuelle Orientierung als professionelle Herausforderung. In: Kommission Sozialpädagogik (Hrsg.): Teilhabe durch*in*trotz Sozialpädagogik. Weinheim / Basel: Beltz Juventa, S. 103–116.

hooks, bell (1984): Feminist theory from margin to center. Boston, Mass.: South End Press.

hooks, bell (1994): Teaching to transgress. Education as the practice of freedom. New York / London: Routledge Taylor & Francis.

Husserl, Edmund (1928/2000): Vorlesungen zur Phänomenologie des inneren Zeitbewußtseins. Herausgegeben von Martin Heidegger. 3. Auflage. Tübingen: Niemeyer.

Husserl, Edmund (2006): Späte Texte über Zeitkonstitution (1929–1934). Die C-Manuskripte. Dordrecht: Springer (Husserliana, 8).

Kessl, Fabian (2018): Der Gebrauch der eigenen Kräfte. Eine Gouvernementalität Sozialer Arbeit. 2., aktualisierte Auflage. Weinheim / Basel: Beltz Juventa.

Koller, Hans-Christoph (2012): Bildung anders denken. Einführung in die Theorie transformatorischer Bildungsprozesse. Stuttgart: Kohlhammer.

Landwehr, Achim (2008): Historische Diskursanalyse. Band 4. Frankfurt a. M.: Campus.

Mai, Hanna Hoa Anh (2020): Pädagog*innen of Color. Professionalität im Kontext rassistischer Normalität. Weinheim / Basel: Beltz Juventa.

Mecheril, Paul/Melter, Claus (2011): Rassismus als machtvolle Unterscheidungspraxis. In: Roth, Hans-Joachim/Anastasopoulos, Charis (Hrsg.): Enzyklopädie Erziehungswissenschaft. Weinheim/Basel: Beltz Juventa.

Mesquita, Sushila (2008): Heteronormativität und Sichtbarkeit. In: Bartel, Rainer/Horvaath, Ilona/Kannonier-Finster, Waltraud/Mesner, Maria/Pfefferkorn, Erik/Ziegler, Meinrad (Hrsg.): Heteronormativität und Homosexualitäten. Innsbruck: Studien-Verlag, S. 129–147.

Messerschmidt, Astrid (2016): Involviert in Machtverhältnisse. Rassismuskritische Professionalisierungen für die Pädagogik in der Migrationsgesellschaft. In: Doğmuş, Aysun/Karakaşoğlu Yasemin/Mecheril Paul (Hrsg.): Pädagogisches Können in der Migrationsgesellschaft. Wiesbaden: Springer VS, S. 59–70.

Pongratz, Ludwig (2017): Der Aufstieg der Kontrollgesellschaft – Bildungsreform als gouvernementale Strategie. In: Drees, Gerhard/Nierobisch, Kira (Hrsg.): Bildung und gesellschaftliche Transformation. Analysen – Perspektiven – Aktion. Baltmannsweiler: Schneider Verlag Hohengehren, S. 31–70.

Rosa, Hartmut (2005): Beschleunigung. Die Veränderung der Zeitstrukturen in der Moderne. Berlin: Suhrkamp.

Rosenberg, Florian von (2014): Bildung und Habitustransformation. Empirische Rekonstruktionen und bildungstheoretische Reflexionen. Bielefeld: transcript.

Rosenthal, Gabriele (2015): Interpretative Sozialforschung. Eine Einführung. 5., aktualisierte und ergänzte Auflage. Weinheim/Basel: Beltz Juventa.

Schütte-Bäumner, Christian (2010): Queer Professionals als Reflexionskategorie für die Soziale Arbeit. In: Kessl, Fabian (Hrsg.): Differenzierung, Normalisierung, Andersheit. Soziale Arbeit als Arbeit mit den Anderen. Wiesbaden: VS Verlag für Sozialwissenschaften, S. 77–95.

Schütz, Alfred (1932/2016): Der sinnhafte Aufbau der sozialen Welt. Eine Einleitung in die verstehende Soziologie. 7. Auflage. Frankfurt a. M.: Suhrkamp.

Schütz, Alfred/Luckmann, Thomas (2017): Strukturen der Lebenswelt. 2., überarbeitete Auflage. Konstanz: UVK.

Thonhauser, Gerhard (2022): Heideggers „Sein und Zeit". Einführung und Kommentar. Berlin: J. B. Metzler.

Vorlaufer, Johannes (2009): Wer zaudert, macht sich verdächtig. Marginalien zum Verhältnis von Theorie und Praxis im Kontext von Beschleunigung als geschichtlichgesellschaftlicher Rahmenbedingung. In: Riegler, Anna/Hojnik, Sylvia/Posch, Klaus (Hrsg.): Soziale Arbeit zwischen Profession und Wissenschaft. Vermittlungsmöglichkeiten in der Fachhochschulausbildung. Wiesbaden: VS Verlag für Sozialwissenschaften, S. 31–46.

Wendt, Peter-Ulrich (Hrsg.) (2022): Kritische Soziale Arbeit. Weinheim/Basel: Beltz Juventa.

Wiedlack, Katharina (2020): Fucking Solidarity: ‚Working Together' Through (Un)Pleasant Feelings. In: Wiedlack, Katharina/Shoshanova, Saltanat/Godovannaja, Maša (Hrsg.): Queer-feminist solidarity and the east/west divide. Oxford: Peter Lang, S. 21–49.

Wittek, Doris/Hericks, Uwe/Rauschenberg, Anna/Sotzek, Julia/Keller-Schneider, Manuela/Thiersch, Sven (2020): Qualitative Längsschnittforschung. Bestimmungen, Forschungspraxis und Reflexionen. Leverkusen/Opladen: Barbara Budrich.

III Ausblicke

Zeiten der Armut.
Zugangsweisen (zu) einer sozialpädagogischen Armutsforschung

Stefanie Albus, Maksim Hübenthal, Phries Künstler, Bettina Ritter und Holger Schoneville

In Deutschland gelten 16,7 Prozent der Bevölkerung im Jahr 2022 als von Einkommensarmut betroffen (vgl. Statista 2023). Wird ein eher weiter Begriff von Armut angelegt und werden auch Erfahrungen materieller Entbehrung sowie Ausgrenzung aus Erwerbsarbeit hinzugezogen, ist mehr als jede*r Fünfte in der Bevölkerung betroffen (vgl. Statista 2024). Auch in der Sozialen Arbeit ist ein Verständnis von Armut anschlussfähig, welches neben der Betroffenheit von relativer Einkommensarmut zudem andere Formen der Deprivation der Lebenslage als Teilhabedefizite ins Auge fasst oder Einschränkungen hinsichtlich der Verwirklichungschancen einer von den Betroffenen selbst wertgeschätzten Lebensführung diskutiert (vgl. Hanesch 2015).

Zwar erscheint die Manifestierung von Armut in individuellen Problemlagen, gleichwohl drücken sich darin stets gesellschaftliche Verhältnisse aus: allen voran, wie die Produktions- und Reproduktionssphäre ausgestaltet sind und wie gesellschaftliche Ressourcen und Risiken (um-)verteilt werden. In modernen Gesellschaften geht es um die Frage, inwiefern durch sozial-, arbeitsmarkt-, gesundheitspolitische etc. sowie sozialpädagogische Institutionen des Wohlfahrtsstaates kollektive Verantwortung für das Wohlergehen des Individuums organisiert wird (vgl. Kaufmann 2006). Hierfür werden zu verschiedenen Zeiten verschiedene Antworten gefunden und so sind Zeiten der Armut und sozialpädagogische Zeiten stets eng miteinander verbunden: Soziale Arbeit agiert seit jeher (auch) im Kontext von prekären materiellen Lebensbedingungen ihrer Adressat*innen sowie unterschiedlichen darauf ausgerichteten gesellschaftlichen und sozialpolitischen Arrangements (vgl. Hammerschmidt/Tennstedt 2012). Dies galt und gilt sowohl für die sozialpädagogische Praxis in vielfältigen Handlungsfeldern als auch für Forschung in der Sozialen Arbeit, die Fragen der Bewältigung und Verwirklichungschancen im Kontext von Alltag und sozialpädagogischen Angeboten in den Blick nimmt. Auch hier wird eine Zeitlichkeit deutlich, da die Art und Weise, wie sozialpädagogisch über Armut gedacht wird, einem historischen Wandel unterliegt (vgl. Böhnisch/Schröer/Thiersch 2005, S. 193 ff.).

Insgesamt lassen sich Zeitbezüge auf drei Ebenen in den Blick nehmen, die gleichsam auch Zugänge sozialpädagogischer Armutsforschung markieren:

- Der Zugang über den gesellschaftspolitischen Wandel und damit einhergehende Veränderungen der Armutsvorstellungen und -maßstäbe sowie der Armutsbetroffenheiten. Dies wird aktuell v. a. hinsichtlich eines wohlfahrtsstaatlichen Umbaus, akuter Wirtschaftskrisen und einer zunehmenden sozialen Spaltung diskutiert.
- Der Zugang über die Spannung von ökonomischer Effizienz öffentlicher Unterstützung einerseits und angemessener Abdeckung des Unterstützungsbedarfs von Menschen in sozialen Notlagen andererseits. Im Zentrum der gegenwärtigen Diskussionen stehen hier der zum Teil extreme Zeitdruck sozialpädagogischer Fachkräfte und ein zu geringer Stundenumfang bzw. zu kurzzeitig gewährte Hilfen, was als Risiko für den Erfolg der Maßnahmen markiert werden kann.
- Der Zugang über die Frage nach der Auswirkung von Armut auf die Biografie (vgl. Leibfried et al. 1995) sowie der Gerechtigkeit zwischen den Generationen (vgl. Olk 2009). Derzeit wird dies primär mit Blick auf eine lebenslaufbezogene Verfestigung von Armutslagen (vgl. Groh-Samberg 2019), *Vererbungen* von Armut (vgl. Heinrich/Volf 2022), die Ressourcenverteilung zwischen jungen und alten Bevölkerungsgruppen (vgl. Kaufmann 2009, S. 149 ff.) sowie als Zeitdilemmata und Zeitmangel armutsbetroffener Eltern problematisiert (BMFSFJ 2021).

Nachfolgend werden wir ausgewählte Repräsentationen dieser Zeitbezüge von Armut mit Blick auf das Verhältnis von Armut und Sozialpädagogik vertiefen. Es geht dabei insgesamt um die Diskussion der Frage: Was macht eine sozialpädagogische Forschungsperspektive auf Armut aus? Dieser Frage nähern wir uns aus drei unterschiedlichen Blickwinkeln:

- einer politisch-wohlfahrtsstaatlichen Perspektive,
- einer professions- und organisationsbezogenen Perspektive und
- einer querliegenden Perspektive mit Rückgriff auf den Begriff des Subjekts, den wir als Kern einer sozialpädagogischen Perspektive auf Armut vorschlagen.

Zwar hat die Darstellung insgesamt nicht den Anspruch, eine abschließende Systematik für einen *sozialpädagogischen Blick* auf Armut zu entfalten. Dennoch scheinen uns die verfolgten Perspektiven zentrale Zugänge einer sozialpädagogischen Armutsforschung darzustellen. Die nachfolgenden Skizzen bilden Suchbewegungen zur Ausgestaltung dieser Zugänge ab.[1]

---

1   Suchbewegungen insbesondere auch insofern, als dass die nachfolgenden drei Kapitel aus drei zunächst unabhängigen Überlegungen stammen, die im Rahmen von Vorträgen im Kontext der

1. Politisch-wohlfahrtsstaatliche Zugangsweise einer sozialpädagogischen Armutsforschung

Sich einer sozialpädagogischen Armutsforschung politisch-wohlfahrtsstaatsbezogen zu nähern, bedeutet, nicht nur direkte, sondern auch indirekte Armutsberührungen personenbezogener sozialer Dienstleistungen zu untersuchen. Dies erfordert zum einen, in *gegenwärtigen* sozialen Diensten, die – wie z. B. die sozialpädagogische Familienhilfe – nicht explizit als Armutshilfe konzeptualisiert sind, sowohl die Bedeutung *zurückliegender* Armutserfahrungen zu analysieren als auch die Auswirkungen derartiger Hilfen auf die Wahrscheinlichkeit, *zukünftig* ein Leben außerhalb von Armut führen zu können. Zum anderen erscheint es gewinnbringend, die Beiträge sozialpädagogischer Praxis nicht nur zur Armutsregulierung in den Blick zu nehmen, sondern auch enger fokussiert auf Exklusionsphänomene zu schauen sowie, weiter gedacht, diese hinsichtlich der Reproduktion sozialer Ungleichheit zu betrachten.

Die direkten und indirekten Berührungen sozialpädagogischer Dienste und Einrichtungen mit den Ausgrenzungs-, Armuts- und Ungleichheitslagen ihrer Nutzer*innen lassen sich als Ausdruck eines Zusammenspiels mehrerer Ebenen begreifen: dem Sein und Handeln der beteiligten Akteur*innen, der „institutionelle[n] und organisationale[n]" (Lorenz et al. 2018, S. 219) Ebene Sozialer Arbeit sowie den „gesellschaftliche[n] Verhältnisse[n]" (ebd., S. 218) mit den darin liegenden interessengeleiteten „Wertorientierungen bestimmter Gruppen und Klassen" (ebd., S. 230). Die sich somit abzeichnende Mehrebenenhaftigkeit sozialpädagogischer Armutsregulierung lässt sich konkretisieren als politisch-wohlfahrtsstaatlicher Rahmen Sozialer Arbeit. Dieser Rahmen kann als Kreislauf verstanden werden, bestehend aus

- einer Input-Ebene des politischen Ringens um die staatliche Macht und damit die Ausgestaltung der wohlfahrtsstaatlichen Strukturen;
- einer Output-Ebene a) der wohlfahrtsstaatlichen Architektur mit b) einem darin eingelassenen Sozialsektor;
- einer Outcome-Ebene der durch den Sozialsektor mitproduzierten Lebenslagen der Nutzer*innen bzw. Adressat*innen personenbezogener sozialer Dienstleitungen.

Wie es zu zeigen gilt, lassen sich in den unterschiedlichen Bereichen dieses politisch-wohlfahrtsstaatlichen Kreislaufprozesses jeweils eigene Fragestellungen dazu formulieren, wie Soziale Arbeit in die Regulierung von Armut eingebunden ist. Anhand des Zeitbezugs differenziert sind dies zum einen *synchrone*, auf die

---

Arbeitsgruppe „Zeiten der Armut" im Rahmen der Jahrestagung der Kommission Sozialpädagogik vom 23. bis 25. März 2023 an der Universität Rostock gehalten wurden.

Gegenwartslage ausgerichtete Perspektiven und zum anderen *diachrone* Betrachtungsweisen, welche auf den Wandel des politisch-wohlfahrtsstaatlichen Gefüges über die Zeit fokussieren.

Dieser Kreislauf, in den die sozialpädagogische Armutsregulierung eingebettet ist, wird nachfolgend hinsichtlich der Ebene des politischen Inputs und der beiden Output-Ebenen dargelegt. Daher wird die im engeren Sinn außerhalb des Kerns des politisch-wohlfahrtsstaatlichen Rahmens liegende Outcome-Ebene der Lebenslagen hier nicht weiter ausgeführt. In der Logik des nachfolgend vorzustellenden Kreislaufmodells bilden die Lebenslagen der Adressat*innen bzw. Nutzer*innen sozialer Dienste zum einen den Gegenstand der sozialpädagogischen Praxis, zum anderen stellen sie die Grundlage wohlfahrtsstaatlicher Politik dar. Sie liegen also zwischen der Output-Ebene des Sozialsektors und der Ebene des politischen Inputs.

1.1 Die Input-Ebene des politischen Ringens um die staatliche Macht

Politische Deutungs- und Machtkämpfe lassen sich mit Pierre Bourdieus Theorie des politischen Feldes als Ringen begreifen: um Anhänger- bzw. Wählerschaft, zur Verbreitung der jeweiligen „Sicht- und Teilungsprinzipien" (Bourdieu 2010, S. 106) der Welt und um die Ausgestaltung des Staatsapparats (vgl. ebd., S. 107).

Mit Hinzunahme der kultursoziologischen Wohlfahrtsstaatsforschung lässt sich Folgendes präzisieren: Beim politischen Ringen um das „Staatsziel" (Kaufmann 1997, S. 22) *Wohlfahrtsstaat* geht es darum, *welche* gesellschaftlichen Probleme *wie* als wohlfahrtsstaatlich zu bearbeitende Herausforderungen gedeutet werden. An dieser Stelle des Kreislaufmodells wird dementsprechend die Frage möglich, auf welche „kulturellen Werte und Leitbilder" (Pfau-Effinger 2009, S. 6) sich die politisch (ver-)handelnden Akteur*innen mit welchem Rollenverständnis Sozialer Arbeit beziehen. Gemeint sind hier Vorstellungen über Gerechtigkeit und (Um-)Verteilung, Gesellschafts- und Wirtschaftsweisen, Risikoabsicherungen und Teilhabeermöglichungen (vgl. ebd., S. 6 ff.). Zudem entsteht die Frage, wie und mit welchen Wirkeffekten die Organisationen und Verbände, aber auch die Vertreter*innen der Wissenschaftsdisziplinen im Kontext Sozialer Arbeit sich in diese politischen Debatten einbringen.

1.2 Die Output-Ebene der wohlfahrtsstaatlichen Architektur

Das Ergebnis des politischen Ringens stellt die Manifestierung der Politikvorstellungen in Gesetzen, staatlichen Programmen, Maßnahmen etc. dar. Um Leistungen der *wohlfahrts*staatlichen Architektur handelt es sich, wenn der Staat somit „Verantwortung" für das „Wohlergehen" der Bürger*innen „in grundlegenden Belangen" (Kaufmann 1997, S. 21) übernimmt. Durch die wohlfahrtsstaatliche Rahmung ihrer Dienste und Einrichtungen ist Soziale Arbeit hinsichtlich der Armutsbekämpfung Teil einer stets ambivalenten Struktur zwischen Einschränkung und Ermöglichung des Kapitalismus (vgl. Kaufmann 2009, S. 266). Mit Georg Simmels über 100 Jahre zurückliegender Analyse der damaligen „modern-staatlichen Armenunterstützung" (1908/1992, S. 519) lässt sich eine auch heute gültige kritische Lesart wohlfahrtsstaatlicher „Hilfe gegen Not und Armut" (Kaufmann 1997, S. 22) entwickeln. Dieser geht es demnach nicht um die Beseitigung der Armutsproblematik, sondern lediglich um die Behebung der drängendsten sozioökonomischen Notlagen, sodass „die Differenzierung der Gesellschaft in Arme und Reiche" (Simmel 1908/1992, S. 518) fortbestehen kann. Eine optimistischere Haltung findet sich in Citizenship-soziologischen Ansätzen. Diese sehen den Wohlfahrtsstaat als Teil einer historischen Expansion von Individualrechten. Darin schwingt die Hoffnung mit, dass es zu einem fortwährenden Anwachsen der Rechtebündel kommt, von denen zunehmend mehr Bevölkerungsteile profitieren und wodurch mehr gesellschaftliche Gleichheit eintritt (vgl. Marshall 1949/1992, S. 53; kritisch: Lister 2010, S. 216 ff.).

Neben der Positionierung der Gesellschaftsmitglieder prägt der Wohlfahrtsstaat auch die Anordnung gesellschaftlicher Teilbereiche. Nach Adalbert Evers und Thomas Olk (1996) werden in der Wohlfahrtsstaatarchitektur Staat, Markt, Familie und Zivilgesellschaft hinsichtlich der Frage zueinander in Beziehung gesetzt, welche „Sektoren" (ebd., S. 23) welche Form von Wohlfahrt produzieren. Je nach Gesellschaft können sich diese „Konstellationen" (ebd., S. 27) und die damit zum Ausdruck gebrachten Leitbilder unterscheiden (vgl. Ullrich 2005, S. 40 ff.). Damit unterscheidet sich auch, mit welchen „Interventionsform[en]" (Kaufmann 2009, S. 90) der Wohlfahrtsstaat mit welcher Eingriffstiefe und in welchen Konfigurationen operiert. Differenzierbar sind Franz-Xaver Kaufmann zufolge Rechtsansprüche, Geldleistungen, Infrastruktur und personenbezogene soziale Dienstleistungen (vgl. ebd.).

An dieser Stelle des Kreislaufmodells lässt sich also im synchronen Sinne folgendes fragen: Teil welcher Konfigurationen wohlfahrtsstaatlicher *Interventionsformen* sind die vielfältigen Einrichtungen und Dienste Sozialer Arbeit mit welchen Aufträgen und von welchen wohlfahrtsstaatlichen Leitbildern und Zielstellungen werden diese hinsichtlich wie ausgelegter Armutsproblematiken gerahmt? Aus der diachronen Perspektive wird die Frage relevant, welche Verschiebungen der wohlfahrtsstaatlichen Architektur beobachtet werden können und wie diese abgebildet werden. Wird z. B. ein *neoliberaler* Abbau (vgl. Butterwegge 2017) oder ein *neosozialer* Umbau (vgl. Lessenich 2008) konstatiert? Inwiefern werden wohlfahrtsstaatliche Beständigkeiten (vgl. Sandermann 2010) oder tiefgreifende Umbauprozesse z. B. hin zu einer neuen Mitleidsökonomie (vgl. Kessl/Schoneville 2024) festgestellt?

1.3 Die Output-Ebene des in die Wohlfahrtsstaatsarchitektur eingelassenen Sozialsektors

Neben der Zuordnung zu den wohlfahrtsstaatlichen *Interventionsformen* kann die sozialpädagogische Praxis mit Kaufmann auch als „Sozialsektor" (1997, S. 23) mit „gewisse[r] Autonomie" (ebd.) beschrieben werden. Dieser sei zwar „staatlich reguliert" (ebd., S. 24), weise aber eine „eigene Professionalität" (ebd., S. 23) auf. Diese umschließt Trägerstrukturen, Dienste und Einrichtungen mit darin ablaufendem Fachkräftehandeln und einen um diese Praxis gelagerten akademischen Fachwissensbestand.

Dass an dieser Nahtstelle von wohlfahrtsstaatlicher Architektur und Sozialsektor Brüche und somit relevante Fragestellungen vorliegen können, zeigen Karin Böllert und Holger Ziegler:

> „Dass Soziale Arbeit als infrastrukturelle *Sozialinvestition* begründet wird, bedeutet noch lange nicht, dass sie ihre Nutzer:innen als Träger:innen von *Humankapital* adressiert, die produktiv zum ökonomischen Wohlstand beitragen sollen und nicht zum Beispiel als Bürger:innen mit sozialen Rechten und Bedarfen. Die Debatte um Soziale Arbeit als Infrastruktur ist insofern sozialpolitisch vorstrukturiert, aber fachlich noch keinesfalls entschieden" (2022, S. 9, Herv. i. O.).

Während Böllert und Ziegler nach dem *Inwiefern* der Durchsetzung gegenwärtig wirksamer sozialinvestiver Programmatiken in der Adressierung der Nutzer*innen durch sozialpädagogische Organisationen und Professionelle fragen, problematisiert Tanja Betz das Ungleichheitspotenzial, *wenn* sozialinvestive Wohlfahrtsstaatslogiken bei den Nutzer*innen sozialer Dienste ankommen. Sie argumentiert, dass es „Eltern in weniger privilegierten sozialen Positionen ungleich schwerer" (Betz 2022, S. 41) haben, wohlfahrtsstaatlichen Appellen nachzukommen, die sie auffordern, in das *Humankapital* ihrer Kinder zu investieren.

An dieser Stelle des politisch-wohlfahrtsstaatlichen Kreislaufmodells der sozialpädagogischen Armutsregulierung kann somit gefragt werden, wie sich Praxis und Forschung der Sozialen Arbeit zu den wohlfahrtsstaatlichen Rahmungen verhalten und wie sozialpädagogische Organisationen und Fachkräfte vor dem Hintergrund des wohlfahrtsstaatlichen Rahmens mit den Adressat*innen der sozialen Dienstleistungen in Beziehung treten.

2. Professions- und organisationsbezogene Zugangsweise einer sozialpädagogischen Armutsforschung

Diese Adressierungsprozesse zwischen Organisationen sozialer Dienste, ihren Fachkräften und Adressat*innen geschehen einerseits in und durch explizit armutsbezogene(n) Hilfen; andererseits kann Armut als Querschnittsthema verstanden werden, welches in allen sozialen Dienstleistungen eine, wenngleich unterschiedliche, Rolle spielt. Im Folgenden fokussieren wir beispielhaft auf einzelfallorientierte familienbezogene Angebote der Jugend- und Eingliederungshilfe. Diesem klassischen Feld Sozialer Arbeit kommt im Kontext umfassender Familienpolitik (vgl. Jurczyk 2018), veränderter Sorgeregime (vgl. Aulenbacher 2020) sowie des aktuellen Kinderarmutsdiskurses (vgl. Hübenthal 2018) eine besondere Relevanz als eine zentrale Antwort des Sozialstaats auf die Belastungen und Ressourcen von Eltern und Kindern zu. Eine professions- und organisationsbezogene Zugangsweise einer sozialpädagogischen Armutsforschung richtet ihren Blick auf Thematisierungen und Adressierungen von Armut in sozialen Diensten. Neben der Erforschung von Deutungen von Fachkräften, z. B. über die Bedarfe von Familien und Familienmitgliedern, ist es für eine sozialpädagogische Armutsforschung, die professions- und organisationsbezogen ausgerichtet ist, zudem zentral, auch Bearbeitungsweisen in den Blick zu nehmen, wobei Praktiken und Prozesse oder Wirkungen und Folgen relevant gesetzt werden können. Da diese stets als organisational hervorgebracht zu verstehen sind (vgl. Dahmen et al. 2023), richtet sich der Blick auch auf die organisationalen Strukturen.

2.1 Wahrnehmung und Bearbeitung von Armut durch Fachkräfte in sozialen Diensten

Die Erforschung professioneller Wahrnehmungs- und Deutungsmuster von Armut im sozialpädagogischen Feld erfährt seit einiger Zeit neue Aufmerksamkeit, insbesondere im Bereich der Kindertagesbetreuung (vgl. Simon et al. 2019). Im Folgenden beziehen wir uns auf zwei explorative, eng kooperierende Vorstudien, die an den Universitäten Mainz und Bielefeld mit dem Fokus auf das Feld von einzelfallorientierten familienbezogenen Hilfen in der Eingliederungs- und Jugendhilfe umgesetzt worden sind. Neben der Frage nach den Deutungen von familiären Bedarfen wurde der Blick auf Strategien und Formen ihrer Bearbeitung gerichtet. Die inhaltsanalytische Auswertung der Interviews mit Leitungskräften gibt erste Hinweise darauf, dass sich die Problemwahrnehmungen der Interviewten im Spannungsfeld von Kindeswohl(-Gefährdung), der Qualität der Eltern-Kind-Beziehung und der sozialstrukturellen Belastungen der Familien bewegen, Armutsbelastung also als *ein* potenziell relevanter Aspekt neben anderen für familienbezogene soziale Unterstützungsangebote wahrgenommen wird. Dabei zeigen sich zwei grundsätzlich verschiedene Muster der Deutung von Armut, die wir als ein *abstraktes* und ein *konkretes* Verständnis bezeichnen. In loser Kopplung dazu werden von den Interviewten in je unterschiedlicher Gewichtung drei Bearbeitungsweisen skizziert: Beratung und Vermittlung, Erziehung und Bildung sowie Betreuung und Entlastung.

Armut als abstraktes Problem

Zum einen wird Armut von den interviewten Praxisverantwortlichen als abstraktes Problem für Familien thematisiert: Prekäre Lebensbedingungen setzen Eltern generell unter vermehrten Stress, der auch Auswirkungen auf das Familienleben haben kann. Diese abstrakte Wahrnehmung von strukturellen Armutsbelastungen wird allerdings nicht in Bezug zu den eigenen Fällen und den konkreten Bedarfen dieser Familien gesetzt und damit auch nicht zum Gegenstand der eigenen Arbeit gemacht. Gefragt nach dem Umgang der Eltern mit den Herausforderungen ihres Alltags, wird dieser in den eigenen Hilfesettings häufig als individuelle Verantwortungs- und Kompetenzfrage verstanden: Wie die Eltern in den eigenen Angeboten ihren Familienalltag unter den prekären Bedingungen bewältigen, wird nicht auf den gegebenen materiellen und zeitlichen Ressourcenmangel der Eltern zurückgeführt, sondern als abhängig von Resilienz, Kreativität und Selbstdisziplin markiert. Die adäquate Unterstützung der Eltern besteht nach diesem Problemverständnis von Armut in Bildungsangeboten, die Eltern aktivieren sollen, ihre vielfältigen Produktions- und Reproduktionsaufgaben kompetenter umsetzen zu können. Defizitorientierten und pathologisierenden Bedarfsdiagnosen wird damit Vorschub geleistet, die auf den Umgang von Eltern mit Herausforderungen fokussieren und strukturelle Lösungsansätze zur finanziellen Besserstellung der Familie aus der eigenen Arbeit ausblenden. Stattdessen werden individualisierende Maßnahmen installiert, die eine adaptive Anpassung an die Verhältnisse forcieren. Prekäre Lebensbedingungen gelten somit als Privatsache der Familie, die nur im Falle einer attestierten Gefährdung des Kindeswohls relevant für die eigene Arbeit wird.

Armut als konkretes Problem

In anderen Interviews wird Armut als konkretes Problem für die betreuten Familien verstanden. Schwierigkeiten der Eltern bei der Bewältigung ihres Familienalltags werden dabei weniger als individuell verantwortetes Defizit gesehen, sondern als Passungsproblem familiärer Aufgaben, gesellschaftlicher Ungleichheiten und den Möglichkeiten und Erfordernissen anderer relevanter Organisationen und Leistungen, in die Familien eingebunden sind bzw. sein sollten. Mit dieser Belastungsperspektive rücken auch die Zeitressourcen der Familien in den Fokus: Mangelnde Zeitressourcen von Eltern(-teilen) werden als Barriere für eine existenzsichernde Berufstätigkeit thematisiert, ebenso wie die Verschärfung von Zeitdilemmata in Zusammenhang mit Infrastrukturproblemen hinsichtlich Betreuungskonzepten oder Mobilität gebracht wird. Diese Deutung von Armut geht eher damit einher, dass die Erschließung weiterer Ressourcen für die Familien durch Beratung und Vermittlung einen wichtigen Bestandteil der Arbeit ausmacht, neben den konkreten Entlastungsangeboten durch eine Betreuungsübernahme. Die Grenzen der eigenen Unterstützungsmöglichkeiten aufgrund der zur Verfügung stehenden strukturellen Ressourcen werden dabei durchaus gesehen und kristallisieren sich insbesondere auch im Hinblick auf Zeitressourcen heraus. In welcher Weise sich die geschilderten Deutungen und Bearbeitungsweisen zwischen Aktivierung, Adaption und Entlastung von Eltern und Familien in den verschiedenen Hilfesystemen und Hilfearten darstellen und systematisch oder punktuell unterscheiden, stellt eine offene empirische Frage dar, die Gegenstand weiterer sozialpädagogischer Armutsforschung sein könnte. In diesem Zusammenhang rückt mit Blick auf professionelle Deutungen und Bearbeitungsweisen von Armut auch die Frage nach Unterschieden zwischen Organisationen gleicher Systeme und Leistungen in den Blick.

2.2 Armutsbearbeitung durch soziale Dienste als organisationale Praxis

Die beschriebenen Deutungsmuster und Bearbeitungsstrategien richten sich auf unterschiedliche Bedarfe und Verständnisse von ihren Ursachen, schreiben Adressat*innen und Mitarbeitenden Verantwortung (nicht) zu und nehmen so soziale und moralische Positionierungen vor (vgl. Klatetzki 2019). In den Ergebnissen unserer explorativen Studien werden Unterschiede dahingehend erkennbar, dass und wie sich diese Deutungen als organisationale Deutung und Praxis darstellen. So sehen sich manche Fachkräfte dafür verantwortlich, die ihnen organisational zugestandene Autonomie je individuell und punktuell für die Unterstützung der Familien zu nutzen (z. B. mit dem Aktivieren privater Kontakte in andere Dienste und Behörden), während andere über die Grenzen ihrer Organisationsmitgliedschaft hinaus aktiv werden (z. B. über die vertraglich geregelte Arbeitszeit hinaus als nicht-geteilte organisationale Routine). Eine dritte Variante stellt die Relevanzsetzung und Bearbeitung der materiellen Lebensbedingungen der Familien mittels institutionalisierter Austauschformate und weiterer Kooperationsformen mit anderen Organisationen dar. Dafür, wie das professionelle Handeln zur Erweiterung der Ressourcen der Familien beitragen kann, erweist es sich als entscheidend, wie diese Praktiken oder Routinen in der Organisation verankert sind und inwiefern dabei die Bearbeitung der Armutslage als Teil der Erwartungsstruktur der Organisation gelten kann, also für Familien in sozialen Diensten dauerhaft erwartbar wird.

Die Rolle der Dauer von Hilfeleistungen sowie ihres jeweiligen zeitlichen Umfangs bringt die Zeitdimension auf der organisationalen Ebene als relevante Größe ins Spiel. Neben den zeitlichen Belastungen von Familien in Armutslagen sowie der zeitbezogenen Passung der sozialpädagogischen Hilfen und Angebote zu den familialen Bedarfen und Alltagsstrukturen wird die übergeordnete Struktur durch die Konzeptionierung der Hilfen als lang- oder kurzfristig bzw. umfassend-intensiv oder punktuell in zeitlicher Hinsicht relevant. Dabei liegen nicht nur regional spezifische Ausprägungen vor, sondern auch formale und informale Strukturierungen innerhalb verschiedener Hilfesysteme. So sind z. B. Wohnangebote im SGB IX traditionell langfristig ausgerichtet, während stationäre Hilfen im SGB VIII grundsätzlich mit einer zeitlichen Befristung angelegt sind – eine Herausforderung auch hinsichtlich der Reformansprüche einer inklusiven Kinder- und Jugendhilfe (vgl. Albus/Ritter 2023).

Insgesamt müssen die Auswirkungen auf die Lebenssituationen der Adressat*innen als intendierte und nicht-intendierte Folgen sozialer Dienste (vgl. Dollinger/Weinbach 2020) ebenso Teil einer sozialpädagogischen Armutsforschung sein wie das relationale Verhältnis der Perspektiven der Adressat*innen zu den professionellen und organisationalen Deutungs- und Bearbeitungsmustern. Im Zentrum steht die sozialpädagogische Kernfrage, wie unter Bedingungen gesellschaftlicher Ungleichheit und im Kontext institutioneller Machtverhältnisse Handlungsmöglichkeiten erweitert werden (vgl. Bitzan/Bolay 2016; Wolf 2012).

3. *Das Subjekt* als Sinnkern sozialpädagogischer Armutsforschung

Der Begriff des Subjekts stellt eine zentrale sozialpädagogische Kategorie dar, die quer zu den zuvor fokussierten Inblicknahmen liegt. Gerade weil sie eine zentrale Kategorie darstellt, lässt sich davon ausgehen, dass der sozialpädagogische Blick auf Armut sich insgesamt durch einen dezidierten Bezug auf die Kategorie des Subjekts (bzw. der Subjektivierung) auszeichnet. Die Referenz auf die Kategorie *des Subjekts* ist dabei etwas anderes und mehr als sich unter einer Untersuchungsperspektive auf subjektive, individuelle Wahrnehmung von Armut subsumieren lassen würde. Es geht um eine Perspektive, die den Begriff des Subjekts als Selbst-Welt-Verhältnis im Sinne einer komplexen (und widersprüchlichen) Vermittlung von Individuum und Gesellschaft denkt.

Ebendiese Relationierung von Individuum und Gesellschaft ist für die *sozialpädagogische* Armutsforschung nicht beliebig oder zufällig. Denn für die Sozialpädagogik – und somit insbesondere für eine sozialpädagogische Armutsforschung – erscheint es als fundamental, die *objektive Lebenslage* und ihre materiellen Bedingungen im Zusammenhang mit und im Verhältnis zur Bedeutung für die jeweiligen Menschen zu sehen – also auf die Verschränkung von Gesellschaft und Individuum hinzuweisen und systematisch wie empirisch nach ihrer konkreten Auswirkung zu fragen. Auf ebendiese Verschränkung verweist der Begriff des Subjekts. Insofern begründet sich eine *sozialpädagogische* Armutsforschung gerade in dieser spezifischen Relevanzsetzung und Relationierung von Subjekt und Armut. Dies ist bei all ihrer Unterschiedlichkeit nicht nur der gemeinsame Einsatzpunkt subjekt- und subjektivierungstheoretischer Überlegungen, sondern – so die hier vertretene These – auch eine prinzipielle Notwendigkeit einer sozialpädagogischen Blickweise auf Armut.

Gleichwohl muss festgehalten werden, dass die unterschiedlichen Subjekt- und subjektivierungstheoretischen Ansätze von zum Teil sehr unterschiedlichen Prämissen und Einsatzpunkten ausgehen. Zur Illustration sollen zwei prominent vertretene Positionen kurz umrissen werden.

3.1 Anerkennungstheoretische Ansätze: Armut und Ausgrenzung als Beschämung und Missachtung

Anerkennungstheoretische Überlegungen, wie sie mit Axel Honneth verbunden sind, gehen stärker von den Subjekten selbst sowie den Anerkennungs- und Missachtungserfahrungen, die sie in Gesellschaft machen, aus. Der zentrale Gedanke der anerkennungstheoretischen Überlegungen von Axel Honneth (1992/2003) besteht darin, dass die Grundlage sozialer Existenz in der wechselseitigen Abhängigkeit der jeweiligen Individuen liegt. Erst durch Anerkennung seien Subjekte in der Lage, ein Verhältnis zu sich selbst zu entwickeln. Gesellschaft ist dabei als eine Konstellation zu denken, in der sich mit wechselseitiger Anerkennung begegnet wird bzw. diese Anerkennung jeweils auch ausbleiben kann. Der Begriff des Subjekts kann dabei als praktisches Selbstverhältnis in der Welt gedacht werden. Dieses wird durch die Erfahrungen des Subjektes geprägt; sie haben somit auch eine biografische Komponente.

Während Anerkennung für Honneth bestätigend ist und dazu führt, dass Subjekte positive Selbstbeziehungen entwickeln können, gefährden Missachtungserfahrungen genau diese Selbstbeziehungen. Im alltäglichen Sprachgebrauch verweisen z. B. Begriffe wie *Beleidigung* und *Erniedrigung* auf die Verletzung der Integrität eines Menschen. Honneth systematisiert diese Formen der Verletzungen nun als Angriffe auf das elementare Selbstvertrauen, die moralische Selbstachtung sowie das Selbstwertgefühl (vgl. Honneth 2000).

Im Kontext von Armut und Ausgrenzung gedacht, können die vorstehend formulierten anerkennungstheoretischen Überlegungen als eine analytische Folie aufgefasst werden, mit der versucht wird, gesellschaftliche Wirklichkeit zu erklären. Dabei erscheinen z. B. Armut und soziale Ausgrenzung innerhalb einer so beschriebenen Wirklichkeit nicht mehr nur als ein Fehlen von finanziellen Ressourcen oder als Abwesenheit von Erwerbsarbeit oder Bildungstiteln. Vielmehr werden die materielle Ausstattung und gesellschaftliche Einbettung anerkennungstheoretisch reformuliert und in ihrer Bedeutung für das Subjekt gedacht. Armut und soziale Ausgrenzung werden hier als Missachtung und Beschämung (vgl. Schoneville 2013) denkbar und können hinsichtlich der Einschränkung von Freiheit der Entfaltung von Individuen reflektiert werden. Diese Beschränkungen erscheinen dabei wiederum nicht nur als äußerliche Einschränkungen der Lebenslage, sondern als durch Erfahrungen der Missachtung in die Subjekte eingeschrieben. Es wird so eine Verbindung zwischen den gesellschaftlichen Erfahrungen der Armut und deren Bedeutung für die praktischen Selbstverhältnisse denkbar. Empirisch zeigt sich dies u. a. darin, dass Menschen von Situationen, in denen ihre Armutsbetroffenheit relevant wird, als für sie beschämend berichten. Darüber hinaus zeigt sich, dass diese beschämenden Situationen den Subjekten die Möglichkeit nehmen, sich (in dieser Hinsicht) positiv auf sich selbst zu beziehen. In Interviews mit armutsbetroffenen Eltern zeigt sich, dass Menschen sich in ihrer Fähigkeit, gute Eltern sein zu können, hinterfragt sehen, sich nicht als *ganze* Bürger*innen verstehen und thematisieren, dass sie das Gefühl verloren haben, ein wertvoller Teil der Gesellschaft zu sein (vgl. Schoneville 2017).

3.2 Poststrukturalistische Ansätze: Kämpfe ums Möglichwerden

Poststrukturalistische Ansätze hingegen stellen die Anrufung in gesellschaftliche Ordnungen an den Anfangspunkt und betrachten davon ausgehend die machtvollen Prozesse, in denen sich Subjektivierungen realisieren sowie deren Konsequenzen für die Möglichkeiten und Unmöglichkeiten, zum intelligiblen Subjekt zu werden (vgl. Butler 2006, 2010). So besteht der zentrale Einsatzpunkt einer poststrukturalistischen Subjektivierungstheorie gerade in der Annahme,[2] dass gesellschaftliche Macht- und Herrschaftsverhältnisse kein vorgängig autonomes Subjekt unterdrücken, sondern vielmehr erst die Bedingung seiner Existenz darstellen. Subjekte sind nicht einfach innerhalb gesellschaftlicher Verhältnisse *situiert*, sondern vielmehr bilden sich Subjekte erst durch und in diesen Verhältnissen. Statt nach dem (Wesen des) Subjekt(s) zu fragen, soll es darum gehen, „das (konkrete) [und kontingente, d. A.] Werden und Gewordensein von (konkreten) Subjekten" (Saar 2013, S. 17) zu betrachten.

Damit diese Perspektive auf die Hervorbringung und das Werden von Subjekten im Kontext von sozialer Ungleichheit und Armut als weiterführend gelten kann, ist nun entscheidend, dass nicht nur in den Blick genommen wird, *wie* In-

---

2 Die hier formulierten Überlegungen finden sich (in deutlich ausführlicherer Form) ebenfalls in der Dissertationsschrift *Prekäre Subjektivierung* von Phries Künstler (2022).

dividuen zu Subjekten werden, sondern auch, wer *nicht* zum Subjekt wird bzw. werden kann und, damit verbunden, *welcher Preis* zu zahlen ist, um zum Subjekt zu werden. Da Subjektivierung als das Ergebnis vielgestaltiger Grenzziehungsprozesse betrachtet werden muss, wirkt die Bedrohung, verworfen zu werden, also auf einen Platz *außerhalb des Intelligiblen* verwiesen zu sein, in Prozessen der Subjektwerdung produktiv: Sie fordert dazu auf, den Preis für die eigene Intelligibilität auch zu zahlen, wobei sie zugleich den sozialen Raum hierarchisch strukturiert. Zum Subjekt zu werden, ist ein in unterschiedlichem Maße umkämpfter Prozess, wobei sich Prozesse prekärer Subjektivierung dadurch charakterisieren lassen, dass bei ihnen die Gefahr der Verwerfung dauerhaft präsent ist. Es sind Prozesse, in denen permanent *Kämpfe ums Möglichwerden* stattfinden, also Anstrengungen unternommen werden müssen, die eigene Intelligibilität zumindest partiell zu sichern, die in ihrer Konsequenz mit Positionierungen im sozialen Raum und (Un-)Möglichkeitsbedingungen von Kritik einhergehen.

Es ist die Betrachtung solcher *Kämpfe ums Möglichwerden* (vgl. Künstler 2022, S. 159 ff.) und den damit verbundenen Grenzziehungsprozessen, die mithilfe einer ungleichheitssensiblen (bzw. macht- und herrschaftskritischen) poststrukturalistischen Perspektive besser verstanden sowie theoretisch und empirisch in den Blick genommen werden können. Für die Armutsforschung ermöglicht diese analytische Folie, die gegenseitige Bedingtheit von Handlungsfähigkeit und gesellschaftlicher Positionierung ernst zu nehmen und genauer danach zu fragen, *wie, auf welche unterschiedlichen Weisen und mit welchen Konsequenzen* eine anerkannte/intelligible Subjektposition im Kontext von Armut (immer wieder) erkämpft werden muss. Es gerät damit die Verschränkung von materieller und symbolischer Dimension von Armut in den Blick und es kann deutlich werden, inwieweit Armut, insbesondere in der gegenwärtigen Ausgestaltung des Neoliberalismus, aber auch prinzipiell, als machtvolle Selbstregierungsweise funktioniert. So lässt sich mit Blick auf Prozesse prekärer Subjektivierung im Kontext von Armut z. B. nachvollziehen, in welcher Weise gesellschaftliche Debatten um Familien- und Kinderarmut in den Perspektiven, Umgangsstrategien und Selbstverständnissen von Personen, die in Armut leben, Niederschlag finden. So kann zum einen *der Art der Wirksamkeit* von gesellschaftlichen Diskursen und alltäglichen Ansprachen, aber auch sozialpädagogischen Programmen nachgegangen werden. Zum anderen kann zugleich auf damit einhergehende Fragen hinsichtlich der unterschiedlichen Umgangsweisen mit den darin enthaltenden Adressierungen als auch den (Un-)Möglichkeiten von Widerstand *in ihrem Vollzug* geblickt werden. Empirisch zeigt sich so z. B., wie stark die Wirkmächtigkeit und Durchsetzung der Leitprinzipien Aktivität und Verantwortlichkeit im Kontext von Armut gegenwärtig ist, wenn sich Interviewte im Kontext von Erwerbslosigkeit und Mutterschaft immer wieder davon abgrenzen, zur Teilnahme an einer sozialpädagogischen Maßnahme verpflichtet worden zu sein, da sie sich des Vorwurfs verwehren wollen, *etwas nur wegen des Gelds zu machen*. Darüber hinaus zeigt sich, dass diese gesellschaftlichen Positionen für die betroffenen Menschen damit einhergehen, dass es nachdrücklich erschwert ist, die eigene Situation (auch) als Effekt einer gesellschaftlichen Lage zu begreifen, und diese zu kritisieren und/oder diesbezügliche Solidarität einzufordern (vgl. Künstler 2022, S. 229 ff.).

3.3 Subjekte: Verletzbarkeit und Handlungsfähigkeit im Kontext von Armut

In den vorstehenden Betrachtungen sind zentrale Unterschiede zwischen anerkennungstheoretischen Konzeptionierungen des Subjektbegriffs und poststrukturalistischen Konzeptionen der Subjektivierung umrissen worden. Trotz dieser theoriesystematischen Unterschiede können, wie einleitend angedeutet, auch einige Gemeinsamkeiten ausgemacht werden. Als eine zentrale Gemeinsamkeit zwischen den unterschiedlichen Positionen kann vermerkt werden, dass es in den theoretischen Positionen sowohl darum geht, die generelle Vulnerabilität als auch die spezifische Prekarität als (ein bestimmtes) Subjekt zu benennen, ohne jedoch die Handlungsfähigkeit der Betroffenen zu negieren. Durchaus mit unterschiedlicher Fokussierung, aber dennoch mit einem ähnlichen Impetus, wird dabei versucht, die Verletzbarkeit durch und in gesellschaftliche(n) Verhältnisse(n) sichtbar zu machen und zugleich in den Blick zu nehmen, wie trotz, wegen und gegen diese Verhältnisse kritische Bezugnahmen auf die Bedingungen des eigenen Seins existieren. Es geht um die Frage, wie Handlungsmacht verunmöglicht und ermöglicht wird – angesichts von gesellschaftlichen Bedingungen, in denen unterschiedliche Subjekte in sehr unterschiedlichem Maße als schützenswert erscheinen und geschützt werden. Dabei wird die Bedingtheit von gesellschaftlicher Lage sowie *Subjekt werden* und *Subjekt sein können* ernst genommen. Gerade eine solche Perspektive scheint uns den Kern einer sozialpädagogischen Armutsforschung auszumachen.

4. Sozialpädagogische Armutsforschung – eine Zukunftsaufgabe

Die kurzen Skizzen in den vorangegangenen Abschnitten haben mit jeweils unterschiedlichen Bezügen Elemente einer sozialpädagogischen Armutsforschung illustriert. Sie selbst stellen noch keine umfassende Systematisierung des Programms einer sozialpädagogischen Armutsforschung sowie deren theorie-systematische Einbettung dar. Das disziplinäre Ringen um eine solche Systematisierung, die auch diesen Beitrag prägt, steht aus unserer Sicht jedoch dringend an.

Literatur

Albus, Stefanie/Ritter, Bettina (2023): Inklusionsbaustellen bei der Unterbringung kleiner Kinder. In: Dialog Erziehungshilfe 23, H. 3, S. 12–19.

Aulenbacher, Brigitte (2020): Auf neuer Stufe vergesellschaftet: Care und soziale Reproduktion im Gegenwartskapitalismus. In: Becker, Karina/Binner, Kristina/Décieux, Fabienne (Hrsg.): Gespannte Arbeits- und Geschlechterverhältnisse im Marktkapitalismus. Geschlecht und Gesellschaft. Wiesbaden: Springer VS, S. 125–148.

Betz, Tanja (2022): Leitbilder „guter Kindheit". In: Aus Politik und Zeitgeschichte 72, H. 13–14, S. 41–47.

Bitzan, Maria/Bolay, Eberhard (2016): Soziale Arbeit – die Adressatinnen und Adressaten. Leverkusen/Opladen/Berlin/Toronto: Barbara Budrich.

Böhnisch, Lothar/Schröer, Wolfgang/Thiersch, Hans (2005): Sozialpädagogisches Denken. Weinheim/München: Juventa.

Böllert, Karin/Ziegler, Holger (2022): Einleitung in den Blickpunkt Infrastruktur. In: Soziale Passagen 14, H. 1, S. 5–11.

Bourdieu, Pierre (2010): Politik. Schriften zur Politischen Ökonomie 2. Hrsg. v. Franz Schultheis und Stephan Egger. Konstanz: UVK.

Bundesministerium für Familie, Senioren, Frauen und Jugend (BMFSFJ) (2021): Neunter Familienbericht. Eltern sein in Deutschland. Berlin: BMFSFJ.

Butler, Judith (2006): Haß spricht. Zur Politik des Performativen. Frankfurt a. M.: Suhrkamp.

Butler, Judith (2010): Raster des Krieges. Warum wir nicht jedes Leid beklagen. Frankfurt a. M./New York: Campus.

Butterwegge, Christoph (2017): Rechtfertigung, Maßnahmen und Folgen einer neoliberalen (Sozial-)Politik. In: Butterwegge, Christoph/Lösch, Bettina/Ptak, Ralf (Hrsg.): Kritik des Neoliberalismus. Wiesbaden: VS Verlag für Sozialwissenschaften, S. 123–200.

Dahmen, Stephan/Henn, Sarah/Mohr, Simon/Ritter, Bettina (2023): Forschungsperspektiven auf organisational kontextualisierte Professionalität. In: Kommission Sozialpädagogik (Hrsg.): Sozialpädagogische Professionalität in der Krise? Weinheim/Basel: Beltz Juventa, S. 71–84.

Dollinger, Bernd/Weinbach, Hanna (2020): Folgen sozialer Hilfen. In: Soziale Passagen 12, H. 1, S. 179–184.

Evers, Adalbert/Olk, Thomas (1996): Wohlfahrtspluralismus – Analytische und normativ-politische Dimensionen eines Leitbegriffes. In: Evers, Adalbert/Olk, Thomas (Hrsg.): Wohlfahrtspluralismus. Vom Wohlfahrtsstaat zur Wohlfahrtsgesellschaft. Leverkusen/Opladen: Westdeutscher, S. 9–62.

Groh-Samberg, Olaf (2019): Ökonomische Ungleichheiten: Armut und Reichtum. In: Obinger, Herbert/Schmidt, Manfred G. (Hrsg.): Handbuch Sozialpolitik. Wiesbaden: Springer Fachmedien, S. 833–862.

Hammerschmidt, Peter/Tennstedt, Florian (2012): Der Weg zur Sozialarbeit: Von der Armenpflege bis zur Konstituierung des Wohlfahrtsstaates in der Weimarer Republik. In: Thole, Werner (Hrsg.): Grundriss Soziale Arbeit. Wiesbaden: Springer VS, S. 73–86.

Hanesch, Walter (2015): Armut und Armutspolitik. In: Otto, Hans-Uwe/Thiersch, Hans (Hrsg.): Handbuch Sozialarbeit/Sozialpädagogik. München/Basel: Ernst Reinhardt, S. 81–90.

Heinrich, Lea/Volf, Irina (2022): (Über-)Leben mit 28. AWO-ISS-Langzeitstudie zur Kinderarmut: Übergang ins junge Erwachsenenalter und Bewältigung der Corona-Krise. Frankfurt a. M.: ISS e. V.

Honneth, Axel (1992/2003): Kampf um Anerkennung. Zur moralischen Grammatik sozialer Konflikte (2). Frankfurt a. M.: Suhrkamp.

Honneth, Axel (2000): Die soziale Dynamik von Missachtung. Zur Ortsbestimmung einer kritischen Gesellschaftstheorie. In: Honneth, Axel (Hrsg.): Das Andere der Gerechtigkeit. Frankfurt a. M.: Suhrkamp, S. 88–109.

Hübenthal, Maksim (2018): Soziale Konstruktionen von Kinderarmut. Sinngebungen zwischen Erziehung, Bildung, Geld und Rechten. Weinheim/Basel: Beltz Juventa.
Jurczyk, Karin (2018): Familienpolitik. In: Böllert, Karin (Hrsg.): Kompendium Kinder- und Jugendhilfe. Wiesbaden: Springer VS, S. 1598–1615.
Kaufmann, Franz-Xaver (1997): Herausforderungen des Sozialstaates. Frankfurt a. M.: Suhrkamp.
Kaufmann, Franz-Xaver (2006): „Verantwortung" im Sozialstaatsdiskurs. In: Heidbrink, Lutger/Hirsch, Alfred (Hrsg.): Verantwortung in der Zivilgesellschaft. Zur Konjunktur eines widersprüchlichen Prinzips. Frankfurt a. M.: Campus, S. 39–60.
Kaufmann, Franz-Xaver (2009): Sozialpolitik und Sozialstaat. Soziologische Analysen. Wiesbaden: VS Verlag für Sozialwissenschaften.
Kessl, Fabian/Schoneville, Holger (2024): Mitleidsökonomie. Weinheim/Basel: Beltz Juventa.
Klatetzki, Thomas (2019): Narrative Praktiken. Die Bearbeitung sozialer Probleme in den Organisationen der Kinder- und Jugendhilfe. Weinheim/Basel: Beltz Juventa.
Künstler, Phries S. (2022): Prekäre Subjektivierung. ‚Kämpfe ums Möglichwerden' im Kontext von Mutterschaft und Erwerbslosigkeit. Bielefeld: transcript.
Leibfried, Stephan/Leisering, Lutz/Buhr, Petra/Ludwig, Monika/Mädje, Eva/Olk, Thomas/Voges, Wolfgang/Zwick, Michael (1995): Zeit der Armut. Lebensläufe im Sozialstaat. Frankfurt a. M.: Suhrkamp.
Lessenich, Stephan (2008): Die Neuerfindung des Sozialen. Der Sozialstaat im flexiblen Kapitalismus. Bielefeld: transcript.
Lister, Ruth (2010): Understanding Theories and Concepts in Social Policy. Bristol: Policy Press.
Lorenz, Friederike/Magyar-Haas, Veronika/Neckel, Sighard/Schoneville, Holger (2018): Scham in Hilfekontexten. Zur Beschämung der Bedürftigkeit. In: Kommission Sozialpädagogik (Hrsg.): Wa(h)re Gefühle: sozialpädagogische Emotionsarbeit im wohlfahrtsstaatlichen Kontext. Weinheim/Basel: Beltz Juventa, S. 216–232.
Marshall, Thomas H. (1949/1992): Bürgerrechte und soziale Klassen. Zur Soziologie des Wohlfahrtsstaates. Hrsg. v. Elmar Rieger. Frankfurt a. M.: Campus.
Olk, Thomas (2009): Ungleichheit und Gerechtigkeit im Generationenverhältnis. Sind Kindheit und Kinder die Verlierer der Sozialstaatsreform? In: Honig, Michael-Sebastian (Hrsg.): Ordnungen der Kindheit. Problemstellungen und Perspektiven der Kindheitsforschung. Weinheim/München: Juventa, S. 127–153.
Pfau-Effinger, Birgit (2009): Wohlfahrtsstaatliche Politiken und ihre kulturellen Grundlagen. In: Österreichische Zeitschrift für Soziologie 34, H. 3, S. 3–21.
Saar, Martin (2013): Analytik der Subjektivierung. Umrisse eines Theorieprogramms. In: Gelhard, Andreas/Alkemeyer, Thomas/Ricken, Norbert (Hrsg.): Techniken der Subjektivierung. München: Fink, S. 17–27.
Sandermann, Phillipp (2010): Die Kontinuität im Wandlungsprozess des bundesrepublikanischen Wohlfahrtssystems. In: neue praxis 40, H. 5, S. 447–464.
Schoneville, Holger (2013): Armut und Ausgrenzung als Beschämung und Missachtung. In: Soziale Passagen. Journal für Empirie und Theorie sozialer Arbeit 5, H. 1, S. 17–35.
Schoneville, Holger (2017): Armut und Schamgefühl. Emotionaler Ausdruck gesellschaftlicher Teilhabe unter den Bedingungen von Ausgrenzung. In: Sozialmagazin 42, H. 7–8, S. 31–39.
Simmel, Georg (1908/1992): Der Arme. In: Simmel, Georg: Soziologie. Untersuchungen über die Formen der Vergesellschaftung. Gesamtausgabe. Band 11. Rammstedt, Otthein (Hrsg.). Frankfurt a. M.: Suhrkamp, S. 512–555.
Simon, Stephanie/Prigge, Jessica/Lochner, Barbara/Thole, Werner (2019): Deutungen von Armut. Pädagogische Thematisierungen von und Umgangsweisen mit sozialer Ungleichheit in Kindertageseinrichtungen. In: neue praxis 49, H. 5, S. 395–415.
Statista (2023): Armutsgefährdungsquote in Deutschland von 2005 bis 2022. de.statista.com/statistik/daten/studie/72188/umfrage/entwicklung-der-armutsgefaehrdungsquote-in-deutschland (Abfrage: 05.06.2024).

Statista (2024): Anteil der von Armut oder sozialer Ausgrenzung betroffenen Bevölkerung in Deutschland nach Alter und Geschlecht im Jahr 2023. de.statista.com/statistik/daten/studie/244865/umfrage/von-armut-oder-sozialer-ausgrenzung-betroffene-bevoelkerung-in-deutschland (Abfrage: 05.06.2024).

Ullrich, Carsten (2005): Soziologie des Wohlfahrtsstaates. Eine Einführung. Frankfurt a. M.: Campus.

Wolf, Klaus (2012): Sozialpädagogische Interventionen in Familien. Weinheim/Basel: Beltz Juventa.

Psychoanalyse – eine zeitgemäße Perspektive für sozialpädagogische Forschung?

Marie Frühauf, Sarah Henn, Lisa Janotta, Margret Dörr und Lara Spiegler

1. Die spannungsreiche Beziehung zwischen Psychoanalyse und Sozialpädagogik

Ein Blick auf die historischen Berührungspunkte von Sozialpädagogik und Psychoanalyse zeigt, dass die Psychoanalyse immer wieder ein neuralgischer Punkt in der Sozialpädagogik war. Gerade in frühen sozialpädagogischen Perspektiven ist sie nicht wegzudenken, etwa in Siegfried Bernfelds sozialpädagogischen Schriften zur Heimerziehung und Jugendforschung (vgl. Bernfeld 1996). Und auch in den Professionalisierungsbestrebungen – wie z. B. der *Sozialen Diagnosen* Mary Richmonds (1917; vgl. auch Büttner/Finger-Trescher/Scherpner 1993) findet sie Beachtung. Spätere Überlegungen zur Disziplinentwicklung und Fallarbeit schreiben der Psychoanalyse historische (vgl. Mennicke 1937/2001) und grundlagentheoretische (vgl. Kraus 1950) Bedeutung zu. Nach 1968 erfuhren die psychoanalytischen Bezüge insbesondere durch die sozialen Bewegungen sowie deren Bezugnahmen auf die frühen Theoretiker der Frankfurter Schule (Adorno, Horkheimer, Marcuse, Fromm) auch in der Sozialen Arbeit neue Aufmerksamkeit.

Dennoch war und ist die Beziehung zwischen Psychoanalyse und Sozialpädagogik nicht ohne Ambivalenz. Eine kritische Reflexion des Verhältnisses gesellschaftlicher Realitäten, psychoanalytischer Theorie und der sozialpädagogischen Disziplin reicht über das simplifizierende Argument, Freud sei doch längst überholt und daher kein zeitgemäßer Referenzpunkt mehr, hinaus. So wurden bereits in den 1990er-Jahren Sorgen um eine nicht zu unterschätzende Gefahr der Psychologisierung sozialer Probleme und Pathologisierung gesellschaftlicher Verhältnisse laut. Dieses Unbehagen bewahrheitete sich insbesondere dort, wo Psychoanalyse als klinische Methode unkritisch auf sozialpädagogische Felder übertragen wurde. Somit stand die einseitige Berufung der Sozialpädagogik/Sozialarbeit auf eine klinische Psychoanalyse als „Hilfswissenschaft" in der Kritik, die lediglich eine bessere Einsicht in die psychische Verfasstheit der Adressat*innen versprach. Hierin sah Müller nicht nur eine Degradierung der Psychoanalyse selbst, sondern auch die Tendenz, die Eigenlogik sozialpädagogischen Handelns einer therapeutischen Perspektive auf die Adressat*innen zu unterwerfen (vgl. Müller 1995, S. 35 f.). Ganz ähnlich sah Margrit Brückner die „Verführung" der Sozialen Arbeit durch die Psychoanalyse

> „in dem Gefühl, mit einem zusätzlich erworbenen therapeutischen Handwerkszeug endlich etwas ausrichten zu können, wirklich Veränderungen bei den Betroffenen einzuleiten und zwar unter Umgehung geronnener gesellschaftlicher Strukturen und daraus erwachsender individueller Verkümmerung" (Brückner 1990, S. 73).

Diese Einwände sind 30 Jahre später im Angesicht einer neoliberal befeuerten „Therapeutisierung des Sozialen" (Anhorn/Balzereit 2016; vgl. Dörr/Kratz 2020) wieder mehr als aktuell. Im Anschluss an Eva Illouz und Michel Foucault, wird sie als wesentlicher Motor eines Aufstiegs des Therapeutischen begriffen und entsprechend als spezifische Form von Selbsttechniken auf ihre Machtwirkungen befragt (vgl. Rau 2018, S. 322). Das „Unzeitgemäße" psychoanalytischer Perspektiven ergibt sich aus solchen kritischen Einwänden daher gerade aus der Annahme ihrer Passung zur gegenwärtigen Konjunktur des Therapeutischen. Psychoanalyse erscheint gewissermaßen als „zu zeitgemäß", als Teil einer problematischen gesellschaftlichen Tendenz, in der die therapeutische Regulierung von Selbstverhältnissen als neue mikropolitische Form der Macht erscheint.

Jedoch lässt sich hier zum einen einwenden, dass die Psychoanalyse in der gegenwärtigen Verbreitung therapeutischer Verfahren in der Sozialen Arbeit gegenüber behavioralen und systemischen Ansätzen eher eine untergeordnete Rolle spielt (vgl. Anhorn/Balzereit 2016, S. 5, FN 2). Ihre zeitintensiven Prozesse erscheinen heute unter den Bedingungen gesellschaftlicher Ökonomisierung als zu wenig effizient (vgl. Janta/Walz-Pawlita/Unruh 2014). Zum anderen erkannten Müller wie Brückner trotz ihrer kritischen Einwände in der Psychoanalyse auch ein kritisches Potenzial für die Sozialpädagogik/Sozialarbeit. So kann die Psychoanalyse als Instrument der Selbstreflexion fruchtbar gemacht werden, das gerade entgegen neoliberaler Selbsttechniken die affektive Verstrickung von Professionellen mit gesellschaftlichen Grenzen der Erziehung in Beziehung setzt, und auf diese Weise im besten Sinne selbstaufklärend zu wirken vermag (vgl. Müller 1995, S. 37; Brückner 1990). In solche selbstreflexiven Bezugnahmen ist die Reflexion gesellschaftlicher Verhältnisse etwa über Bernfelds Begriff des sozialen Ortes als Affektstätte (vgl. Bernfeld 1929/2012) eingeschrieben. Darüber hinaus erkennt Müller auch ein systematisches Argument für eine Bezugnahme auf die Psychoanalyse durch die Sozialpädagogik: Ihre integrale Perspektive auf die Bedeutung gesellschaftlicher Verhältnisse für die Individuen ist für die sozialpädagogische Theoriebildung insofern attraktiv, da es ihr gerade

„um die Schnittpunkte subjektiver und objektiver Bedingungen gehen [muss], unter denen in unserer Gesellschaft ‚Wachstum von Seele' wie Chancen zum ‚brauchbaren Menschen' ermöglicht und genutzt, versagt und verspielt werden" (Müller 1995, S. 47).

Daran anschließend sehen wir in psychoanalytischen Perspektiven ein Potenzial für sozialpädagogische Fragestellungen, da sie das Unbewusste als konflikthaftes und ambivalentes Moment eines jeden Individuums und seines Verhältnisses zur jeweiligen Gesellschaft zur anthropologischen Ausgangsannahme nehmen. In diesem Sinn ist sie anschlussfähig an die zentrale sozialpädagogische „Annahme eines konflikthaften Charakters des Verhältnisses von Individuum und Gesellschaft" (Hornstein 1995, S. 18). Wird ihre genuin konflikthafte Bestimmung der Psyche ernst genommen, immunisiert dies geradezu gegen die neoliberale Gefahr, gesellschaftliche Konflikte zu individualisieren und bietet sich insofern gerade in Zeiten einer Therapeutisierung des Sozialen als Sensibilisierung sozialpädagogischer Diskussionen an: In der Psychoanalyse werden Individuen und ihre Psyche weder auf einen schlichten Ausdruck gesellschaftlicher Konflikte reduziert noch werden sie als unabhängig von ihren gesellschaftlichen Zurichtungen entworfen.

In Anbetracht der pluralen Ausrichtungen sowohl psychoanalytischer als auch sozialpädagogischer Perspektiven wäre es allerdings irreführend, von „der" Psychoanalyse oder „der" Sozialpädagogik zu sprechen. Als Gemeinsamkeit zwischen beiden lässt sich über theoretische Differenzen hinweg jedoch das Interesse an der Vermittlung von Theorieentwicklung anhand von Fallanalysen und empirischen Erkenntnissen hervorheben (vgl. Dörr/Müller 2019, S. 10). Im Laufe ihres mehr als hundertjährigen Bestehens hat sich das empirische Erfahrungswissen in der Psychoanalyse zu einem differenzierten theoretischen Fundus entwickelt. Daher wollen wir im Folgenden anhand empirischer Studien der Frage nachgehen, welchen Beitrag ein psychoanalytisch fundierter Zugang zur Freilegung latenter Dimensionen sozialer Wirklichkeiten, die sich verschlüsselt in den (affektiv gefärbten) Reaktionsmustern der Subjekte Ausdruck verschaffen, für die sozialpädagogische Forschung leisten kann. Welchen Erkenntnisgewinn eröffnet dieser Zugang für gegenwärtige sozialpädagogische Diskussionen mit ihrem Kernproblem, der Vermittlung von Individuum und Gesellschaft? Die Auswahl der Studien ist exemplarisch und daher ohne Anspruch auf Vollständigkeit; Kriterium war ein Fokus auf die Vermittlung von „Innen" (Subjekt) und „Außen" (Gesellschaft) (vgl. Müller 1995). Die Studien selbst verfolgen nicht immer eine dezidiert sozialpädagogische Fragestellung, doch nehmen sie dieses Kernproblem explizit in ihrem Forschungsdesign auf. Um die facettenreichen Wechselspiele zwischen den „inneren" und „äußeren" Orten differenziert in den Blick zu nehmen, werden sie entlang ihrer thematischen Fokussierungen auf Jugendliche als potenzielle Adressat*innen, auf (pädagogische) Beziehungen in Institutionen und Organisationen sowie auf sozialpädagogische Professionalität vorgestellt.

2. Empirische Studien mit psychoanalytischer Erkenntnisperspektive: eine exemplarische Diskussion

2.1 Studien aus dem Bereich Jugend- und Adoleszenzforschung

Aus Hans-Dieter Königs zahlreichen Forschungsarbeiten greifen wir exemplarisch eine Fallrekonstruktion zum Thema Jugend und Rechtsextremismus heraus, in der er Interviewmaterial aus einer Längsschnittstudie von Wilhelm Heitmeyer einer tiefenhermeneutischen Sekundäranalyse unterzieht (vgl. König 1998). Ziel der Tiefenhermeneutik, die Alfred Lorenzer im Anschluss an seine metatheoretischen und methodologischen Begründungen des „szenischen Verstehens" in der klinischen psychoanalytischen Praxis (u. a. 1970) für die Analyse kultureller Objektivationen (Literatur, Architektur, Rituale, Malerei etc.) entwickelte, ist es, latente Phänomene des Sozialen, die Momente des gesellschaftlich Anstößigen, Tabuisierten, Unbeachteten aufweisen, dechiffrierbar zu machen (vgl. Lorenzer 1981; 1986). In Königs Fallrekonstruktion von „Charly" geht es um einen Jugendlichen, der eine rechtsextreme und rassistische Weltanschauung vertritt und sich zeitweise in einer Phase der Arbeitslosigkeit einer gewalttätigen Fußballfan-Clique anschließt. König lehnt die vorschnelle Ableitung der Anfälligkeit von Jugendlichen für rechtsextreme Ideologien und Handlungen aus ihrer ökonomischen und sozialen Desintegration durch Arbeitslosigkeit ab. Stattdessen ist er darum bemüht, den Zusammenhang zwischen der Attraktivität solcher Ideologien und der gesellschaftlichen Lage der Jugendlichen als einen komplexen und dynamischen Prozess zu verstehen, wobei auch die psychische Seite stärker in ihrer Konflikthaftigkeit fokussiert wird. Mit seiner Analyse latenter Sinnstrukturen in den Äußerungen des Jugendlichen zeigt er, auf welche Weise unbewusste Wünsche und Konflikte des Jugendlichen sich mit Inhalten des Rechtsextremismus verbinden und welche scheinbaren Wunschbefriedigungs- und Konfliktauflösungsangebote das rechtsextreme Milieu für ihn bereithält. Diese Beobachtungen analysiert König im Anschluss an Eriksons Identitätsmodell vor dem Hintergrund einer adoleszenten Identitätskrise und bringt sie mit den biografisch-familialen Sozialisationsbedingungen zusammen. Charlys Weltanschauung liest er zunächst als klassischen Fall

> „eines von einer Gruppe geteilten kollektiven Wahnsystems [...], mit dem auf eine paranoide Weise die zu finsteren Mächten stigmatisierten Ausländer für das Leiden unter den negativen Folgen der Modernisierung zur Verantwortung gezogen werden" (ebd., S. 228).

Solche Formen einer projektiven Abwehr eigener aggressiver Impulse (vgl. ebd., S. 290) ergeben sich für König jedoch nicht unmittelbar aus der sozialen oder ökonomischen Lage der Arbeitslosigkeit. Gegen einen solchen Determinismus deutet König den Fall Charly vielmehr als Versuch der Bearbeitung adoleszenter Ablösungsprozesse und Identitätskrisen, deren Bewältigung durch die Arbeitslosigkeit und durch familiäre Deprivationserfahrungen erschwert ist. Entsprechend erkennt er in Charlys brutalem Verhalten sowie in seiner „Unterwerfung unter die Anführer einer gewalttätigen Fanclique" (ebd., S. 303) einen (misslungenen) Versuch der Ablösung von den Eltern (vgl. ebd., S. 288) – d. h. von einer Mutter, die unter Depressionen und Arbeitslosigkeit leidet, und einem Vater, der die Familie verlassen hat. Doch auch als Charly eine Lehrstelle bekommt und sich von der Fanclique abwendet, bleiben seine inneren Konflikte ungelöst, denn Größenfantasien und übermäßige Unterwerfung bleiben bestehen und werden auf die neue Arbeit übertragen. Die zunehmende Distanzierung von Charly von völkisch-nationalen Ideologien bringt König daher in Abgrenzung zu Heitmeyer weniger mit der erfolgreichen Integration in eine sinnstiftende Arbeit zusammen. Denn diese bedeutet in Charlys Fall nur eine erneute übermäßige Anpassung und Unterwerfung unter ein Leistungsprinzip (vgl. ebd., S. 307), die mit neuen Aggressionen verbunden ist. Stattdessen gelingt sie erst in dem Moment, als Charly sich von seiner starken Fixierung auf die Arbeit zu lösen vermag und auch privat in Beziehungen anstelle eines bisherigen funktionalisierenden Bezugs auf seine Partner*innen die Erfahrung „echter Intimität" (ebd., S. 302) macht, die kein Verstecken hinter einer Maske des „coolen" und „harten" Typs (vgl. ebd., S. 303) mehr benötigt. Damit hängt Charlys Rechtsextremismus für König zwar zweifelsfrei mit den ökonomischen und sozialen Deprivationserfahrungen zusammen, die seine familialen Beziehungen in der Kindheit prägten. Verstehbar wird er aber erst im Zusammenspiel mit Adoleszenzkrisen, deren Bewältigung durch die Deprivationserfahrungen in der Herkunftsfamilie sowie durch die eigene Arbeitslosigkeit erschwert ist. Das Attraktive an der rechtsextremen Ideologie ist damit nicht lediglich die Verheißung einfacher Lösungen für die „beunruhigenden sozialen und politischen Probleme, sondern auch die Beantwortung seiner persönlichen Konflikte" (ebd., S. 290). Auch wenn man den normativen identitätstheoretischen Annahmen von Erikson nicht an jeder Stelle folgen muss (vgl. zur Kritik daran u. a. aus geschlechtertheoretischer Perspektive Hagemann-White 1993; Hutfless 2017), so ist doch interessant an Königs Perspektive, dass die subjektive Anbindung an rechtsextreme Ideologien und Handlungen nicht deterministisch auf einen Ausdruck der ökonomischen Position reduziert wird, sondern im Fall von Charly erst über die darin stattfindende Bearbeitung familiärer sowie innerpsychischer Konflikte verstehbar wird. In der Weise geraten die (innerpsychischen) Beschädigungen von Subjektivität auch vor dem Hintergrund der Annahme Lorenzers, dass „sich die sozialen Antagonismen der Industriegesellschaft in familialen Konfliktstrukturen reproduzieren" (König 1998, S. 312), in den Blick.

Eine weitere Perspektive, die sich dezidiert an der Schnittstelle von Soziologie und Psychoanalyse verortet, ist jene von Vera King. Dies zeigt sich in ihren verschiedenen Untersuchungen zu Statusreproduktion und -transformation im Bildungsverlauf von männlichen Adoleszenten mit Migrationshintergrund. Im Rahmen eines Lehrforschungsprojektes erhob King 60 narrative Interviews mit Jugendlichen zu ihrer Bildungsbiografie und ihren Familienbeziehungen (vgl. King 2006, S. 27; 2017, S. 19). Ein weiterer Datenkorpus stammt aus einer Pilotstudie über Vater-Sohn-Beziehungen in der Adoleszenz (vgl. King 2005); ein dritter aus dem (DFG-)Projekt über „Bildungskarrieren und adoleszente Ablösungsprozesse von Söhnen aus türkischen Migrantenfamilien" (King et al. 2011), in dem mit Söhnen und ihren Eltern Interviews geführt und sequenzanalytisch in Verbindung mit dem szenischen Verstehen der vorliegenden Narrationen (vgl. Lorenzer 1970) ausgewertet wurden.

Für sozialpädagogische Zusammenhänge sind die Untersuchungen insofern interessant, als dass sie die benachteiligte Platzierung von männlichen Jugendlichen mit Migrationshintergrund im Bildungssystem weder lediglich auf „Effekte schichtspezifischer Kapitalausstattung" (King et al. 2011, S. 581) noch allein auf fehlende persönliche Bildungsaspirationen (vgl. ebd.) zurückführen. Die der Habitustheorie inhärenten deterministischen Tendenzen werden über eine Perspektive auf unbewusste intergenerationale Familiendynamiken und biografische Verarbeitungsweisen dynamisiert. Denn diese erweisen sich für die Vermittlung von sozialer Lage und Bildungsverläufen (vgl. King 2005, S. 60), aber auch für die Herausbildung geschlechtlicher Identitäten (vgl. ebd.) als zentral. Konsequent werden gesellschaftliche Diskriminierungen, insbesondere die Entwertungs- und Ausgrenzungserfahrungen der Eltern zum Ausgangspunkt genommen. Klischeehafte und kulturalisierende Defizitperspektiven auf männliche Jugendliche mit Migrationshintergrund werden überwunden, indem der Umgang mit der Differenz von Familie und Kultur in psychoanalytischer Tradition als allgemeine Transformationsaufgabe in der Adoleszenz bestimmt wird. So werden die Bildungswege der Jugendlichen mit der für diese Phase charakteristischen intrapsychischen Spannung zwischen der Übernahme elterlicher Vorstellungen und Individuationsprozessen, d.h. der „Suche nach Eigenem" (ebd., S. 69) am individuellen Fall herausgearbeitet. Der Kontext von Migration wird dabei nicht relativiert: Er zeigt sich empirisch als Resultat der psychischen Verarbeitung der sozialen Dimension, erlebt als Diskriminierungs- und berufliche Abstiegserfahrung der Eltern in der Aufnahmegesellschaft. King nimmt hier insbesondere die Rolle der Väter in den Blick, deren gesellschaftliche Entwertungserfahrungen sowohl für die Bildungswege als auch für die Männlichkeitsentwürfe der Jugendlichen bedeutsam sind (vgl. ebd., S. 64). Übersteigerte Inszenierungen von Männlichkeit lassen sich in dieser Perspektive kaum auf eine (vermeintliche) Tradierung patriarchaler kultureller Muster zurückführen. Stattdessen werden sie in dem komplexen Zusammenspiel innerfamilialer – auch unbewusster – Dynamiken und gesellschaftlicher Verhältnisse verortet, etwa als „Versuch einer Rehabilitierung der entwerteten Männlichkeit der Väter" (ebd.)

gelesen. Auch die eingeschlagenen Bildungswege werden in ihrer vielschichtigen Komplexität begriffen. In einem Fall zeigt King, wie eine anfängliche Übernahme elterlicher Bildungsaspirationen später in einen Abbruch der Bildungskarriere mündet, den sie mit einer „vermiedene[n] adoleszente[n] Trennung und Individuation" (ebd., S. 65) zusammenbringt. In einem anderen Fall wiederum bringt die erfolgreiche Bildungskarriere kaum eine Loslösung von den Eltern, sondern steht vielmehr für das Pflichtgefühl gegenüber den Eltern, ihre ungelebten Träume verwirklichen zu müssen (ebd., S. 66). Insgesamt können die Studien damit die psychodynamischen Ambivalenzen der jeweiligen Lebenspraxis in der Adoleszenz in ihrer Eingewobenheit in die gesellschaftlichen Verhältnisse aufzeigen, ohne eine starre und deterministische Vorstellung der Perpetuierung gesellschaftlicher Positionierungen zu (re-)produzieren.

2.2 (Pädagogische) Institutionen als Affektstätten und die Dimensionen institutioneller Abwehr

In einem interdisziplinären Forschungsprojekt von Freyberg und Wolff (2005) über *Störer und Gestörte* werden soziologische und psychoanalytische Fallanalysen von „Konfliktgeschichten nicht beschulbarer Jugendlicher" in ein Verhältnis gesetzt. Basierend auf der Annahme, dass die Beziehung der Jugendlichen zu Schule und Jugendhilfe deshalb regelmäßig eskaliere, „weil diese Jugendlichen sehr effektiv ihre inneren Beziehungsmuster reinszenieren und die Institutionen darauf ihrerseits so reagieren, dass die unbewussten Erwartungen und Strategien der Jugendlichen bestätigt und verstärkt werden" (ebd., S. 12), richtet sich das Erkenntnisinteresse auf die „individuellen und institutionellen Bedingungen" (ebd.) der Eskalation, die bis hin zur Diagnose „nicht beschulbar" führen kann. Dafür wurden zum einen psychoanalytisch fundierte „Tiefeninterviews" mit den Jugendlichen geführt und die je „individuelle Psychodynamik" mittels psychoanalytischer Falldiskussionen erarbeitet. Zum zweiten erfolgte eine „soziologische Falluntersuchung" von Interviews mit „Professionellen aus Schule und Jugendhilfe" (ebd., S. 13), um die schulischen Konfliktgeschichten der Jugendlichen im Zusammenhang mit institutionellen Strukturmerkmalen zu rekonstruieren. Im dritten Schritt wurden beide Fallberichte im interdisziplinären Forschungsteam unter der Frage nach dem „Zusammenhang von individuellem und institutionellem Konfliktverhalten reflektiert" (ebd.). Auf unterschiedliche Weise offenbaren die Konfliktgeschichten von u. a. über zehn Jahre andauernden Hilfeprozessen, die sowohl von vielen Wechseln der Schule als auch der sozialpädagogischen Unterstützung geprägt sind, wie die nicht verstandenen biografischen, in den Leib eingeschriebenen Verwundungen der ausgeschulten Jugendlichen sich in jedem neuen Setting reinszenieren und mit einer „strukturellen Verantwortungslosigkeit" (ebd., S. 50) der Institutionen beantwortet werden. Diese strukturelle Verantwortungslosigkeit wird besonders an den nicht begleiteten Übergängen zwischen den Institutionen, aber auch der unkoordinierten Parallelität von Unterstützungen deutlich. Zudem offenbart sich auch in den durchgeführten sozialen Diagnostiken der Fälle eine systematische Ausblendung der durch die Institutionen produzierten Abbrüche, also eine gelungene Abwehr des institutionellen Anteils am sozialen Leid der Jugendlichen durch die Fokussierung auf die Probleme in der Familie. Die Analyse der Verstrickung von subjektiver und institutioneller Destruktivität, die immer wieder in soziale Ausgrenzung mündet, veranschaulicht, wie die Falldynamik mit den sozialen und gesellschaftlichen Dynamiken in den Institutionen verflochten ist und immer wieder ins Gegenteil der expliziten Zielperspektive der pädagogischen Unterstützung umschlägt. In der interdisziplinären Perspektive lassen sich hier eine fehlende Triangulation der Hilfen und dadurch die „unbegriffene Gegenübertragung als Motor der Wiederholung" (ebd., S. 96) aufzeigen.

David Zimmermanns Studie *Pädagogische Beziehungen im Jugendstrafvollzug* (2022) untersucht die Verschränkung von Innenwelt (der Inhaftierten und Mitarbeitenden) mit der pädagogischen Relationalität und den institutionellen Dynamiken im Jugendstrafvollzug und spürt u. a. der Frage nach, ob pädagogische Arbeit innerhalb der hierarchisch-punitiven Gefängniswelt überhaupt möglich sei. Ein „generativer Bezug" im Sinne pädagogischer Praxis (ebd., S. 13), so die Ausgangsüberlegung, sei durch die „Geschlossenheit" bzw. den Zwangskontext der Organisation (ebd., S. 27) nur unter erschwerten Bedingungen herzustellen, denn ein dazu notwendiges pädagogisches Milieu – „[e]ine an der weitgehend hierarchiefreien Gemeinschaft ausgerichtete ‚Affektstätte' (Bernfeld 1929/2012/101)" (ebd., S. 29) – werde bereits durch Vollzugshierarchien konterkariert. Außerdem wird die latente gesellschaftliche Funktion des (Jugend-)Strafvollzugs als „Angst-Container" diskutiert. Ein solcher Container ermöglicht eine „Illusion der Reinheit in der Rest-Gesellschaft" (ebd., S. 33) und macht das Innere des Gefängnisses zum Inbegriff der „Gefährlichkeit" (ebd.). In der Folge steigt die Wahrscheinlichkeit, dass den Insassen in erster Linie mit Punitivität begegnet wird, da nicht nur „gesellschaftlich, sondern auch konkret im Innenleben der Professionellen virulente Ängste gebunden werden" (Zimmermann 2022, S. 35) müssen. Die Bedeutsamkeit dieses gesellschaftlichen Kontextes für die pädagogischen Momente im Vollzug erforscht Zimmermann vor dem Hintergrund macht- und interaktionstheoretischer Überlegungen mittels Beobachtungen, Interviews mit Inhaftierten sowie Gruppendiskussionen mit Bediensteten in den Strafvollzugsbereichen Schule, Werkstatt und Alltag. Auch Zimmermann wertet sein Material mit der qualitativ-kritischen Sozialforschungsmethode der Tiefenhermeneutik aus (s. o.). Entsprechend erfolgt mittels der Fokussierung auf Übertragungs- und Gegenübertragungsdynamiken innerhalb der Forscher*innengruppe eine Annäherung an die latenten intrapsychischen und/oder intersubjektiven Dynamiken in den erforschten Szenen, wobei diese in ihrer engen Verflochtenheit mit dem sozialen Phänomen (hier: Strafvollzug) verstanden werden (vgl. ebd., S. 49). Zimmermann rekonstruiert u. a. Nähe in der pädagogischen Beziehung im Jugendstrafvollzug, sowohl bei den Inhaftierten als auch bei den Bediensteten als Angst auslösendes Moment, das – wenn auch in unterschiedlicher Weise – die eigene Vulnerabilität berührt und daher abgewehrt wird. Dennoch zustande kommende persönliche Nähe ist in den Beobachtungen oft durch Übergriffigkeit gekennzeichnet (vgl. ebd., S. 178 f.). Zimmermann diskutiert dieses Phänomen als „unbewältigte Nähe" (Müller 2012, zit. n. ebd., S. 180), die auf typische Strukturmerkmale von geschlossenen Institutionen verweist. Diese Abwehrmechanismen gegen Nähe noch verschärfend werden in den pädagogisch-generativen Beziehungen sowohl bei Inhaftierten als auch bei Bediensteten Fantasien von Familienbeziehungen aufgerufen. Vor dem Hintergrund der Straforientierung der Organisation müssen diese – z. B. der Wunsch nach „Liebe" – allerdings von den Beteiligten ebenso abgewehrt werden und bleiben desymbolisiert (vgl. ebd., S. 183). Ausblickend diskutiert Zimmermann den Jugendstrafvollzug als einen „Andersort" (ebd., S. 14), der durch seinen punitiven Grundcharakter eine destruktive Wirkmacht in Beziehungen entfaltet. Somit entwirft Zimmermann eine bedeutende Reflexionsfolie für organisationale und institutionelle Gelingensbedingungen sozialpädagogischer Arbeit, die auch die auf sie mit einwirkenden psychodynamischen und psychosozialen Kräftefelder konstitutiv einbezieht.

2.3 Unbewusste Dynamiken sozialpädagogischer Professionalität: zur Beziehungsgestaltung zwischen Fachkräften und Nutzenden

Marie Frühauf untersucht in *Das Begehren der Vielfalt* (2021) (Begehrens-)Diskurse von Fachkräften der Sozialen Arbeit, die Diversity-Schulungen besucht haben. Theoretische Referenz der Arbeit ist eine feministisch-lacanianische Perspektive, mit der Frühauf vergeschlechtliche Beziehungsfantasien im pädagogischen Diskurs in den Blick nimmt. Frühauf zeigt in ihrer interviewbasierten Studie den allgemeinen Wunsch, die Adressat*innen in ihrer „Vielfalt" und unabhängig von gesellschaftlichen Zuschreibungen wahrnehmen zu können (vgl. ebd., S. 137). In diesen „Beziehungsfantasien" bekämpfen die Fachkräfte patriarchale, rassistische und heteronormative Ordnungsvorstellungen. Auffällig ist jedoch, dass sie die Gefahr des „Scheiterns" ihrer Diversity-Praxis nicht an einer äußeren gesellschaftlichen Ordnung festmachen, sondern in ihr Inneres verlagern: Als sozialisierte (und daher potenziell gewaltvolle) Personen versuchen sie, ihre eigene Geschichte und Persönlichkeit zu überwinden (vgl. ebd., S. 152) und unterliegen hierbei einem „neue[n] Selbstbeherrschungsideal, das einen vermeintlich unmittelbaren Zugang zum vielfältigen Sein des Gegenübers [...] in Aussicht stellt" (ebd.). Dies geht mit einer Harmoniefantasie einher, in der die Differenz zwischen Fachkraft und Adressat*in aufgehoben wird. Ausblickend diskutiert Frühauf ihre Ergebnisse im Licht sog. postödipaler gesellschaftstheoretischer Ansätze und zu erneuernder geschlechtertheoretischer Perspektiven: Diversity-Beziehungsideale knüpfen an geschlechtsspezifische Ideale wie das der „geistigen Mütterlichkeit" und seiner vermeintlichen Allzuständigkeit für die Vielfalt alles Lebendigen (vgl. Salomon 1930/2004) an. Die Beziehungsideale der Diversity-Perspektive lösen sich zwar von einem historisch weiblichen Sittlichkeitsideal, die vermeintlich neutralen Positionen der Fachkräfte enthalten jedoch über ihre Unmittelbarkeitsfantasien weiterhin eine vergeschlechtlichte Dimension. Der Gewinn der Studie für die sozialpädagogische Professionsdebatte liegt in der Auseinandersetzung mit dem Spannungsverhältnis von bewusst verfügbaren pädagogischen Zielen (z. B. Diskriminierung abzubauen), die von unbewussten Dynamiken konterkariert werden (z. B. einem Schulddiskurs, mit dem die Fachkräfte ein wahrgenommenes Scheitern als Fehlbarkeit ihrer selbst oder der Kolleg*innen interpretieren). Die sozialpädagogischen (Begehrens-)Diskurse (auch) als Ausdruck vergeschlechtlichter professioneller Praxis und pädagogischer Diskurse zu verstehen, ist die spezifische Erkenntnisqualität für Disziplin und Profession in sich wandelnden gesellschaftlichen Verhältnissen.

Im Praxisforschungsprojekt *Vision-RA*[1] (2019–2023) werden Arbeitsbündnisse zwischen Professionellen und Nutzer*innen der Angebote der (Gemeinde-)Psychiatrie erforscht. Ziel des Projkts ist die „Kultivierung gelingender emotionaler Abstimmungsprozesse sowie die reflexiv dialogische Aufarbeitung emotionaler Fehlabstimmungen, um auf diese Weise recoveryförderliche Arbeitsbündnisse zwischen Professionellen [...] und Nutzenden [...] zu befördern" (May 2022, S. 5). Vor dem Hintergrund der Annahme, dass sich die Abstimmungsprozesse zwischen den Beteiligten – wie in allen Beziehungen – diffus und nonverbal vollziehen (vgl. ebd., S. 8), werden Beratungssituationen teilnehmend beobachtet und ethnografisch protokolliert, um anschließend auditiv aufgezeichnete Rückkopplungsgespräche mit beiden Beteiligten durchzuführen, in denen die Protagonist*innen sich unter der Moderation des*der Forscher*in hinsichtlich ihres affektiven Erlebens in der Beratungssituation austauschen (vgl. Dörr/Spiegler 2022, S. 197). Das Material wird angelehnt an Alfred Lorenzers Methode des szenischen Verstehens tiefenhermeneutisch interpretiert. Die Ergebnisse aus den Fallstudien, die immer wieder an den institutionellen Rahmen und den gesellschaftlichen Auftrag der pädagogischen Fachkräfte zurückgebunden werden, zeigen, dass in der Interaktion zwischen Professionellen und Nutzer*innen Abwehrdynamiken gegen Unsicherheit und Angst stattfinden. Beide Positionen finden unbewusst Wege, die persönliche Nähe im Arbeitsbündnis zu beschränken oder gar vorsorglich zu vermeiden. Zugleich besteht oft auf

---

[1] https://www.hs-rm.de/de/fachbereiche/sozialwesen/forschung/vision-ra (Abfrage: 09.06.2023).

beiden Seiten ein Bedürfnis nach persönlicher Nähe. Obwohl also Professionalität neben der rollenförmig-spezifischen Beziehung die Entfaltung persönlich-naher Beziehungsanteile konzeptionell verbindet, zeigen die empirischen Ergebnisse, dass Nähe im rollengebundenen Arbeitsbündnis nicht ohne Weiteres entstehen kann – auch dann nicht, wenn sie von den Beteiligten normativ begrüßt wird (vgl. May 2022, S. 17; Dangel/May 2023, S. 97). Die Empirie macht daher deutlich, wie stark professionelle Begegnungen durch unbewusste, den Beteiligten nicht direkt verfügbare Prozesse geprägt werden.

Spiegler, Dörr und Beeck (2024) diskutieren die Ergebnisse außerdem in kulturtheoretischer Hinsicht. Sie rekonstruieren, wie das Verliebtsein eines Bewohners in eine Fachkraft nicht besprechbar ist und Missbrauchserfahrungen von Bewohner*innen durch schamregulierende Praktiken, wie z. B. Sprechverbote oder thematische Verschiebung, als Tabu überdeckt werden. Weder wird das Verliebtsein im Sinne eines Übertragungsgeschehens als Zugang zu unbewussten Wünschen des Adressaten ernst genommen noch finden eigensinnig symbolisierte Missbrauchserfahrungen in der pädagogischen Beziehung einen Ort des anerkennenden Sprechens. Die Fachkräfte erleben ihre eigenen „Unzulänglichkeiten" (ebd.) im Umgang mit den Sehnsüchten ebenso wie mit den biografischen Verwundungen der Nutzer*innen als spannungsvoll, da hiermit die Frage nach ihrer Professionalität berührt wird. Die Autorinnen zeigen damit, dass „[i]n Interaktionen zwischen ihren Fachkräften und Adressat*innen [...] strukturell das Potenzial einer Schamangst angelegt [ist], die zum Schutz der eigenen Integrität tabuisiert werden muss" (ebd.). Die Verschränkung blockierter professioneller Handlungssphären mit gesellschaftlichen Geboten der Nicht-Besprechbarkeit wird dadurch ersichtlich.

3. Ausblick: Psychoanalyse als fortwährend zeitgemäße Perspektive, um die spannungsreiche Verflochtenheit von Individuum und Gesellschaft sichtbar zu machen

Die vorgestellten Studien eröffnen unseres Erachtens wertvolle Einblicke in unterschiedliche sozialpädagogische Konstellationen: Die psychoanalytisch-sozialpsychologisch fundierten Perspektiven auf Jugendliche können aufzeigen, wie gesellschaftliche Konflikte in (intrapsychische) adoleszenzspezifische Themen und Konflikte eingewoben sind und wie sie sich gegenseitig dynamisieren, ohne dass sie einseitig aufgelöst werden (Abschnitt 2.1). Zudem macht ein psychoanalytisch sensibilisierter Blick auf latente Sinnstrukturen in gesellschaftlichen Institutionen und Organisationen empirisch sichtbar, „wie institutionelle Gruppenprozesse und institutionelle Übertragungsphänomene berücksichtigt und die Wirkungen derzeitiger Organisationsstrukturen auf die Subjekte"

(Brückner 2002, S. 113) als Abwehrmechanismen verstanden werden können (Abschnitt 2.2). Nicht zuletzt zeigt eine sozialwissenschaftlich aufgeklärte psychoanalytische bzw. eine psychoanalytisch aufgeklärte sozialwissenschaftliche Forschungsperspektive auf die Interaktionsdynamiken sozialpädagogischer Praxis und Beziehungsfantasien von Professionellen, wie bewusste pädagogische Ziele von unbewussten Dynamiken im Kontext gesellschaftlicher Diskurse oder Sprechverbote konterkariert werden können (Abschnitt 2.3).

Wenngleich die dargestellten (Praxis-)Forschungsprojekte auf differente erkenntnisleitende Paradigmen und methodische Zugänge zurückgreifen, ist ihnen gemeinsam, dass sie die Dynamik des individuell-intimen, gesellschaftlich mithergestellten Unbewussten sowie latente, gesellschaftlich verpönte Sinnstrukturen des von Herrschaftsverhältnissen durchwirkten Sozialen in den Fokus ihres Nachdenkens stellen. Konsequent wird den Spuren des Gesellschaftlichen im professionellen wie Adressat*innen- Subjekt, in der Interaktion und im organisationalen Rahmen Rechnung getragen, ohne das Interesse für unbewusste Prozesse aufzugeben.

Mit Blick auf die hier vorgestellten Studien lässt sich die Psychoanalyse gerade jetzt als zeitgemäße Perspektive für eine sozialpädagogische Forschung begreifen, denn sie ermöglicht, die Dimensionen des Innerpsychischen, Interpersonalen, Institutionellen und Gesellschaftlichen in ihren Relationen zu verstehen und die Situiertheit der Sozialpädagogik in diesen und als Teil dieser zu reflektieren. Die Psychoanalyse birgt als Sozialwissenschaft das Potenzial einer integralen Perspektive, mit der individuelle unbewusste Dynamiken und ökonomisch-kulturell-soziale Phänomene in ihrer Verschränkung untersucht werden können. Damit generiert sie einen für die Theorie und Praxis der Sozialpädagogik hochbedeutsamen Erkenntnisgewinn, indem sie eine Annäherung an Zusammenhänge des konflikthaften Verhältnisses von Individuum und Gesellschaft ermöglicht, die – werden sie einem emotional verstehenden Symbolisierungsprozess zugeführt – sowohl den Denkhorizont als auch die Bandbreite an professionellen Handlungsoptionen erweitern. Dabei ist psychoanalytisch orientierte Forschung immer als Forschung von Subjekt zu Subjekt bzw. zu sozialkulturellen Objektivation zu verstehen. Folglich sind die Forschenden im Prozess stets mit einer notwendigen Selbstaufklärung ihres Fühlens und ihres Denkens in ihrer jeweiligen gesellschaftlichen Eingebundenheit konfrontiert.

Nicht zuletzt ist gerade in Bezug auf die hier verfolgte empirische Perspektive dafür zu sensibilisieren, dass in einigen – auch in der Sozialpädagogik gängigen – Forschungsmethoden das psychoanalytische „Erbe" heute dethematisiert oder nicht auf den ersten Blick erkennbar ist (zur objektiven Hermeneutik vgl. Oevermann 1993; zur Gruppendiskussion vgl. Przyborski 2004; zur Ethnographie vgl. Breuer 2010). Andere Methoden, wie etwa die Tiefenhermeneutik (König 1997) und die empirische Hermeneutik (Leithäuser/Volmerg 1979), sind für Fragestellungen, die das Verhältnis von Individuum und Gesellschaft aufgreifen, hingegen gut erprobt. Eine umfassendere Reflexion der psychoanalytischen Perspektive für sozialwissenschaftliche Forschungsmethoden steht allerdings noch in ihren Anfängen (vgl. Bereswill 2003; Poscheschnik 2005; Haubl/Lohl 2018; Janotta 2024). Daran kann und sollte sich auch die Disziplin Sozialpädagogik energischer und offensiver gehaltvoll beteiligen.

Literatur

Anhorn, Roland/Balzereit, Marcus (2016): Die „Arbeit am Sozialen" als „Arbeit am Selbst" – Herrschaft, Soziale Arbeit und die therapeutische Regierungsweise im Neo-Liberalismus. Einführende Skizzierung eines Theorie- und Forschungsprogramms. In: Anhorn, Roland/Balzereit, Marcus (Hrsg.): Handbuch Therapeutisierung und Soziale Arbeit. Wiesbaden: Springer VS, S. 3–203.

Bereswill, Mechthild (2003): Die Subjektivität von Forscherinnen und Forschern als methodologische Herausforderung: Ein Vergleich zwischen interaktionstheoretischen und psychoanalytischen Zugängen. In: Sozialer Sinn, Band 4, Nr. 3, S. 511–532.

Bernfeld, Siegfried (1996): Sämtliche Werke. Band 11: Sozialpädagogik. Schriften 1921–1933. Hrsg. v. Ulrich Herrmann. Weinheim/Basel: Beltz.

Bernfeld, Siegfried (1929/2012): Der soziale Ort und seine Bedeutung für Neurose, Verwahrlosung und Pädagogik. In: Siegfried Bernfeld: Sozialpädagogik. Erweiterte Neuauflage der Ausgabe von 1996 (Beltz). Gießen: Psychosozial, S. 255–272.

Breuer, Franz (2010): Reflexive Grounded Theory. Eine Einführung für die Forschungspraxis. 2. Auflage. Wiesbaden: VS Verlag für Sozialwissenschaften.

Brückner, Margrit (1990): Grenzgänge zwischen gesellschaftlichen Ursachen und restitutiven Interventionen. In: Büttner, Christian/Finger-Trescher, Urte/Scherpner, Martin (Hrsg.): Psychoanalyse und soziale Arbeit. Mainz: Matthias-Grünewald, S. 73–96.

Brückner, Margrit (2002): Wohin steuert das Unbewußte? Verhältnisse zwischen Institutionen und Subjekten am Beispiel der Frauen- und Mädchenprojekte. In: Breitenbach, Eva/Bürmann, Ilse/Liebsch, Katharina/Mansfeld, Cornelia/Micus-Loos, Christiane (Hrsg.): Geschlechterforschung als Kritik. Bielefeld: Kleine, S. 249–263.

Büttner, Christian/Finger-Trescher, Urte/Scherpner, Martin (Hrsg.) (1993): Psychoanalyse und soziale Arbeit. 2. Auflage. Mainz: Matthias-Grünewald.

Dangel, Vera/May, Michael (2023): Persönliche Beziehungen in professionellen Arbeitsbündnissen Sozialer Arbeit im Feld der Gemeindepsychiatrie. In: Österreichisches Jahrbuch für Soziale Arbeit, S. 96–115. DOI: 10.30424/OEJS2305096.

Dörr, Margret/Kratz, Dirk (2020): Die Therapeutisierung des Sozialen. In: Sozial Extra 44, H. 4, S. 206–208. DOI: 10.1007/s12054-020-00295-2.

Dörr, Margret/Müller, Burkhard (2019): Einleitung: Nähe und Distanz als Strukturen der Professionalität pädagogischer Arbeitsfelder. In: Dörr, Margret (Hrsg.): Nähe und Distanz: ein Spannungsfeld pädagogischer Professionalität. 4. Auflage. Weinheim/Basel, S. 14–39.

Dörr, Margret/Spiegler, Lara (2022): „Also, wir unterhalten uns über vieles nicht, ne?" Affekte und Abwehr in der sozialpsychiatrischen Praxis. In: Dörr, Margret/Schmid Noerr, Gunzelin/Würker, Achim (Hrsg.): Zwang und Utopie – das Potenzial des Unbewussten. Zum 100. Geburtstag von Alfred Lorenzer. Weinheim/Basel: Beltz Juventa, S. 197–211.

Freyberg, Thomas von/Wolff, Angelika (Hrsg.) (2005): Störer und Gestörte. Konfliktgeschichten nicht beschulbarer Jugendlicher. Band 1. Frankfurt a. M.: Brandes & Apsel.

Frühauf, Marie (2021): Das Begehren der Vielfalt. Diversity-Sensibilität in sozialpädagogischen Beziehungen. Bielefeld: transcript.

Hagemann-White, Carol (1993): Berufsfindung und Lebensperspektive in der weiblichen Adoleszenz. In: Flaake, Karin/King, Vera (Hrsg.): Weibliche Adoleszenz. Zur Sozialisation junger Frauen. 2. Auflage. Frankfurt a. M./New York: Campus, S. 64–83.
Haubl, Rolf/Lohl, Jan (2018): Psychoanalyse. In: Mey, Günter/Mruck, Katja (Hrsg.): Handbuch Qualitative Forschung in der Psychologie. Wiesbaden: Springer, S. 1–18.
Hornstein, Walter (1995): Zur disziplinären Identität der Sozialpädagogik. In: Sünker, Heinz (Hrsg.): Theorie, Politik und Praxis sozialer Arbeit. Einführungen in Diskurse und Handlungsfelder der Sozialarbeit/Sozialpädagogik. Bielefeld: Kleine, S. 12–31.
Hutfless, Esther (2017): Die Zukunft einer Illusion: Eine queer-psychoanalytische Kritik am Identitätsdenken der Psychoanalyse. In: Hutfless, Esther/Zach, Barbara (Hrsg.): Queering Psychoanalysis. Psychoanalyse und Queer Theory – Transdisziplinäre Verschränkungen. Wien: Zaglossus, S. 133–180.
Janta, Bernhard/Walz-Pawlita, Susanne/Unruh, Beate (2014): Einleitung. In: Janta, Bernhard/Walz-Pawlita, Susanne/Unruh, Beate (Hrsg.): Unzeitgemäßes. Gießen: Psychosozial.
Janotta, Lisa (2024): Empirische Forschung mit psychoanalytisch orientierten Methoden: Ein Überblick über theoretische Zugänge. In: Kreuzer, Tillmann F./Langnickel, Robert/Behringer, Noëlle/Link, Pierre-Carl (Hrsg.): Psychoanalytische Pädagogik: Perspektiven auf das kindliche Spiel. Leverkusen/Opladen: Barbara Budrich, S. 203–217.
King, Vera (2005): Bildungskarrieren und Männlichkeitsentwürfe bei Adoleszenten aus Migrantenfamilien. In: King, Vera/Flaake, Karin (Hrsg.): Männliche Adoleszenz. Sozialisation und Bildungsprozesse zwischen Kindheit und Erwachsensein. Frankfurt a. M.: Campus, S. 57–76.
King, Vera (2006): Ungleiche Karrieren. Bildungsaufstieg und Adoleszenzverläufe bei jungen Männern und Frauen aus Migrantenfamilien. In: King, Vera/Koller, Hans-Christoph (Hrsg.): Adoleszenz – Migration – Bildung. Bildungsprozesse Jugendlicher und junger Erwachsener mit Migrationshintergrund. Wiesbaden: VS Verlag für Sozialwissenschaften, S. 27–46.
King, Vera (2017): Intergenerationalität – theoretische und methodologische Forschungsperspektiven. In: Böker, Kathrin/Zölch, Janina (Hrsg.): Intergenerationale Qualitative Forschung. Theoretische und methodische Perspektiven. Wiesbaden: Springer Fachmedien, S. 13–32.
King, Vera (2022): Sozioanalyse. Zur Psychoanalyse des Sozialen mit Pierre Bourdieu. Gießen: Psychosozial.
King, Vera/Koller, Hans-Christoph/Zölch, Janina/Carnicer, Javier (2011): Bildungserfolg und adoleszente Ablösung bei Söhnen aus türkischen Migrantenfamilien. Eine Untersuchung aus intergenerationaler Perspektive. In: Zeitschrift für Erziehungswissenschaft 14, H. 4, S. 581–601. DOI: 10.1007/s11618-011-0242-z.
König, Hans-Dieter (1997): Tiefenhermeneutik als Methode kultursoziologischer Forschung. In: Hitzler, Ronald/Honer, Anne (Hrsg.): Sozialwissenschaftliche Hermeneutik. Eine Einführung. Opladen: Leske + Budrich (UTB Sozialwissenschaften, 1885), S. 213–241.
König, Hans-Dieter (1998): Arbeitslosigkeit, Adoleszenzkrise und Rechtsextremismus. Eine Kritik der Heitmeyerschen Sozialisationstheorie aufgrund einer tiefenhermeneutischen Sekundäranalyse. In: König, Hans-Dieter (Hrsg.): Sozialpsychologie des Rechtsextremismus. Frankfurt a. M.: Suhrkamp, S. 279–319.
König, Hans-Dieter/Lorenzer, Alfred (Hrsg.) (1988): Kultur-Analysen. Frankfurt a. M.: Fischer.
Kraus, Hertha (1950): Casework in USA. Theorie und Praxis der Einzelhilfe. Frankfurt a. M.: Metzner.
Leithäuser, Thomas/Volmerg, Birgit (1979): Anleitung zur empirischen Hermeneutik. Psychoanalytische Textinterpretation als sozialwissenschaftliches Verfahren. Frankfurt a. M.: Suhrkamp.
Lorenzer, Alfred (1970): Sprachzerstörung und Rekonstruktion. Frankfurt a. M.: Fischer.
Lorenzer, Alfred (1981): Das Konzil der Buchhalter. Die Zerstörung der Sinnlichkeit. Frankfurt a. M.: Fischer.
Lorenzer, Alfred (1986): Tiefenhermeneutische Kulturanalyse. In: König, Hans-Dieter/Lorenzer, Alfred (Hrsg.): Kultur-Analysen. Psychoanalytische Studien zur Kultur, Frankfurt a. M.: Fischer, S. 11–98.

May, Michael (2022): VISION-RA. Aufklärung der Interaktionen zwischen Fachkräften der Gemeindepsychiatrie und Nutzenden ihrer Dienstleistungen. https://www.fhffm.bsz-bw.de/frontdoor/deliver/index/docId/6322/file/KomSI_Schrifenreihe_Bd. 2.pdf (Abfrage: 09.06.2023).

Mennicke, Carl (1937/2001): Sozialpädagogik. Grundlagen, Formen und Mittel der Gemeinschaftserziehung. Weinheim: Deutscher Studien-Verlag.

Müller, Burkhard (1995): Außensicht – Innensicht. Beiträge zu einer analytisch orientierten Sozialpädagogik. Freiburg im Breisgau: Lambertus.

Oevermann, Ullrich (1993): Die objektive Hermeneutik als unverzichtbare methodologische Grundlage für die Analyse von Subjektivität. Zugleich eine Kritik der Tiefenhermeneutik. In: Jung, Thomas / Müller-Doohm, Stefan (Hrsg.): Wirklichkeit im Deutungsprozess. Verstehen und Methoden in den Kultur- und Sozialwissenschaften. Frankfurt a. M.: Suhrkamp, S. 106–189.

Pocheschnik, Gerald (Hrsg.) (2005): Empirische Forschung in der Psychoanalyse. Grundlagen – Anwendungen – Ergebnisse. Unter Mitarbeit von Hubertus Adam. Gießen: Psychosozial.

Przyborski, Aglaja (2004): Gesprächsanalyse und dokumentarische Methode. Qualitative Auswertung von Gesprächen, Gruppendiskussionen und anderen Diskursen. Wiesbaden: VS Verlag für Sozialwissenschaften (Lehrbuch).

Rau, Alexandra (2018): Macht und Psyche in entgrenzten Arbeitsverhältnissen. In: Anhorn, Roland / Schimpf, Elke / Stehr, Johannes / Rathgeb, Kerstin / Spindler, Susanne / Keim, Rolf (Hrsg.): Politik der Verhältnisse – Politik des Verhaltens. Wiesbaden: Springer Fachmedien, S. 315–332.

Richmond, Mary Ellen (1917): Social Diagnosis. New York: Russell Sage Foundation.

Salomon, Alice (1930/2004): Typenwandel der Sozialbeamtinnen und Struktur des sozialen Berufs. In: Feustel, Adriane (Hrsg.): Frauenemanzipation und soziale Verantwortung. Ausgewählte Schriften. Band 3: 1919–1948. München / Unterschleißheim: Luchterhand, S. 475–483.

Schwarz, Martin P. / Ferchhoff, Wilfried / Vollbrecht, Ralf (Hrsg.) (2014): Professionalität: Wissen, Kontext sozialwissenschaftliche Analysen und pädagogische Reflexionen zur Struktur bildenden und beratenden Handelns. Bad Heilbrunn: Klinkhardt.

Spiegler, Lara / Dörr, Margret / Beeck, Felicitas (2024): Tabuisierungen in sozialpsychiatrischen Interaktionen – Scham als Hüterin sozialer Meidungsgebote? In: Kratz, Marian / Finger-Trescher, Urte (Hrsg.): Szenisches Verstehen in der Pädagogik. Grundlagen, Potenziale, Reflexionen. Jahrbuch für Psychoanalytische Pädagogik 30. Gießen: Psychosozial.

Zimmermann, David (2022): Pädagogische Beziehungen im Jugendstrafvollzug. Tiefenhermeneutische Perspektiven. Bad Heilbrunn: Klinkhardt.

Diskussionspapier zum Umgang mit Gewaltkonstellationen in Forschungsprozessen und Praktika

Ad-hoc-Gruppe „Forschung und Gewalt"[1]

Die Ad-hoc-Gruppe „Forschung und Gewalt" auf der Tagung der DGfE-Kommission Sozialpädagogik in Rostock hat sich mit gewaltvollen Konstellationen in Forschungsprozessen sowie Praktika auseinandergesetzt. Ausgehend von der Beobachtung, dass auch in Schutzkonzepten von Hochschulinstituten bisher kaum Sensibilisierungs- sowie Interventionskonzepte zu gewaltvollen Konstellationen in Praktika und Forschungsprozessen vorliegen, wurde diskutiert, in welchen Bereichen Bedarfe bestehen, wie angemessene Beratungs- und Unterstützungsformen sowie Verfahren an den Hochschulen entwickelt werden können.

So wurde festgestellt, dass die bisherigen Unterstützungs- und Beratungsstrukturen an Hochschulen mit der Thematik überfordert erscheinen. Übereinstimmend stellte sich in der Diskussion heraus, dass die Etablierung einer entsprechenden Institutskultur und strukturelle Verankerung der Thematik in der disziplinären Auseinandersetzung sowie an den jeweiligen Hochschulorten und in Forschungsinstituten dringend geboten sei. In einer Gesellschaft, in der Gewaltverhältnisse und Gewaltbeziehungen zum Alltag gehören, muss gerade Soziale Arbeit auch in ihren Ausbildungsfeldern und Forschungsprozessen damit rechnen und fachlich fundierte Konzepte und Angebote entwickeln und vorhalten.

Die aufgeworfenen Fragen können nicht allein als methodische, rechtliche und/oder ethische Herausforderungen gesehen werden, sondern betreffen die Erziehungswissenschaft (hier: Sozialpädagogik) als Ganzes. Daher bildet das vorliegende Papier eine wichtige Ergänzung zu bereits bestehenden Initiativen zur Aufarbeitung von Gewalt in Sorge-, Bildungs- und Erziehungsprozessen und einer dringend notwendigen Debatte um entsprechende methodologische Grundlagen darin.

---

1   Mitwirkende der Ad-hoc-Gruppe waren Birgit Bütow, Wolfgang Schröer, Stephan Sting, Sarah Blume, Margret Dörr, Mischa Engelbracht, Maria Groinig, Sarah Henn, Franziska Leissenberger, Mandy Schulze, Hanna Weinbach und Meike Wittfeld.

Grundlegend erscheinen – wie in Schutzkonzepten etabliert – *drei Ebenen* relevant:

- Sensibilisierung/Vorbereitung/Prävention,
- Krisen/Interventionen,
- Aufarbeitung.

Sensibilisierung, Vorbereitung und Prävention

Offene Fragen betreffen:

- Informationsbreite; z. B. fehlendes *Wissen* in Methodenhandbüchern, Thematisierung in Qualifikationsgruppen und -begleitung, fehlendes Wissen über ethische Standards, rechtliche Aspekte etc., Informationen über Datenschutz.
- *Vorbereitung konkreter Projekte*: Sensibilisierung der Mitarbeiter*innen und Studierenden, Berücksichtigung der Sensibilisierung der Mitarbeiter*innen in Forschungsanträgen (zeitlich; finanziell), Entwicklung eines Leitfadens zur Vorbereitung und Durchführung von Projekten, Informationen über Beratungs- und Anlaufstellen für Studierende, MAs und Befragte einholen und zusammenstellen (intern und extern); Erarbeitung eines projektspezifischen Datenschutzkonzeptes.
- *Begleitung im Projekt*: Individuelle und kollektive Selbstsorge, Supervision bereitstellen, strukturelle Absicherung von externen Beratungs- und Unterstützungsangeboten, Rechtsberatung, Thematisierung in Praxisbegleitung.

Krisen und Interventionen

Der Umgang mit konkreten Erfahrungen und Krisen im Forschungsprozess und in Praktika benötigt eine *abgestimmte Verfahrensweise (Prozessstruktur bzw. entsprechende Entscheidungshilfen)*, die für alle Beteiligten gilt. In der Krise kann nur schwer ein Verfahren entwickelt werden. Es wird gewünscht, dass diese Verfahren gemeinsam in der Disziplin entwickelt werden und an den Hochschulen transparent als Standard umgesetzt werden. Gerade in diesen Konstellationen erscheint es erforderlich, dass Beratungs-, Informations- und Begleitungsangebote für die Kolleg*innen zur Verfügung stehen und Verantwortlichkeiten geklärt sind.

Dabei ist der Umgang mit jeweils situations- und anlassbezogenen, dilemmatischen *Entscheidungskonstellationen* zu reflektieren. Grundsätzlich gilt, keine*r entscheidet allein; es ist mindestens das Vier-Augen-Prinzip zu berücksichtigen. Folgende Dilemmata können sich ergeben:

- *Dilemma* zwischen Geheimhaltungspflichten und Datenschutz einerseits und Offenbarungspflichten und der Verhinderung von Schädigungen andererseits;
- *rechtliche Verpflichtungen* zur Informationsweitergabe bei Kenntnis von vergangenen Straftaten nicht gegeben, hier überwiegt der *Datenschutz*;
- in wenigen Fällen rechtliche Verpflichtung zur Informationsweitergabe im Hinblick auf geplante bzw. zukünftige Straftaten (Gefahr des *Unterlassens von Hilfeleistung*);
- aus *ethischer Perspektive* systematische, einzelfallbezogene Abwägung zwischen Sprachgebot und Schweigepflicht erforderlich.

Aus rechtlicher Perspektive ergeben sich folgende *Entscheidungskriterien* (vgl. RatSWD 2023):

- Abwägung des drohenden Schadens; je schwerwiegender, desto eher Übermittlung entsprechender Informationen;
- Schadensvermeidung sollte durch die Weitergabe von vertraulichen Informationen nicht zu fernliegend sein;
- keine andere Alternative zum Schutz vorhanden;
- nur absolut notwendige Informationen dürfen übermittelt werden
- Konsequenzen für Studienteilnehmer*innen möglichst gering halten;
- Wahrscheinlichkeit des Eintritts des Schadens muss gegeben sein, ansonsten Gefahr der falschen Verdächtigung;

Bei der Informationsweitergabe steckt man in Abhängigkeiten, Verflochtenheiten (z. B. zwischen Forschungs- und Praxiseinrichtung) und Machtverhältnissen.

Literatur

RatSWD (Rat für Sozial- und Wirtschaftsdaten) (2023): Handreichung „Umgang mit der Kenntnisnahme von Straftaten im Rahmen der Durchführung von Forschungsvorhaben". Erstellt von Max Tauschhuber, Dr. Paul Vogel und Prof. Dr. Dr. Eric Hilgendorf (RatSWD Output Series, 7. Berufungsperiode Nr. 1). Berlin. DOI: 10.17620/02671.74.

Die Autor*innen und Herausgeber*innen

Albrecht, Peter-Georg, Dr., Referent an der Hochschule Magdeburg-Stendal. Arbeitsschwerpunkte: organisationssoziologische, zivilgesellschaftliche und demokratietheoretische Fragen freigemeinnütziger Akteur*innen und öffentlicher Einrichtungen. E-Mail: peter-georg.albrecht@h2.de

Albus, Stefanie, Dr., wissenschaftliche Mitarbeiterin an der Universität Bielefeld, AG 8 Soziale Arbeit. Arbeitsschwerpunkte: Kinder- und Jugendhilfe mit besonderem Schwerpunkt auf Hilfen zur Erziehung, inklusive Hilfen für Familien, Armut, Verwirklichungschancen, Professionalisierung. E-Mail: stefanie.albus@uni-bielefeld.de

Böhmer, Anselm, Dr., Professor an der Pädagogischen Hochschule Ludwigsburg, Institut für Erziehungswissenschaft. Arbeitsschwerpunkte: Bildungstheorie in der späten Moderne, Bildung und soziale Ungleichheit, Diversität und Inklusion, Migration, Community Education, generative KI und Bildung. E-Mail: boehmer@ph-ludwigsburg.de

Bruns, Lucia, Doktorandin und Lehrbeauftragte an der Alice-Salomon-Hochschule in Berlin. Arbeitsschwerpunkte: Soziale Arbeit und Rechtsextremismus, Geschichte der Sozialen Arbeit in der DDR und der ostdeutschen Transformationsgesellschaft, Gender und Rechtsextremismus. E-Mail: lucia.bruns@ash-berlin.eu

Clark, Zoë, Dr., Professorin an der Universität Siegen, Institut für Sozialpädagogik. Arbeitsschwerpunkte: Kinder- und Jugendhilfeforschung, Heimerziehung, Gerechtigkeitstheorien, angewandte quantitative und qualitative Methoden der Sozialforschung. E-Mail: zoe.clark@uni-siegen.de

Dollinger, Bernd, Dr., Professor an der Universität Siegen, Institut für Sozialpädagogik. Arbeitsschwerpunkte: Theorie und Geschichte der Sozialpädagogik, Jugend-/Kriminalität, Professionalisierung, Sozial- und Kriminalpolitik. E-Mail: bernd.dollinger@uni-siegen.de

Dorf, Stephan, Doktorand an der Bergischen Universität Wuppertal, Promotionsstipendiat im Evangelischen Studienwerk Villigst. Arbeitsschwerpunkte: Theorie und Geschichte der Sozialpädagogik, internationale Soziale Arbeit (französischer Sprachraum). E-Mail: stephan.dorf@uni-wuppertal.de

Dörr, Margret, Dr., Professorin (i. R.) an der Katholischen Hochschule Mainz, Fachbereich Soziale Arbeit und Sozialwissenschaften. Arbeitsschwerpunkte: psychoanalytische Soziale Arbeit/-Pädagogik, Biografie und Sozialisation, Sozialpsychiatrie. E-Mail: margret.doerr@t-online.de

Engelbracht, Mischa, Dr., Professor an der Bergischen Universität Wuppertal, Institut für Erziehungswissenschaft. Arbeitsschwerpunkte: Didaktik insbesondere der beruflichen Fachrichtung Sozialpädagogik, Kinder- und Jugend(hilfe)forschung, Fallarbeit/Fallverstehen, rekonstruktive Forschungsmethoden. E-Mail: engelbracht@uni-wuppertal.de

Esau, Erich, wissenschaftlicher Mitarbeiter an der Universität Siegen, DFG-Graduiertenkolleg *Folgen sozialer Hilfen*. Arbeitsschwerpunkte: Fluchtmigration, Subjektivierungsforschung, adressat*innenorientierte Folgenforschung. E-Mail: erich.esau@uni-siegen.de

Eßer, Florian, Dr., Professor an der Universität Osnabrück, Institut für Erziehungswissenschaft. Arbeitsschwerpunkte: sozialpädagogische Kinder- und Kindheitsforschung, Kinder- und Jugendhilfeforschung, Geschichte der Sozialpädagogik, qualitative Sozialforschung (insbesondere ethnografische Zugänge). E-Mail: florian.esser@uni-osnabrueck.de

Fegter, Susann, Dr., Professorin an der Technischen Universität Berlin, Institut für Erziehungswissenschaft. Arbeitsschwerpunkte: pädagogische Professionsforschung, internationale Kindheit- und Jugendforschung, empirische Bildungsforschung, Child-Well-being-Forschung. E-Mail: fegter@tu-berlin.de

Fiebig, Nadine, wissenschaftliche Mitarbeiterin mit Fokus Lehre an der Hochschule RheinMain in Wiesbaden und Promovendin am Hessischen Promotionszentrum Soziale Arbeit. Arbeitsschwerpunkte: adultismuskritische Soziale Arbeit, Gewalt gegen Frauen* und Kinder, narrative Praxis, Biografieforschung im Kontext intergenerationaler und geschlechtsspezifischer Ungleichheiten. E-Mail: nadine.fiebig@hs-rm.de

Fischer, Lisa, wissenschaftliche Mitarbeiterin an der Technischen Universität Berlin, Institut für Erziehungswissenschaft, Allgemeine und historische Erziehungswissenschaft. Arbeitsschwerpunkte: Kinder in digitalisierten Alltagen, pädagogische Beziehung, Wohlergehen von Kindern und Ungleichheit, generationale und pädagogische Ordnung. E-Mail: lisa.fischer@tu-berlin.de

Flack, Nina, wissenschaftliche Mitarbeiterin an der Universität Osnabrück, Institut für Erziehungswissenschaft, Fachgebiet Erziehungswissenschaft mit sozialpädagogischem Forschungsschwerpunkt. Arbeitsschwerpunkte: stationäre Erziehungshilfen, rekonstruktive Sozialforschung, Ethnografie. E-Mail: nina.flack@uni-osnabrueck.de

Frühauf, Marie, Dr., wissenschaftliche Mitarbeiterin an der Bergischen Universität Wuppertal, Institut für Erziehungswissenschaft. Arbeitsschwerpunkte: Geschlechter-, Ungleichheits- und Intersektionalitäts-/Diversitätsforschung, sozialpädagogische Adoleszenzforschung, psychoanalytische Gesellschafts- und Subjekttheorien, insbesondere postödipale Gegenwartsanalysen. E-Mail: fruehauf@uni-wuppertal.de

Goede, Hannah, wissenschaftliche Mitarbeiterin an der Hochschule RheinMain, Fachbereich Sozialwesen. Arbeitsschwerpunkte: Diskriminierungs- und Rassismuskritik, macht- und rassismuskritische Professionalisierung und Bildung. E-Mail: hannah.goede@hs-rm.de

Henn, Sarah, Dr., wissenschaftliche Mitarbeiterin an der Bergischen Universität Wuppertal, Institut für Erziehungswissenschaft. Arbeitsschwerpunkte: Kinder- und Jugendhilfeforschung, sozialpädagogische Professionstheorie und -forschung, Teamarbeit und professionelle Kooperation, qualitative Forschungsmethoden. E-Mail: shenn@uni-wuppertal.de

Hey-Nguyen, Christian, Doktorand an der Johannes Gutenberg-Universität Mainz im Fach Erziehungswissenschaft. Arbeitsschwerpunkte: Professionalisierung in Machtverhältnissen, intersektionale Geschlechterforschung, kritische Männlichkeitsforschung. E-Mail: cheynguy@uni-mainz.de

Hille, Julia, Dr., wissenschaftliche Mitarbeiterin an der Otto-von-Guericke-Universität Magdeburg, Institut II – Gesellschaftswissenschaften. Arbeitsschwerpunkte: Fallarbeit und Fallverstehen, Soziale Arbeit in Ostdeutschland, transgenerationale Bildungsprozesse, Familien in Hilfen. E-Mail: julia.hille@ovgu.de

Höblich, Davina, Dr., Professorin an der Hochschule RheinMain, Fachbereich Sozialwesen. Arbeitsschwerpunkte: Profession und Organisation Sozialer Arbeit, Kinder- und Jugendhilfe, sexuelle und geschlechtliche Vielfalt, Sexualität in der Arbeit, Professions- und Forschungsethik. E-Mail: davina.hoeblich@hs-rm.de

Hübenthal, Maksim, Dr., wissenschaftlicher Mitarbeiter an der Freien Universität Berlin, Fachbereich Erziehungswissenschaft und Psychologie, Arbeitsbereich Sozialpädagogik. Arbeitsschwerpunkte: Armut, Kinderrechte, Wohlfahrtsstaat, Hilfen für Familien mit psychisch erkrankten Eltern. E-Mail: maksim.huebenthal@fu-berlin.de

Hübner, Jennifer, Dr., wissenschaftliche Mitarbeiterin an der Alice-Salomon-Hochschule. Arbeitsschwerpunkte: Kinder- und Jugendhilfe, Sozialraum, politische Bildung. E-Mail: jennifer.huebner@ash-berlin.eu

Jäde, Sylvia, wissenschaftliche Mitarbeiterin an der Universität Osnabrück, Institut für Erziehungswissenschaft. Arbeitsschwerpunkte: rekonstruktive Sozialforschung, dokumentarische Methode, offene Kinder- und Jugendarbeit, Familien-, Erziehungs- und Übergangsforschung. E-Mail: sylvia.jaede@uni-osnabrueck.de

Janotta, Lisa, Dr., Professorin an der Universität Osnabrück, Institut für Erziehungswissenschaft. Arbeitsschwerpunkte: Rechtsextremismus, Rassismus, Professionalität, qualitative Forschungsmethoden und psychoanalytische Pädagogik. E-Mail: lisa.janotta@uni-osnabrueck.de

Kaul, Ina, Dr., Professorin an der Universität Kassel, Institut für Sozialwesen. Arbeitsschwerpunkte: Kinder- und Jugendhilfe, Bildung, Professionalisierung und Didaktik sozialpädagogischer Handlungsfelder. E-Mail: ina.kaul@uni-kassel.de

Künstler, Phries, Dr., Referent*in bei der Bundeszentrale für politische Bildung in Gera. Arbeitsschwerpunkte: Soziale Ungleichheit und Prekarität, Diskurs- und Subjektivierungsforschung, politische Bildung. E-Mail: phries.kuenstler@gmail.com

Leinhos, Patrick, wissenschaftlicher Mitarbeiter an der Martin-Luther-Universität Halle-Wittenberg, Institut für Pädagogik. Arbeitsschwerpunkte: qualitative Forschungsmethod(ologi)en, Jugend- und Peerforschung, Engagementforschung, geschlechter- und queertheoretische Ansätze. E-Mail: patrick.leinhos@paedagogik.uni-halle.de

Leissenberger, Franziska, wissenschaftliche Mitarbeiterin an der Technischen Universität Dortmund, Institut für Sozialpädagogik, Erwachsenenbildung und Pädagogik der frühen Kindheit. Arbeitsschwerpunkte: Professionalisierung und Soziale Arbeit, Biografieforschung, Partizipation. E-Mail: franziska.leissenberger@tu-dortmund.de

März, Stella, wissenschaftliche Mitarbeiterin an der Universität Vechta, Fakultät I, Soziale Arbeit. Arbeitsschwerpunkte: international vergleichende Kindheitsforschung, Child Well-being, Kindheit und Ungleichheit, Intersektionalität. E-Mail: stella.maerz@uni-vechta.de

Mengilli, Yağmur, Dr., Junior-Professorin an der Eberhard Karls Universität Tübingen, Institut für Erziehungswissenschaft. Arbeitsschwerpunkte: Jugend(kultur)forschung, Peerforschung, Adressat*innenforschung, offene Kinder- und Jugendarbeit, Ungleichheits-/Ungerechtigkeitsforschung. E-Mail: yagmur.mengilli@uni-tuebingen.de

More, Rahel, Dr., wissenschaftliche Mitarbeiterin an der Universität Wien, Institut für Bildungswissenschaft und an der Universität Graz, Institut für Erziehungs- und Bildungswissenschaft. Arbeitsschwerpunkte: Dis/ability Studies, Sozialpädagogik, Inklusion und Partizipation, Kinder- und Jugendhilfe. E-Mail: rahel.more@univie.ac.at

Morrin, Serafina, Dr., Professorin an der Katholischen Hochschule für Sozialwesen Berlin. Arbeitsschwerpunkte: Kindheitsforschung, sprachliche Bildung, Heterogenität und Migration, ästhetisch-kulturelle Bildung. E-Mail: serafina.morrin@KHSB-berlin.de

Nicolas, Jan, Lehrkraft für besondere Aufgaben an der Universität Osnabrück, Institut für Erziehungswissenschaft. Arbeitsschwerpunkte: Polizei und Soziale Arbeit, Recht und Soziale Arbeit, soziale Probleme und soziale Kontrolle, Ethnomethodologie, Ethnografie. E-Mail: jan.nicolas@uni-osnabrueck.de

Retkowski, Andrea, Dr., Professorin an der Brandenburgischen Technischen Universität Cottbus-Senftenberg, Institut für Soziale Arbeit. Arbeitsschwerpunkte: Soziale Arbeit und sozial-ökologische Transformationsprozesse, Kinderschutz, Soziale Arbeit in strukturschwachen und ländlichen Regionen. E-Mail: alexandra.retkowski@b-tu.de

Ritter, Bettina, Dr., Professorin an der Universität Siegen, Institut für Sozialpädagogik. Arbeitsschwerpunkte: Armut und Elternschaft, Jugend und Sexualität, Qualität und Professionalität in Organisationen sozialer Dienste, Sozialpolitik und Soziale Arbeit. E-Mail: bettina.ritter@uni-siegen.de

Rother, Pia, Dr., wissenschaftliche Mitarbeiterin an der Johannes Gutenberg-Universität Mainz, Institut für Erziehungswissenschaft. Arbeitsschwerpunkte: Kooperation von Jugendhilfe und Schule, Kinder- und Jugendarbeit, Ganztagsschulforschung. E-Mail: prother@uni-mainz.de

Schäfer, Dorothee, wissenschaftliche Referentin bei der Internationalen Gesellschaft für erzieherische Hilfen (IGfH) und Promovendin am Promotionszentrum HAW Hessen. Arbeitsschwerpunkte: Kinder- und Jugendhilfe, Leaving Care, adultismuskritische Soziale Arbeit. E-Mail: dorothee.schaefer@igfh.de

Schäfer, Maximilian, Dr., wissenschaftlicher Mitarbeiter an der Universität Osnabrück, Institut für Erziehungswissenschaft. Arbeitsschwerpunkte: stationäre Erziehungshilfen, qualitativ-rekonstruktive Sozialforschung, Methoden und Arbeitsfelder der Sozialen Arbeit. E-Mail: maximilian.schaefer@ites-werkstatt.de

Schmitt, Caroline, Dr. habil., Professorin an der Frankfurt University of Applied Sciences, Fachbereich Soziale Arbeit und Gesundheit. Arbeitsschwerpunkte: trans- und internationale Soziale Arbeit, Green Social Work, Nachhaltigkeit und Soziale Arbeit als Katastrophenhilfe, Solidarität und soziale Bewegungen, Flucht*Migration. E-Mail: caroline.schmitt@fb4.fra-uas.de

Schoneville, Holger, Dr., Professor an der Universität Duisburg-Essen, Institut für Soziale Arbeit und Sozialpolitik. Arbeitsschwerpunkte: sozialpädagogische Armutsforschung, Transformation des Wohlfahrts(-staatlichen) Arrangements, Subjektivität und Vulnerabilität. E-Mail: holger.schoneville@uni-hamburg.de

Schulze, Mandy, Dr., Professorin an der Hochschule Zittau/Görlitz, Fakultät Sozialwissenschaften. Arbeitsschwerpunkte: sozialraumbezogene Soziale Arbeit, Hochschulentwicklung, wissenschaftliche Weiterbildung und lebenslanges Lernen. E-Mail: mandy.schulze@hszg.de

Senger, Jana, wissenschaftliche Mitarbeiterin bei der Diakonie Hessen und Promovendin am Promotionszentrum HAW Hessen. Arbeitsschwerpunkte: adultismuskritische und kinderrechtsorientierte Soziale Arbeit, Ethnografieforschung im Kontext (inter-)generationaler Ungleichheiten, Diskriminierungen und Gewalt gegen Kinder. E-Mail: jana.senger@hs-rm.de

Siebholz, Susanne, Dr., wissenschaftliche Mitarbeiterin an der Technischen Universität Chemnitz, Institut für Pädagogik. Arbeitsschwerpunkte: Kinder- und Jugendhilfe, Bildung und soziale Ungleichheiten, Kindheits- und Jugendforschung, Flucht*Migration, Biografie, rekonstruktive Methoden der empirischen Sozialforschung. E-Mail: susanne.siebholz@phil.tu-chemnitz.de

Spiegler, Lara, Lehrkraft für besondere Aufgaben an der Humboldt-Universität zu Berlin, Institut für Rehabilitationswissenschaft, Abteilung Pädagogik bei psychosozialen Beeinträchtigungen. Arbeitsschwerpunkte: psychoanalytische (Sozial-)Pädagogik, Sozialpsychiatrie, Professionalisierung, Affekte und Emotionen in professionellen Beziehungen. E-Mail: lara.spiegler@hu-berlin.de

Stauber, Barbara, Dr., Professorin an der Universität Tübingen, Institut für Erziehungswissenschaft. Arbeitsschwerpunkte: Übergangsforschung (insbesondere Jugend und junge Erwachsene), intersektionale Perspektiven auf

Diskriminierung, rekonstruktive Methodologien. E-Mail: barbara.stauber@uni-tuebingen.de

Täubig, Vicki, Dr., Professorin an der Universität Rostock, Institut für Allgemeine Pädagogik und Sozialpädagogik. Arbeitsschwerpunkte: Kinder- und Jugendhilfe, Kooperation von Jugendhilfe und Schule, Fluchtmigration, Jugend, Essen. E-Mail: vicki.taeubig@uni-rostock.de

Veith, Stefanie, wissenschaftliche Mitarbeiterin an der Universität Rostock, Institut für Allgemeine Pädagogik und Sozialpädagogik. Arbeitsschwerpunkte: Kinder- und Jugendhilfe, Kooperation Jugendhilfe und Schule, Kinderschutz und Kindeswohlgefährdung, Biografie-, Familien- und Übergangsforschung. E-Mail: stefanie.veith@uni-rostock.de

von der Heyde, Judith, Dr., Hochschullehrerin an der Fliedner Fachhochschule Düsseldorf. Arbeitsschwerpunkte: Diversität und Ungleichheit, Sexualität, Jugendkulturen, Praxistheorie. E-Mail: vonderheyde@fliedner-fachhochschule.de

Walther, Andreas, Dr., Professor an der Goethe-Universität Frankfurt am Main. Arbeitsschwerpunkte: Jugend, Jugendhilfe, Übergänge im Lebenslauf, Partizipation. E-Mail: a.walther@em.uni-frankfurt.de

Weinbach, Hanna, Dr., akademische Rätin an der Universität Siegen, Institut für Sozialpädagogik, Zentrum für Planung und Entwicklung Sozialer Dienste (ZPE). Arbeitsschwerpunkte: Folgen sozialer Hilfen aus Adressat*innensicht, Dis/ability und Jugend, Theorien und Professionalisierung Sozialer Arbeit, Organisation sozialer Dienste, Partizipation und Inklusion. E-Mail: hanna.weinbach@uni-siegen.de

Wersig, Tim, Dr., Professor an der MSB Medical School Berlin – Hochschule für Gesundheit und Medizin, Department Pädagogik und Soziales. Arbeitsschwerpunkte: Theorien, Konzepte und Methoden Sozialer Arbeit, Kinder- und Jugendhilfe, Kinderschutz, Biografieforschung, Jugend. E-Mail: tim.wersig@medicalschool-berlin.de

Kommission Sozialpädagogik (Hrsg.)
Sozialpädagogische Professionalisierung in der Krise?
2023, 230 Seiten, broschiert
ISBN: 978-3-7799-7072-9
Auch als E-BOOK erhältlich

Krisen sind gesellschaftliche Wahrnehmungsweisen, die dazu beitragen, dass unterschiedlichste soziale Probleme öffentlich werden, um diese schließlich sozialpolitisch bearbeiten zu können. Die Sozialpädagogik ist an diesen Krisenwahrnehmungen beteiligt, nicht zuletzt, weil damit die Bedingungen ihres (un-)möglichen professionellen Handelns, ihrer Qualifizierung, politischen Verortung, aber auch Bewältigung hervorgebracht werden.
Der Band geht der Frage der »sozialpädagogischen Professionalisierung in der Krise?« mit theoretischen und empirischen Beiträgen sowie mit Blick auf politische Positionierungen nach.

www.beltz.de
Beltz Juventa · Werderstraße 10 · 69469 Weinheim

Bernd Birgmeier | Eric Mührel |
Michael Winkler (Hrsg.)
Weitere Sozialpädagogische SeitenSprünge
Rückblicke und Perspektiven
2024, 294 Seiten, broschiert
ISBN: 978-3-7799-7724-7
Auch als E-BOOK erhältlich

Fortsetzung erfolgt: Im zweiten Band der Sozialpädagogischen SeitenSprünge setzen sich die Autorinnen und Autoren erneut in vielfältiger und überraschender Weise mit innovativen Ideen und Herausforderungen der Sozialpädagogik auseinander. Durch die Wahl diverser Textformen lassen sie die Leserinnen und Leser auf originelle Art an richtungsweisenden Gedanken teilhaben. Die Texte umspannen Themen wie: Klassiker, Freiheit, Sinn, Lebenswelt, Nachhaltigkeit, Tertialität, Mandate Sozialer Arbeit, Subjektorientierung, wissenschaftliche Vielfalten sowie wissenschaftliche Logiken der Sozialpädagogik und Sozialen Arbeit. Wissenschaftsphilosophische, spirituelle, ethnografische, bildungstheoretische, ökologische, tugendethische sowie begriffliche Analysen runden den Band ab.

www.beltz.de
Beltz Juventa · Werderstraße 10 · 69469 Weinheim

Davina Höblich | Dominik Mantey (Hrsg.)
Handbuch Sexualität und Soziale Arbeit
2023, 342 Seiten, Hardcover
ISBN: 978-3-7799-6477-3
Auch als E-BOOK erhältlich

Das Handbuch Sexualität und Soziale Arbeit bildet erstmals den praxisorientierten, empirischen und theoretischen Stand des Fachdiskurses zu Sexualität und Sozialer Arbeit in Form eines Handbuchs ab. Beiträge zu Grundlagen und theoretischen Konzepten, Arbeitsfeldern, Handlungsformen und Herausforderungen ermöglichen interessierten Forschenden, Lehrenden, Studierenden und Fachkräften eine genuin sozialarbeiterische Perspektive auf Sexualität(en).

www.beltz.de
Beltz Juventa · Werderstraße 10 · 69469 Weinheim